어떻게 극단적 소수가 다수를 지배하는가
Tyranny of the Minority

어떻게
극단적 소수가
다수를
지배하는가

**우리의 민주주의가
한계에 도달한 이유**

스티븐 레비츠키 · 대니얼 지블랫 지음
박세연 옮김

어크로스

질 니어림과 데이비드 지블랫을 추모하며

우리는 완전히 무너지지는 않았지만
여전히 미완성인 나라를
어떻게든 견뎌내며 지켜보고 있다.

—어맨다 고먼, 《우리가 오르는 언덕》

차례

| 일러두기 |

• 원서에서 이탤릭체로 강조한 부분은 작은따옴표(' ')로 표기하였다.

들어가며

2021년 1월 5일, 조지아주에서 놀라운 일이 벌어졌다. 백인 우월주의가 오랫동안 정치판을 잠식했던 바로 그 주에서 유권자들은 그들의 첫 번째 아프리카계 미국인 상원 의원 레버런드 라파엘 워녹Reverend Raphael Warnock과 첫 번째 유대계 미국인 상원 의원을 기록적인 수치로 선출했다. 워녹은 재건 시대 이후 미국 남부 지역에서 사우스캐롤라이나주 공화당 정치인 팀 스콧Tim Scott에 이어 두 번째로 선출된 흑인 상원 의원이었다. 그날 밤 워녹은 옛날에 소작농이었던 자신의 어머니에게 지지자들을 소개하면서 이렇게 말했다. "남들의 면화를 골라내던 여든두 살 어머님 손이 당신의 막내아들을 미국 상원 의원으로 뽑았습니다." 많은 사람은 그 선거 결과를 희망찬 민주주의의 미래를 나타내는 전조라고 봤다. '흑인 유권자도 소중하다Black Voters Matter'라는 이름의 단체를 공동 설립한 라토샤 브라운LaTosha Brown은 이렇게 말했다. "새로운 남부가 떠오르고 있다. 더 젊고, 더 다양하고 (…) 그리고 더 포용적인 모습으로."[2] 이는 시민권 운동가 세대가 구축하고자 했던 민주주의의 미래였다.

다음 날인 1월 6일, 미국인들은 상상조차 힘든 장면을 목격했다. 그것은 미국 대통령이 나서서 부추긴 폭동이었다. 이로써 4년에 걸친 민주주의 퇴보가 쿠데타 미수로 정점을 찍었다. 그 광경을 지켜봤던 많은 미국인은 다른 나라 국민들이 그들의 민주주의가 무너지는 장면을 목격했을 때 느꼈던 공포와 혼란, 분노의 감정을 똑같이 느꼈다. 정치적 목적으로 시작된 폭력의 흐름, 선거운동원에 대한 위협, 투표를 더 힘들게 만든 갖가지 시도, 선거 결과를 뒤집으려는 대통령의 획책 등 미국인들이 목격한 일련의 사건들은 모두 민주주의의 퇴보였다. 물론 2016~2021년 사이에 미국은 무너지지 않았다. 그러나 그동안 민주주의가 퇴보했다는 것은 부정할 수 없는 사실이다.

2021년 1월 5일에서 1월 6일에 이르는 24시간 동안에 미국 민주주의의 위험과 전망은 고스란히 모습을 드러냈다. 그때 우리는 헌법 체계에 대한 상상하기 힘든 공격으로 이어진 다인종 민주주의multiracial democracy의 미래를 엿볼 수 있었다.

다인종 민주주의는 유지하기 힘든 시스템이다. 지금껏 이러한 시스템에 도전한 국가는 거의 없었다.[3] 다인종 민주주의는 정기적이고, 자유롭고, 공정한 선거 제도를 갖춘 정치 시스템으로, 여기서 모든 민족 집단의 성인 시민은 투표권은 물론, 언론과 집회 및 결사의 자유와 같은 기본적인 시민권을 누린다.[4] 그러나 이러한 권리를 형식적으로 보장하는 것만으로는 충분치 않다. 모든 민족 집단의 구성원은 민주적·시민적 권리에 대한 평등한 보호를 법적인 차원에서 받아야 한다. 1964년 시민권법과 1965년 투표권법은 미국 사회의 다인종 민주주의를 위한 법적 근간을 마련했다. 그럼에도 미국은 아직까지도 그 권리를 온전히 실현해내지 못했다.

투표에 대한 접근은 여전히 불평등한 모습으로 남아 있다.[5] 예를 들어 2018년에 미국 공공종교조사연구소Public Religion Research Insti-tute, PRRI가 실시한 설문조사 결과에 따르면, 아프리카계 미국인과 라틴계 미국인의 경우 그들이 소지한 신분증이 투표에 유효하지 않다는 말은 백인 미국인보다 세 배 더 많이 들었고, 또한 (착오로 인해) 그들의 이름이 유권자 명부에 없다는 말은 두 배 더 많이 들었다.[6] 유죄 판결을 받은 중범죄자의 투표권을 박탈하는 법률 역시 아프리카계 미국인들에게 중대한 영향을 미친다. 백인이 아닌 미국 시민은 여전히 법적으로 평등한 보호를 받지 못한다. 흑인 남성이 평생에 걸쳐 경찰에 의해 살해될 가능성은 백인 남성보다 두 배 이상 높다(경찰에 살해된 흑인 피해자 중 무장하고 있었던 경우는 백인 피해자에 비해 절반 정도에 불과했음에도).[7] 그리고 백인보다 경찰 검문을 더 많이 당한다.[8] 또한 비슷한 범죄를 저질러도 더 많이 체포되고, 더 많이 (더 무거운 형량과 함께) 유죄 판결을 받는다.[9] 이처럼 미국의 흑인 시민이 백인과 법적으로 똑같은 권리를 누리지 못한다는 주장에 의심이 든다면, 카일 리튼하우스Kyle Rittenhouse(위스콘신주 케노샤에서 인종차별에 반대하는 시위대에 총을 발사해 두 명을 사망케 한 인물—옮긴이) 사례에 주목해보자.[10] 과연 그가 흑인 청년이었더라도 반자동 소총을 들고 주의 경계를 넘어 경찰의 아무런 제지 없이 시위대에 접근해서 군중에게 총을 발사해 두 사람을 죽이고도 무죄를 받을 수 있었을까?

미국은 아직 진정한 다인종 민주주의 사회는 아니지만, 그렇게 되어가는 과정에 있다. 투표권법 통과와 도널드 트럼프 당선 사이의 반세기 동안, 미국 사회는 근본적으로 변화했다. 거대한 이민 물결이 기독교를 믿는 백인이 지배한 미국 사회를 다인종 사회로 바꿔놨다.[11] 동시에 백인이 아닌 미국인의 정치적·경제적·법률적·문화적 위상이 높아지면서 오랫동안 이어져온 인종적 수직체계가 도전을 받고 있으며, 점차 평등한 형태로 나아가고 있다.[12] 여론조사에 따르면, 미국 역사상 처음으로 미국인 다수가 다인종 민주주의를 떠받치는 두 기둥이라 할 수 있는 민족적 다양성과 인종적 평등을 받아들였다.[13] 2016년 당시 미국 사회는 진정한 다인종 민주주의를 눈앞에 두고 있었다. 미국의 민주주의는 전 세계 다양한 사회의 모범이 되어가고 있었다.

하지만 새로운 민주주의 실험이 뿌리를 내리기 시작할 무렵, 전제주의 역풍이 거세게 몰아치면서 미국 사회의 근간을 흔들어 놨다. 전 세계 동맹국들은 과연 미국에 민주주의의 미래가 남아 있을지 우려했다. 민주주의 포용성을 높이기 위한 모든 의미 있는 시도는 강력한 독재적인 반발을 자극했다. 미국의 민주주의를 향한 이러한 반발은 우리가 첫 번째 책,《어떻게 민주주의는 무너지는가》를 쓰고 있었던 2017년 당시에 예상했던 것보다 훨씬 더 심각했다.[14] 우리는 프랑스에서 스페인, 우크라이나, 러시아, 필리핀, 페루, 베네수엘라에 이르기까지 전 세계에 걸쳐 선거 제도를 무너뜨리려는 폭동과 시도를 연구해왔다. 그러나 이러한 사례를 미국에서 보게 될 것이라고는 예상하지 못했다. 나아가 미국의 양당 중 하나가 21세기에 민주주의로부터 등을 돌릴 것이라고는 상상조차 하지 못했다.

미국의 민주주의가 얼마나 퇴보했는지는 우리에게 섬뜩한 느낌을 안겨다준다. 오늘날 여러 기관은 전 세계 민주주의 수준을 평가해서 수치적인 결과로 제시한다. 가령 프리덤하우스Freedom House(프랭클린 루스벨트 대통령의 지원으로 1941년에 워싱턴 D.C.에 설립된 비정부기구 — 옮긴이)는 세계자유지수Global Freedom Index로 매년 전 세계 국가를 0~100점으로 평가한다. 여기서 100점은 최고의 민주주의를 뜻한다. 미국은 2015년에 90점을 받았고, 이는 캐나다와 이탈리아, 프랑스, 독일, 일본, 스페인, 영국 등과 비슷한 점수였다. 그러나 미국의 점수는 이후로 꾸준히 하락해서 2021년에 83점을 받았다. 이는 서유럽의 모든 기존 민주주의 국가들뿐 아니라, 아르헨티나와 체코공화국, 리투아니아, 타이완 등 새롭게 등장한, 혹은 역사적으로 많은 고난을 겪은 민주주의 국가들보다 낮은 점수였다.

그 결과는 대단히 예외적인 모습이었다. 무엇이 민주주의를 번영케 하는지에 관한 주요 사회과학적 설명에 따르면, 미국 민주주의는 퇴보의 위험으로부터 자유로워야 했다. 학자들은 오늘날 정치 시스템과 관련해서 이론에 가까운 형태로 두 가지 패턴을 발견했다. 그것은 부유한 민주주의와 오래된 민주주의는 절대 무너지지 않는다는 사실이다. 정치학자 아담 쉐보르스키Adam Przeworski와 페르난두 리몽기Fernando Limongi는 (지금의 달러 기준으로 1인당 GDP가 약 1만 6천 달러였던) 1976년의 아르헨티나보다 잘사는 어떤 국가의 민주주의도 무너지지 않았다고 주장했다.[15] 그러나 (지금의 달러 기준으로) 1인당 GDP가 약 1만 8천 달러에 달했던 헝가리에서 민주주의는 무너졌다. 2020년 미국의 1인당 GDP는 약 6만 3천 달러로, 이는 민주주의 붕괴를 겪은 가장 부유한 국가의 '네 배'에 달하는 것이었다. 마찬가지로 그들은 50년이 넘은 어떤 민주주의도 무너지지 않았다고 주장했다. (완전한 성인 투표권을 최종적으로 실현했던) 1965년 투표권법 통과의 순간을 미국 사회가 민주화된 시점으로 잡는다고 해도, 트럼프가 대통령에 올랐을 때 미국 민주주의의 역사는 50년을 넘겼다. 이러한 점에서 역사와 수십 년 동안의 사회과학 연구는 우리에게 미국의 민주주의는 절대적으로 안전하다고 말했던 것이다. 그러나 현실은 그렇지 않았다.

물론 사회적 다양성의 증가는 미국만의 현상이 아니다. 그리고 인구 구성의 변화에 따른 극우파의 반격도 미국만의 문제가 아니다. 외국에서 태어난 국민의 비중이 높아지는 흐름은 서유럽을 비롯해서 전 세계적으로 오래된 민주주의 국가들 대부분에서 나타나고 있다. 노르웨이와 스웨덴, 독일 등 역사적으로 동질적인 사회를 유지했던 국가에서도 오늘날 이민자와 그들의 자녀가 전체 인구에서 점점 더 높은 비중을 차지하고 있다. 암스테르담과 베를린, 파리, 취리히와 같은 도시들 역시 미국의 대도시만큼 높은 다양성을 보인다. 특히 2015년에는 난민 위기로 수백만 명에 달하는 북아프리카 및 중동 지역 사람들이 유럽으로 넘어가면서 이민과 민족적 다양성이 뚜렷한 정치적 현상으로 자리 잡았다.[16] 이러한 흐름이 2008년 금융 위기 여파와 합쳐지면서 급격한 사회적 반발을 촉발했다.[17] 대부분의 서유럽 국가의 경우, 쇠퇴하는 지역이나 도시 외곽에 거주하는, 주로 교육 수준이 낮은 백인들로 구성된, 그리고 전체 인구의 10~30퍼센트에 달하는 유권자들은 외국인 혐오 주장에 많은 영향을 받았다.[18] 그리고 영국에서 프랑스, 이탈리아, 독일, 스웨덴에 이르기까지 다양한 국가에서 극우 정당이 선거에서 성공을 거둘 가능성이 크게 높아졌다.

하지만 미국은 두 가지 점에서 달랐다. 첫째, 미국은 사회적 다양성 증가에 대해 뚜렷하게 '전제적인' 방식으로 대응했다. 서유럽에서는 보기 드물게도, 미국에서는 외국인 혐오 정서와 반체제 정당들이 우리가 목격했듯이 뚜렷하게 반민주주의적인 형태로 모습을 드러냈다. 물론 서유럽 지역의 극우 정당들 역시 인종차별주의와 외국인 혐오, 소수 집단의 권리에 대한 억압, 심지어 러시아 대통령 블라디미르 푸틴에 대한 동조 등 다양한 사회적 우려를 야기하고 있다. 그래도 아직까지 대부분은 민주주의 규칙을 따르면서 선거 결과를 받아들이고 정치적 폭력을 자제했다. 둘째, 극단주의 세력이 유럽에서는 야당에 머물러 있거나 때로 연립 정부에 참여했던 것과는 달리, 미국에서는 실제로 국가 권력을 차지했다.

우리는 불편한 진실을 인정해야 한다. 그것은 사회적 다양성과 문화적 역풍, 극단주의 우파 정당이 이제 서유럽 민주주의 국가 전반에 걸쳐 나타나고 있다는 점이다. 그런데 그러한 극단주의 세력이 유독 미국에서만 정권을 차지하면서 민주주의 제도를 공격했다. 왜 미국은 부유한 기존 민주주의 세상에서 홀로 극단주의를 향해 나아갔던가? 이 질문은 우리가 1월 5일과 6일에 벌어진 폭동에 직면해서 던진 것이었다.

우리는 트럼프 시대를 다룬 역사의 페이지를 어떻게든 넘기려

한다. 어쨌든 트럼프 대통령은 재선에 실패했고, 선거 결과를 뒤집으려는 그의 시도도 수포로 돌아갔다. 주요 경합 주에서 선거 결과를 부정했던 위험한 정치 세력들 역시 2022년 중간 선거에서 패했다. 총알은 다행히 빗나간 듯 보인다. 민주주의 시스템은 결국 다시 돌아가기 시작했다. 게다가 공화당 내부에서 트럼프의 장악력이 시험대에 오르면서 이제 민주주의 운명에 대한 그동안의 많은 걱정은 내려놔도 될 것 같다. 어쩌면 위기는 우리가 처음에 걱정했던 것만큼 심각한 것은 아니었는지 모른다. 그리고 애초에 민주주의는 무너지지 '않았던' 것인지도 모른다.

이러한 생각은 충분히 이해할만하다. 위기가 끊임없이 이어졌던 트럼프 시절에 지쳐버린 이들에게 이러한 '(빗나간) 총알 이론'은 위안이 된다. 하지만 안타깝게도 그건 잘못된 판단이다. 미국 민주주의를 위협했던 것은 단지 종교적인 추종자를 거느린 스트롱맨만이 아니었다. 문제는 그것보다 훨씬 더 근본적이다. 사실 그 문제는 미국의 정치 속에 깊숙이 뿌리를 내리고 있다. 이러한 근본적인 문제를 해결하지 못할 때, 미국의 민주주의는 앞으로도 취약한 상태로 남아 있을 것이다.

미국의 민주주의 퇴보를 완전히 되돌리기 위해, 그리고 더 중요하게는 다시는 그런 일이 발생하지 않도록 하기 위해, 문제의 원인을 파악해야 한다. 왜 미국의 주류 정당이 민주주의로부터 등을 돌리게 되었을까? 그런 일은 대단히 드물다. 하지만 일어난다면, 기존 정치 시스템을 완전히 허물어뜨린다. 다른 나라의 경험에서 교훈을 얻을 수 있다. 동시에 남북전쟁 이후로 이어진 재건 시대에 남부 민주당이 보였던 전제적인 대응을 포함해서 미국 역사의 다양한 사건으로부터도 많은 것을 배울 수 있다.

또한 왜 미국의 민주주의가 퇴보에 특히 취약한지 이해해야 한다. 그리고 이를 위해서 미국의 민주주의를 뒷받침하는 핵심 제도를 면밀히 들여다봐야 한다. 미국에서 시대에 역행하는 유권자는 유럽과 마찬가지로 소수에 불과하다. 이는 중요하지만 종종 간과되는 사실이다. 트럼프가 이끈 공화당은 유럽의 급진적인 우파 정당들처럼 '언제나' 정치적 소수를 대변했다. 그러나 유럽 내 극우 정당과는 달리 트럼프의 공화당은 대선에서 승리를 거뒀다.

이러한 사실은 우리를 또 다른 불편한 진실에 직면하도록 만든다. 그것은 미국이 오늘날 직면한 문제의 일부가 많은 이들이 숭배하는 대상이라는 사실이다. 그리고 그 대상은 다름 아닌 미국 헌법을 말한다. 미국의 성문 헌법은 세계에서 가장 오래되었다. 정치 기술자들의 탁월한 작품인 미국 헌법은 안정과 번영의 근간이 되었다. 그리고 2세기가 넘게 영향력이 막강한 야심 찬 대통령들의 힘을 성공적으로 견제했다. 하지만 이러한 헌법에 내재된 결함이 오늘날 미국의 민주주의를 위험에 빠트리고 말았다.[19]

미국에서 정치적 소수는 민주주의 이전 시대에 만들어진 헌법 덕분에 다수를 계속해서 이길 수 있다. 그리고 때로 다수를 '지배'

할 수도 있다. 소수를 보호하기 위한 제도는 소수의 지배를 위한 도구가 될 수 있다. 그리고 그 도구가 극단주의자나 민주주의에 반대하는 소수의 손에 들어갈 때, '특히' 위험하다.

에드먼드 버크Edmund Burke에서 존 애덤스John Adams, 존 스튜어트 밀John Stuart Mill, 알렉시 드 토크빌Alexis de Tocqueville에 이르기까지 18세기와 19세기의 걸출한 사상가들은 민주주의가 "다수의 독재"로 변질될 위험이 있다고, 즉 민주주의 시스템 속에서 다수의 의지가 소수의 권리를 짓밟을 수 있다고 우려했다. 이는 실제로 문제가 될 수 있다. 예를 들어 21세기 베네수엘라와 헝가리에서는 권력을 차지한 다수가 민주주의를 억압했다. 그리고 이스라엘은 지금 그러한 상황에 직면해 있다. 그러나 미국의 정치 제도는 다수의 힘을 언제나 효과적으로 견제해왔다. 오늘날 미국의 민주주의가 어려움을 겪고 있는 것은 오히려 그 반대 상황에 더 가깝다. 다시 말해 정치적 다수가 권력을 차지하지 못하고, 또한 선거에서 이기고도 통치하지 못한다. 오늘날 미국 사회가 직면한 급박한 위협은 소수의 지배다. 미국의 설립자들은 그들의 나라가 다수의 독재라는 스킬라(그리스 신화의 2대 괴물 중 하나로 카리브디스와 함께 좁은 해협의 양옆에 살았다 — 옮긴이)에게서 멀어지도록 함으로써 소수의 지배라고 하는 카리브디스에 가깝게 만들어버리고 말았다.

그런데 왜 미국의 민주주의는 21세기인 '지금' 위협을 받고 있을까? 미국 헌법은 어쨌든 수 세기를 버텨왔다. 미국 사회가 어떻게 지금의 상황에 이르게 되었는지 살펴보는 것은 이 책의 주요 과제다. 그러나 더 급박한 질문은 어떻게 그 상황에서 빠져나갈 수 있는가이다. 한 가지만큼은 분명하다. 그것은 미국의 제도가 미국의 민주주의를 구원하지 못할 것이라는 사실이다. 미국은 이제 스스로 민주주의를 살려내야 한다.

1장

패배에 대한 두려움

1983년 10월 30일 저녁, 아르헨티나에서 십 년 만에 처음으로 치러진 민주적인 선거의 집계 상황이 나오고 있었다.[1] 부에노스아이레스 선거 본부에 모인 페론당 사람들은 충격에 빠졌다. 당 지도자들은 초조한 표정으로 이렇게 물었다. "공업지대 표는 언제 나오는 거야?" 하지만 그 표는 이미 반영된 상태였다. 아르헨티나의 노동 계층 정당인 페론당은 그렇게 자유선거에서 처음으로 패하고 말았다.

당시 젊은 변호사이자 페론당 운동가였던 마리오 웨인펠드Mario Wainfeld는 당시를 이렇게 떠올렸다. "전혀 예상하지 못했습니다."[2] 페론당은 군인 출신인 후안 페론Juan Perón이 1946년에 대통령에 당선된 이후로 줄곧 아르헨티나의 여당 자리를 지켰다. 유능한 포퓰리즘 정치인인 페론은 아르헨티나의 복지정책을 마련하고 노동운동 규모를 네 배로 확장함으로써 노동 계층의 강력한 신뢰를 얻었다. 그리고 그 신뢰는 그가 1955년에 군사 쿠데타로 자리에서 물러난 후에도 그대로 이어졌다. 이후 20년간 페론주의를 금지했지만 그 세력은 살아남았고, 나아가 전국적인 차원에서 치러진 모든 선거에서 주요 세력으로 참여해 승리를 거뒀다. 이후 나이 든 페론이 정계에 복귀하여 1973년 대선에 출마했을 때, 그는 62퍼센트 득표율로 손쉽게 승리를 거뒀다. 그러나 이듬해 그가 세상을 떠나면서 아르헨티나는 1976년에 다시 한번 쿠데타의 희생양이 되었고 7년간의 군사 독재가 이어졌다.

1983년 아르헨티나가 민주주의를 다시 회복했을 때, 국민 대부분이 페론당 후보자 이탈로 루데르Italo Luder의 압승을 낙관했다.

그러나 아르헨티나는 이미 많이 달라져 있었다. 페론은 죽었고, 산업이 쇠퇴하면서 수십만 개에 달하는 블루칼라 일자리가 사라졌다. 그리고 이로 인해 페론당을 지지했던 노동계층 기반이 무너졌다. 동시에 젊은 중산층 유권자들은 페론당 원로 정치인들을 신뢰하지 않았고, 대신에 아르헨티나 사회가 암울한 군사독재로부터 벗어나면서 인권에 주목했던 경쟁 정당인 급진시민연합Radical Civic Union의 후보, 라울 알폰신Raúl Alfonsín에 주목했다. 페론당 지도부는 아르헨티나 유권자들과의 연결 고리를 잃어버렸다. 그들은 당시 분위기를 제대로 파악하지 못한 극단적인 후보자를 내세움으로써 상황을 더 악화시켰다. 특히 부에노스아이레스에서 가장 중요한 지역의 단체장 선거에 출마한 허미니오 이글레시아스Herminio Iglesias는 폭력이 난무했던 1970년대에 페론당 내 경쟁 파벌들과 총격전까지 벌인 것으로 유명했다. 선거 이틀 전, 이글레시아스는 페론당의 마지막 유세장에서 무대 중앙으로 나와 알폰신의 급진시민연합의 상징을 상자에 담아 불태워버리는 연출을 했고 이는 전국에 생방송으로 중계되었다. 십 년간 끔찍한 억압에 시달린 아르헨티나 국민 대부분은 이글레시아스의 폭력적인 행동에 경악을 금치 못했다.

1983년 개표가 진행되면서 알폰신이 우세하다는 소식이 들려오기 시작하자, 페론당 지도부는 즉각 상황을 부인하면서 다급한 변명을 늘어났다. 당대표 로렌조 미겔Lorenzo Miguel은 "아직 라 마탄자La Matanza(페론당을 지지하는 노동계층 유권자가 몰려 있는 부에노스아이레스 외곽 지역)의 표가 개표되지 않았다"고 항변했다.[3] 페론당 부통령 후보 데올린도 비텔Deolindo Bittel은 선거관리 당국이 노동계층 지역의 결과를 반영하지 않았다고 비난하기까지 했다.[4] 그러나 자정에 접어들자 숨겨진 표는 존재하지 않았다는 사실이 드러났다. 페론당 사람들은 말했다. "유일한 진실은 현실이다." 그리고 현실은 그들이 패배했다는 사실이었다.

패배는 받아들이기 힘들었다. 페론당 지도부는 충격을 받아들이는 동안 언론에 모습을 드러내지 않았다.[5] 그러나 그들은 결과를 부정할 생각은 하지 않았다.[6] 선거 다음 날 패배한 페론당 후보 루데르는 알폰신과 함께 기자회견장에 모습을 드러냈다. 그리고 알폰신에게 축하의 인사를 건넸다. 페론당이 역사적인 패배를 떠안게 되었다고 기자들이 지적했을 때, 루데르는 이렇게 말했다. "정치인이라면 선거가 만들어내는 (…) 예상치 못한 결과를 받아들여야 합니다."[7]

선거가 끝나고 페론당 인사들은 당의 미래를 놓고 내부적으로 열띤 토론을 벌였다. '레노바시온Renovación(쇄신)'이라고 알려진 페론당 내 새로운 세력은 지도부의 사퇴를 요구했고, 다시 승리하려면 페론당은 이제 아르헨티나 사회의 변화에 적응해야 한다고 주장했다. 페론당은 이제 지지 기반을 확장하고, 1983년에 상자를 불태운 사건으로부터 등을 돌린 중산층 유권자에게 다가서는 법을 알아내야 했다. 레노바시온을 이끈 인사들은 내부 비판자들로부터 "재킷과 넥타이 차림의 페론주의자"라고 조롱을 당했음에도 결과적으로 시대에 뒤떨어진 페론당 원로들이 전면에 나서지 못하도록 막았다. 그리고 반동적인 사고를 지닌 많은 인물을 축출하면서 중산층 유권자들 사이에서 정당 이미지를 쇄신하고자 했다. 이후 페론당은 다음 두 번 대선에서 압도적인 승리를 거뒀다.

이 이야기는 민주주의가 어떻게 작동하는지를 잘 보여준다. 이와 관련해서 정치학자 아담 쉐보르스키는 이러한 인상적인 말을 남겼다. "민주주의는 정당이 선거에서 패배하는 시스템이다."[8] 패배는 가슴 아프지만 민주주의 안에서는 필연적으로 일어나는 사건이다. 그리고 패배에 직면한 정당은 페론당처럼 해야 한다. 즉, 패배를 받아들이고 집으로 돌아가 다음 선거에서 다수의 마음을 사로잡을 방법을 알아내야 한다.

정당이 지는 법을 배울 때

패배를 받아들이고 권력을 평화적으로 넘겨주는 규범은 오늘날 민주주의의 근간이다. 1801년 3월 4일, 미국은 선거를 통해 권력을 한 정당에서 다른 정당으로 넘겨준 역사상 최초의 공화국이 되었다.[9] 그날 현직 대통령이자 연방당 대표인 존 애덤스John Adams는 날이 밝기도 전에 조용히 워싱턴 D.C.를 떠났다. 그리고 1800년 선거에서 경쟁 정당인 민주공화당의 대선 후보로서 애덤스를 물리친 대통령 당선자 토머스 제퍼슨Thomas Jefferson은 그로부터 몇 시간 후 상원 본회의장에서 대통령으로 취임했다.

권력 이양은 새로운 공화국의 생존에 대단히 중요한 사건이었다.[10] 그러나 그것은 피할 수 있는 일도, 그리고 쉬운 일도 아니었다.[11] 1800년만 해도 선거 패배를 인정하고 경쟁 정당에 정권을 넘겨줘야 한다는 규범은 아직 자리 잡지 않은 상태였다. 정치적 반대가 불법적이라는 인식을 받던 때였다. 미국의 건국자를 포함한 많은 정치인은 정치적 반대를 폭동이나 반역으로 여겼다.[12] 그리고 권력을 이양한 사례가 이전에 한 번도 없었기 때문에 경쟁 정당이 향후 선거에서도 그들과 똑같이 행동하리라고 예상하기는 어려웠다. 다시 말해 권력 이양은 "미지의 세상으로 뛰어드는 도전"이었다.[13]

권력 이양은 특히 연방당 사람들에게 힘든 일이었다. 그들은 "건국자들의 딜레마"를 겪어야 했다. 다시 말해 새로운 정치 체제가 자리 잡으려면, 그것을 만든 이들은 다시 기회를 잡을 수 없다는 사실을 받아들여야 했다. 애덤스와 알렉산더 해밀턴Alexander Hamilton과 같은 연방당 지도자들은 헌법의 설계자이자 조지 워싱턴이 남긴 유산의 상속자로서, 스스로를 새로운 공화국의 적법한 관리인이라고 여겼다.[14] 그들은 자신의 이익을 국가의 이익과 같은 것으로 봤고, 검증되지 않은 도전자에게 권력을 넘겨야 한다는 생각에 주저했다.

미국 최초의 야당인 민주공화당이 등장하면서 새로운 공화국의 안정성을 위협했다.[15] 민주공화당의 지지 기반은 1793년에 펜실베이니아를 비롯한 여러 주에서 처음 형성되었다. 그리고 그 움직임은 제퍼슨과 제임스 매디슨James Madison이 이끄는 실질적인 야당의 등장으로 이어졌다. 당시 민주공화당은 경제 정책, 정부 부채, 그리고 무엇보다 전쟁과 평화에 관한 사안 등 여러 가지 주요 문제를 중심으로 연방당과 대립했다. 그들은 연방당을 유사 군주제 지지자("monocrat")로 여겼으며, 대영제국에 대한 애덤스의 외교적 접근방식이 미국에 대한 영국의 지배를 부활시키기 위한 은밀한 시도라고 우려했다.[16]

한편 많은 연방당 인사는 민주공화당을 반역자 집단으로 봤다. 그들은 민주공화당이 프랑스의 혁명 정부에 동조한다고 의심했다(당시 미국과 프랑스 사이에 적대감이 높아지면서 실질적인 전쟁 위협이 고조되고 있었다).[17] 연방당 사람들은 "국내의 적들"이 프랑스의 침공에 협력하고 있다고 두려워했다.[18] 그리고 이러한 두려움은 남부 지방에서 노예 반란이 일어나면서 더욱 증폭되었다.[19] 연방당 인사들은 1800년 중반에 버지니아주에서 일어난 가브리엘의 반란Gabriel's Rebellion과 같은 노예 반란이 공화당과 그들의 이념으로부터 자극을 받은 것이라고 비난했다.[20] 이는 연방당을 지지하는 언론들이 언급한 "프랑스의 진정한 음모"라는 표현과 맥락을 같이 하는 것이었다.

처음에 연방당은 그들의 적을 무너뜨리고자 했다. 1798년 미국 의회는 '외국인 규제 및 선동 금지법Alien and Sedition Acts'을 통과시켰다. 그들은 연방정부를 비난한 민주공화당 정치인과 언론인을 투옥시키기 위해 이 법을 활용했다. 나아가 이 법은 미국 사회를 양극화했다. 버지니아주와 켄터키주는 그들의 영토 내에서 그 법의 존재를 인정하지 않았고, 연방당은 이러한 움직임을 반역으로 규정했다. 버지니아주의 움직임을 프랑스를 지원하기 위한 "음모"의 일환으로 이해했던 해밀턴은 애덤스 행정부에 "버지니아로 진격하기 위한 탄탄한 군사력"을 확보하라고 권고했다.[21] 이에 버지니아의 주 의회는 자체적으로 군사력을 강화하기 시작했다.[22]

1800년 선거 전날까지도 폭력(혹은 내전)의 망령이 젊은 공화국을 떠나지 않았다. 당파적 증오에 따른 상호 불신이 평화로운 권력 이양에 대한 전망을 위태롭게 했다. 역사가 제임스 샤프[James Sharp]는 이렇게 설명했다. "연방당과 공화당은 그들의 적이 어떠한 기만과 폭력을 불사하더라도 권력을 차지하거나 지키기 위해서는 실질적으로 어떤 행동이든 취할 수 있다고 믿으려 했다."[23]

실제로 연방당 지도부는 선거 제도를 완전히 뒤집는 방안을 모색했다. 그들은 상원에서 (당시 연방당이 장악했던) 상하원으로부터 선출한 여섯 명의 인사로 위원회를 설립하고, 대법원장이 "어떤 표를 인정하고 어떤 표를 인정하지 않을지 결정"하도록 하는 법안을 통과시켰다.[24] 그리고 해밀턴은 특별 회기를 통해 레임덕 상태의 (연방당이 장악한) 의회에서 (민주공화당이 장악한) 새로운 의회가 선거인 임명 권한을 연방당 뉴욕 주지사 존 제이[John Jay]에게 넘기도록 하는 법을 통과시키도록 압박했다. 해밀턴은 정적들을 향한 증오로 가득한 서한에서 강경한 정치적 태도를 강조했다. 이러한 태도는《어떻게 민주주의는 무너지는가》에서 살펴봤던 것처럼 민주주의를 파멸로 몰아갈 수 있는 것이었다. 여기서 해밀턴은 이렇게 썼다.

> 우리가 살아가는 시대에 그것은 지나치게 주도면밀한 것은 아니다. 일반적인 규칙을 엄격하게 고수할 때, 사회의 상당한 이익은 쉽게 희생될 수 있다. (⋯) [그러나] 그 규칙이 종교적 '무신론자'와 정치적 '광신자'가 국가 권력을 차지하지 못하도록 막기 위한 '법률적', '헌법적' 수단을 취하지 못하도록 방해해서는 안 된다.[25]

연방당은 그 계획을 실행에 옮기지는 않았다. 그러나 이러한 계획을 고려했다는 사실 자체는 미국에서 처음 권력을 잡았던 정당이 패배를 받아들이기가 얼마나 힘들었는지를 잘 보여준다.

1800년 선거는 또한 제도적 결함으로 위험에 처할 뻔했다. 투표 집계가 끝난 12월에 선거인단은 골치 아픈 소식을 전했다. 애덤스는 분명히 패배했지만, 민주공화당의 두 후보인 제퍼슨(대통령 후보)과 에런 버Aaron Burr(부통령 후보)는 73인의 선거인단 모두 두 후보에게 투표함으로써(당시 선거인단은 각각 두 표를 행사할 수 있었고, 1위 득표자가 대통령, 2위 득표자가 부통령이 되는 시스템이었다—옮긴이) 예상치 못하게 동률을 기록했다. 이제 최종 결정은 연방당이 과반을 차지했던 레임덕 상태의 하원으로 넘어가게 되었다.

애덤스는 마지못해 패배를 받아들이고 고향인 매사추세츠 퀸시로 돌아갈 채비를 했지만, 많은 연방당 사람들은 강경한 전술을 통해 권력을 그대로 유지할 기회를 모색했다. 일부는 선거를 다시 실시하자는 아이디어를 내놨다.[26] 다른 이들은 버를 대통령으로 선출함으로써 연방당이 큰 역할을 차지할 수 있도록 미래의 버 행정부에 요구하고자 했다.[27] 이러한 아이디어 모두 불법적인 것은 아니었지만, 선거에서 이긴 민주공화당이 명백하게도 제퍼슨이 대통령이 되고 버가 부통령이 되는 구도를 원했다는 점에서 당시 한 신문 기사의 표현대로 "국민의 뜻을 실행해야 한다고 규정하는 헌법의 정신"에 위배되는 것이었다.[28] 더욱 논란이 된 아이디어는 그해 12월 연방당 회의에서 제기되었다. 그것은 최종 결정을 대통령 취임 마감 시한인 1801년 3월 4일 이후로 미루자는 것이었다. 이는 상원 의원 구베르뇌르 모리스Gouverneur Morris의 표현대로 "정부를 [임시] 상원 의장의 손으로 던져 넣는 것"이었다.[29] 제퍼슨이 "헌법 늘이기stretching the Constitution"라고 지적했던 이러한 움직임은 분명하게도 헌법 위기를 초래할 위험이 있었다.

연방당 지도부가 이러한 강경 전술을 고려하는 가운데, 민주공화당은 연방당이 권력을 불법적으로 "찬탈"할 음모를 꾸미고 있다고 우려했다.[30] 그래서 제퍼슨과 그의 동료들은 제퍼슨이 말한 "무력을 통한 저항"을 고려하기 시작했다.[31] 펜실베이니아와 버지니아 주지사들은 군사를 끌어 모았고, 제퍼슨의 당선을 막는다면 연방에서 탈퇴하겠다고 으름장을 났다.[32]

1801년 2월 11일 눈 내리는 아침, 선거인단 동률 사태를 해결하기 위해 하원 회의가 소집되었다. 당시 미국 헌법은 16개 주가 각각 한 표씩 갖고 있으며 다수결로 이기기 위해서는 9표가 필요하다고 규정하고 있었다. 하원은 6일 동안 표결을 무려 35번 진행했지만 결과는 변하지 않았다. 8개 주는 계속해서 제퍼슨에게 투표했고, 6개 주는 버에게, 그리고 2개 주는 내부 합의에 이르지 못해 기권표를 던졌다. 막다른 골목에서 벗어나려면 적어도 한 명의 연방당 하원이 제퍼슨에게 표를 던져야 했다. 결국 6일째 되던 날, 델라웨어주 연방당 하원 의원 제임스 베야드^{James Bayard}(그 주의 유일한 하원 의원)가 버에 대한 지지를 철회하겠다고 선언하자 회의 석상에서는 "배신자!"라는 외침이 터져 나왔다. 버를 지지한 델라웨어는 이제 기권으로 돌아섰다. 이후 기권을 유지했던 메릴랜드와 버몬트주가 제퍼슨에게 표를 던지면서, 제퍼슨은 10개 주의 지지로 다수를 차지하게 되었다.[33] 그리고 2주일 후 제퍼슨은 대통령으로 취임했다.

그런데 연방당은 왜 마음을 바꿨던 걸까? 베야드는 친구에게 보낸 편지에서 제퍼슨을 대통령으로 선출하지 않으면 헌법이 붕괴되거나 내전으로 이어질 위험이 있다고 걱정했기 때문에 마음을 바꿨노라고 해명했다. 그는 이렇게 썼다.

몇몇 [연방당] 사람들은 제퍼슨에 대한 반감으로 극단적인 방법까지 생각하고 있더군. 헌법이 붕괴되거나 내전이 일어나는 위험을

확실히 막기 위해서 단호한 결정을 내려야 할 시점이 왔다는 생각
이 들었다네.[34]

애덤스 행정부는 마지못해 미국의 첫 번째 권력이양 과정에 착
수했다. 그 과정은 온전히 평화적이지도(폭력의 불안이 줄곧 이어졌
다) 필연적이지도 않았다. 그래도 연방당은 패배를 받아들이고
권력을 내려놓으면서 결국 미국 민주주의의 기반이 될 헌법 체제
를 강화하는 중요한 발걸음을 내디뎠다.

정당이 지는 법을 배울 때, 민주주의는 비로소 뿌리를 내린다.
그리고 민주주의가 뿌리를 내릴 때, 정권 교체는 일상적인 일이
되고 국민은 이를 당연하게 받아들인다. 2차 세계대전이 끝나고
독일이 다시 민주주의를 회복한 지 70년이 흐른 2021년 12월, 오
랫동안 총리직을 수행한 앙겔라 메르켈Angela Merkel이 자리에서 물
러났다. 그해 가을 메르켈의 기독민주당은 야당인 사회민주당에
패했다. 새로운 사회민주당 총리의 소박한 취임식은 마치 서류
에 서명하고 문서를 주고받는 것으로 끝나는, 카운티 사무소에
서 치르는 결혼식과 같았다. 취임식에 참석한 사람들은 폭력 사
태나 불법적인 권력 강탈보다 당시 유행하던 코로나 변이 감염을
더 걱정하는 듯했다. 새로운 총리인 올라프 숄츠Olaf Scholz가 의사
당 건물에서 자신이 이긴 기독민주당의 아르민 라셰트Armin Laschet
를 만났을 때, 두 사람은 주먹을 맞부딪치며 다정하게 인사를 나

눴다.

민주주의는 어떻게 아무런 잡음 없이 권력을 이양하는 오늘날 독일의 단계에 도달할 수 있을까? 어떻게 패배를 받아들이는 규범을 유지할 수 있을까?

이를 위해 두 가지 조건이 필요하다. 첫째, 앞으로 다시 승리할 기회가 얼마든지 있다고 생각할 때, 정당은 패배를 더 쉽게 받아들인다.

페론당은 1983년 선거 패배로 큰 충격에 휩싸였지만 이후로 아르헨티나 최대 정당의 자리를 지켰다. 그들이 차지한 의석수는 다른 모든 당을 합친 것보다 더 많았다. 페론당 지도자들은 다시 이길 수 있다는 확신과 함께 준비 작업을 재빨리 시작했다. 라리오하의 북서쪽에 위치한 작은 주의 주지사로 당선된 카를로스 메넴Carlos Menem은 1983년에 당이 패배한 이후로 대선 출마를 위한 준비에 돌입했고, 결국 1989년 대선에서 승리를 거뒀다. 페론당 역시 이후로 총 다섯 번의 대선에서 네 번을 이겼다.

연방당 지도부가 미래를 확신하지 못하면서 1801년 정권 이양 과정이 더 힘들어지기는 했지만, 그래도 많은 연방당 지도자는 다시 권력을 잡을 수 있다는 자신감을 보였다. 한 연방당 인사는 제퍼슨이 취임하고 3일 후에 이렇게 선언했다. "우리는 아직 죽지 않았다."[35] 피셔 에임스Fisher Ames는 연방당 동료들에게 야당으로서 새로운 지위를 받아들이라고 조언하면서 이렇게 당부했다.

"조만간 높은 자리로 다시 올라갈 것이니 유리한 상황에서 다시 통치를 시작할 준비를 하십시오."[36] 마찬가지로 애덤스 행정부 시절 재무장관을 지낸 올리버 월코트Oliver Wolcott Jr.는 연방당이 "정당을 그대로 유지하면서 머지않아 영향력을 다시 회복하게 될 것"으로 전망했다.[37] 당시 새 건물에서 업무를 시작한 뉴저지의 한 연방당 정치인은 연방당이 다시 권력을 잡을 때까지 공사를 중단하겠다고 선언했다(실수로 드러났지만).[38]

정당이 패배를 쉽게 받아들이도록 만드는 두 번째 조건은 권력 이양이 재앙으로 이어지지 않을 것이라는 믿음이다. 즉, 정권이 바뀌었다고 해서 생계가 어려워지지는 않을 것이며, 권력을 넘겨주는 정당과 그 지지자가 가장 중요하게 여기는 원칙이 위협받지 않을 것이라는 믿음이 필요하다. 선거는 종종 많은 것이 걸린 전쟁처럼 보인다. 그러나 '너무 많은' 것이 걸린 전쟁에서 '모든 것'을 잃어버릴 수 있다고 두려워할 때, 정당은 어떻게든 권력을 넘기려 하지 않을 것이다. 다시 말해 패배에 대한 지나친 두려움은 정당이 민주주의에 등을 돌리게 만든다.

선거에 걸린 이해관계를 줄이는 작업은 1801년 미국의 정권 이양에서 대단히 중요한 과제였다. 양극화된 선거 운동이 진행되는 가운데 많은 연방당 인사는 공화당을 존재적 위협으로 인식했고, 제퍼슨의 승리를 연방당을 빈곤과 추방으로 몰아갈, 더 나쁘게는 연방당 상원 의원 유리아 트레이시Uriah Tracy의 표현대로 "피 속으로 걸어 들어가게 만들" 자코뱅 스타일의 혁명으로 바라봤다.[39] 그러나 해밀턴을 비롯한 다른 건국자들은 제퍼슨을 기존 시스템에서 벗어나지 않을 실용주의자라고 최종적으로 판단했다.[40] 연방당 인사 루퍼스 킹Rufus King은 선거운동 기간 중 연방당 동료에게 보낸 편지에 이렇게 썼다. 제퍼슨이 승리한다고 해도 "우리의 정치 체제나 재산상 안전이 크게 위협받을 것이라고는 생각하지 않습니다".[41] 그리고 연방당 주요 인사들은 밀실 협상을 진행하는 과정에서 그들이 가장 중요하게 여기는 우선순위(해군, 미합중국 제1은행, 정부 부채)가 제퍼슨 행정부하에서도 보호받을 것이라는 확신을 얻었다.[42] 나아가 권력의 자리에서 물러난 연방당 인사들은 판사 자리 16개를 새롭게 만들고 이를 자신의 동료들로 채우는 방식으로 사법부를 장악했다.[43] 연방당은 제퍼슨의 임기가 재앙으로 이어지지는 않을 것이라는 확신으로 권력을 내려놨다.[44] 해밀턴은 제퍼슨의 유화적인 취임 연설을 들으면서 이렇게 결론을 내렸다. "새 대통령은 위험한 혁신을 시도하지 않을 것이며 전반적으로 전임자들의 전철을 밟아나갈 것이다."[45]

정당이 두려움을 느낄 때, 즉 앞으로 다시 승리할 수 없을 것이며, 무엇보다 하나의 선거를 넘어서 더 많은 것을 잃어버릴 것이라고 두려워할 때, 패배를 받아들이기는 더 힘들어진다. 정치인들이 패배를 지지 기반에 대한 존재적 위협으로 느낄 때, 그들은 권력 이양에 필사적으로 저항할 것이다.

이러한 두려움은 광범위한 사회적 변화가 일어나는 동안에 종종 모습을 드러낸다.

정치심리학 연구는 사회적 지위(다른 사람과 비교해서 자신이 서 있는 위치)가 정치적 태도에 강한 영향을 미친다는 이야기를 들려준다.[46] 우리는 자신이 동일시하는 집단의 지위를 기준으로 개인의 사회적 지위를 평가한다. 이러한 집단은 특정한 사회 계층이나 종교, 지역, 혹은 인종이나 민족에 기반을 두며, 그 집단이 거시적인 사회적 서열 속에서 차지하는 지위는 자기 가치에 대한 개인적인 인식에 큰 영향을 미친다. 경제적·인구 통계적·문화적·정치적 변화는 기존의 사회적 수직체계에 도전하면서, 어떤 집단의 지위는 높이고, 필연적으로 다른 집단의 상대적 지위는 떨어뜨린다. 여기서 작가인 바버라 에런라이크Barbara Ehrenreich가 말한 "추락의 두려움"은 강력한 원동력으로 작용할 수 있다.[47] 정당이 스스로 패자라고 인식하는 집단을 대변할 때, 그들은 종종 급진적인 방향으로 나아간다. 지지자들이 그들의 삶의 방식이 위협에 처했다고 인식할 때, 정당의 지도자들은 어떻게든 승리해야 한다는 압박을 받는다. 패배는 더 이상 받아들일 수 없는 선택지가 된다.

이러한 존재적 위협은 20세기 초 독일에서 민주주의가 등장하는 과정에 장애물로 작용했다. 1차 세계대전이 발발하기 직전에 독일 제국은 부분적으로만 민주주의였고, 고위 귀족과 산업가 및 관료로 이뤄진 소규모 엘리트 집단이 여전히 제국을 지배하고 있었다. 국가 차원의 선거는 있었지만 실제 권력은 프러시아에게 있었다. 독일의 대단히 제한적인 투표권 제도는 부유한 이들에게 유리했고, 차등화된 투표 시스템은 부자들에게 더 많은 표를 부여했다. 1903년 이전에는 비밀 투표가 없었기 때문에 지역 엘리트와 정부 관료는 지역 주민이 어떻게 투표하는지 공개적으로 감시할 수 있었다. 그리고 1903년 이후에도 지주와 산업가는 정부 관료들이 선거에 개입하도록 압박했다.

반면 독일 시민들은 정치 개혁을 강하게 요구했다. 당시 독일은 거대한 중산층과 강력한 시민 사회를 기반으로 한 산업경제 국가였다. 그러나 민주주의 개혁가들은 이러한 흐름에 반발하는 위축되고 겁먹은 보수주의 엘리트 집단의 대응에 직면했다. 낡은 선거 제도를 오랫동안 유지했던 독일의 보수주의자 및 지주 동맹은 투표 제도를 개혁하면 힘을 잃고 선거에서 패할 것이라고 생각했다. 그리고 선거에서 패하면 전반적인 귀족 질서의 해체가 가속화될 것으로 믿었다. 이러한 점에서 민주주의는 그들이 대변하는 모든 가치를 위협하는 이념이었다. 거대 지주들은 시골 지역에서 그들이 누리는 값싼 노동력을 잃어버릴 것이라고 우려했다. 또한 농업 시스템을 뒷받침하는, 시대에 뒤떨어진 보호주의 관세가 사라질까 두려워했다. 그리고 성장하는 산업 지대의 공장 소유주들은 점점 거세지는 노동운동으로 힘을 얻은 근로자 집단에 대한 통제력을 잃어버릴까봐 두려워했다.

결론적으로 프러시아 보수주의자들은 선거 패배 그 이상을 두려워했다. 그들은 사회에서 지배적인 기득권을 잃어버리게 될 것이라고 걱정했다. 1912년 5월 프러시아의 선거 제도를 개혁하기 위한 전쟁 이전의 마지막 시도에서, 프러시아 보수주의 지도자인 에른스트 폰 하이데브란트Ernst von Heydebrand는 의회에서 기존의 질서를 열렬히 옹호하면서 "획일화된 대중에 의한 통치는 (…) 근본적인 자연법에 대한 공격이다!"라고 주장했다.[48] 유명한 정부 관료이자 장군인 에리히 루덴도르프Erich Ludendorff는 1차 세계대전이 벌어지는 가운데 독일 보수주의의 가장 극단적인 모습을 드러냈다. 루덴도르프는 친구에게 보낸 편지에서 민주주의를 "끝없는 테러"라고 묘사했다.[49] 그는 이렇게 썼다. "절대 용납할 수 없는 평등한 참정권의 실현은 전쟁에서 지는 것보다 더 나쁜 일이 될 것이다!"

그래서 독일의 보수주의자들은 정치 개혁을 저지하기 위해 (총 16번에 걸쳐) 계속해서 투표했다. 그들은 노동 계층과 사회주의에 대한 깊은 두려움으로 1차 세계대전이 끝나는 마지막 날까지 민주화에 저항했다.

민주주의에 반대하는 시위

독일 보수주의자들은 2차 세계대전이 끝나는 날까지 패하는 법을 배우지 못했다. 또한 기성 민주주의 정당들 역시 패하는 법을 잊어버렸다. 그렇게 된 이유와 과정을 이해하기 위해, 시선을 아주 다른 곳으로 돌려보자. 그곳은 바로 21세기의 태국이다. 태국은 1930년대 이후로 열두 번 이상의 군사 쿠데타를 겪으면서 험난한 정치 역사를 이어왔다. 그래도 1990년대에는 민주주의가 뿌리를 내리는 것처럼 보였다. 대중 시위로 군사 통치는 막을 내렸고, 군사독재에 오랫동안 맞섰던 중산층 기반의 민주당은 1992년 선거에서 승리했다.[50] 새로운 헌법과 10년 동안 이어진 두 자리 수 경제 성장, 그리고 점차 자신감을 얻으며 확장하는 중산층. 이 모두는 태국의 민주주의 미래를 빛나게 만들었다. 몇몇 평론가는 태국이 일본과 한국, 대만처럼 동아시아 민주주의 국가들 중 하나가 될 것으로 내다봤다.[51]

그런데 21세기 초 상황은 좀 이상하게 흘러갔다. 일련의 군사 쿠데타가 태국의 초기 민주주의를 짓밟았고, 군부는 다시 지배적 지위를 차지했다. 그리고 놀랍게도 1990년대에 민주화 투쟁을 이끈 민주당이 그러한 쿠데타를 인정했다. 대체 무슨 일이 있었던 걸까?

2014년 2월 첫 번째 일요일, 중요한 순간이 찾아왔다. 천만 인구가 사는 대도시 방콕에서 투표소로 가는 길은 언제나 쉽지 않았다. 그런데 그날은 평소보다 더 힘들었다. 주로 교육받은 중산층으로 구성된 시위대가 거리를 메웠다.[52] 시위대는 수개월에 걸쳐 방콕의 도심 광장과 쇼핑몰, 그리고 주요 교차로에서 축제와 같은 분위기로 집회를 이어나갔다. 정치 발언이 음악, 그리고 대형 스크린과 함께 어우러졌다. 하루 일과를 마친 대학생과 교수들은 얼굴에 태국 국기를 그려 넣고서 거리로 몰려들었다.[53] 그리고 자신의 사진을 찍어 페이스북에 올렸다. 배우와 팝스타, 태국의 부잣집과 유명 가문의 자제들도 시위에 함께 참여했다. 그렇게 유행이 된 시위 현장에 26억 달러 규모 기업인 싱하Singha 맥주 가문의 28세 상속녀 치파스 비롬바크디Chitpas Bhirombhakdi가 불도저를 몰고 와서 경찰의 바리케이트를 뚫었다. 군인들이 최루탄을 발사하자 그녀는 동료 시민들의 눈을 씻어줬고, 당시 시위 장면을 찍은 사진을 인스타그램에 올렸다. 방콕의 패션 잡지인 〈타일랜드 태틀러Thailand Tatler〉의 한 편집자는 로이터 기자들에게 이렇게 말했다. "사회면에서나 흔히 볼 수 있던 인물들이 거기 있었습니다. 이들 유명 가문 출신은 침묵하는 소수라고 불리곤 했습니다. 이제 그들은 더 이상 침묵하지 않습니다."

집회는 축제 분위기 속에서도 진지한 목표에 주목했다. 시위자들은 잉락 친나왓Yingluck Shinawatra 총리의 부패를 비난하고 사퇴를 요구했다. 이후 잉락 총리가 선거를 요청하자 시위자들은 이에

'반대'하기 위해 거리로 쏟아져 나왔다. 그런데 시위를 조직한 이들 중 많은 사람이 놀랍게도 민주당 출신이었다. 전 민주당 총서기 수텝 트악수반Suthep Thaugsuban이 이끄는 국민민주주의개혁위원회People's Democratic Reform Committee, PDRC는 선거를 저지하기 위한 캠페인을 벌였다. PDRC와 민주당 출신 운동가들은 후보자들이 등록을 하지 못하도록 몸으로 막아섰고, 시위 지도부는 선거 거부를 요구했다. 시위대와 분명히 협조하고 있던 민주당은 결국 선거와 거리를 두기로 결정했다.[54] 그리고 선거 이틀 전에 민주당 소속 변호인단은 헌법재판소가 그 선거를 무효로 선언하도록 청원했다.[55] 시위자들은 선거 당일에 투표용지 배부를 방해했고, 투표소를 폐쇄하도록 선거 담당 공무원들을 압박했으며, 유권자들이 투표하지 못하도록 위협했다.[56] 투표장 다섯 곳 중 하나꼴로 투표가 제대로 이뤄지지 못했다.[57] 많은 선거 담당 공무원들이 시위대에 가로막혀 투표소에 도착하지도 못했다. 좌절한 유권자들은 유권자 등록 카드를 손에 들고 줄을 서서 기다리면서 이렇게 외쳤다. "선거! 선거! 우리는 오늘 투표를 원한다!" 그러나 대부분 중산층인 방콕 시민들은 선거를 포기했다. 시위대가 내걸었던 슬로건 중 하나는 부동산 거물 스리바라 이사라Srivara Issara가 시위대에 합류하면서 내놨던 "도덕적 올바름이 민주주의에 앞선다!"는 것이었다.[58]

시위자들은 2014년 2월 선거를 성공적으로 막아냈고 헌법재판소는 결국 이를 무효로 선언했다. 5월, 잉락 총리는 세부 조항을 근거로 탄핵되었다. 그러나 2주일 후, 왕의 지지를 등에 업은 군부가 계엄령을 선포하고 헌법을 폐기했다. 그리고 국가평화유지위원회National Council for Peace and Order라는 군사정권을 수립함으로써 태국의 민주주의를 끝내버렸다. PDRC 운동가들은 이를 축하하면서 군인들에게 장미를 건네고 그들의 등장에 감사를 표했다. 시위대 지도자 삼딘 레트버트Samdin Lertbutr는 이렇게 말했다. "승리의 날입니다. 군대는 그들의 역할을 했습니다. 그리고 우리는 우리의 역할을 했습니다."[59] 민주당 역시 이후에 군부가 주축이 된 정부에 합류하면서 쿠데타를 사실상 인정했다.[60]

어떻게 태국의 민주당처럼 오랫동안 민주주의 수호자를 자처했던 주류 중산층 정당이 선거를 부정하고 군사 쿠데타를 받아들이게 되었을까?

민주당은 PDRC 시위에 참여했던 전문가와 대학생, 그리고 도시 중산층 유권자의 정당이었다. 그 정당의 기반은 주로 방콕과 태국 남부 일부에 집중되었다. 방콕은 7천만 인구가 사는 나라의 작은 섬 하나에 불과했고, 민주당은 태국의 중심부라 할 수 있는 방콕 북쪽 지역에 사는 가난한 농부와 농업 종사자, 택시 운전사, 영세 자영업자 및 여러 시골 지역과 소도시 유권자에게는 다가가려는 진지한 노력을 하지 않았다. 이러한 사실은 오랫동안 큰 문제가 아니었다. 태국 중심부에 거주하는 수백만 유권자는 방콕에서 멀리 떨어진 여러 다양한 전국 규모 정당들을 지지하지 않았고, 그들의 표는 종종 지역 정치 브로커들에 의해 매수되었다.[61] 이처럼 정치적으로 분열된 상황 덕분에 민주당은 방콕과 남부 지역에만 집중하고도 경쟁력을 유지할 수 있었다. 그러나 1990년대 말 상황이 바뀌었다. 1997년에 아시아 금융위기가 터지면서 주류 정당들, 특히 민주당은 대중의 지지를 잃어버렸고, 아웃사이더 비즈니스 거물인 탁신 친나왓Thaksin Shinawatra과 그가 새롭게 조직한 타이락타이당Thai Rak Thai Party(태국인은 태국인을 사랑한다)이 2001년 선거에서 승리를 휩쓸었다.

탁신 총리는 많은 논란을 불러일으켰고 그의 행정부는 수차례 부패 혐의를 받았다.[62] 하지만 탁신은 북부의 가난한 농촌 지역을 겨냥한 정책으로 선거에서 이길 수 있다는 사실을 파악한 눈치 빠른 정치인이었다. 2001년 탁신은 농민을 대상으로 3년간 부채 상환을 면제하고, 농촌 경제를 쌀농사를 넘어서 다각화하도록 보조금을 지원하고, 또한 보편 의료보험 프로그램을 야심차게 실시하는 등 새로운 "사회 계약" 사업을 추진했다.[63] 그리고 결국 성공을 거뒀다.[64] 탁신 행정부는 가난한 유권자를 위한 공공 정책에 수십억 달러를 투자했고 태국을 보편 의료보험을 갖춘, 그리고 세계적인 기준의 중간 소득 국가로 처음으로 바꿔놓았다.[65] 빈곤율은 특히 농촌 지역에서 크게 낮아졌다. 그리고 수십 년 만에 처음으로 불평등 수준이 완화되었다.[66]

탁신의 사회 정책은 선거에서 큰 힘을 발휘했다. 2005년 선거에서 탁신의 타이락타이당은 놀랍게도 60퍼센트 득표율을 기록했고, 이는 2위를 차지한 민주당 득표율의 세 배에 달하는 것이었다. 민주당은 갑작스럽게 경쟁력을 잃어버렸다. 2006년 탁신의 금융 거래에 대한 비판의 목소리가 높아지는 가운데 탁신이 새로운 의회 선거를 선언했을 때, 민주당은 민주주의 규범에 대한 의지에서 흔들리는 모습을 보이기 시작했다. 민주당은 선거를 거부했고 (탁신은 다시 한번 압도적인 승리를 거두었지만) 그 직후 헌법재판소는 이를 무효화했다. 그리고 몇 달 후 군부가 쿠데타로 권력을 잡으면서 탁신은 체포를 피해 망명길에 올라야 했다. 군부는 2007년에 새로운 선거를 실시할 계획이었지만, 탁신의 타이락타이당은 출마를 금지시켰다.

하지만 출마 금지는 효과가 없었다. 2007년 선거는 인민권력당People's Power Party의 승리로 돌아갔다. 인민권력당은 타이락타이당과 망명한 탁신을 대신해 새롭게 등장한 정당이었다. 이후 그 당 또한 해체되자 탁신 지지자들은 제3당인 프아타이당Pheu Thai Party을 중심으로 다시 뭉쳤다. 탁신의 여동생인 잉락 친나왓이 이끈 프아타이당은 2011년 의회 선거에서 민주당의 두 배에 달하는 의석을 차지하면서 승리를 거뒀다.

민주당은 이제 더 이상 자유롭고 공정한 선거에서 이길 수 없을 것으로 보였다. 태국 국왕과의 가까운 관계, 그리고 태국 기득권층의 지지에도 불구하고 민주당은 2001~2011년 동안 선거에서 다섯 번 잇달아 패했다.

교육 수준이 높고 전문직에 종사하는 중산층에 해당하는 민주당 지지자들을 2013년과 2014년에 거리로 쏟아져 나가게 만든 것은 단지 민주당의 선거적 무능만은 아니었다. 또한 잉락 정부의 부패 혐의나 망명 중인 탁신이 태국에 돌아올 수 있도록 허용하는 사면 법안 때문도 아니었다. 그들의 분노는 뿌리가 깊었다. 방콕의 엘리트 집단은 태국 사회 내에서 권력과 부, 지위의 균형점이 이동하는 흐름에 점차 분노하고 있었다. 그들은 태국의 정치·경제·문화적 수직체계의 꼭대기에 오랫동안 앉아 있었다. 유명 대학들 모두 방콕에 집중되어 있었다. 부자들은 자녀를 방콕이나 영국, 혹은 미국의 대학으로 보냈다. 그리고 이러한 엘리트 교육 기관들은 민간 및 정부 분야에서 높은 지위로 올라가기 위한 주요 통로로 기능했다. 20세기에 수차례 정권이 바뀌었음에도 사회적으로 높은 지위를 차지하고 있던 엘리트 집단은 안정적이고도 폐쇄적인 모습 그대로 남아 있었다.

그러나 탁신 행정부하에서 변화가 시작되었다. 2001년 이후로 국민소득 중 가난한 계층이 차지하는 몫이 증가하면서 불평등이 완화되었다.[67] 그러나 도시 중산층은 그만큼 압박을 느꼈다. 탁신과 잉락은 시골 지역의 가난한 사람들에 집중하면서 수십 년간 태국의 정치를 편안하게 지배했던 방콕 중심의 세상을 소외시켰다. 탁신 행정부는 부패와 조세 회피, 권력 남용에 대한 고발로 평판에 금이 갔지만, 선거에서 계속해서 승리하면서 그의 안정적인 대중적 인기는 의심할 수 없게 되었다.[68]

탁신의 승리와 관련해서 방콕의 사회·정치 엘리트를 큰 충격에 빠트린 것은 또 다른 영역에서 승리를 거두고 있던 인물들이었다. 싱하 맥주 상속녀이자 2014년 시위에서 매력적인 운동가로 활동했던 치파스 비롬바크디는 이러한 사회적 분위기를 감지했고, 〈재팬타임스〉와의 인터뷰에서 태국 사람들, "특히 시골 지역" 사람들은 민주주의에 대한 "진정한 이해"가 부족하다고 말했다.[69] 그리고 시위에 참여했던 또 다른 유명 인물이자 문화계 인사, 그리고 태국의 에너지 드링크 기업 CEO인 페치 오사타누그라Petch Osathanugrah는 한 기자에게 이런 이야기를 들려줬다. "민주주의를 전적으로 지지하는 것은 아닙니다. (…) 우리가 민주주의를 실행에 옮길 준비가 되어 있다고 생각하지 않습니다. 우리는 중국이나 싱가포르와 같은 강력한 정부를 원합니다. 독재와 비슷하지만 국가의 이익을 위해 일하는 정부 말이죠."[70] 시위자들 대부분이 이러한 생각에 동조했다. 2014년에 실시한 설문조사는 350명의 시위자들에게 "태국 국민은 평등한 투표권을 누릴 준비가 되어 있지 않다"라는 주장에 동의하는지 물었다. 그 결과, 그 주장이 "민주주의 원칙을 심각하게 훼손시킨다"라고 답한 응답자는 30퍼센트에 불과했고, 나머지 70퍼센트는 그 주장에 동의하

거나 "현실을 받아들여야 한다"라고 답했다.[71]

사회적 지위가 높은 태국인들이 민주주의에 대해 드러낸 반감은 쫓겨날지 모른다는 두려움에서 비롯된 것이었다. 작가 마크 사세르Marc Saxer는 21세기 첫 십 년에 이르기까지 태국 민주주의 규범의 수호자였던 도시 중산층에 대해 이렇게 말했다.

> (그들은 머지않아) 자신이 (…) 소수로 전락했다는 사실을 깨닫게 되었다. 이제 똑똑한 정치 사업가들이 집결시킨 주변부 지역이 모든 선거에서 손쉽게 승리를 거뒀다. 사회·정치적 삶에서 온전한 참여를 요구한 시골 지역 중산층의 성장을 눈치채지 못한 중심부 중산층은 평등한 권리와 공공의 이익에 대한 요구를 "가난한 자들이 탐욕스러워졌다"라는 식으로 치부해버렸다.[72]

이러한 인식은 2013~2014년에 걸친 시위를 자극했던 정서였다. 정치학자 던컨 맥카고Duncan McCargo에 따르면, 기존 엘리트 집단의 주된 목적은 "여전히 지배 네트워크와 그 지지자들이 사회를 장악[가능]했던, 지방 유권자를 배제[가능]했던 상상 속 탁신 이전의 시대"로 돌아가는 것이었다.[73]

1990년대에 민주주의를 열망했던 많은 중산층 구성원들이 이제 시위 결과에 두려움을 느끼기 시작했다. 그래서 2014년 잉락 총리가 시위의 위험을 막고자 새로운 선거를 선언했을 때, 민주당은 이를 거부하고 선거를 보이콧하기까지 했다. 시위자들과 그들의 민주당 동맹이 무엇보다 두려워한 것은 자유롭고 공정한 선거였다. 그래서 한때 쿠데타와 왕족의 절대 권력에 격렬하게 저항했던 민주당은 2014년 쿠데타를 암묵적으로 지지했고, 이후에 군부가 이끄는 행정부에 합류했다.[74] 민주주의가 방콕 엘리트의 사회·문화·정치 권력에 도전하기 시작했을 때, 민주당은 민주주의에 등을 돌려버렸던 것이다.

두려움은 때로 사회를 독재로 되돌리려는 원동력으로 작용한다. 정치권력을 잃게 될지 모른다는 두려움, 더 중요하게는 기존의 지배적인 사회적 지위를 잃어버리게 될지 모른다는 두려움이 바로 그러한 힘으로 작용한다. 그런데 주류 정당이 이러한 두려움 때문에 민주주의로부터 등을 돌리게 된다면, 정확하게 무엇이 그들을 그렇게 행동하도록 만드는 것일까? 무엇이 태국의 민주주의를 공격했는지는 쉽게 확인할 수 있다. 태국 역사에서는 군부가 열두 번에 걸쳐 권력을 잡았기 때문이다. 그러나 보다 유서 깊은 민주주의 사회에서는 그런 방식을 보기도 더 힘들고, 막기도 더 어렵다.

2장

독재의
평범성

1934년 1월 말, 파리 시민들은 촉각을 곤두세웠다. 약 10년 전 프랑스는 1차 세계대전에서 승리를 거뒀고, 시민들 대부분은 유럽에서 민주주의 역사가 가장 오래된 그들의 나라가 유럽의 모범 국가라는 생각을 서서히 받아들이게 되었다. 그러나 1934년, 세상은 다시 위험에 빠졌다. 대공황과 여러 유명한 부패 스캔들, 치안 불안의 고조, 그리고 (5년간 총리 13명이 취임하는) 불안정한 정권이 이어지면서 점점 더 많은 사람이 분노와 불만에 휩싸였다.

1934년 2월 6일 오후[1], 주로 재향군인회와 우파민병대("연맹league"이라고도 하는), 청년애국단, 프랑스행동, 크루아드푀Croix de Feu(불의 십자가) 같은 단체 회원들로 구성된 수만 명의 분노한 젊은 남성들이 강 건너 프랑스 국회의사당과 마주한, 유명한 콩코르드

광장 주변으로 몰려들었다.[2] 이념과 목표는 달랐지만 그들은 의회 민주주의에 대한 적대감으로 뭉쳤다. 몇몇 유사 파시스트 집단은 무솔리니의 검은 셔츠단Blackshirt 흉내를 냈다. 가령 이탈리아 파시즘을 숭배했던 청년애국단 회원들은 청색 재킷 차림에 베레모를 쓰고서 가두 행진을 벌였다. 다른 집단은 의회를 해체하고 이를 "공공안전부"로 대체하거나, 아니면 보나파르트파Bonapartist 정부로 돌아가야 한다고 주장했다.[3] 또 다른 집단은 의사당 안에서 이뤄지는 공식적인 투표 집계를 저지하고 우파 정부를 수립해야 한다고 주장했다.[4] 동시에 이들 모두는 애국자임을 자처했고 ("프랑스인을 위한 프랑스"라는 슬로건 아래) 진보주의와 사회주의 경쟁자들을 나약한 반역 집단으로 비난했다.[5]

그날 밤 벌어진 사건은 끔찍한 전환점이 되었다.[6] 폭도의 물결이 의사당과 그곳에 있는 사람들에게 향했다. 그들은 버스에 불을 질렀다. 수만 명의 폭도가 의자와 쇠막대, 돌멩이를 마구 집어던졌다. 그리고 끝에 칼날을 매단 긴 막대기를 들고서 광장을 가로질러 의사당으로 행진하면서 소리를 질렀다. 말을 탄 경찰들이 그들을 막아섰지만, 시위대는 긴 막대기로 말의 다리를 찔렀다. 총소리는 의사당 회의실 안에서도 들렸다. 한 사람이 소리쳤다. "총을 쏘고 있어요!" 며칠 전부터 들려왔던 "의원들을 교수형에 처하라!"라는 폭도들의 외침에 의사당에 있던 사람들은 공포에 떨었다.[7] 한 의원이 "회의실 문들을 부수고 있다!"라고 외치자 사람들은 뿔뿔이 흩어져 숨었다.[8] 의사당 건물 안에 있던 기자들은 기자실로 몸을 피했고, "시위대에 알림: 여기에는 의원이 한 명도 없음!"이라고 손으로 쓴 팻말을 문에다가 걸었다.[9] 그날 기자실에 숨어 있던 〈맨체스터 가디언〉의 한 기자는 편집자에게 전화를 걸어 상황을 설명하면서 그 이야기를 기록하도록 했다. 그가 공포에 떨며 전했던 소식은 다음 날 〈가디언〉 전면에 실렸다.

> 포위된 요새 안에서 전화를 걸었습니다. 의원실에서는 아무도 빠져나오지 못했습니다. 강의 남쪽에 인접한 의사당 구역 전체는 경찰이 통제하고 있으며, 지금 이 순간에도 수천 명의 폭도가 [회의실로 진입하기 위해] 경찰차로 만든 바리케이드를 뚫으려고 시도하고 있습니다.[10]

더 많은 경찰이 도착했다. 저녁 10시 30분, 경찰은 의사당 문을 뚫고 진입을 시도했다. 당시 이미 많은 사망자가 나온 상태였다. 그리고 수백 명이 부상을 당했다. 생명에 위협을 느낀 의원들은 뒷문으로 몰래 탈출했다. 한 장관은 몰래 빠져나가는 과정에서 시위대에 발각되었다.[11] 그들은 장관을 강으로 끌고 가면서 "센 강에 던져 넣어라!"라고 외쳤다(마침 인근에 있던 경찰이 그를 구조했다).

프랑스 민주주의는 1934년 2월 6일 폭동으로 무너지지는 않았다. 그러나 치명타를 입었다. 이후 에두아르 달라디에Édouard Daladier

총리는 곧장 사임했고, 시위대가 받아들일 것이라고 생각된 우파 정치인 가스통 두메르그Gaston Doumergue가 총리 자리를 이어받았다.[12] 시위대는 목표를 일부 달성했다. 중도 우파인 달라디에 정부를 시위로 끌어내린 것이다. 이후 우파 극단주의자들은 더 대담해졌고 더 많은 세력을 끌어모았다.

많은 프랑스 정치인은 그 폭동에 분노를 표출했다. 온건한 보수주의자 알베르 르브룅Albert Lebrun 대통령은 시위를 "공화국 제도에 대한 공격"이라고 비난했다.[13] 좌파 정당(사회당과 공산당)과 중도 진보 정당(급진당) 또한 거센 비난에 합류했다.[14] 이들 정당은 2월 6일 이전에 다양한 국정 사안을 놓고 대립하고 있었지만, 이제 한목소리로 이번 폭동이 파시즘의 전조가 될 수 있다고 우려하기 시작했다. 2월 6일 공화국 반대 행진에 참여했던 극좌파 공산주의자들조차 사회주의자 및 진보주의자들과 뜻을 같이했다.

반면 프랑스의 주요 보수주의 정당인 공화연맹당Fédération républicaine은 놀랍게도 극단주의 집단의 움직임을 가만히 지켜봤다. 1903년에 설립된 공화연맹당은 민주주의를 강력하게 지지한다고 알려진 루이 마랭Louis Marin이 오랫동안 이끈 정당이었다.[15] 그러나 1930년대 초에 오른쪽으로 이동하면서 청년애국단에 몇 차례 가벼운 제안을 했고, 이후에는 공식적으로 그 단체의 활동가들을 영입했다. 엘리트 집단을 대변하는 정당으로 오랫동안 인식된 공화연맹당은 점차 청년애국단을 비롯한 여러 극우 단체들을 활동과 에너지의 원천으로 인식하기 시작했다. 그리고 동일한 인물이 정당과 극우 단체에서 동시에 활동하면서 "정당"의 공식적인 구성원과 폭력적인 활동가 사이의 경계가 점점 모호해졌다.

공화연맹당 의원 중 35명 이상이 청년애국단으로 활동했다.[16] 그리고 청년애국단 지도부 세 명은 동시에 공화연맹당 지도부로 활동했다. 군복 차림의 청년애국단 활동가들은 공화연맹당 모임에서 보안을 책임졌고 선거일에는 투표 업무를 도왔다. 공화연맹당의 유명 의원인 필리프 앙리오[Philippe Henriot](나중에 나치와 연합한 비시[Vichy] 정부에서 선전장관으로 변신했던)는 청년애국단을 공화연맹당의 "돌격대"로 지칭했다.[17]

프랑스 보수주의자들 대부분은 1934년 2월 6일 폭동에도 잠에서 깨어나지 않았다. 좌파에 대한 증오가 가득했던 공화연맹당 지도부는 오히려 이번 폭동으로 극우 단체들에 대한 지지를 강화했다.

주류 보수주의자들이 민주주의에 반대하는 극단주의자들의 움직임에 동조하면서 2월 6일 폭동에 힘을 실어줬다. 폭동을 직접 목격한 이들은 나중에 공화연맹당과 여러 우파 정치인들이 의사당 안에서 공범 역할을 했다고 보고했다.[18] 2월 6일 폭동의 중심지는 파리 시청사인 오텔 드 빌[Hôtel de Ville]이었다. 역사가 세르주 베르스탱[Serge Berstein]은 그 건물을 "그날의 사건을 지휘한 일종의 정치본부"라고 설명했다.[19] 폭동이 있던 날 아침에 의회 의원과 시

의원이 포함된 유명 보수주의 정치인들이 오텔 드 빌에 모였고, 사건의 전개 상황을 보고받았다. 그중 일부는 그날 오후에 시위대를 따라 행진에 참여하기도 했다. 또한 이들은 거리의 시위대를 격려하기 위해 전단지에 서명을 해서 미리 배포하거나 길거리 벽에 붙여놓기도 했다. 그 전단지에는 이런 문구가 들어 있었다. "중요한 순간이다. 프랑스 전체는 수도의 응답을 기다리고 있다. 파리는 목소리를 낼 것이다!"[20]

폭동이 끝나고 여러 유명 보수주의자들은 그 사건을 가볍게 치부하거나 정당화하기까지 했다. "2월 6일의 의미"에 대한 정의는 이제 많은 것이 걸린 정치적 싸움이 되었다.[21] 몇몇 보수주의 언론과 정치인은 폭력이 있었다는 사실을 무시하고 그 사건이 정치에 무관한 퇴역 군인들이 벌인 합법 시위라고 주장하면서 정권을 전복하려 한 음모를 부정했다.[22]

또한 주류 보수주의 정치인과 언론 매체 대부분은 사실과 완전히 다른 설명을 내놨다. 그들은 시위자들이 부패와 공산주의, 정치적 교착 상태로부터 공화국을 구하고자 했던 영웅적인 애국자라고 주장했다.[23] 그리고 폭력에 대해 비난받아야 할 대상은 경찰이라고 말했다.[24] 공화연맹당 부대표는 시위자들에 대해 이렇게 설명했다. "목숨을 바쳤지만 충분히 칭송받지 못하는 순교자들…. 1934년 2월 6일에 그들이 흘린 피는 국가적 차원에서 중요한 깨달음의 씨앗이 될 것입니다."[25] 그리고 "보이지 않는 곳에서

2월 6일 사건을 지휘한 인물"[26]로 알려진 샤를 데 이스나르Charles des Isnards는 정권 교체를 위해 폭력 시위를 지지했느냐는 질문에 이렇게 대답했다. "폭동이 가장 신성한 의무일 때가 있습니다."[27]

2월 6일 폭동을 지지하고 공개적으로 옹호했던 프랑스 보수주의자들은 그 사건에 대한 공식 수사를 방해하고자 했다. 폭동 이후로 구성된 44인의 '의회조사위원회commission d'enquête'는 인터뷰와 증언, 경찰 서류 및 다양한 증거 자료를 바탕으로 객관적인 정보를 담은 수천 페이지짜리 보고서를 내놨다. 조사위원회는 의회 내 정당의 의석수를 기준으로 구성되었기 때문에 거기에는 우파 의원도 포함되어 있었다.

일반적인 설명에 따르면, 조사위원회 위원장을 맡은 중도 진영의 로랑 보네베Laurent Bonnevay는 공정하게 수사를 진행하고자 했다. 그러나 조사위원회 내 우파 위원들은 수사 초반부터 내부적으로 사건을 무마하려고 시도했다. 언론계 소문과 고발로부터 정보를 얻은 이들은 사실을 파헤치려는 위원회 활동을 지속적으로 방해했다. 이들 위원은 폭동을 일으킨 이들의 진실성을 입증하고 그들을 희생자로 인정하는 표현을 보고서에 포함시키고자 했으며, 의회와 경찰에 대해 많은 비난을 쏟아냈다.[28] 조사위원회는 합의를 바탕으로 보고서를 내놓기 위해 어쩔 수 없이 경찰 대응에만 집중한 희석된 결론을 제시했다.[29]

그러나 이처럼 신중한 결론조차 우파 위원들에게는 과한 것이었다. 조사위원회 위원장이 지금까지 확인한 내용을 공개했을 때, 공화연맹당의 한 주요 위원은 이에 대한 비난을 주도했다. 그는 발표 내용을 공식적으로 부인하면서 시위자들은 "숭고"한 이들이었고 정부와 경찰이 잘못을 저질렀으며 의회에 침입하려고 했던 모든 이들에 대한 체포는 정당화될 수 없다는 식으로 사건에 대한 또 다른 설명을 내놨다. 결국 공화연맹당 의원들 모두 위원회에서 사퇴했다.[30]

그렇게 나온 조사위원회 보고서에는 알맹이가 빠져 있었다. 2월 6일 사건에 대한 아무런 해명이 없는 상태에서 프랑스 민주주의는 힘을 잃었다. 그리고 그로부터 6년 후 죽음을 맞이하게 되었다.

표면적으로 충직한 민주주의자

1934년 2월 6일은 프랑스 민주주의에서 대단히 중요한 날이었다. 그러나 정작 그날을 중요하게 만든 것은 폭도들이 거리에서 보인 행동이 아니라 주류 보수주의 정치인들이 보인 반응이었다. 결론적으로 그들의 반응은 민주주의를 질식시키는 과정에서 미묘하지만 결정적인 역할을 했다.

민주주의에 헌신적인 정치인들, 혹은 정치학자 후안 린츠^{Juan}

Linz가 충직한 민주주의자loyal democrat라고 부른 사람들은 언제나 세 가지 기본적인 행동을 실행에 옮겨야 한다.[31] 첫째, 승패를 떠나 자유롭고 공정한 선거의 결과를 존중해야 한다.[32] 이 말은 패배를 일관적이고 명확하게 받아들여야 한다는 뜻이다. 둘째, 민주주의자는 정치적 목표를 달성하기 위한 수단으로 폭력(혹은 폭력을 쓰겠다는 위협)을 사용하는 전략을 분명히 거부해야 한다. 군사 쿠데타를 지지하고, 폭동을 조직하고, 반란을 조장하고, 폭탄 투척 및 암살 등 다양한 테러 행위를 계획하고, 정적을 물리치거나 유권자를 위협하기 위해 군대나 폭력배를 동원하는 정치인은 민주주의자가 아니다. '위 두 가지 기본 원칙'을 어기는 모든 정당과 정치인은 민주주의에 대한 위협으로 간주해야 한다.

충직한 민주주의자에게 요구되는 또 하나의 미묘한 원칙이 있다. 그것은 반민주주의 세력과 확실하게 관계를 끊어야 한다는 것이다. 민주주의 암살자에게는 언제나 공범이 있다. 그 공범은 민주주의 규칙을 지키는 것처럼 보이지만, 드러나지 않는 곳에서 그 규칙을 공격하는 정치 내부자들이다. 린츠는 이들을 가리켜 "표면적으로 충직한semi-loyal" 민주주의자라고 불렀다.[33]

표면적으로 충직한 민주주의자는 얼핏 충직한 민주주의자와 다르게 보이지 않는다. 그들은 대부분 정장과 넥타이 차림의 주류 정치인이며, 겉으로 규칙을 준수하고, 심지어 그 규칙을 기반으로 성장한다. 그리고 민주주의에 노골적으로 반대되는 행동을 하지 않는다. 그래서 민주주의가 살해당했을 때에도, 살해 도구에서 그들의 지문이 발견되는 일은 거의 없다. 하지만 착각해서는 안 된다. 표면적으로 충직한 정치인은 민주주의가 무너지는 과정에서 존재를 드러내지 않지만 중추적인 역할을 담당한다.[34]

충직한 민주주의자가 민주주의에 반하는 행동을 일관적이고 확고하게 거부하는 데 반해, 표면적으로 충직한 민주주의자는 다소 애매모호한 태도를 취한다. 그들은 두 가지 방식으로 움직인다. 즉, 민주주의를 지지한다고 주장하면서, 동시에 폭력이나 반민주적 극단주의에 눈을 감는다. 이러한 애매모호한 태도야말로 그들이 그토록 위험한 이유다. 뚜렷하게 독재적인 인물(쿠데타 음모자나 무장한 폭도)은 쉽게 확인이 가능하다. 그들은 자신의 힘만으로 민주주의를 무너뜨리기 위한 여론의 지지나 정당성을 충분히 확보하지 못한다. 그러나 표면적으로 충직한 민주주의자가 (권력으로 나아가는 길에 숨어서) 그들과 협력할 때, 노골적인 독재 세력은 훨씬 더 위험해진다. 주류 정당이 전제적인 극단주의자를 용인하고, 묵인하고, 혹은 이들에 대해 애매모호한 입장을 취할 때, 민주주의는 곤경에 빠진다. 그들은 독재를 현실적으로 구현하는 조력자가 된다. 실제로 역사에 걸쳐 독재주의자, 그리고 유명한 표면적으로 충직한 민주주의자들 사이의 연합은 민주주의를 무너뜨리는 비법으로 작용했다.[35]

그렇다면 충직한 민주주의자와 표면적으로 충직한 민주주의자를 어떻게 구분할 수 있을까? 이를 위한 리트머스 시험지는 정치인들이 '자신과 관련된 세력'이 폭력적이거나 반민주적인 행동을 했을 때 보이는 반응이다. 정치 스펙트럼에서 자신과 반대편에 있는 전제주의자를 비난하는 일은 어렵지 않다. 진보주의자는 파시스트를 단호하게 비난하고 반대한다. 마찬가지로 보수주의자는 폭력적이고 급진적인 좌파 인사를 격렬하게 비난하고 반대한다. 그런데 자신이 속한 당 내부에서 이러한 반민주적인 행위가 발생했을 때는 어떨까? 가령 급진 청년당이나 새롭게 등장한 당내 조직, 새로 손잡은 정치 아웃사이더, 혹은 당의 많은 지도자와 활동가가 소속되거나 동조하는 연합이 그런 일을 벌였을 때, 아니면 당의 근간에 상당한 영향을 미치는 새로운 정치 운동이 일어났을 때 말이다.

　충직한 민주주의자는 이러한 상황에 직면해서 네 가지 기본 원칙을 따른다. 첫째, 그들은 당의 주류에 반대하는 위험을 무릅쓰고 '자신이 속한 조직에서 반민주적 극단주의자를 내쫓으려고 한다'. 예를 들어 1930년대에 스웨덴 최대 보수당은 파시즘과 히틀러를 받아들인 스웨덴 민족주의청년동맹Swedish National Youth Organization에 속한 4만 명에 달하는 청년 단원들을 내쫓았다.[36] 반면 표면적으로 충직한 민주주의자는 반민주적 극단주의자를 묵인하거나 심지어 함께 손을 잡기까지 한다. 그들은 개인적으로 극단주의자를 거부하지만, 당을 분열시키거나 이로 인해 지지 기반을 잃어버릴지 모른다는 두려움을 느낄 때, 정치적으로 묵인한다.

둘째, 충직한 민주주의자는 '반민주적인 행동에 관여한 연합 단체와 모든 관계를 (정치적으로, 그리고 개인적으로) 끊는다'. 그리고 이들 단체와 협력을 중단할 뿐 아니라, 그들의 존재를 인정하지 않고, 또한 공식 석상에 그들과 함께 모습을 드러내지 않는다. 그리고 그들과 비밀 협약을 하거나 밀실 논의를 하지 않는다. 반면 표면적으로 충직한 민주주의자는 극단주의자와 계속해서 협력을 이어나간다. 그리고 정치적 연합을 형성한다. 가령 스페인 중도우파 공화당은 1934년 무장봉기에 참여한 좌파 인사들과 손을 잡았다.[37] 이러한 협력은 대부분 느슨하거나 비공식적인 형태로 이뤄진다. 표면적으로 충직한 민주주의자는 공식적인 차원에서 극단주의자와 거리를 두지만, 암묵적으로 협력하고 그들의 지원을 기꺼이 받아들인다.

셋째, 충직한 민주주의자는 연합을 형성했거나 이념적으로 가까운 단체가 관여한 상황에서도 '정치적 폭력과 다양한 반민주적 행동을 확실하게 비판한다'. 극단적인 양극화나 위기의 시기에는 반민주적인 태도를 취함으로써 상당한 대중적 지지를 얻을 수 있다. 그러나 충직한 민주주의자는 그럴 때조차 반민주적인 태도를 용인하고, 정당화하고, 혹은 받아들이려는 유혹에 저항한다. 대신에 그들은 그러한 태도를 공식적으로 명확하게 비판한다. 2023년 1월 선거에서 패한 브라질 대선 후보 자이르 보우소나루Jair Bolsonaro의 지지자들이 대선 결과를 뒤엎기 위해 의사당으로 몰려갔을 때, 보우소나루가 속한 당 대표는 그들의 행동을 즉각적으로 강하게 비난했다. 충직한 민주주의자는 이념적으로 연합한 단체가 폭력적이거나 반민주적인 행동에 관여했을 때, 그들에게 법적 책임을 묻는다.

반면 표면적으로 충직한 민주주의자들은 연합 단체의 폭력적이거나 반민주적인 행동을 부인하거나 과소평가한다. 그들은 오로지 "위장 전술"의 차원에서 폭력을 비난한다. 반민주적인 행동의 심각성을 축소하고 다른 진영의 유사한(혹은 더 심각한) 행동으로 여론의 화살을 돌림으로써 비난을 피하거나, 혹은 그러한 행동을 묵인하거나 정당화한다. 표면적으로 충직한 민주주의자는 두 가지 모습을 동시에 보인다. 그들은 폭력 행위를 벌인 목적에는 동조하면서 그러한 행동을 벌인 이들의 방식은 인정하지 않는 태도를 드러낸다. 혹은 민주주의에 대한 폭력적인 공격에 직면해서도 침묵으로 일관한다.

마지막으로 충직한 민주주의자는 반드시 필요한 경우에 '반민주적인 극단주의자를 고립시키거나 물리치기 위해 민주주의를 지지하는 경쟁 정당과 손을 잡는다.'[38] 이는 절대 쉽지 않은 일이다. 충직한 민주주의자는 민주주의를 수호하기 위한 폭넓은 연합을 형성하기 위해서 (일시적으로) 자신이 소중하게 생각하는 원칙이나 정책적 목표를 내려놓는다. 그리고 자신과 이념적으로 가까운 이들을 물리치기 위해서 이념 스펙트럼에서 정반대 편에 있는 정치인과 협력한다. 반면 표면적으로 충직한 민주주의자는 민주주의가 위기에 처했을 때조차 이념적인 경쟁자와의 협력을 거부한다.

충직한 민주주의자가 되기 위한 이러한 원칙은 간단하고 쉬워 보이지만, 사실은 그렇지 않다. 정당 지지자 상당수가 반민주적인 극단주의자에 동조하는 상황에서 정당 지도자들이 이들 극단주의자를 비난하거나 관계를 끊을 때, 심각한 정치적 타격을 입게 된다. 그럼에도 충직한 민주주의자는 그렇게 한다. 그리고 이를 통해 민주주의 수호에 힘을 보탠다.

충직한 민주주의자가 독재의 공격에 맞섰던 좋은 사례는 1980년대 초 스페인에서 찾을 수 있다. 스페인의 첫 번째 민주주의(1931~1936)는 양극화와 내전이 이어지면서 무너졌다. 그 과정에서 주요 중도 좌파와 중도 우파 정당들이 표면적으로 충직한 민주주의자의 행동을 취함으로써 민주주의 붕괴에 일조했다. 1934년에 파시즘을 두려워한 사회주의자와 공산주의자는 보수주의자들이 정부에 합류하지 못하도록 무장봉기를 일으켰다. 이런 상황에서 주류 중도 좌파 정치인들은 그들의 행동을 묵인했고, 나중에는 그들과 선거 연합을 형성했다.[39] 마찬가지로 1936년에 공산주의를 두려워했던 군부가 공화당 정권을 무너뜨리려는 음모를 세웠을 때, 주류 보수주의 정치인들은 이들을 지원함으로

써 스페인을 내전과 독재의 수렁으로 빠트렸다.[40]

그렇게 스페인은 프란시스코 프랑코^{Francisco Franco} 치하에서 40년간 독재를 겪고 난 후 1976년에서야 민주주의로 돌아올 수 있었다. 민주주의를 회복한 초기에 경제 성장은 느렸고 인플레이션은 가팔랐으며, 바스크(피레네산맥 서부에 있는 지방으로 스페인과 프랑스에 걸쳐 있다―옮긴이) 분리주의자들의 잇단 테러 공격까지 있었다.[41] 이로 인해 아돌포 수아레스^{Adolfo Suárez} 총리의 지지율은 계속해서 떨어졌다.[42] 1977년 수아레스는 공산당을 합법화하면서 이미 그의 오랜 우파 연합 세력인 '프랑키스타^{franquista}'(프랑코 지지자)를 화나게 만들었다.[43] 그리고 특히 군사와 관련해서 막강한 영향력을 행사했던 국왕 후안 카를로스 1세^{King Juan Carlos}의 지지도 잃어버린 듯 보였다.[44] 우파 진영이 오랫동안 혐오했던 사회주의자들이 다음 선거에서 이길 것으로 예상되었다.

1981년 1월 말, 수아레스는 결국 사임을 발표했다. 2월 23일, 중도파 인물인 레오폴도 칼보소텔로^{Leopoldo Calvo-Sotelo}를 총리로 선출하기 위한 의회가 소집되었다. 그런데 투표 집계가 이뤄졌던 그날 저녁 6시 23분, 안토니오 테헤로^{Antonio Tejero} 중령이 이끄는 2백 명의 군인이 의사당으로 난입해서 권총과 기관단총을 발사했다.[45] 그들은 왕의 명령에 따라 움직인다는 거짓 주장과 함께 의사당 건물을 장악했다. 쿠데타를 음모한 이들은 칼보소텔로의 선출을 막고, 대신에 의회가 알폰소 아르마다^{Alfonso Armada} 장군을 총리로 선출하도록 압박했다.[46] 아르마다 장군은 스페인의 드골이 되기를 꿈꿨던 후안 카를로스 1세를 오랫동안 보좌한 인물이었다.[47] 아르마다가 후안 카를로스 1세와 긴밀한 관계를 유지하고 있었기 때문에 쿠데타 지휘관들은 왕이 그들을 지지할 것이라고 믿었다.[48]

테헤로 중령은 총을 치켜들고 연단에 올라 이렇게 외쳤다. "엎드려! 엎드려!" 그러자 군인들은 천장을 향해 총을 난사했고 공포에 질린 의원들은 자리 밑으로 몸을 숨겼다. 그때 숨지 않은 사람은 세 명뿐이었다.[49] 수아레스 총리, 그리고 테헤로에게 분연히 맞섰지만 뜻을 이루지 못했던 늙은 '프랑키스타' 장군 마누엘 구티에레스 멜라도Manuel Gutiérrez Mellado 부총리, 또 평생 '프랑키스타'와 맞서 싸웠지만 이제 조용히 앉아서 담배를 피우는 늙은 공산주의자 산티아고 카리요Santiago Carrillo였다.[50] 1930년대에 프랑코의 쿠데타에 참여한 구티에레스 멜라도, 그리고 평생 혁명에 몸을 담았던 카리요는 민주주의에 뒤늦게 뛰어든 인물이었다. 그러나 이제는 모두 민주주의를 지키기 위해 몸을 던졌다.[51]

그날 총리를 비롯하여 350명의 의원이 밤새 인질로 잡혀 있었다. 탱크 부대가 발렌시아 인근 도로로 진격했다.[52] 그리고 군인들은 국영 TV와 라디오 방송국을 장악했다. 국영 라디오에서는 군가가 흘러나왔다.[53] 쿠데타를 지지하는 우파 진영 사람들은 의사당 밖에서 스페인 파시스트 노래인 〈페이스 투 더 선Face to the

Sun〉을 열창했다.[54]

그러나 스페인 국왕이 그들과 함께하기를 거부하면서 쿠데타는 결국 실패로 돌아갔다. 국왕은 자정 직후에 군복 차림으로 TV에 출연해서는 민주주의 질서를 옹호하는 연설을 했다.

또한 마찬가지로 중요한 것은 스페인 정치인들이 보인 반응이었다. 좌파 공산주의자에서 우파 '프랑키스타' 출신 인사에 이르기까지 정치 스펙트럼 전반에 걸친 정당들 모두 쿠데타를 일제히 비난했다. 의사당 안에서는 프랑코 정부 시절 유명 관료이자 우파 정당인 대중연합Popular Alliance의 지도자 마누엘 프라가Manuel Fraga가 자리에서 일어나 이렇게 소리쳤다. "이것은 민주주의에 대한 공격이다!" 그러자 그의 의원 동료들은 이렇게 화답했다. "스페인이여, 영원하라! 민주주의여, 영원하라!" 그로부터 나흘 후, 백만 명이 넘는 인파가 마드리드 거리를 메웠고, 스페인 신문 〈엘파이스El País〉는 이를 "스페인 역사상 최대 시위"라고 불렀다.[55] 그리고 공산주의자 카리요와 우파 인사 프라가, 사회주의 지도자 펠리페 곤살레스Felipe González, 민주중심연합Union of the Democratic Center 지도자 등 모든 정당의 지도자들이 시위대 한가운데에서 나란히 행진했다.[56] 정치적으로 고립된 쿠데타 지도자들은 체포되어 법정에 섰고 최종적으로 30년형을 받았다.[57] 이후로 쿠데타는 스페인에서 생각할 수 없는 일이 되었고 민주주의는 깊이 뿌리를 내렸다.

스페인은 민주주의를 그렇게 지켜냈다. 스페인 사람들은 지금도 2월 23일을 승리의 순간으로서 공식적으로 기념하고 있다. 2006년 25번째 기념일에서 스페인 의회는 모든 정당의 승인을 얻어 그 쿠데타를 "스페인에서 자유를 무력으로 침해하고 민주주의 절차를 폐지하려고 했던 가장 심각한 시도"라고 선언했다. 어느 누구도 쿠데타 시도를 용납하지 않았다. 그리고 누구도 그 심각성을 외면하지 않았다.

극단주의자 두둔하기

표면적으로 충직한 민주주의자의 행동은 대개 별문제가 없어 보인다. 어쨌든 일반적으로 그들은 민주주의에 대한 폭력적인 공격에 직접 가담하지는 않은 덕망 있는 정치인이기 때문이다. 그러나 그건 중대한 착각이다. 역사는 우리에게 주류 정치인들이 전략적으로 표면적으로 충직한 민주주의자의 길을 선택함으로써 반민주적인 극단주의자를 용인할 때, 극단주의 세력은 더욱 강화되고, 단단해 보이던 민주주의가 붕괴될 수 있다는 사실을 말해준다.

가장 먼저 표면적으로 충직한 민주주의자는 반민주 세력을 비호한다. 폭력적인 극단주의자들이 주류 정당으로부터 암묵

72

적인 지지를 받을 때, 그들은 법적으로 처벌을 받거나 공직에서 쫓겨날 위험으로부터 보호받을 수 있다. 프랑스 사례를 다시 한 번 떠올려보자. 2월 6일 폭동을 묵인했던 많은 주류 보수주의자는 이후로 정치 경력을 성공적으로 쌓아나갔다. 폭동이 있던 날에 피에르 라발Pierre Laval 의원은 크루아드푀의 프랑수아 드 라 로크François de La Rocque 중령에게 전화를 걸어 전술적인 조언을 해줬다.[58] 그러나 이후에도 야심만만한 라발은 폭동에서 자신이 맡았던 역할에 대해 아무런 추궁을 받지 않았고, 정치적으로 빠르게 승승장구를 이어나갔다. 결국 그는 부통령 자리에 올랐고, 이후 1940년에는 나치와의 연합으로 들어선 비시 정권의 내각 수반이 되었다.

비호를 받았던 것은 단지 정치 엘리트 집단 내 유명 인사들만은 아니었다. 폭동이 끝나고, 그날 부상을 당한 일부 우파 시위자들은 '2월 6일 희생자'라는 이름으로 단체를 결성했다. 그 "희생자들"은 기소되거나, 공직에서 쫓겨나거나, 혹은 향후 출마가 금지된 것이 아니라, 오히려 영향력 있는 보수주의 집단으로부터 영웅 대접을 받았다. 악명 높은 반유대주의자 루이 다르퀴에 드 펠르푸아Louis Darquier de Pellepoix는 그 단체의 대표를 맡았다. 그의 전기 작가에 따르면, 다르퀴에는 폭력의 긴장감과 그날 입은 부상으로 삶의 새로운 사명을 발견했다. 다르퀴에 자신은 "복권에 당첨되었다"고 느꼈다.[59] 1940년 독일이 프랑스를 침공한 이후로 다르퀴에와 그의 많은 동료 "희생자들"은 비시 정권에 적극적으로 합류했다. 다르퀴에는 유대인 관련 문제를 다루는 프랑스 위원이 되었고, 유대인들을 집단 수용소로 집어넣는 임무를 맡았다. 그 단체의 또 다른 인물은 1941년에 파리 시위원회 의장이 되었다. 2월 6일 폭동의 또 다른 참가자였던 악명 높은 민족주의 시인이자 작가인 필리프 앙리오Philippe Henriot는 비시 정권의 라디오 대변인이 되었다. 역사가 로버트 팩스턴Robert Paxton은 2월 6일 폭동에 참여한 퇴역 군인들을 "일종의 형제단으로서 '2월 6일의 위대한 인물'이라고 추천을 받아 비시 정권에서 한자리를 차지하려는 사람들"이라고 묘사했다.[60]

표면적으로 충직한 민주주의자는 반민주적 극단주의자를 보호하는 선에서 멈추지 않고 이들의 주장을 정당화하기까지 한다. 반민주적인 극단주의자는 건강한 민주주의 사회에서 불가촉천민 취급을 받는다. 언론은 그들을 무시한다. 그리고 정치인과 기업가 및 사회적 평판을 우려하는 제도권 인사들 모두 그들과의 접촉을 꺼린다. 하지만 유명 정치인들이 그들의 존재를 암묵적으로 인정할 때, 상황은 완전히 바뀐다. 극단주의자와 그들의 이념은 이제 정상적인 것으로 인정받는다. 주류 언론 역시 다른 정치인을 두둔하듯 그들을 두둔하기 시작한다. 그들을 인터뷰나 토론에 초대한다. 경영자들은 그들의 선거 운동을 후원한다. 그들을 외면했던 정치 컨설턴트들은 이제 그들의 전화를 받는다. 또한 개인적으로 동조했지만 감히 공식적으로 지지하지 못했던 많은 정치인과 활동가는 이제 거리낌 없이 그렇게 한다.

프랑스 사례는 다시 한번 우리에게 교훈을 준다. 1934년 청년 애국단 의제의 중심에는 수십 년간 기성 정치권에게 궁극적인 저주였던 생각이 자리 잡고 있었다. 그것은 의회를 해산하고 프랑스 제3공화국 민주주의를 해체하는 것이었다. 프랑스 민주주의가 부패하고, 제대로 기능하지 못하며, 공산주의자와 유대인 세력에 휘둘리고 있다고 믿는 보수주의자들이 점점 더 많아지면서, 전제적인 "헌법 개정"은 우파 진영의 주요한 생각으로 자리 잡았다. 급진적인 우파 세력은 1936년에 정권을 차지하고 나서 유대인 사회주의자 레옹 블룸Léon Blum이 이끈 개혁주의 인민전선Popular Front 정부를 종말론적인 의미로 스탈린주의라고 불렀다.[61] "블룸보다 차라리 히틀러가 낫다"[62]라는 슬로건은 우파 진영에서 인기를 얻었다. 프랑스 보수주의자들은 전통적으로 민족주의자임을 자처했으며, 그들 중 많은 이들은 독일을 혐오했다. 그러나 그런 그들이 1940년에는 공산주의와 소련의 침공, 국내의 사회적 변화에 대한 두려움으로 나치의 존재를 묵인했다.[63]

다양한 정치 스펙트럼에 걸쳐 있는 정치인들이 폭력적이거나 반민주적인 행동을 거부할 때, 극단주의자들은 고립되고, 힘을 잃고, 포기한다. 1950년대 미국의 경우, 반공주의 극단주의자인 조지프 매카시Joseph McCarthy는 1954년 초당적인 투표에서 상원으로부터 지탄을 받은 이후로 불가촉천민 신세로 전락했다. 그가 일어나서 발언하면, 상원 의원들은 "자리를 떠났다". 그리고 매카시가 기자회견을 요청했을 때는 "아무도 반응하지 않았다".[64] 그러나 주류 정당이 반민주적 극단주의자를 용인하고 암묵적으로 지지할 때, 이는 반민주적인 행동에 따른 처벌 수위가 낮아졌다는 강력한 메시지를 보낸다. 그들에 대한 억제는 사라진다. 표면적으로 충직한 민주주의자들은 반민주 세력을 정당화하는 단계에서 나아가 그들을 격려하고 심지어 더 급진적으로 만들기도 한다.

이것이 바로 독재의 평범성banality of authoritarianism이 의미하는 바다.[65] 민주주의 붕괴를 주도하는 많은 정치인은 자신의 자리를 보존하거나 더 높은 자리로 올라서려는 야심 찬 경력지상주의자다. 그들은 심오한 원칙을 기반으로 민주주의를 반대하는 게 아니라, 단지 민주주의에 무관심할 뿐이다. 그들이 반민주적 극단주의를 묵인하는 이유는 그게 가장 쉽게 갈 수 있는 길이기 때문이다. 이들 정치인은 단지 앞서 나가기 위해 필요한 일을 할 뿐이라고 스스로에게 말한다. 그러나 결국 그들은 그 과정에서 민주주의 붕괴에 반드시 필요한 조력자 역할을 맡게 된다.

법을 무기로 활용하는 네 가지 방법

주류 정치인들은 반민주적 극단주의를 현실적으로 가능하게 만들어줌으로써 민주주의를 허물어뜨리는 데 동참한다. 그러나 그들은 또한 다른 방식으로도 민주주의를 무너뜨린다. 그것은 바로 '헌법적 강경 태도constitutional hardball'를 통해서다.[66] 그들은 헌법을 거시적인 차원에서 따르지만 그 정신을 교묘하게 훼손시킨다. 여기서 말하는 것은 모든 민주주의 사회에 존재하는 전투적인 정치가 아니라, 법을 정치적 무기로 활용하는 방식이다. 헌법이 아무리 훌륭하게 설계되었다고 해도 기술적인 차원에서 합법적인 형태로 민주주의를 파괴하는 데 사용될 수 있다. 그래서 헌법적 강경 태도가 그토록 위험한 것이다. 정치인들은 노골적으로 법을 어기지 않는다. 그들은 절대 자신의 손을 더럽히지 않는다.[67]

시민들이 헌법적 강경 태도를 보고 이를 인식하는 것은 대단히 중요한 일이다. 헌법과 법률이 아무리 잘 설계되었다고 해도 애매모호한 부분과 잠재적인 허점이 존재하고, 다양한 해석에 열려 있으며, 여러 가지 방식으로(그리고 다양한 강도로) 집행될 수 있다. 정치인은 바로 이러한 애매모호함을 이용해서 법을 제정한 목적 자체를 왜곡하고 뒤집을 수 있다. 이러한 상황은 네 가지 형태로 모습을 드러낸다.

1. 허점을 이용하기

어떠한 법이나 법률 체계도 모든 우발적인 사건을 다루지는 못한다. 기존의 법과 절차를 구체적으로 적용할 수 없는 상황은 언제나 존재한다. (얼마나 부적절하든 간에) 어떤 행동을 명시적으로 금지하더라도 얼마든지 그 행동을 허용 가능하게 만들 수 있다. 우리는 이러한 모습을 일상 속에서 확인할 수 있다. 예를 들어 부모가 보기에 분명히 한계를 넘어선 행동을 했음에도 자녀들은 "하지 말라고 분명하게 말하지 않았다"고 변명을 둘러댈 수 있다. 법이 어떤 행동을 특정한 방식으로 해야 한다고 구체적으로 명시하지 않을 때, 이러한 변명을 활용할 기회가 나타나게 된다. 사회는 법망의 허점을 보완하기 위해 규범(혹은 성문화되지 않은 규칙)을 만든다. 규범은 (기침할 때 입을 가리는 것처럼) 법이 요구하지 않는 행동을 장려하고, (유소년 야구 시합에서 "이기는 팀이 계속해서 점수를 올리는 것"이나 붐비는 버스나 열차 안에서 두 자리를 차지하고 앉는 것과 같은) 법이 금지하지 않은 행동을 억제한다. 하지만 규범은 법으로 강제할 수 없다. 규범을 어긴 행동에 비난하거나 손가락질을 하거나, 혹은 따돌릴 수는 있지만, 이러한 대가를 감수할 이들은 처벌을 받지 않고서 얼마든지 위반할 수 있다.

정치인들은 종종 법망의 허점을 계속해서 이용함으로써 민주주의를 약화시킨다. 한 가지 사례로, 2016년 버락 오바마 대통령이 안토닌 스칼리아^{Antonin Scalia} 대법관의 사망으로 연방대법원의 새로운 대법관을 임명하고자 했을 때 상원이 거부한 것을 들 수 있다. 미국 헌법에 따르면, 대통령이 연방대법원 인사를 임명할 때는 상원의 동의를 구해야 한다. 미국 상원은 역사적으로 "조언과 동의advice and consent"의 권한을 좀처럼 사용하지 않았다. 여당이 상원을 장악하지 못한 상황에서도 충분한 자격을 갖춘 후보는 즉각 상원의 승인을 받았다.[68] 1866년에서 2016년에 이르는 150년 동안, 연방대법원의 공석을 메우려는 대통령의 시도를 상원이 가로막은 적은 한 번도 없었다.[69] 자신의 후임자가 대통령에 오르기 전에 공석을 메우고자 했던 모든 대통령은 결국 뜻을 이뤘다(물론 언제나 첫 번째 시도가 통했던 것은 아니지만).[70] 그러나 2016년 3월 오바마 대통령이 충분한 자격을 갖춘 온건한 판사인 메릭 갈랜드Merrick Garland를 대법관으로 임명했을 때, 상원 공화당 의원들은 선거가 열리는 해라는 이유로 청문회를 거부했다. 연방대법원 공석을 메우기 위한 대통령 권한을 부정했던 것은 명백하게도 헌법 정신을 훼손한 행위였다. 이로써 공화당 상원 의원들이 연방대법원 공석을 빼앗았다(2017년 도널드 트럼프는 닐 고서치Neil Gorsuch를 그 자리에 임명했다). 하지만 미국 헌법에는 대통령이 임명한 대법관을 상원이 '언제' 승인해야 하는지 구체적으로 명시되지 않았기 때문에, 공화당은 합법적으로 그 자리를 훔칠 수 있었다.

2. 과도하거나 부당한 법의 사용

어떤 법은 자제해서 사용하도록, 혹은 예외적인 상황에서만 적용하도록 설계되었다. 이러한 법은 특별한 권한을 행사하는 과정에서 인내심을 발휘하거나 스스로 자제하는 자세를 요구한다. 가령 대통령 사면권을 생각해보자. 미국 대통령이 헌법이 정한 사면 권한을 최대한 사용한다면, 그는 친구와 친척 및 후원자를 체계적인 방식으로 사면할 뿐 아니라, 체포되더라도 사면될 것임을 확신하면서 그를 대신해 범죄를 저지른 정치적 측근과 동료들까지 사면할 것이다. 그리고 그 결과는 법의 지배에 대한 조롱이 될 것이다.

혹은 탄핵을 생각해보자. 대통령제 민주주의하에서 헌법은 일반적으로 선출된 대통령을 끌어내릴 수 있는 권한을 입법부에게 부여한다. 동시에 그러한 권한은 '예외적인 상황'에서만 사용해야 한다는 인식을 요구한다. 대통령을 탄핵하려면 국민의 뜻을 꺾어야 하며, 이는 모든 민주주의 사회에서 중차대한 사건이다. 그래서 탄핵은 절대 남용해서는 안 된다. 대통령이 악명 높게, 혹은 위험하게 권력을 남용했을 경우에만 적용해야 한다. 세계적으로 유서 깊은 두 대통령제 민주주의 국가인 미국과 코스타리카의 경우를 살펴보자. 미국은 건국 후 230년에 걸쳐 '한 세기'에 한 번 꼴로 대통령을 탄핵했다. 반면 코스타리카의 74년 민주주의 역사에서 임기를 마치기 전에 자리에서 물러난 대통령은 아무도 없었다.

대통령을 끌어내릴 수 있는 권한은 얼마든지 남용될 수 있다. 페루의 경우를 보자. 페루 헌법 113조에 따르면, 대통령이 사망하거나, 사임하거나, 혹은 "영구적인 신체적·도덕적 무능" 상태라고 의회의 2/3가 판단할 때, 대통령직은 "공석"이 된다. 그런데 페루 헌법은 "도덕적 무능"의 의미를 구체적으로 정의하지 않았다. 역사적으로 "정신적 무능"의 상태는 대단히 엄격하게 해석되었다. 그러나 대통령과 의회 사이의 갈등이 고조되는 가운데 페루 입법가들은 "도덕적으로 반대할 수 있는" 모든 사안에 대해 "도덕적 무능"의 법리를 적용하기 시작했다.[71] 페루 의회의 2/3가 갑작스럽게 모든 사안에 대해 대통령을 끌어내릴 수 있게 되면서, 한 기자가 "대통령 사냥 시즌"이라고 부른 시대가 시작되었다.[72] 2018년 페드로 파블로 쿠친스키^{Pedro Pablo Kuczynski} 대통령은 자신을 탄핵하기 위한 의회 표결에 직면해서 사임을 결정했다. 그리고 2020년 11월에 의회는 투표를 통해 쿠친스키의 후임자인 마르틴 비스카라^{Martín Vizcarra}도 다시 한번 "도덕적 무능"을 근거로 "물러나게" 만들었다. 2021년 페루 유권자들은 페드로 카스티요^{Pedro Castillo}를 대통령으로 뽑았지만, 의회 내 카스티요의 정적들은 취임과 동시에 그를 "물러나게" 만들기 위한 시도에 착수했다. 그리고 2022년 12월에 카스티요가 불법적으로 의회를 폐회하려고 했을 때, 그들은 성공을 거뒀다. 그렇게 페루 의회는 4년 만에 세 명의 대통령을 "물러나게" 만들었다. 이에 대해 디에고 살라자^{Diego Sala-}zar 기자는 야당이 언제든 투표를 통해 대통령을 끌어내릴 수 있는 지경에 이르렀으며, 실제로 그렇게 하고 있다고 지적했다. 대통령 탄핵은 이제 "산수의 문제"가 되어버렸다.[73]

선출된 지도자를 내쫓기 위해 법을 부당하게 사용한 대표적인 사례는 태국에서 확인할 수 있다. 추방된 전 총리 탁신 친나왓의 측근이기도 한 태국 총리 사막 순다라벳^{Samak Sundaravej}은 2008년에 절차상 문제로 자리에서 물러났다. 요리에 대한 열정으로 유명했던 사막은 총리가 되기 전 8년 동안이나 인기 TV 요리 프로그램인 〈테이스팅, 그럼블링^{Tasting, Grumbling}〉을 진행했고, 총리가 되면서 프로그램에서 하차하기로 했다. 그런데 사막은 임기 초반 〈테이스팅, 그럼블링〉에 네 번 출연해서 튀긴 쌀과 코카콜라에 절인 돼지 다리 등 자신이 좋아하는 요리를 만드는 모습을 선보였다. 그리고 매회 5백 달러 정도 출연료를 받았다. 그는 그 돈을 재료 준비와 교통비로 썼다고 밝혔다.[74] 그러나 양극화된 태국 사회에서 수천 명의 반정부 시위자들은 총리 관저를 에워쌌고, 태국 헌법재판소는 결국 사막이 헌법 267조를 위반했다고 판결을 내렸다.[75] 267조는 공직자가 임기 중에 외부 비즈니스에 관여하는 것을 금하는 조항이었다. 이에 사막은 사퇴 압박을 받았고, 친탁신 정부는 무너지고 말았다.

헌법 조항을 부당하게 사용할 때, 민주주의는 무너진다. 가령 민주주의 국가의 헌법 대부분에서는 정부가 비상사태를 선포하고, 그 기간에만 국민의 기본권을 제한할 수 있도록 허용한다. 그 조항은 역시 건강한 민주주의 사회에서 인내의 규범에 따라 적용을 받는다. 즉 정치인들은 그 조항을 주요 전쟁이나 국가적 재앙과 같은 예외적인 상황에서만 사용하는 데 동의해야 한다. 그들은 진정으로 급박한 상황에서만 유리를 깨고 비상 버튼을 눌러야 한다. 그러나 그렇지 않은 상황에서도 정부가 반복적으로 비상사태를 선포하고 시민의 기본권을 제한할 때, 민주주의는 심각하게 훼손당한다.

그러나 독재를 꿈꾸는 지도자는 헌법이 자신에게 보장한 그러한 권력을 남용하려는 유혹을 종종 느낀다. 인도 총리 인디라 간디Indira Gandhi는 1975년에 바로 그러한 유혹에 넘어가고 말았다. 간디의 국민회의파Congress Party는 인도의 독립 투쟁을 이끈 정당이다. 1947년, 간디의 아버지이자 독립 영웅인 자와할랄 네루Jawaharlal Nehru가 인도의 첫 총리로 취임했다. 이후 국민회의파는 모든 총선에서 승리를 거뒀다.

그러나 1970년대는 힘든 10년이었다. 간디는 1971년 재선에서 압승을 거둔 이후로 높아지는 대중 불만과 시위 물결에 직면하게 되었다. 당시 정계를 떠났음에도 널리 존경받고 있던 자야프라카시 나라얀Jayaprakash Narayan이 다시 복귀하여 야당의 얼굴로 모습을 드러냈다.[76] 1975년 나라얀이 이끄는 반부패 운동은 점차 거대한 움직임으로 성장했다.[77] 이제 간디는 법적 차원에서도 위기에 직면하게 되었다. 1971년 한 정치적 반대자는 간디가 정부 자원을 자신의 선거 운동을 위해 사용했다고 고발했다(분명 공무원 한 명이 6일간 간디의 선거 캠프에서 일했고, 재선 운동 과정에서 관용 차량을 사용했다).[78] 알라하바드 고등법원은 그 반대자의 손을 들어줬고, 이로 인해 간디는 6년간 공직에 출마할 수 없게 되었다. 대법원이 집행유예를 선고하면서 간디는 상고를 할 수 있게 되었지만,[79] 충격을 받은 간디는 돌연 자신의 정치적 생명을 위한 싸움을 시작했다. 나라얀은 간디의 사퇴를 촉구하는 대중 집회를 계속해서 이어나 갔다.[80]

간디와 그 측근들은 수개월에 걸쳐 권력을 장악할 방법을 모색했다.[81] 하지만 어떻게 해야 할 것인지 확신이 없었다. 6월 24일에 부름을 받고 총리 관저로 달려온, 간디가 신뢰하는 측근인 싯다르타 샹카르 레이Siddhartha Shankar Ray는 의회도서관에 인도 헌법의 사본을 요구했고, 그날 저녁 "치밀하게 분석하면서 살펴봤다".[82] 레이는 352조에 집중했다. 이는 인도가 "전쟁이나 외세의 공격, 혹은 내부 혼란"의 위협을 받을 때 정부가 비상사태를 선포함으로써 국민의 헌법적 기본권을 제한할 수 있도록 하는 조항이었다.[83] 식민지 시절부터 이어져 내려온 그 조항은 독립 이후로 사실상 "휴면" 상태로 존재했다.[84] 1962년과 1971년 전쟁 기간에 비상사태를 선포한 적이 있기는 했지만, 이를 위해서는 역사가인 크리스토퍼 자프렐로Christopher Jaffrelot와 프라티나프 아닐Pratinav Anil이 지적한 것처럼 "국가 비상사태"를 선포하기 위해 필요한 "법률에 대한 왜곡된 해석"이 필요했다.[85] 그러나 352조를 그러한 목적으로 사용한 경우는 한 번도 없었다.

그러나 1975년 6월 25일 저녁, 간디는 인도의 명목상 대통령인 파크루딘 알리 아메드Fakhruddin Ali Ahmed를 설득해서 비상사태를 선포함으로써 헌법적 권리를 제한하는 방안에 서명하도록 했다. 몇 시간 후 경찰은 야당 지도자들을 추적해 체포했다.[86] 나라얀과 야당의 주요 간부 등 676명의 정치인이 새벽에 투옥되었다.[87] 그렇게 인도 정부는 1975년과 1976년에 걸쳐 11만 명이 넘는 반체제 인사들을 예전에 밀수업자를 잡아넣기 위해 사용했던 국가보안 법과 같은 법률을 새롭게 적용해서 체포했다.[88] 또한 간단한 서명 만으로 언론에 대한 검열을 강화했다.[89] 간디 총리는 30년 가까이 이어진 인도의 민주주의 역사를 끝냈고, 이후로 "헌법이라는 외투를 걸치고" 독재 통치를 시작했다.[90]

3. 선택적 집행

정부는 법을 외면하는 것은 물론, '법을 적용'함으로써 정적을 처벌할 수 있다.[91] 법 집행이 일반적으로 제대로 이뤄지지 않는 상황, 가령 사람들이 계속해서 세금 신고를 속이고, 기업이 건강과 안전 및 환경에 관한 규제를 일상적으로 무시하고, 혹은 고

위 공무원이 친구나 가족을 위해 권한을 사용하는 상황에서, 법 집행은 일종의 헌법적 강경 태도가 될 수 있다. 즉 정부는 정적을 겨냥해서 선택적으로 법을 집행할 수 있다. 여기서 정부는 합법적으로 움직이지만(어쨌든 '법을 집행'하는 것이므로) 오로지 정적을 겨냥한 것이라는 점에서 부당한 방식이다. 다시 말해 법을 무기로 삼는 것이다. 페루의 독재자 오스카르 베나비데스Óscar Bena-vides(1933~1939)는 이런 말을 남겼다. "친구에게는 모든 것을, 적에게는 법을."

블라디미르 푸틴은 선택적 법 집행의 대가다. 2000년 그가 권력을 잡았을 때, "올리가르히oligarch"라고 하는 러시아 사업가들은 정부가 경제의 상당 부분을 민영화하는 수십 년 동안 부를 축적하고 자산을 차지하고 있었다. 그리고 실질적인 규제나 감시 없이 새로운 시장경제체제가 실시되면서 큰돈을 끌어모았다. 뇌물과 사기, 세금과 규제 회피는 러시아 기업들에게 일상적인 운영 방식이었다.[92] 다시 말해 올리가르히들 대부분이 부를 획득하는 과정에서 법을 어겼다. 보리스 옐친 대통령 시절, 러시아 정부는 법을 어긴 사람이 측근이든 정적이든 간에 이러한 행위를 전반적으로 묵인했다.[93] 그러나 푸틴은 달랐다. 권력의 자리에 오른 지 두 달밖에 되지 않았던 2000년 7월, 푸틴은 러시아의 주요 올리가르히 21명을 크렘린궁 회의실로 불러들였다.[94] 그리고 그들에게 정치에 간섭하지 않으면 부를 축적한 방식에 대해서 묻지 않을 것이라고 약속했다. 물론 그 이면에는 정치적 활동을 계속하는 이들에게는 법을 적용할 것이라는 위협이 숨어 있었다. 올리가르히 대부분은 푸틴의 메시지를 받아들였다. 그러나 보리스 베레좁스키Boris Berezovsky는 그러지 않았다. 그가 소유했던 TV 방송국은 정부에 대한 비판적인 보도를 이어나갔고, 그는 결국 처벌받았다. 베레좁스키는 언론사를 빼앗겼고, 사기와 횡령 혐의로 결국 망명길에 올랐다. 또한 유코스Yukos 석유 기업의 소유주이자 러시아 최고 갑부인 미하일 호도르콥스키Mikhail Khodorkovsky는 푸틴에 대한 비난과 더불어 야당에 대한 후원을 계속 이어나갔다.[95] 그리고 호도르콥스키 역시 조세 회피와 사기, 횡령, 돈세탁 등 다양한 범죄 혐의로 수감되었다. 그는 교도소에서 10년간 복역해야 했다.[96] 물론 베레좁스키와 호도르콥스키에게 죄가 없다고는 보기 힘들다.[96] 그들은 거의 확실하게 법을 어겼다. 그러나 비슷하게 법을 어겼지만 푸틴에 협조했던 많은 올리가르히와 달리, 두 사람은 처벌을 받았다.

4. 법률전쟁

마지막으로 정치인들은 공정하게 보이지만 사실은 정적을 겨냥한 '새로운' 법을 만들기도 한다. 이를 일컬어 법률전쟁lawfare이라고 부른다.[97] 이러한 법률전쟁의 뚜렷한 사례는 1991년에 민주주의를 회복하기 이전의 잠비아에서 확인할 수 있다. 다당제 민주주의운동Movement for Multiparty Democracy, MMD의 프레더릭 칠루바Frederick Chiluba가 다당제 선거로 오랫동안 잠비아를 통치한 독재자 케네스 카운다Kenneth Kaunda를 물리친 후 5년 뒤 재선까지 대비하는 시도에 착수했을 때, 그는 카운다와 이전 여당인 통합국민독립당United National Independence Party의 반발을 우려했다.[98] 그래서 1996년 선거를 6개월 앞두고 당시 여당인 MMD는 대통령 선거에 입후보하는 모든 이들에게 새로운 자격을 요구하는 헌법 수정안을 통과시켰다. 그 법안에 따르면, 모든 후보는 태어날 때부터 잠비아인이어야 하는 것은 물론, 그들의 부모 모두 태어날 때부터 잠비아인이어야 했다. 그리고 부족장이 아니어야 했다. 그런데 그들이 이러한 새로운 자격 조건을 부과한 이유는 뭘까? 그것은 카운다의 부모 중 한 사람이 말라위에서 태어났고, 또한 그의 부통령 후보는 부족장이었기 때문이었다. 이에 대해 국제인권감시기구Human Rights Watch는 그 헌법 수정안이 "정확히 특정 야당 지도자의 대선 출마 자격을 박탈하기 위해 설계되었다"고 지적했다.[99] MMD 의원들은 수정안의 목적에 대해 남아 있는 의구심을 떨쳐버리려는 듯 법안을 통과시키고 나서는 이렇게 외쳤다. "Kaunda yamana!(카운다는 끝났다!)"[100]

헝가리의 합법적인 독재

21세기의 독재 정권 대부분이 헌법적 강경 태도를 기반으로 삼고 있다. 그들은 합리적으로 보이는 다양한 방법을 동원해서 민주주의를 점차 후퇴시킨다. 즉, 표면적으로 선거의 투명성을 높이고, 부패를 척결하고, 효율적인 사법부를 만들기 위한 새로운 법안과 기존 법률을 재해석하는 법원 판결, 그리고 오랫동안 잠들어 있었지만 그들에게 유리하게 재발견해낸 법률을 동원한다. 이러한 방법은 법률에 기반을 두기 때문에 달라진 것은 없어 보인다. 누구도 피를 흘리지 않는다. 아무도 체포되거나 추방되지 않는다. 의회는 그대로 열려 있다. 그래서 이러한 정부 방안에 대한 비판은 쓸데없는 소란이나 당파적 불만으로 치부된다. 그러나 운동장은 점차, 그리고 때로는 아무도 알아채지 못한 상태로 기울어진다. 표면적으로 무해하게 보이는 이러한 방안들이 누적될 때, 정부를 비판하는 이들은 경쟁하기가 더 힘들어진다. 그리고 권력자는 자신의 자리를 더욱 굳건히 다진다.

헌법적 강경 태도를 기반으로 삼은 독재 정권에 대한 대표적 사례로, 빅토르 오르반Viktor Orbán의 헝가리를 꼽을 수 있다. 2010년 권좌에 오른 오르반은 1998년에서 2002년까지 이미 총리를 지낸 경험이 있었다. 학생 반공운동 지도자였던 오르반은 처음에는 "진보주의자"로, 1990년대 콧대 높던 공산주의 이후에는 기독민주당원으로 정치판에 몸을 던졌다. 오르반은 첫 임기 동안에 민주적으로 통치했고, 그의 피데스당Fidesz Party은 주류 중도 우파로 자리매김을 했다. 하지만 2002년 선거에 패배하면서 피데스는 보수적인 민족적 국가주의 쪽으로 분명하게 방향을 틀었다. 진보적인 헝가리계 미국인 조지 소로스George Soros가 후원하는 장학금을 받고 옥스퍼드 대학에서 공부했던 오르반은 이제 이미지 변신을 시도했다. 그는 야심 차고 무자비한 정치인으로 널리 알려져 있었다.[101] 그럼에도 피데스가 2010년 재집권에 성공했을 때, 오르반이 헝가리의 민주주의를 허물어뜨리리라고 예상한 사람은 거의 없었다.

그러나 오르반이 말했듯이 "정치에서는 모든 일이 가능하다".[102] 경쟁 정당인 헝가리 사회당이 스캔들 여파로 지지를 잃어버리자 피데스는 민주주의에 대한 공격을 시작했다. 사회주의자 총리가 유권자들에게 경제 상태와 관련해서 거짓말을 했다고 인정하는 테이프가 나온 것이다. 이로 인해 사회당이 힘을 잃으면서 피데스는 2010년에 압도적인 승리를 거뒀다. "최다 득표자가 당선되는" 선거 시스템이 승리의 크기를 더 증폭시켰다. 그 시스템 덕분에 53퍼센트 득표율을 기록한 피데스는 의회 의석의 2/3를 차지할 수 있었다. 이로써 피데스는 단독으로 헌법을 수정할 수 있게 되었다. 그리고 그렇게 되자마자 이를 실행에 옮겼다.

오르반은 자신의 당이 차지한 압도적 과반을 적극적으로 활용함으로써 정적들에 대한 불공정한 경쟁 우위를 확보했다.[103] 그의 첫 행보 중 하나는 사법부 장악이었다. 2010년 이전에는 모든 정당의 의석수를 기준으로 구성된 의회위원회가 헌법재판소 판사를 임명했다.[104] 그러나 피데스는 압도적 과반을 기반으로 헌법을 수정함으로써 기존 다당제 시스템을 일방적인 판사 임명 시스템으로 바꿔버렸다.[105] 그리고 또 다른 헌법 수정을 통해서 헌법재판소 판사 수를 11명에서 15명으로 늘렸고, 이로 인해 생긴 네 자리를 측근으로 메웠다.[106] 그다음, 오르반은 독자적인 행보를 이어가던 대법원장 안드라스 바카András Baka를 자리에서 물러나게 만들었다. 그것을 가능하게 한 것은 대법원장이 되기 위해서는 헝가리 내에서 사법부 경력이 5년 이상이 되어야 한다는 자격 조건을 새롭게 요구한 법률이었다. 이는 분명하게도 법률전쟁 사례에 해당한다. 그 새로운 법률은 명백하게도 바카를 겨냥한 것이었다. 바카는 유럽 인권재판소European Court of Human Rights에서 17년간 근무한 권위 있는 판사였지만 헝가리 내에서 판사 경력은 5년이 되지 않았다. 결국 바카는 물러나야 했다.[107] 그러나 오르반은 거기서 만족하지 않았다. 의회는 판사의 정년을 70세에서 62세로 낮추고, 62세가 넘은 모든 판사를 즉각 사임하게 만드는 법률을 통과시켰다. 그 법률에 따라 총 274명의 판사가 자리에서 물러났다.[108] 이 법은 나중에 유럽연합의 압박으로 폐기되기는 했지만, 이미 물러난 많은 판사는 이전의 자리로 돌아가지 못했다.[109]

2013년에 헝가리 사법부는 포획되었고 "정권의 꼭두각시"로 전락하고 말았다.[110] 한 헌법재판소 판사는 오르반이 "합헌의 허울을 쓰고 헌법적 방안을 동원하여 (…) 위헌적인 쿠데타를 일으켰다"고 말했다.[111]

오르반은 또한 "합법적인" 방식으로 언론을 장악했다. 공영방송은 대부분의 유럽 민주주의 국가에서 중요하면서도 독립적인 뉴스 원천이다(가령 BBC를 떠올려보자). 2010년 이전 헝가리 공영방송은 비록 BBC만큼 독립적이지는 않았지만 그래도 법의 정신을 구현하고 있었다.[112] 그러나 오르반 치하에서 공영방송은 정부의 선전기구로 전락하고 말았다.[113] 피데스 정부의 관료들은 "구조조정" 명목으로 천 명이 넘는 공공 언론 근로자를 해고했고, 여기에는 수십 명의 유명 기자와 편집자가 포함되어 있었다.[114] 그리고 그렇게 공석이 된 자리를 정치적으로 충직한 이들로 메우면서 공공 언론 기사는 점차 노골적으로 당파적 색채를 띠기 시작했다.

또한 오르반은 합법적으로 '민영 언론'도 장악했다. 피데스 정권은 음지에서 일을 하면서 비즈니스 세상에서 활동하는 오르반 측근들이 주요 언론 매체를 사들이거나 독립적인 언론 매체를 소유한 모기업의 경영권을 차지하도록 도움을 줬다. 오르반을 지지하는 새로운 언론 소유주들은 독립적인 언론이 자기검열을 하도록 압박을 가했고, 몇몇의 경우 완전히 문을 닫기도 했다.[115] 2016년, 헝가리 최대 야권 신문인 〈넵서버드샤그Népszabadság〉는 오

르반 정권이 아니라 그 기업의 소유주들에 의해 갑작스럽게 폐간되었다.[116]

　나머지 몇몇 독립적인 언론 매체들 역시 다양한 방식으로 공격을 받았다. 2010년에 제정된 법률은 "편파적"이고 "모욕적"인, 혹은 "공중도덕"에 반하는 기사의 보도를 금지했다.[117] 그 새로운 법률을 위반할 경우, 최대 90만 달러의 벌금이 부과되었다. 피데스 정권은 이 법률을 집행하기 위해 충직한 인물들로 언론위원회를 설립했다.[118] 이와 비교 가능한 법률이 다른 나라에도 존재하기는 하지만, 일반적으로 민주주의 정부는 그러한 법을 좀처럼 실행에 옮기지 않는다. 그들은 대단히 엄격하게 그 법을 적용한다. 반면 오르반 정권은 이 새로운 언론법을 놓고 강경한 태도를 취했다. 실제로 그들은 언론사 수십 곳에 수십만 달러의 벌금을 부과했다.[119] 또한 언론위원회는 대단히 엄격한 절차적 요건을 들이대면서 독립적인 언론에 대한 허가를 취소했다. 가령 2020년 언론위원회는 50만 명의 일반 청취자를 보유한 진보적인 라디오 방송국 클루브라디오Klubrádió에 대한 허가 갱신을 "규제 위반"을 빌미로 거부했다.[120] 클루브라디오 제작자 안드라스 아라토András Arató에 따르면, 그들의 위반 내역에는 양식지를 정확하게 기입하지 않았거나 50분간 방송된 프로그램을 45분으로 보고한 것이 포함되어 있었다는 것이다.[121]

　이러한 강경한 방식은 언론 지평을 크게 바꿔 놨다. 한 연구는

2017년 기준으로 오르반 정권과 민간 분야의 연합이 헝가리 언론의 90퍼센트를 장악했다고 보고했다.[122] 헝가리 TV 시청자와 라디오 청취자 80퍼센트는 그 정권이나 지지자들이 제공하는 정보만을 받아들여야 했다.[123]

마지막으로 오르반 정권은 헌법적 강경 태도를 바탕으로 선거의 운동장을 기울였다. 가장 먼저, 그들은 선거관리위원회를 장악했다. 2010년 이전에 선거관리위원회 위원들은 여러 당의 합의를 거쳐 임명되었다. 총 10개의 자리 중 다섯 개는 의회 내 다섯 대형 정당이 차지했고, 나머지 다섯 개는 정부와 야당이 서로 합의해서 임명했다. 그래서 어떤 정당도 선거 절차를 완전히 통제할 수 없었다.[124] 그러나 피데스는 이러한 관행을 깨고 나머지 다섯 개 자리 역시 그들에게 충직한 인물로 채웠다.[125] 그렇게 피데스는 선거관리위원회 다수를 기반으로 절대 권력을 휘둘렀다.[126]

정치화된 선거관리위원회는 악명 높게도 총선 지역구를 피데스에 유리하게 변경하는 방식으로 시골 지역에서 그들의 기반을 강화하고 도시 지역에서 야당의 기반을 약화시켰다. 한 싱크탱크는 야당이 의회 다수를 차지하기 위해서는 피데스보다 30만 표를 더 얻어야 한다는 계산을 내놓았다.[127] 전 총리 고르돈 버이너이Gordon Bajnai는 새로운 법으로 인해 피데스가 "100야드 달리기에서 (…) 30야드 먼저 출발하게 되었다"며 불만을 토로했다.[128]

법률전쟁의 또 다른 영역으로, 오르반은 상업 매체를 통한 정치 광고를 전면 금지했다.[129] 그 새로운 선거법은 모든 정당에 똑같이 적용되는 것으로 보였지만, 공영언론과 민영언론 모두 피데스 정권 쪽으로 크게 기울어 있는 상황에서 선거 광고 금지는 야당이 유권자에게 호소할 수 있는 통로를 심각하게 제한하는 기능을 했다. 이러한 점에서 선거 시스템은 "공정하지도 자유롭지도 않았다."[130]

이러한 모든 시도는 효과를 드러냈다. 2014년 선거에서 피데스는 2010년과 비교해서 60만 표를 잃었다. 그들이 보통선거에서 차지한 득표율은 53퍼센트에서 45퍼센트로 하락했다.[131] 그럼에도 피데스는 2010년과 동일한 수의 의석을 차지했다. 즉, 투표에서 과반을 얻지 못했음에도 의회 2/3 의석을 그대로 유지했다. 피데스는 2018년에도 그 수법을 그대로 활용했다.[132] 그리고 보통선거에서 절반이 안 되는 득표율로 2/3 의석수를 유지했다. 오르반의 정당이 2022년 선거에서도 거대 야당 연합을 물리치면서 오르반은 "'일반적인' 상황에서는 절대 패하지 않는다"는 새로운 사회 통념을 더욱 굳혔다.[133]

빅토르 오르반은 놀라운 업적을 일궈냈다. 그는 완전히 성숙한 민주주의를 허물어뜨렸을 뿐만 아니라, 그것도 거의 합법적인 수단을 통해서 그렇게 했다. 어떠한 유혈 사태도, 대규모 체포도, 정치적 수감이나 추방도 없었다. 이에 대해 버이너이는 이렇게 말했다. "척추뼈들이 하나씩 무너지면서 헝가리 민주주의의 척추는 전체적으로 망가지고 말았다."[134]

　오르반이 사용했던 방법 중 일부는 생소해 보이지만, 사실 그는 수세기 동안 묵은 각본을 그대로 따른 것이었다. 실제로 헌법적 강경 태도는 세계에서 가장 오래된 공화국 중 하나인 미국에서 그 온전한 모습을 드러냈다. 그 결과는 마찬가지로 치명적이었다.

3장

이 땅에서
벌어진 일

노스캐롤라이나주 윌밍턴은 1890년대 말 경제적으로 성장했다.[1] 18세기 노예 경제를 기반으로 해안가에 자리 잡은 그 항구도시는 남북전쟁이 끝나고 몇 년 만에 면화를 생산하는 혁신적인 산업 시스템의 고향이 되었다. 철로가 새로 들어서면서 내륙 지역에서 생산된 목화가 벽돌로 지은 윌밍턴의 공장으로 실려 왔고, 여기서 현대적인 압축기를 통해 예전보다 훨씬 효율적으로 면화를 대량생산했다.[2] 당시 윌밍턴의 최대 기업이었던 알렉산더 스프런트&손Alexander Sprunt&Son은 미국의 최대 면화 수출기업으로 도약했다.[3] 그리고 백인과 흑인 노동자들은 그 지역 창고와 부두, 분주한 야적장에서 하역자와 운송자, 혹은 항만 노동자로 함께 일했다.[4]

노스캐롤라이나 최대 도시인 윌밍턴은 흑인이 주민 다수를 차지했다. 남북전쟁 이후로 경제가 성장하면서 이발소와 식료품점, 레스토랑, 정육점에서 병원과 법률 사무소에 이르기까지 흑인이 소유한 다양한 업체가 모습을 드러냈다.[5] 흑인들의 윌밍턴은 더욱더 부유해졌고, 그 과정에서 문학 모임과 공공 도서관, 야구 리그 및 흑인 소유의 신문 등 활기찬 시민 생활이 시작되었다.[6] 공동체 중심에는 여러 교회가 있었는데, 그중에는 최대 신도수를 자랑하는 세인트 스티븐 A.M.E 교회와 부유한 흑인 가구들이 예배에 참석했던 성 마가 성공회 교회가 있었다.[7]

1870년대 말에 들어서면서 남북전쟁 이후에 시작된 연방 정부의 재건 사업이 주춤하고, 백인 우월주의 선봉을 자처한 민주당이 폭력과 선거 부정으로 남부 지방 대부분의 주와 지방 정부를 다시 장악했지만, 많은 흑인 시민은 용감하게 계속해서 투표했다. 그리고 19세기 마지막 10년 동안 윌밍턴과 노스캐롤라이나 전역에 걸쳐 새로운 정치가 모습을 드러냈다.

이러한 현상을 촉진한 것은 인민당Populist Party의 등장이었다.[8] 그들은 불만이 팽배한 가난한 백인 농민, 그리고 민주당을 장악한 부유한 상인 계층에게 무시를 받는다고 느끼는 소작농에게 집중했다. 1893년 미국 사회가 경기 침체로 접어들면서 노스캐롤라이나주 인민당 정치인들은 공화당과 연합전선을 형성했고, 이를 통해 아프리카계 미국인들의 강력한 지지를 얻었다. '퓨전Fusion'이라고 불린 그 연합전선은 흑인과 가난한 시골 지역 백인 유권자를 대상으로 야심 찬 인종 간 동맹을 형성했다.[9] 그들은 공교육을 확대하고 강력한 기업 독점을 규제했으며, 또한 재건 사업 중단으로 약화된 투표권을 다시 강화하고자 했다.

이 뜻밖의 연합전선은 노스캐롤라이나 지역의 정치판을 완전히 뒤집어놨다. 그리고 민주당 기득권층의 두려움을 자극했다. 1894년 퓨전 연합전선은 노스캐롤라이나주 의회에서 과반 의석을 차지했고, 1896년에는 주지사 자리까지 차지했다. 그리고 조지 헨리 화이트George Henry White가 선거에서 이기면서 당시 미국에서 유일한 아프리카계 미국인 하원 의원이 되었다. 퓨전 연합전선이 장악한 주 의회는 지방 선거 제도를 다시 직접선거 방식으로 바꿨고, "재건 시대 이후로 남부 지역에서 아마도 가장 공정하고 가장 민주적인 선거법"을 채택했다.[10] 그 결과, 흑인 공화당과 백인 인민당은 노스캐롤라이나 전역에 걸쳐 많은 공직을 차지했다.[11] 윌밍턴에는 세 명의 흑인 시의원이 있었다. 21명의 시 경찰 중에서 열 명, 그리고 보안관들 중 네 명이 흑인이었다. 흑인 판사도 있었다. 카운티 회계책임자, 카운티 교도관, 카운티 검시관 모두 흑인이었다. 흑인 위생 검사관과 흑인 부동산 기록관, 흑인 도로 관리자까지 있었다. 우체국에서 일하는 흑인 직원들은 흑인과 백인 가정에 똑같이 우편물을 배송했다. 노스캐롤라이나주에서 가장 높은 급여를 받은 공무원은 아프리카계 미국인 존 댄시John

Dancy라는 인물로, 그는 윌밍턴 연방 세관 책임자였다.

한동안 윌밍턴은 다인종 민주주의 사회를 유지했다.[12] 뿌리 깊은 인종적 반감과 불평등은 여전히 남아 있었지만, 흑인 시민들은 계속해서 투표했고 정치인들은 선거에서 이기기 위해 '그들을 필요로 했다'. 새로운 세기로 접어든 미국 사회에 포용적인 민주주의를 향해 나아갈 문이 열린 것처럼 보였다.

그러나 민주주의를 향한 희망은 그리 오래가지 않았다. 다인종 정치가 성장하면서 강력한 반발이 일었다. 백인 우월주의 규범이 몸에 밴 백인들에게 이러한 정치적 변화는 참을 수 없는 일이었다. 그리고 재건 시대가 막을 내리면서 노스캐롤라이나주 정치를 장악했던 민주당 기득권 세력은 반동적인 움직임을 보이기 시작했다.[13] 1898년 노스캐롤라이나주 민주당 의장인 퍼니폴드 시몬스Furnifold Simmons, 유력한 주지사 후보인 찰스 브랜틀리 에이콕Charles Brantley Aycock, 롤리에서 발행하는 신문 〈뉴스&옵저버News & Observer〉의 사주 조지퍼스 대니얼스Josephus Daniels가 포함된 주도적인 민주당 인사들 모임은 백인 지배를 회복하기 위한 난폭한 십자군이 되었다. 다가오는 11월 중간선거가 당시 퓨전 연합전선이 장악하고 있던 주 의회의 구성을 결정할 것으로 보였다. 〈뉴스&옵저버〉가 노스캐롤라이나 지역의 유명 정치인들과 함께 거짓말과 증오로 가득한 언론 캠페인을 계획하는 동안, 민주당 정치인들은 "흑인 지배Negro domination"에 대한 백인들의 두려움을 부추겼다. 윌밍턴의 정치적 변화에 반대하여 폭력 시위를 이끌었던, 카리스마 넘치는 남북전쟁 참전용사인 알프레드 무어 워델Alfred Moore Waddell은 이렇게 외쳤다. "이 땅에 정착한 백인만이 (…) 이 나라를 다스려야 합니다."[14]

민주당의 지원을 얻은 백인통치연합White Government Union 내 클럽들이 노스캐롤라이나 전역에 걸쳐 생겨났고, 그 회원 수는 8백 명을 넘어섰다.[15] 그러나 윌밍턴 인구의 56퍼센트 이상이 흑인이었고 이들이 지속적으로 공화당에 투표했기 때문에, 민주적인 방식으로 "백인 통치"를 회복하기는 불가능해 보였다.[16] 한 민주당 지도자는 집회에서 이렇게 인정했다. "흑인들을 수적으로 이길 수는 없습니다. 그렇기 때문에 그들을 속이고, 압도하고, 앞서가야 합니다."[17]

그리고 그들은 실제로 그렇게 했다. 윌밍턴의 백인 주민들은 무기를 비축하기 시작했고, 이에 대해 워싱턴 D.C.의 한 기자는 그 도시가 "선거가 아닌 공성전을 준비"하고 있는 것 같다고 보도했다.[18] 백인들은 붉은 셔츠단Red Shirts이라는 민병대를 조직했다.[19] 이들은 윈체스터 소총으로 무장한 채 거리를 순찰했고, 흑인 주민을 구타하고 채찍질하고 위협했으며, 투표하지 못하도록 으름장을 놓았다. 케이프피어강에 자리 잡은 윌밍턴은 이제 테러의 진원지가 되었다. 민병대는 민주당의 지원(붉은색 셔츠와 음식 및 음료 제공)과 〈뉴스&옵저버〉의 격려를 받았다.[20] 민주당 정치인들은 백인들을 폭력의 광풍 속으로 몰아갔다. 1898년 10월에 "윌밍턴의 유명 인사 60인"이 무대 위 뒤쪽에 자리한 예비선거 집회에서 워델은 이렇게 선언했다.

남루한 오합지졸 흑인들에게 무릎을 꿇어야 할까요? (…) 천 번 만 번 아닙니다. (…) 이제 우리는 더 이상 견딜 수 없는 더 많은 상황에 직면하게 될 겁니다. [설사] 케이프피어강이 시체로 흘러넘친다고 해도 우리는 반드시 지금의 상황을 바꿔야 합니다.[21]

선거일이 다가오면서 위협과 폭력의 기운이 도시를 감돌았다.[22] 붉은 셔츠단은 흑인 거주 지역에 테러를 가했고 지역 공무원들을 위협했다. 그리고 윌밍턴 민주당원들은 퓨전 연합전선에 모든 카운티에서 후보를 철회하라고 협박했다.[23] 폭력 사태를 우려한 대니얼 린드세이 러셀Daniel Lindsay Russell 주지사는 결국 그들의 요구를 받아들였고, 모든 카운티에서 공화당 후보자의 출마를 철회했다. 선거를 하루 앞두고 워델은 붉은 셔츠단 단원들에게 이렇게 말했다.

우리는 의무를 다해야 합니다. 이 도시와 카운티, 그리고 주에서 흑인 지배는 분명하고도 영원히 사라져야 합니다…. 여러분은 고귀한 선조의 후손입니다. 여러분은 앵글로색슨입니다…. 내일 투표소에 가서 흑인을 본다면 당장 나가라고 말하세요. 그리고 거부하면 그를 죽이세요! 쫓아가서 총을 쏘세요. 총을 들고 선거에 임한다면 내일 우리는 승리할 것입니다.[24]

선거 당일에 백인통치연합은 지역 투표소에 선거 "감시인"을 파견했고, 지역 신문들은 흑인들에게 투표하지 말 것을 당부했다.[25] 붉은 셔츠단은 말을 타고 거리를 활보했다. 집 밖을 나선 흑인은 거의 없었다. 용감하게 투표소로 향한 흑인들 대부분은 총구의 위협에 발길을 돌려야 했다. 흑인 주민이 많은 지역에서는 민주당 암살단이 투표가 끝난 뒤 투표소로 난입해서 선거 관리원을 협박하고 그들이 가져온 투표 용지로 투표함을 채워넣었다.[26] 놀랄 것도 없이 민주당은 압승을 거뒀다. 주 의회 총 118석 중 98석을 차지했다.

그러나 윌밍턴시 관료들의 임기는 1899년까지 남아 있었고, 그래서 많은 흑인이 여전히 공직에 있었기 때문에 민주당은 선거를 훔치는 단계에 만족하지 않고 한 걸음 더 나아갔다. 11월 10일, 그들은 폭력 쿠데타를 일으켰다.[27] 미국 역사상 가장 잔인한 테러 공격 중 하나로 기록된 쿠데타에서 5백 명이 넘는 백인 지상주의자들이 군복처럼 보이는 붉은 셔츠를 입고 무장한 채 윌밍턴 거리를 행진하면서 행인들에게 총을 쏘고, 흑인 교회를 습격하고, 윌밍턴에서 유일하게 흑인이 소유한 신문사에 불을 질러 잿더미

로 만들어버렸다. 작가 데이비드 주치노^{David Zucchino}가 자신의 책,
《윌밍턴의 거짓말^{Wilmington's Lie}》에서 생생하게 묘사했듯이 당시 흑
인 남성들은 거리에서도, 집 안에서도 살해 위협을 당했다. 흑인
주민들 22명 이상(혹은 60명에 이르기까지)이 살해되었고 2천 명 이
상이 도시에서 도망쳐야 했다.[28] 폭도들은 총을 들고 윌밍턴 시청
사로 난입했으며 시장과 경찰서장, 선출직 시의원 여덟 명을 포
함하여 시정부의 모든 다인종 공직자들에게 사퇴를 압박했다.[29]
이들은 퓨전 연합전선 정치인들과 윌밍턴의 영향력 있는 많은 흑
인 인사들과 함께 살해 위협에 직면해서 도시를 떠났고 영원히
돌아오지 못했다.[30] 그리고 쿠데타를 이끈 워델은 신임 시장으로
선출되었다.[31]

그 며칠 전, 노스캐롤라이나주 아프리카계 미국인 하원 의원
조지 헨리 화이트가 동료 공화당원 윌리엄 매킨리^{William McKinley} 대
통령을 방문하기 위해 백악관을 찾았다.[32] 그는 대통령에게 쿠데
타가 임박했다는 경고와 함께 윌밍턴 시정부를 보호하기 위해 연
방 병력을 파견해줄 것을 요청했다. 그러나 매킨리는 개입하지
않기로 결정했다.

민주당은 노스캐롤라이나주 전역에 걸쳐 권력을 다시 차지하
고 난 뒤에 주 헌법을 재빨리 수정함으로써 투표권을 제한하는
여러 가지 방안을 실행에 옮겼다.[33] 여기에는 인두세와 읽고 쓰기
능력 검사, 재산 요건 등이 있었다. 이로 인해 노스캐롤라이나주

에 등록된 흑인 유권자 수는 1896년 12만 6천 명에서 1902년 6천 1백 명으로 급감했고, 흑인 투표율은 1896년 주지사 선거 당시 87퍼센트에서 1904년에는 거의 0퍼센트로 떨어졌다.[34] 1898년 세 명의 흑인 윌밍턴 시의원들이 강제로 사퇴하고 난 뒤, 어떤 아프리카계 미국인도 무려 1972년까지 시위원회에 발을 들여놓지 못했다.[35]

흑인의 투표를 막아라

야심 찬, 그러나 결국 실패로 돌아간 미국 남부 전역에 걸친 민주화 실험이 막을 내리면서 윌밍턴 쿠데타가 일어났다. 남북전쟁의 여파로 일련의 헌법 및 법률 개혁이 시작되었고 이러한 흐름은 미국의 정치 체제를 바꿔놓았다.[36] 역사가 에릭 포너Eric Foner는 재건 시대를 미국의 "두 번째 건국"으로 정의했다.[37] 즉, 재건 시대는 헌법 체계가 무너지고 다시 구축된 "다인종 민주주의에 대한 전례 없는 놀라운 실험"이 시작된 시기였다. 미국 헌법은 평등권과 투표권(현대 민주주의를 이루는 두 가지 기본 요소)의 가치를 강조했다. 두 번째 건국은 이러한 권리를 규정하고 그 권리를 실현하기 위한 권한을 연방 정부에 부여함으로써 민주화를 향한 중요한 발걸음을 디뎠다. 적어도 명목상으로는 말이다.

다인종 민주주의를 뒷받침하는 법적 기반은 1865~1875년의 10년 동안에 완성되었다. 그 과정에서 세 차례 헌법 수정이 주요한 역할을 했다. 수정헌법 제13조(1865)는 노예제를 폐지했다. 제14조(1868)는 출생시민권 제도와 법 앞의 공식적인 평등을 확립했고, 이는 적법한 절차와 평등한 보호에 대한 현대적 권리의 등장으로 이어졌다.[38] 그리고 수정헌법 제15조(1870)는 인종을 기준으로 투표권을 제한하는 방식을 금지했다. 정치인이자 저자인 프레더릭 더글러스Frederick Douglass는 제15조의 통과를 축하하면서 이렇게 칭송했다. "이보다 완벽한 혁명은 없었다."[39]

재건 시대의 헌법 수정은 1867년 재건법Reconstruction Acts을 기반으로 이뤄졌다.[40] 재건법은 연방군이 전 남부연합Confederate states을 통치하도록 했으며, 수정헌법 제14조를 비준하고 흑인에게 투표권을 부여하는 주 헌법 조항을 새로 마련하는 것을 조건으로 연방에 대한 재가입을 허용했다. 연방 정부는 새롭게 투표권을 얻은 흑인 유권자들의 등록을 위해 대규모 캠페인을 벌였다.

다음으로 1875년 시민권법은 전차와 식당, 극장, 호텔 등 일상적인 "공공" 장소에서 평등한 대우를 보장한 제14조를 확대 적용했다. 그 전문은 "법 앞에 모든 인간의 평등"을 규정했고, 그리고 이를 "출생과 인종, 피부색, 혹은 종교를 떠나 모두에게 평등하고 엄중한 정의를 국민에게 보장하기 위한 모든 사안에서 정부의 의무"로 선언했다.[41]

그러나 재건 시대의 개혁은 오로지 하나의 정당, 즉 공화당만의 노력으로 이뤄진 결과물이었다. 민주당은 수정헌법 제13조가 재산권을 침해한다는 이유로 반대했다(한 켄터키주 민주당 인사는 이렇게 말했다. "노예를 소유할 권리를 포기한다면, 우리에겐 무슨 권리가 남아 있단 말인가?").[42] 그리고 제14조에 대해서는 미국 정부가 "백인을 위해 수립되었고" 시민권은 "코카서스 인종"에게만 보장되어야 한다는 주장을 내세워 반대했다.[43] 또한 제15조는 흑인들이 열등하다는 근거로 반대했다.[44] 의회 내 어떤 민주당 인사도(남부와 북부를 통틀어) 수정헌법 제14조와 제15조에, 그리고 그에 따른 재건 시대의 모든 투표권과 시민권에 찬성하지 않았다.[45] 이 모두는 공화당의 지지로만 이뤄졌다. 남북전쟁 이후 미국 사회의 민주화는 분명하게도 당파적인 사안이었다.

공화당 인사들 대부분 초기에 재건 사업을 지지했지만, 그 원동력, 그리고 다인종 민주주의를 향한 비전은 소위 급진공화파Radical Republican에서 비롯되었다.[46] 당시 급진공화파의 주축은 매사추세츠주 찰스 섬너Charles Sumner 상원 의원과 펜실베이니아주 새디어스 스티븐스Thaddeus Stevens였다.[47] 스티븐스와 섬너는 모든 측면에서 진정한 인종 평등주의자였다.[48] 사실 정적들이 두 사람을 급진공화파라고 부른 것도 바로 이러한 이유에서였다. 시민권과 투표권을 인종과 무관하게 모든 남성으로 확대하고자 했던(두 사람은 모든 '여성'으로의 확대도 소망했다) 그들의 이상은 마음 깊은 곳에 자리 잡은 도덕적 신념을 반영한 것이었고, 또한 남북전쟁 이전 신앙부흥운동Great Awakening의 종교적 부활에 뿌리를 둔 것이었다.[49] 1866년 2월 섬너는 많은 주목을 받았던 상원 연설에서 수정헌법 제14조에 대한 지지 이유를 이렇게 밝혔다.

> 똑바로 서서 하늘을 올려다보는, 신의 모습을 한 존재를 제게 보여 준다면, 저는 적도의 태양으로 검게 그을린 피부든, 아니면 북쪽의 추위로 인한 하얀 피부든 간에 국적과 인종을 떠나 당신과 함께 살 아갈, 하늘에 계신 아버지의 자녀인, 그리고 인간의 모든 권리에 대한 자격에서 당신과 동등한 인간을 보여주겠습니다. 믿음을 저 버리지 않고서는 그러한 권리를 절대 부정할 수 없습니다.[50]

섬너는 (당시로서는 많은 이들의 심기를 불편하게 만든 표현을 사용해서) "백인이든 몽고인이든 말레이인이든 아프리카인이든 미국인이 든" 간에 모두 "신의 형상을 본떠 빚어졌다"는 점을 근거로 모두 를 위한 평등한 정치적 권리를 주장했다.[51]

그러나 다인종 민주주의라는 미국의 첫 번째 실험을 뒷받침하 는 개념을 개발한 것은 급진공화파가 아니었다. 다만 그들은 흑 인 운동가들, 그리고 남북전쟁 이전 시대의 작가들로부터 그 전 통을 물려받았다. 1820년대에 주로 보스턴과 그 주변 지역에서 활동했던 흑인 노예 폐지론자들은 작가 샌드라 구스타프손Sandra

Gustafson이 지적한 것처럼 완전한 시민권과 법 앞의 평등이라는 개념에 기반을 둔 "현대 공화국의 '다인종적인' 이상을 구현하기 위한 예언적인 표현"을 사용하기 시작했다.[52]

이러한 움직임을 이끈 인물들 가운데에는 자유인 신분으로 태어나, 보스턴에서 활동했지만 원래 윌밍턴 출신 흑인인 데이비드 워커David Walker, 그리고 모든 인종을 막론하고 남성과 여성으로 구성된 청중에게 정치적 연설을 한 첫 번째 미국인 여성인 마리아 스튜어트Maria Stewart가 있었다.[53] 워커는 1829년 자신의 저서인 《전 세계 유색 인종 시민에게 고함Appeal to Colored Citizens of the World》에서 편협한 백인 "기독교" 공화국의 위선에 주목했다.[54] 워커와 스튜어트를 비롯한 많은 운동가는 작지만 활발하고 자유로운 흑인 공동체를 기반으로 활동했다. 이들 공동체는 아프리칸 미팅하우스African Meeting House 건물이 들어서 있는 보스턴 비컨힐 지역의 식민지 시대의 좁은 거리에서 생겨났다. 이들 운동가는 1820년대와 1830년대에 걸쳐 노예제 폐지를 주장한 것은 물론, "유색 인종 시민colored citizen"이라는 새로운 개념을 제시했다. 그들은 해방된 노예를 아프리카로 돌려보내야 한다는 주장(많은 유명 노예제 반대자들이 동의했던)에 반대했고, "미국의 가장 신성한 정치 문헌"인 독립선언문에 담긴 평등에 대한 약속에서 영감을 얻어 미국 사회에 완전한 시민권 보장을 요구함으로써 새로운 운동의 장을 열었다.[55] 그 운동은 점차 두 인종 간의 문제로 자리 잡았다. 노예제 폐지론자로 유명한 윌리엄 로이드 게리슨^{William Lloyd Garrison}은 위커의 주장으로부터 많은 영향을 받았으며 노예제를 반대하는 자신의 신문 〈더 리버레이터^{The Liberator}〉에 스튜어트의 글을 실었다. 1840년대의 젊은 찰스 섬너는 흑인 보스턴 주민들과 함께 종종 대화를 나누고 비컨힐 흑인 공동체와 더불어 토론을 벌이면서 변호사로서 매사추세츠 공립학교에서 인종 차별을 폐지해야 한다고 주장했다.[56]

워커와 그의 동료 운동가들이 잘 알고 있었던 것처럼, 진정한 다인종 민주주의를 구현하기 위해서는 보편적인 법적 보호가 필요했다. 그러나 일부 공화당원들조차 그러한 보호를 대단히 힘든 기준으로 인식했다. 예를 들어 '모든' 성인 남성에게 투표권을 보장하는 사안은 수정헌법 제15조를 둘러싼 논의에 포함되었지만, 북부 지역의 몇몇 공화당원은 그것이 지나치게 광범위하다고 생각했다.[57] 남부에서는 거의 모든 공화당 인사가 남부의 흑인 투표권을 보호해야 한다는 주장에 동의했음에도, 그들 중 많은 이들은 자신이 사는 주에 거주하는 이민자들도 마찬가지로 보호해야 한다고 생각하지는 않았다. 가령 서부 지역의 공화당 정치인들은 중국 이민자들에게 투표권을 부여해야 한다고 생각하지 않았다. 오리건주 상원 의원 헨리 W. 코벳^{Henry W. Corbett}은 흑인 남성에 대한 투표권 확대는 "우주의 위대한 통치자"에게 축복을 받을 만한 일이지만, 중국 이민자들까지 포함하는 것은 아니라고 주장했다.

결론적으로 말해서, 진정한 다인종 민주주의 연합은 그리 견고하지 못했다.[58]

결론적으로 보편적인 투표권은 인종이나 "과거의 노예 신분"을 기준으로 제한해야 한다는 편협한 주장을 넘어서지 못했다. 보편적 투표권의 목적은 명백하게도 남부 지역의 흑인 유권자를 보호하는 것이었다. 그러나 북부 지역을 포함한 여러 지역에는 투표권을 제한하는 다양한 방법이 합법적으로 남아 있었다. 이러한 결함은 대단히 중요한 것이었다. 그 이유는 인종이 아닌, 가령 읽고 쓰는 능력이나 재산 소유와 같은 다른 기준을 근거로 투표권을 제한할 수 있는 가능성이 그대로 남았기 때문이었다. 인두세와 유권자 등록비를 비롯해서 "원치 않는" 유권자를 배제하기 위한 여러 가지 형태의 "시험" 역시 합법적인 수단이었다. 이러한 점에서 수정헌법 제15조의 결함은 남부 지역의 저항은 물론, 백인 기독교 남성이 아닌 유권자들을 바라보는 북부 공화당 정치인들의 이중적인 관점에서 비롯된 것이었다.

이러한 한계에도 불구하고 재건 시대에 걸쳐 미국 남부 지역의 정치는 크게 바뀌었다. 미국의 흑인 남성 중 투표 자격을 얻은 이들의 비중이 불과 일 년 만에 0.5퍼센트에서 80.5퍼센트로 급증했고, 그 전반적인 변화는 예전 남부연합에서 비롯되었다.[59] 1867년을 기준으로, 아프리카계 미국인 남성의 85퍼센트 이상이 앨라배마와 플로리다, 조지아, 루이지애나, 미시시피, 그리고 노스캐롤

라이나와 사우스캐롤라이나주에서 유권자로 등록되었다.[60]

흑인 투표권은 사회적으로 광범위한 영향을 미쳤다. 아프리카계 미국인들은 루이지애나와 미시시피, 사우스캐롤라이나주에서 다수를 차지했고, 앨라배마와 플로리다, 조지아주에서는 다수에 근접했다.[61] 그리고 노스캐롤라이나와 버지니아주에서는 약 40퍼센트에 달했다. 1867년에 유권자로 등록된 흑인의 수는 디프사우스Deep South(조지아, 앨라배마, 미시시피, 루이지애나, 사우스캐롤라이나주를 아우르는 미국 남동부 지역을 일컫는 말 — 옮긴이)의 많은 지역에서 유권자로 등록된 백인의 수를 넘어섰다.[62] 남부 지방 전역에 걸쳐 아프리카계 미국인들이 공직에 진출하기 시작했고, 일부 지역에서 그 규모는 상당했다. 루이지애나와 사우스캐롤라이나주의 경우, 재건 시대 헌법을 제정하기 위한 회의에 참석한 대표들의 구성에서 흑인이 다수를 차지했다.[63] 아프리카계 미국인들은 사우스캐롤라이나주 의회에서 다수를 차지했고, 루이지애나주에서는 다수에 가까운 의석을 차지했다.[64] 그리고 1872년 미시시피와 사우스캐롤라이나주 의회에서는 흑인 의장이 선출되었다. 또한 루이지애나와 미시시피, 사우스캐롤라이나주는 흑인을 부지사로 선출했고, 플로리다와 미시시피, 사우스캐롤라이나주는 흑인을 국무장관 자리에 앉혔다.[65] 또한 아프리카계 미국인들은 디프사우스 전역에 걸쳐 다양한 지방 정부 요직을 차지했고, 여기에는 치안 판사와 카운티 관리자, 장학사, 선거관리위원에다가 보

안관까지 포함되었다.[66]

재건 시대에는 1천 3백 명이 넘는 흑인 미국인이 공직에 올랐다.[67] 그 기간에 16명의 흑인 미국인이 상원 및 하원 의원으로 당선되었고, 600명이 넘는 이들이 주 의회 의원으로 선출되었다.[68] 1860년대 말에 사우스캐롤라이나주 의회를 방문했던 북부 지역 기자인 제임스 파이크James Pike는 이렇게 냉소적으로 지적했다. "말 그대로 흑인 의회 세상이다…. 의회 의장도 흑인, 서기도 흑인, 경비원도 흑인, 동화책에 나오는 아기도 흑인, 조세무역위원회 의장도 흑인, 목사도 완전한 흑인이다." 그러고는 이렇게 결론을 내렸다. "갑작스럽게도 사회가 뒤집히고 말았다."[69]

노예제가 폐지되고 2년이 흐른 뒤에도 남부 지역의 백인 공동체들은 철저한 인종적 수직 구조에서 벗어나지 못했다. 백인 우월주의 규범은 어디서든 찾아볼 수 있었다. 그런데 갑자기 인종 평등과 흑인 투표권(연방군이 강제하는)이 현실이 되어버렸다.

다인종 민주주의에 대한 전망은 여러 가지 면에서 남부 백인들을 당황하게 만들었다. 우선 경제적인 측면으로, 예전에 노예를 소유했던 엘리트들은 흑인 노동력에 대한 확고한 통제력을 잃어버리게 될 것으로 우려했다. 다음 정치적인 측면에서, 흑인 투표권은 민주당의 정치적 힘을 위험에 빠트렸다. 이러한 모습은 특히 아프리카계 미국인이 유권자 집단의 다수, 혹은 다수에 근접한 비중을 차지하는 주에서 더욱 두드러지게 나타났다.

마지막으로, 그리고 아마 가장 중요하게도 민주주의는 오랫동안 고착화된 사회적·인종적 수직 체계를 뒤집어버리겠다고 약속했다. 1898년 백인 우월주의 운동이 한창이던 가운데, 롤리 지역에 자리 잡은 〈뉴스&옵저버〉의 발행인, 조지퍼스 대니얼스는 재건 시대의 삶을 이렇게 묘사했다. "더 이상 나쁠 수 없다. 흑인 보안관에다가 흑인 서기, 흑인 주 상원 의원이 등장했다. 흑인들은 도저히 참을 수 없는 지경에 이를 때까지 모든 것을 완벽하게 틀어쥐려 할 것이다."[70] 많은 백인이 "흑인 지배"를 위협으로 인식했다.[71] 게다가 민주당 정치인과 신문 사주들이 나서서 이러한 두려움을 증폭시켰다.[72] 그들은 논설과 인종차별적 만화, 그리고 선동적인 기사를 통해서 흑인의 폭력과 정치적 부패에 관한 가짜 뉴스를 퍼뜨렸다. 특히 민주화된 '사회적 관계'(흑인 남성과 자유롭게 교류하는 백인 여성)에 대한 두려움은 "흑인이 백인을 상대로 저지르는" 강간의 위험성을 아무런 근거도 없이 제기하는 "히스테리" 상태로까지 모습을 드러냈다.[73] 역사가 글렌다 길모어[Glenda Gilmore]에 따르면, 흑인 남성의 성적 위험에 관한 잘못된 미신의 확산은 사회 전반의 질서가 무너질지 모른다는 원초적인 공포가 현실로 드러난 것이었다.[74]

　이처럼 많은 남부 백인은 재건 사업과 다인종 민주주의를 존재적 위협으로 인식했다. 백인 우월주의자 주지사이자 사우스캐롤라이나주 상원 의원을 지낸 벤 틸만[Ben Tillman]은 1907년 상원 연설에서 당시를 떠올렸다.

> 문명의 근간이 발밑에서 무너진다는 느낌을 받았습니다. 그리고
> 분명하게도 검은 야만인들의 물결이 우리를 에워쌌으며, 재건법
> 하에서 군대가 우리를 그 속으로 밀어 넣는다고 느꼈습니다.[75]

미시시피주 하원 의원 헤르난도 머니Hernando Money는 "다수의 지
배라고 하는 불쾌한 이론" 속에서 살아간다는 것은 "강력한 야만
의 발이 우리의 목을 짓밟는 것"과 같았다고 말했다.[76]

백인 반동주의자들은 다인종 민주주의의 등장에 미국 역사상
전례 없는 테러 행위로 응수했다.[77] 흑인 시민이 남부 지역 대부
분의 주에서 다수, 혹은 다수에 가까운 비중을 차지하고 있었기
때문에, 백인 우월주의자들이 다시 권력을 차지하기 위해서는 미
국 인권 운동가 W. E. B. 듀보이스W. E. B. Du Bois의 표현대로 "잔혹한
무력"이 필요했다.[78] 민주당을 등에 업은 백인 우월주의자들은 화
이트캡스Whitecaps, 백인형제단White Brotherhood, 제이호커스Jayhawkers,
페일 페이시스Pale Faces, 백동백기사단Knights of the White Camellia과 같은
준군사 단체를 조직했다.[79] 그중에서 가장 큰 조직인 쿠 클럭스
클랜Ku Klux Klan은 1866년 초 테네시주에서 등장한 이후로 남부 전
역에 걸쳐 급속히 세력을 넓혀나갔다. 클랜은 폭력적인 테러 물
결을 주도했고, 그 과정에서 수많은 흑인들의 집과 기업, 교회, 학

교가 공격을 받았다.[80] 그리고 수천 명의 흑인 미국인이 살해당했고, 더 많은 이들이 구타와 채찍질, 강간을 당하고 지역에서 쫓겨났다. 공화당 정치인들은 흑인이든 백인이든 상관없이 신체적 공격을 받았고 암살을 당하기도 했다.[81]

클랜의 테러 행위는 공화당 조직을 불구로 만들었고 흑인 유권자들이 투표를 하지 못하게 막았다.[82] 그리고 선거 제도를 농락하고 민주당 정치인들이 위헌적인 방법을 동원하여 남부 지역에서 권력을 잡을 수 있도록 도움을 줬다. 그들은 이러한 행위를 "구원Redemption"이라는 말로 미화했다. 루이지애나주의 경우, "은밀한 암살과 노골적인 위협, 그리고 살인의 내전"으로 5백 명이 넘는 아프리카게 미국인이 목숨을 잃었다.[83] 조지아주에서는 클랜에 대한 공포로 1868년 대선에서 흑인 투표율이 크게 떨어졌고, 흑인 시민이 다수를 차지한 11곳 카운티에서도 공화당은 표를 얻지 못했다.[84] 1871년 클랜이 활개 치는 가운데, 민주당은 주 의회를 다시 장악했으며 공화당 주지사 루퍼스 블록Rufus Bullock이 자리에서 물러나 그 주를 떠나도록 만들었다.[85] 노스캐롤라이나주의 경우, 클랜의 폭력은 공화당을 무력화시켰고, 민주당 정치인들은 주 의회에서 대통령 거부권에 대항할 수 있는 과반 의석을 차지했다. 그리고 이를 기반으로 공화당 주지사를 탄핵해서 물러나게 만들었다.[86]

이러한 상황에서 율리시스 S. 그랜트Ulysses S. Grant 대통령과 공화당이 장악한 의회는 일련의 집행법을 통과시켜서 연방 정부에게 지방 선거를 감독하고 정치적 폭력을 진압할 수 있는 권한을 부여했다.[87] 예를 들어 1870년 법은 선거 부정과 위협, 혹은 인종을 기준으로 한 투표 억압 행위에 관여한 자를 연방 차원에서 고발하는 권한을 가진 연방 선거감시인의 임명 권한을 대통령에게 부여했다.[88] 그리고 1871년 쿠 클럭스 클랜법Ku Klux Klan Act은 시민의 기본권을 박탈하려는 시도에 대해 연방 정부가 수사를 추진하고 군사적으로 개입할 수 있도록 허용했다. 이러한 법들은 기본적인 시민권과 투표권, 즉 다인종 민주주의의 핵심 요소를 보호하기 위해 주 정부의 내정에 개입할 수 있는 권한을 연방 정부에 부여했다는 점에서 전례 없는 입법 사례였다.

이러한 일련의 노력은 초반에 효과를 발휘했다. 연방군의 개입으로 1871년과 1872년에 걸쳐 플로리다와 미시시피, 사우스캐롤라이나주를 중심으로 수백 명에 달하는 클랜 조직원들이 체포되고 기소되었다.[89] 1872년에 연방 기관들은 "클랜의 배후 세력을 허물고 남부 전역에 걸쳐 폭력 사태를 크게 줄였다".[90] 이에 대해 역사가 제임스 맥퍼슨James McPherson은 1872년 선거가 "1968년에 이르기까지 남부 지역에서 치러진 가장 공정하고 가장 민주적인 선거"였다고 말했다.[91]

그러나 재건 시대는 정치적으로 유지하기 쉽지 않은 것으로 드러났다. 공화당은 결국 분열되었다. 자유공화파로 알려진 세력은 법의 집행에 따른 대가에 점차 비편적인 입장을 취하기 시작했다. 그들은 자유 무역과 행정 개혁과 같은 사안을 우선시하고 흑인 투표권을 회의적인 시각으로 바라보면서, 재건 시대 사업의 정신에 의문을 품기 시작했다. 또한 남부 지역에서는 정치적으로 보다 유리한 "자유방임" 정책을 지지했다.[92] 1873년 경기 침체로 다인종 민주주의 연합이 힘을 잃으면서 민주당은 1874년 선거에서 하원을 장악했다.[93] 여론은 남부 지역에 대한 연방 정부의 개입에 등을 돌렸고, 시민권 운동이 주춤하면서 〈뉴욕타임스〉는 "도덕 정치의 시대"가 막을 내렸다고 선언했다. 그리고 이러한 새로운 정치 상황에서 연방군은 철수를 시작했다.[94]

연방 정부가 발을 빼면서 구원의 두 번째 물결이 시작되었다. 1875년 미시시피주 민주당 정치인들은 주 의회를 다시 장악하기 위해 폭력적인 움직임을 보이기 시작했고, 이는 미시시피 계획Mississippi Plan으로 알려졌다. 포너는 "복면도 쓰지 않은 사람들이 벌건 대낮에 (테러 행위를) 저질렀다"고 말했다.[95] 흑인들의 투표가 심각하게 억압된 1875년 선거에서 민주당은 주 의회를 장악했다. 이후 그들은 아프리카계 미국인 부지사를 탄핵했고, 공화당 주지사 아델베르트 에임스Adelbert Ames가 사임하고 주를 떠나도록 압박했다.[96] 사우스캐롤라이나주의 경우, 1876년 선거는 붉은 셔츠단의 테러와 노골적인 부정행위로 얼룩졌다.[97] "지금까지 봤던 가장 거대한 코미디"라고 불린 그 선거에서는 남부연합의 주요 직책

을 맡았던 민주당의 웨이드 햄프턴[Wade Hampton]이 주지사로 당선되었다.[98]

1877년 그랜트 대통령의 후임인 러더퍼드 B. 헤이스[Rutherford B. Hayes]가 여전히 남부 지역을 감시하고 있던 연방군 대부분을 철수시켰을 때(논란이 일었던 1876년 대선에서의 합의안 일부에 따라), 재건 시대는 실질적으로 막을 내렸다.[99] 민주당은 플로리다와 루이지애나주를 제외한 남부 지역의 모든 주에서 권력을 차지했다.[100] 남북전쟁이 끝나고 10년의 세월 동안 2천 명에 달하는 흑인 미국인이 테러로 목숨을 잃었고, 살인율은 1970년대 피노체트 정권 시절의 칠레와 비슷했다.[101]

그래도 다인종 민주주의를 향한 희망이 완전히 사라진 것은 아니었다.[102] 재건 시대를 뒷받침했던 법적 기반(수정헌법 제14조와 제15조, 그리고 남부 지역 대부분 주의 재건 시대 헌법)은 그대로 남았다.[103] 그리고 아프리카계 미국인들은 (비록 그 수는 줄었지만) 계속 투표를 이어나갔고 선거일에는 폭력적인 공격에 저항하기 위해 함께 모였다. 실제로 1880년대 초 흑인 투표율은 남부 지역 대부분에 걸쳐 아주 높게 나타났다. 한 추산에 따르면, 1880년 대선에서 성인 흑인 남성의 2/3 이상이 투표했다.[104]

흑인들이 계속 투표를 이어나가면서 민주당은 세력을 강화하는 데 어려움을 겪었다. 1880년대와 1890년대 초, 농업 경기가 침체하는 가운데 제3의 세력(독립당[Independents], 그린배커스[Greenbackers], 리어저스터스Readjusters, 농민연합Farmers' Alliances, 그리고 1892년에 결성된 인민당Populist Party)이 등장해서 불만 가득한 백인 농부들로부터 지지를 얻었고, 공화당과 손을 잡고 민주당 일당 지배를 막기 위해 인종 간 연합을 형성했다.[105] 흑인과 백인으로 구성된 리어저스터스는 1881년 버지니아 주지사 선거에서 승리했다. 그리고 인민당과 퓨전 연합의 후보자들은 많은 흑인 유권자의 지지를 기반으로 1892년 앨라배마주, 1893년 버지니아주, 1894년 조지아주, 그리고 1896년 루이지애나와 테네시주에서 주지사 자리를 차지했다.[106] 앞서 살펴봤듯이 1896년 노스캐롤라이나 주지사 선거에서는 인민당-공화당 연합 후보가 승리했다.[107]

이러한 인종 간 연합전선에 대해 백인 우월주의 민주당 정치인들은 새로운 위협을 느꼈다.[108] 그들은 다시 한번 "흑인 지배"의 유령을 두려워하기 시작했다.[109] 루이지애나주의 경우, 민주당을 지지하는 배턴루지 지역의 〈데일리 애드버킷Daily Advocate〉 신문은 공화당 정부가 "루이지애나주를 아프리카화"할 것이라고 경고하면서 퓨전 연합 정치인들을 "우리 문명에 대한 거대한 위협"으로 묘사했다.[110] 이미 악명 높았던 에잇박스법Eight Box Law(이 법에 따라 유권자는 각각의 공직별로 마련된 투표함에 서로 다른 투표 용지를 집어넣어야 하며, 잘못 넣은 투표 용지는 무효 처리된다. 이는 실질적으로 글을 모르는 유권자의 투표권을 박탈하는 조치였다)을 통해 투표권 행사를 제약했던 사우스캐롤라이나주에서도 민주당은 안심하지 못했다. 주지사 존

P. 리처드슨^{John P. Richardson}은 이렇게 말했다. "이제 40만의 [백인] 소수가 60만의 [흑인] 다수를 지배하고 있다…. 우리가 그들을 지배할 수 있도록 해주는 것은 허약한 법률인 에잇박스법뿐이다."[111]

사실 1870년대에 민주당이 권력을 탈환하기 위해 활용했던 테러와 부정행위 전술은 영구적인 해결책이 아니었다. 그리고 민주당 지도부는 악명 높은 폭력 행위가 전국적인 여론의 관심과 더불어 연방의 새로운 감시와 법 집행의 의지를 자극할까 우려했다.[112] 그래서 그들은 1880년대 말부터 새로운 방식으로 다인종 민주주의에 맞서기 시작했다. 즉, 민주당은 남부 전역에 걸쳐 '합법적인' 방식으로 민주주의를 허물어뜨리기 시작했다. 그들은 1888~1908년 동안 아프리카계 미국인의 투표권을 박탈하기 위해 주 헌법과 선거법을 뜯어고쳤다.[113] 비록 민주당은 수정헌법 제14조와 15조를 폐기할 수는 없었지만, 남부 지역의 한 신문이 언급한 것처럼 "이를 법령집에서 사문화하고자 했다".[114] 그리고 그들은 실제로 그렇게 했고, 공화당 하원 의원 조너선 돌리버^{Jonathan Dolliver}가 말했던 "공화국 정부의 근간을 신사적인 방식으로 완전히 허물어뜨리는 (…) 합법적인 기계"를 발명해냈다.[115]

이러한 "신사적인" 기술은 헌법적 강경 태도 그 자체였다. 남부 지역의 민주당은 법률의 허점을 공략해서 투표에 대한 접근을 막는 방안을 모색하기 시작했다. 앞서 살펴봤듯이, 수정헌법 제15조에는 심각한 결함이 있었다. 제15조는 단지 "인종과 피부색,

혹은 과거의 노예 신분을 근거로" 투표권을 박탈하지 못하도록 막았을 뿐이었다. 법률 역사가 마이클 클라르만Michael Klarman에 따르면, 흑인 투표권을 제한함으로써 수정헌법 제15조를 직접적으로 위반할 시 연방이 개입하게 될 것임을 잘 알았던 남부 지역 백인들은 "수정헌법에 대한 노골적인 위배는 조심스럽게 피하고자 했으며" 대신에 "수정헌법의 분명한 목적을 외면하고 회피하고자 했다".[116]

남부 지역 모든 주에서 민주당은 바로 그러한 시도를 했고, "독창적인 고안품", 즉 인두세와 읽고 쓰기 능력 시험, 혹은 재산 및 거주증명 요건처럼 헌법에 명시적으로 위배되지 않는 새로운 조항을 만들어냈다.[117] 이를 엄격하게 시행할 때, 흑인 미국인 대부분은 유권자 등록이나 투표를 할 수 없었다. 읽고 쓰는 능력과 인두세를 납부할 능력이 상대적으로 떨어지는 아프리카계 미국인을 겨냥했다는 점에서, 이러한 법들은 분명하게도 수정헌법 제15조, 혹은 민주주의 그 자체의 정신을 훼손한 것이었다. 또한 호주식(혹은 비밀) 투표를 엄격하게 실시함으로써 사실상 시민들에게 읽고 쓰기 능력을 요구했다.[118] 주 정부는 그들이 제작한 투표용지에 투표하도록, 그리고 (읽고 쓸 줄 아는) 다른 사람의 도움을 받을 수 없는 기표소에서 혼자 투표하도록 요구했다. 글을 읽고 쓰지 못하는 사람들이 투표할 수 없도록 만들었다는 점에서, 비밀 투표는 다른 사람의 도움 없이는 투표용지의 지시사항을 이해하지 못할 흑인 유권자를 겨냥한 것이었다. 1889년 테네시주를 비롯한 남부 지역의 여러 주가 이러한 형태의 투표용지를 채택했다. 비록 선거 "부패"와 부정을 없애겠다는 숭고한 표현으로 그 목적을 정당화하기는 했지만, 의도는 명백했다.[119] 아칸소주 국무부 부장관은 비밀 투표에 대해 이렇게 말했다.

> 순조롭고, 조용하고, 만족스럽고, 우아하게 진행되었다. 나는 남부의 모든 주가 이 제도를 조속히 받아들이게 해달라고 신께 기도했다. 이는 19세기 가장 검은 범죄인 수정헌법 제15조의 저주를 대부분 풀어줄 것이다.[120]

남부 지역 주 의회에서 이러한 방안을 고안했던 민주당은 다른 주들로부터도(아일랜드 이민자를 겨냥한 읽고 쓰기 능력 시험을 이미 채택했던 코네티컷과 매사추세츠와 같은 많은 북부 주들을 포함해서) 전략을 배웠다.[121] 여기서 미시시피주는 초기 모형으로 역할을 했다.[122] 1890년, 미시시피주 헌법제정회의는 인두세와 비밀 투표, 그리고 읽고 쓰기 능력 시험을 받아들였다. 그리고 남부의 많은 주가 이후 10년 동안 이러한 "독창적인 고안품"을 받아들였다.[123] 이에 대해 앨라배마주 의원 앤서니 세이어Anthony Sayre는 이러한 법들이 "흑인들을 정치에서 몰아낼 것이며, 그것도 완벽하고 합법적인 방식으로 그렇게 할 것"이라고 말했다.[124]

그러나 이러한 "합법적인" 전략은 곧 딜레마에 직면했다. 그 전략은 동시에 글을 읽고 쓰지 못하는 가난한 백인 유권자들(대부분 남부 지역의 충직한 민주당 지지자인)의 투표권도 빼앗아버렸다. 이 문제를 해결하기 위해서 민주당은 그러한 법을 선택적으로 적용하는 방식을 취했다. 예를 들어 읽고 쓰기 능력 시험을 평가하는, 대부분 민주당이 임명한 (백인) 감독관들은 백인보다 흑인을 더 엄격하게 판단했다. 이를 위해 민주당은 "이해 조항understanding clause"이라는 것을 개발했다. 이들 감독관은 유권자들에게 헌법 조항 일부를 소리 내어 읽게 함으로써 그들이 제대로 "이해"했는지를 판단했다. 또한 감독관은 그들에게 주어진 재량권을 가지고 "이해" 기준을 백인보다 흑인에게 더 높게 적용할 수 있었다.[125] 마지막으로, 루이지애나와 노스캐롤라이나, 앨라배마, 조지아주 의회는 "할아버지 조항grandfather clause"을 활용했다.[126] 이 조항에 따르면, 글을 읽고 쓸 수 없거나 재산이 없는 (백인) 유권자도 1867년 이전에 투표한 적이 있거나, 1867년 이전에 투표를 했던 시민의 후손일 경우에 유권자 등록을 할 수 있었다. 이 조항은 얼핏 중립적인 것으로 보이지만, 1867년 이전에 투표할 수 없었던 아프리카계 미국인을 차별하기 위한 것이었다.

기존 남부연합에 속한 모든 주는 1908년에 인두세를 받아들였고, 7개 주는 읽고 쓰기 능력 시험을 채택했다.[127] 민주당을 지지하는 〈멤피스 어필Memphis Appeal〉 신문은 테네시주가 인두세를 받아들인 후에 나온 새로운 법들이 "인종 문제에 대한 현실적이고 합헌적인, 그리고 만족스러운 해결책"을 제시했다고 자신 있게 주장했다.[128] 남부 지역 민주당은 역사적으로 사례를 찾아보기 힘든 대규모 투표권 박탈을 통해 미국 사회가 다인종 민주주의를 향해 나아가는 첫 여정에서부터 길을 잃게 만들었다.[129]

투표권 박탈에 개입하지 않겠다

투표권을 박탈하기 위한 "합법적인" 절차와 관련해서 최종적으로 점검해야 할 사항이 한 가지 남아 있었다. 그것은 다름 아닌 연방 사법부였다. 미국 대법원은 주 정부들이 투표권을 공격하는 상황에 개입함으로써 사법부의 방패 역할을 할 수 있었다.[130] 어쨌든 주 차원에서 흑인의 투표권을 고의적으로 제한하는 법들은 인종 차별을 금하는 수정헌법 제15조를 위반하는 것이었다.

1890년대에 접어들면서 여러 시민단체는 주 및 카운티 정부를 상대로 소송을 벌임으로써 흑인을 겨냥한 여러 가지 새로운 법에 맞섰다.[131] 1895~1905년 동안 대법원에서는 투표권을 박탈하는 시도에 관한 소송이 여섯 건 있었다. 그중에서 가장 결정적인 것은 '길레스 대 해리스Giles v. Harris(1903)'의 소송이었다. 헌법학자 리처드 필데스Richard Pildes는 그 판결을 "미국 대법원 역사상 가장 중

요한 판결 중 하나"로 꼽았다.[132]

'길레스 대 해리스'의 소송은 과거에 노예였던, 그리고 나중에 조합교회의 집사이자 공화당 운동가, 그리고 앨라배마 유색시민 투표권연합의 대표가 된 경비원인 길레스가 앨라배마의 몽고메리 카운티 기록위원회를 상대로 제기한 투표권 소송이었다.[133] 길레스를 비롯한 몽고메리 카운티에 거주하는 5천 명의 흑인 시민을 위한 이 소송은 흑인 유권자 등록을 실질적으로 가로막았던 1901년 앨라배마주 헌법에서 비롯되었다. 그 헌법이 통과되면서 앨라배마주에 거주하는 흑인 남성 중 투표 자격이 있는 유권자 수는 18만 명 이상에서 3천 명으로 크게 줄었다.[134] 그 헌법을 만드는 과정에서 주요한 역할을 했던 한 인물은 의도를 명백히 밝혔다. "우리가 원하는 것은 무엇인가? 왜, 우리가 살아가는 주에서 백인 우월주의를 확립하려는 시도가 연방 헌법의 제약을 받아야 하는가?"[135]

이 판결에서 대법원의 다수 의견을 작성한 대법관은 올리버 웬들 홈스 주니어Oliver Wendell Holmes Jr.라는 판사였다. 노예제를 반대하는 매사추세츠 가문에서 태어난 그는 남북전쟁에서 북부 연방군으로 참전해 세 번이나 부상을 당했다. 그리고 1890년에 투표권 입법을 주도적으로 지지했던 매사추세츠 공화당 상원 의원 헨리 캐봇 로지Henry Cabot Lodge의 추천으로 대법관 자리에 올랐다. 하지만 홈스는 전쟁 트라우마를 겪으면서 혁신적인 이념을 냉소적으로 바라보는 실용주의자로 바뀌었다.[136] 이러한 회의주의(그리고 흑인 투표권이라는 개념에 대한 기본적인 의지 부족)로 인해 호텔과 극장, 열차 등 여러 다양한 공공장소에서 흑인 시민이 차별을 당하지 않게 보호해야 할 어떤 법적 권한도 의회에 없다고 판결했던 1883년 '시민권법 판결Civil Rights Cases'처럼 점점 늘어나는 보수적인 판례의 흐름을 그대로 따랐다.[137] 한 법률 역사가는 홈스가 내놓은 다수 의견을 대법원 역사상 "가장 솔직하지 못한 분석"이라고 평가했다.[138] 홈스는 그 소송이 앨라배마주의 유권자 등록 제도가 부당하다고 주장한 것이라는 점에서, 만약 법원이 길레스의 손을 들어주고 다른 유권자들을 등록 명부에 추가한다면 앨라배마주의 부정행위에 동조하게 되는 것이라고 주장했다.[139] 게다가 홈스는 법원은 모든 명령을 강제적으로 집행하기 위한 연방군이나 선거 감시기관이 없기 때문에 개입을 해서는 안 된다고 주장했다. 뉴잉글랜드 귀족 가문의 후손인 홈스는 법원이 그들 자신의 손을 더럽혀서는 안 된다고 믿었다. 결국 대법원은 앨라배마주의 인종적인 투표 제한을 막지 않고, 대신에 투표권 박탈이 이뤄지는 과정을 가만히 지켜보기로 결정했다.

1903년 '길레스 대 해리스' 판결은 다인종 민주주의를 위한 미국의 첫 번째 실험에 치명상을 입혔다. 1892년 민주당이 대선과 상하원 선거에서 모두 승리한 뒤, 그들은 투표권을 강제한 재건 시대 집행법의 핵심 조항을 모두 제거해버렸다.[140] 위대한 노예제 폐지론자이자 시민권 운동가인 프레더릭 더글라스는 말년에 이렇게 한탄했다. "우리 모두 확고하고 영구적으로 확립해야 한다고 믿었던 원칙이 (…) 무자비한 공격에 허물어졌다."[141]

사라진 기회

물론 상황이 꼭 이러한 방향으로 흘러가야 할 이유는 없었다. 1880년대 말에 잠깐 모습을 드러낸 정치적 기회는 또 다른 경로를 보여줬다. 미국이 그 기회를 잡았더라면 역사는 분명 다른 방향으로 전개되었을 것이다.

1888년 전 인디애나주 공화당 상원 의원이자 강력한 투표권 보호를 열렬히 지지했던 벤저민 해리슨Benjamin Harrison이 대통령으로 당선되고 난 뒤, 공화당이 다시 한번 상하원 모두를 장악했다. 게다가 흑인 투표권과 연방 투표 집행법은 공화당의 강령 안에 그대로 들어 있었다.[142] 공화당은 그 강령을 기반으로 "선거의 완전성과 순수성을 보장하기 위한 실질적인 입법"을 촉구했다.[143]

영향력 있는 공화당 지도자 조지 프리스비 호어George Frisbie Hoar 상원 의원과 (나중에 상원 의원이 되는) 헨리 캐벗 로지 하원 의원은 국가 차원에서 투표권을 보장하기 위한 방안을 모색하기 시작했다. 호어와 로지는 모두 매사추세츠주 출신으로 그들 고향의 "노예제 폐지론과 급진적인 분위기"를 그대로 받아들였다.[144] 두 사람은 함께 75쪽에 달하는 법안을 작성했다.[145] 이 법안은 1870년 집행법에 대한 연방 차원의 감시를 '모든' 하원 선거구로 확장함으로써 남부 지역에서 투표권을 보호하고 북부 지역에서 선거를 감시하도록 했다. 그리고 (법원이 임명한) 독립적인 연방 감시자들에게 선거 과정의 모든 단계를 감독하는 권한을 부여하고, 모든 선거구에서 시민들이 그들 지역에서 이뤄지는 선거에 대해 연방의 감시를 요구할 수 있도록 허용했다.[146] 이는 미국 역사상 가장 야심 찬 투표권 법안으로서 지리적 범위를 기준으로 1965년 투표권법을 넘어서는 것이었으며, 미국에서 선거가 이뤄지는 방식을 근본적으로 바꿔놓을 수 있었다.

1890년 여름에 상원과 하원에서 압도적 다수를 차지한 공화당은 바로 그 로지 법안을 통과시킬 채비를 하고 있었다.[147] 해리슨 대통령도 즉시 서명할 생각이었다. 그 법안은 1890년 7월에 두 명의 공화당원을 제외한 모두의 찬성으로 하원을 통과했다.

그런데 상황이 바뀌기 시작했다.

네바다주 공화당 상원 의원이자 은광을 소유한 갑부인 윌리엄 스튜어트William Stewart가 남부 민주당 의원을 비롯하여 인구 밀도가 낮은 서부 지역의 몇몇 공화당 상원 의원과 함께 당시 남부 사람들이 "강제 법안Force Bill"이라고 부른 로지 법안을 가로막기 위한 물밑 작업을 시작했다. 그 법안이 통과된 날, 남북전쟁 당시 남부

연합을 지지했던 테네시주 하원 의원 벤튼 맥밀린^{Benton McMillin}이
스튜어트를 만나기 위해 워싱턴 D. C. 쇼어햄 호텔을 방문했다.
스튜어트는 자신의 회고록에서 그날 일을 이렇게 밝혔다.

> [맥밀린은] 내게 그 법안에 대해 어떻게 생각하는지, 그리고 상원을
> 통과할 것으로 예상하는지 물었다. 나는 그 법안에 강력하게 반대
> 하지만, 상원에서 이를 저지할 기회는 단 한 번뿐이며, 그것은 연
> 기를 통한 것이라고 답했다.[148]

1890년 9월 펜실베이니아주 공화당 상원 의원 두 명이 관세 법
안을 먼저 처리하기 위해 로지 법안의 상원 표결을 연기하자고
제안했다. 그렇게 로지 법안에 대한 표결은 1890년 중간선거 이
후로 미뤄졌다. 그러나 공화당이 중간선거에서 크게 패하면서(민
주당이 의회를 장악하면서) 로지 법안이 통과될 가능성은 크게 낮아
졌다. 호어 상원 의원은 고집스럽게 그 법안을 다시 한번 상원 회
의에 상정했다. 그러나 스튜어트 상원 의원이 나서서 또다시 (금
본위제를 폐기하고 은 기반의 통화 체제를 확립하는) 다른 법안에 대한 논
의를 핑계로 연기를 요청함으로써 공화당 동료들을 놀라게 만들
었다. "은" 공화당원들(스튜어트를 비롯해서 새로운 통화 법안으로 이익을
얻게 될, 은광과 관련된 이해관계가 있는 의원들)이[149] 통화 개혁에 대한 민
주당의 지지를 얻는 대가로 선거 법안 연기에 동조하고 있다는

의혹이 일었다.[150] 실제로 "은" 공화당원들 여덟 명은 민주당 의원들과 함께 선거 법안을 연기하고 은 법안을 먼저 처리하기로 합의했다.

1891년 1월 로지 법안에 대한 논의가 마침내 상원 회의에서 시작되었을 때, 소수당인 민주당은 의사 진행을 저지하기 위한 최후의 수단으로 상원 필리버스터에 주목했다.[151] 그들은 밤늦게까지 연설을 하고, 불가능한 수정안을 제시하고, 논의를 미루고, 정족수를 막기 위해서 주 회의장 외부를 돌아다니면서 필리버스터를 이어나갔다. 이에 공화당 지도부는 로지 법안을 통과시키기 위한 마지막 필사적인 시도로서 다수의 찬성만으로 필리버스터를 끝내고 상원 다수가 로지 법안에 찬성하는 투표를 할 수 있도록 상원 규칙을 바꾸자고 제안했다.[152] 그러나 그 제안은 민주당과 함께 화폐 개혁에 찬성했던 서부 지역 "은" 공화당 의원들 연합에 가로막혔다.[153] 결국 미국 전역에 공정한 선거를 보장해줄 수 있었던 로지 법안은 필리버스터에 의해 사라지고 말았다.

연방이 투표권을 보호하지 못하는 상황에서 남부 지역의 민주주의는 종적을 감추고 말았다. 흑인 투표율은 1880년 61퍼센트에서 1912년 상상조차 힘든 2퍼센트로 곤두박질쳤다.[154] '아프리카계 미국인이 시민 다수를 차지한' 루이지애나와 미시시피, 사우스캐롤라이나주에서도 흑인 시민의 1퍼센트, 혹은 2퍼센트만이 투표할 수 있었다.[155] 1876년에 유명한 조지아주 정치인 로버트 툼스Robert Toombs는 이렇게 말했다. "다음 번 총회가 열린다면 '국민'이 통치하고 흑인이 목소리를 내지 못하도록 바로잡을 것이다."[156] 그의 이러한 소망(남부 지역의 백인 우월주의자들의 공통적인 소망)은 한 세기 만에 현실이 되었다.

이후 남부 지역에서는 한 세기에 걸쳐 독재 시대가 이어졌다.[157] 흑인 선거권이 사라지면서 정치적 경쟁이 무너졌고, 남부 전역은 일당 지배 체제로 전락하고 말았다.[158] 민주당은 테네시주를 제외한 이전 남부연합의 모든 주에서 70년 넘게 권력을 이어나갔다. 그리고 다섯 개 주에서는 '한 세기 넘게' 이어졌다. W. E. B. 듀보이스는 이렇게 말했다. "민주주의는 오직 흑인들의 마음속에만 존재했다."[159]

4장

왜 공화당은
민주주의를
저버렸나

재건주의가 막을 내리고 한 세기가 흐른 1963년 11월, 린든 존
슨Lyndon Johnson 대통령은 상하원 합동 의회 연단에 올라 이렇게 말
했다. "우리는 이 나라에서 평등한 권리에 대해 충분히 오래 이야
기를 나눴습니다. 백 년, 혹은 더 오랫동안 논의했습니다. 이제 다
음 장을 써 내려갈 시간이, 그리고 그 이야기를 법전에 기록해야
할 시간이 왔습니다."

아이러니하게도 존슨의 민주당은 남부 보수 진영을 넘어선 자
유주의 계파와 더불어 시민권을 옹호하는 정당이 되었다. 재건
시대가 미국의 "두 번째 건국"이라면, 시민권법(1964)과 투표권
법(1965)이라는 결과물을 만들어낸 법원의 판결과 개혁의 노력은
다인종 민주주의를 위한 탄탄한 법적 토대를 마련한 "세 번째 건

국"이었다. 이제 양당의 다수가 그 개혁을 지지했다. 사실, 존슨의 민주당 내 짐 크로Jim Crow 계파가 시민권을 강력하게 반대하는 상황에서 공화당의 강력한 지지 없이 법안 통과는 불가능했다.

당시 주요한 정치인 중에는 중서부 지역의 보수주의자이자 하원 법사위원회 간부인 오하이오주 공화당 하원 의원 윌리엄 맥컬록William McCulloch이 있었다. 오하이오주 노예제 폐지론자의 후손인 맥컬록은 1964년 시민권법을 지지했다. 그가 이끄는 공화당의 하원 의원들 중 80퍼센트가 시민권법 관련 법안에 찬성표를 던졌다(민주당 하원 의원 61퍼센트의 찬성과 함께).[2] 필리버스터 때문에 시민권법 입법의 무덤으로 오랫동안 남아 있었던 상원에서도 마찬가지로 소수당 대표인 일리노이주 공화당 의원 에버릿 덕슨Everett Dirksen이 나서서 시민권법을 통과시키기 위해 공화당 의원들의 뜻을 모았다. 결국 공화당 상원 의원 80퍼센트 이상이 이들 법안에 찬성표를 던졌고, 민주당도 69퍼센트가 찬성했다.[3] 전기 작가에 따르면, 덕슨은 스스로 이를 가장 의미 있는 성과로 생각했다.[4] 또한 1965년 투표권법 역시 양당의 압도적 지지를 받았다. 공화당 상원 의원들은 30대 1로 찬성표를 던졌다. 이처럼 공화당은 역사적으로 중요한 20세기 중반에 시민권법과 투표권법 개혁안을 통과시키는 과정에서 주도적인 역할을 담당함으로써 미국이 더욱 민주화된 사회로 나아가는 데 크게 기여했다.

그러나 그로부터 60년 후, 공화당은 알아볼 수 없을 정도로 달라졌다. 1965년 투표권법을 통과시키는 과정에서 핵심적인 역할을 맡았던 바로 그 정당이 2021년에는 그 법을 복구하기 위한 연방 차원의 입법 시도를 만장일치로 거부했다.[5] 그리고 거기서 멈추지 않았다. 영국 〈이코노미스트〉가 냉철하게 지적했던 것처럼, 그들은 "민주주의를 저버렸다".[6]

도널드 트럼프가 2020년 대선 결과를 뒤엎으려는 시도를 감행하기 한 달 전, 공화당 핵심 상원 의원인 마이크 리Mike Lee는 민주주의의 기본 원칙에 이렇게 의문을 던졌다. "자유와 평화, 번영과는 달리 민주주의는 그 자체로 목적이 될 수 없다." 그리고 트위터에다가는 이런 글을 올렸다. "우리는 인류가 살아가는 세상이 더 번영하길 기원한다. 그러나 계급 민주주의가 이를 가로막을 것이다."[7]

미국의 공화당은 수십 년간 영국의 보수당이나 캐나다의 보수당, 혹은 독일의 기독민주당처럼 주류 중도 우파 정당이었다. 공화당 지도부는 전반적으로 민주주의를 향한 강한 의지를 갖고 있었다. 그러나 더 이상은 그렇지 않았다.

전 세계 민주주의를 평가하는 민주주의다양성연구소V-Dem(Varieties of Democracy) Institute는 전 세계 주요 정당들을 대상으로 매년 "반자유주의illiberalism" 점수를 발표한다.[8] 이 점수는 다원주의와 시민권, 야당에 대한 관용, 정치적 폭력에 대한 거부와 같은 민주주의 규범으로부터 정당이 얼마나 멀어져 있는지를 보여준다. 서유럽 지역 보수 정당들 대부분 점수가 아주 낮다. 이 말은 민주주의를 향한 의지가 아주 강하다는 뜻이다. 미국의 공화당도 그랬다. 적어도 1990년대 말까지는 말이다. 21세기로 접어들면서 공화당의 반자유주의 점수는 가파르게 상승했다. 민주주의다양성연구소는 2020년에 민주주의를 향한 의지를 기준으로 미국의 공화당은 이제 "일반적인 중도 우파 여당보다 튀르키예의 정의개발당^Adalet ve Kalkınma Partisi, AKP이나 헝가리의 피데스와 같은 독재 정당과 더 가까워졌다"고 말했다.[9]

왜 공화당은 다른 길로 나아갔던 것일까? 그리고 이러한 사실은 미국의 민주주의에 무엇을 의미하는가?[10]

증오의 표밭이 된 남부

역설적이게도 공화당의 전환은 그들이 구축하고자 했던 다인종 민주주의에 대응하는 과정에서 시작되었다. 그들의 전환은 하룻밤 새 이뤄진 것이 아니다. 20세기 전반에 공화당은 북동부 지역의 제조업 이해관계자, 중서부 지역의 농부, 소도시 보수주의자, 남부 이외 지역의 백인 기독교 유권자와 더불어 기업과 부자를 대변하는 정당이었다.[11] 공화당은 이러한 지지 기반을 통해 19세기 말에서 20세기 초까지 미국 정치판을 지배했다. 그들은

1890~1930년의 40년 중 30년간 대통령 자리를 차지했고, 또한 같은 기간 중 32년 동안 상원을 장악했다. 그런데 1930년대에 대공황이 발생하고 뉴딜 정책이 미국 정치판을 재편하면서 상황은 크게 달라졌다. 수백만 명에 달하는 도시 노동자(흑인과 백인 모두)들이 공화당에 등을 돌리면서 뉴딜 정책을 이끈 민주당이 새로운 다수 정당의 지위를 차지했다.[12] 민주당은 1932~1948년 사이 다섯 번 연달아 대선에서 승리를 거뒀다. 반면 공화당은 "영원한 소수"의 처지로 전락할 위기에 봉착했다.[13]

공화당은 이제 보수 정당들이 역사적으로 직면했던 똑같은 "보수주의 딜레마"에 직면했다.[14] 즉, 그들은 이러한 질문에 대답해야 했다. 주요 유권자 집단의 이해관계와 영향력, 생활방식을 그대로 유지하면서 어떻게 경제 엘리트 집단을 대변하는 정당으로서 광범위한 유권자 계층을 끌어들일 수 있을까?

공화당은 뉴딜 시대의 국면을 타개하기 위해서 선거에서 패배한 정당이 민주주의 사회에서 해야 할 방안을 모색했다. 즉, 그들은 새로운 헌법에 주목했다. 공화당 지도부는 2차 세계대전 이후 남부 지역에 집중했다.[15] 재건 시대 정당인 공화당은 20세기 중반에는 짐 크로의 남부에서 존재감을 드러내지 못했다. 남부 지역의 두 역사가가 지적한 것처럼, "공화당"이라는 용어는 여전히 남부에서 "저주의 말"로 통했다.[16]

그러나 민주당 내부에서 변화가 일어나면서 기회가 찾아왔다. 1930년대 말 민주당 내 자유주의 계파는 전미흑인지위향상협회National Association for the Advancement of Colored People, NAACP와 산별노조Congress of Industrial Organizations, CIO와의 연대를 기반으로 시민권을 강화해나갔다.[17] 그 시민권 연합은 반린치법anti-lynching law과 인두세 폐지 및 공정한 고용법을 밀어붙이면서 점차 당내 입지를 다져나갔다.[18] 프랭클린 루스벨트Franklin Roosevelt가 어떻게든 시민권 사안을 회피하고자 했던 것과는 달리, 해리 트루먼Harry Truman은 시민권을 공개적으로 인정했던 최초의 민주당 대통령이었다. 또한 민주당은 강력한 시민권 조항을 1948년 강령에 처음으로 포함시켰다. 그러나 남부 지역 백인들은 이러한 방향 전환에 동조하지 않았다.[19] 그들 중 98퍼센트는 2차 세계대전이 발발하던 무렵에 인종차별을 지지했다. 1938년 반린치법 통과를 막기 위한 필리버스터가 진행되는 가운데, 인종차별주의자인 노스캐롤라이나주 조시아 베일리Josiah Bailey 상원 의원은 민주당 동료들에게 민주당이 시민권을 지지하면 남부 기반이 무너질 것이라고 경고했다. 또한 19세기에 공화당이 남부 지역의 재건 사업을 밀어붙이려고 했을 때, 베일리는 이렇게 말했다. "우리는 분노했고 공화당을 향한 증오는 수 세대에 걸쳐 이어졌다. 우리는 그들을 혐오했다."[20] 민주당은 시민권에 대한 지지, '그리고' 남부 백인에 대한 지지를 오랫동안 이어나갈 수 없었다.

1948년 민주당 연합 내부에서 균열이 모습을 드러내기 시작했다.[21] 당시 인종차별주의자이자 사우스캐롤라이나 주지사였던 스트롬 서먼드Strom Thurmond는 시민권을 지지한 정책에 반발해 민주당을 탈당한 뒤 새롭게 조직된 주권민주당States' Rights Party, 혹은 "Dixiecrat"을 기반으로 제3당 대선 후보로 출마했다. 민주당의 "탄탄한 남부"는 주권민주당의 반란으로 더 이상 탄탄하지 않게 되었다. 여기서 공화당 지도부는 새로운 다수의 지위를 차지할 기회를 발견했다. 1950년과 1951년에 공화당 전국위원회Republican National Committee, RNC 의장 가이 게브리엘슨Guy Gabrielson은 남부 지역을 순회 방문하던 중 리틀록에서 트루먼에 대한 남부 백인들의 혐오로 그 지역이 "거대한 사냥터"가 되었다고 연설했다.[22] 초반에 공화당 지도부는 남부 지역을 파고들기 위한 전략을 놓고 의견이 갈렸다. 게브리엘슨과 같은 보수주의자들은 주권민주당과의 연합을 모색했던 반면, 드와이트 아이젠하워Dwight Eisenhower 대통령은 남부 도시 및 교외 지역의 온건주의자들이 공화당을 그들의 고향으로 생각하도록 만들기 위한 조직을 구축하는 핵심 전략인 딕시 작전Operation Dixie을 펼쳤다.[23]

승리는 결국 보수주의자들에게로 돌아갔다. 1954년 '브라운 대 교육위원회Brown v. Board of Education' 판결과 1955~1956년 몽고메리 버스 보이콧(몽고메리 지역에서 실시한 버스의 인종 분리 정책에 항의했던 운동—옮긴이), 그리고 1957년 리틀록 센트럴 고등학교 통합을 위한 연방군 파병과 같은 굵직한 사건들이 벌어지면서 남부 지역 백인들이 광범위한 저항을 시작했다.[24] 1960년대 초 로버트 노박Robert Novak 기자의 보도에 따르면, 많은 우파 공화당 지도자들이 "백인 정당으로 (…) 거듭남으로써 인종 위기 속에서 거대한 정치적 금광을 발견할 수 있다고 믿었다".[25] 공화당은 이러한 믿음을 기반으로 "장기 남부 전략Long Southern Strategy"에 착수했다. 이는 "평등을 당연하게 여기는 정책에서 소외된, 그리고 분노와 혐오를 느끼는 남부 지역의 백인들을 끌어 모으고 [소수] 집단을 위해 운동장을 평평하게 만들고자 했던" 공화당의 10년에 걸친 장기 전략이었다.[26]

공화당이 그 전략을 본격적으로 펼치기 시작한 때는 시민권법의 해인 1964년이었다. 공화당 하원 의원 대부분이 시민권법에 찬성표를 던졌지만, 강력한 세력이 흐름을 다른 방향으로 몰아갔다.[27] 그 세력에서 핵심적인 역할을 맡았던 인물은 배리 골드워터Barry Goldwater 상원 의원으로, 그는 1964년 대선에서 공화당 후보이기도 했다. 골드워터는 "오리들이 있는 곳에서 사냥을 해야 한다"고 설명했던 전략을 따라 남부 지역의 백인 유권자들에게 적극적으로 호소하기 시작했다.[28] 그는 시민권법에 반대하면서 "주정부의 권리"를 강하게 옹호했다.[29] 그리고 남부 전역에서 선거 운동을 이어나가면서 인종차별주의자 스트롬 서먼드로부터 강력한 지지를 얻었다. 골드워터는 1964년 대선에서 크게 패했지만, 딥사우스 지역에서는 압도적인 승리를 거뒀다.

시민권 혁명은 미국의 정당 시스템을 크게 흔들었다.[30] 1964년 이후로 민주당은 시민권 정당을 자처하면서 흑인 유권자 다수를 끌어들였다. 반면 공화당은 점차 인종적 보수주의 정당으로 자리매김하면서 전통적인 인종적 수직체계의 해체에 반대하는 유권자를 끌어들였다. 결론적으로 공화당은 전 공화당 전략가인 스튜어트 스티븐스Stuart Stevens가 말했듯이 "사실상 백인 정당"이 되었다.[31] 실제로 공화당은 '1964년 이후로 모든 대선에서' 백인 유권자에게 가장 많은 지지를 얻었다.

공화당은 이처럼 인종적 보수주의를 취함으로써 선거에서 이득을 얻었다. 1960년대에 백인은 미국 인구에서 거의 90퍼센트를 차지했다. 당시 공공 여론조사 결과는 북부와 남부 모두에서 백인들 상당수가 시민권에 대해 불안감을 느낀다는 사실을 보여줬다.[32] 노골적인 인종차별에 대한 지지가 크게 줄어들기는 했지만, 양당 '모두'에 걸쳐 백인들 대부분 버싱busing(인종차별을 철폐하기 위해 교육위원회가 지정한 버스를 통해 학생들을 다른 학군으로 통학시키고자 했던 정책—옮긴이)이나 소수집단 우대정책affirmative action처럼 인종차별을 철폐하기 위한 정부 정책에 비판적이었다.[33] 백인들의 이러한 반발은 1965~1968년 사이 도시 지역에서 일어난 폭동으로 한층 더 강화되었다.[34] 1966년에 실시한 여론조사 결과는 "사회 무질서"가 시민권을 제치고 유권자들이 가장 우려하는 사안으로 자리를 차지했다는 사실을 보여줬다.[35] 그리고 1966년 말에 실시한 설문조사 결과는 백인 중 85퍼센트가 흑인들이 인종 평등을 향해 "너무 빨리" 달려간다고 생각한다는 사실을 보여줬다.

시민권에 대한 백인들의 반발이 거세지는 가운데, 전략가 케빈 필립스Kevin Phillips가 언급했던 신흥 공화당 다수가 모습을 드러내기 시작했다.[36] 필립스는 인종적으로 분열된, 그리고 여전히 백인이 압도적 우위를 차지한 사회에서 공화당이 "민주당을 '흑인 정당'으로 낙인찍고 남부 지역의 인종적 전통의 수호자로 [스스로를] 내세운다면" 다수의 지위를 다시 차지할 수 있을 것이라고 주장했다.[37] 그리고 이를 위한 열쇠는 남부 지역의 백인들이 쥐고 있었다. 필립스는 이들 백인이 오랫동안 민주당과 관계를 유지하고 있었지만 "그 정당이 흑인 정당이 되어버린 순간 무리 지어 떠날 것"이라고 확신했다.[38] 노골적인 인종차별 주장은 더 이상 먹혀들지 않았지만, 공화당 정치인들은 "법과 질서"를 강조하는 암묵적이고 "암호화된" 표현을 사용함으로써, 그리고 버싱을 비롯한 다양한 인종차별 철폐 방안에 반대함으로써 인종적으로 보수적인 백인들을 끌어들였다.[39] 이는 리처드 닉슨Richard Nixon이 남부 지역에서 활용한 전략의 핵심이기도 했다. 그 전략은 효과가 있었다. 남부 지역 백인들 중 4/5는 1968년 선거에서 닉슨, 혹은 오랫동안 인종차별주의자를 자처한 제3당 후보인 조지 월리스George Wallace에게 표를 던졌다.[40] 그리고 4년 후, 닉슨은 월리스의 표에서 3/4을 가져옴으로써 재선에서 압도적인 승리를 거뒀다.[41]

이후 로널드 레이건Ronald Reagan이 이러한 남부 전략을 그대로 이어받았다. 그는 1960년대의 시민권법과 투표권법에 반대했고 "주州의 권리"에 대한 주장을 1980년대로 이어나갔다.[42] 그는 명백히 상징적인 차원에서 미시시피주 필라델피아에 있는 네쇼바 카운티 박람회장에서 1980년 대선 운동을 시작했다.[43] 그곳은 1964년에 세 명의 시민권 운동가가 잔인하게 살해된 장소였다. 또한 레이건은 여기에 새로운 전략을 추가했다. 그것은 바로 백인 '기독교도' 전략이었다.[44]

주로 남부 지역에 거주하는 백인 복음주의 기독교인들에게는 1980년까지도 정치적 고향이 없었다.[45] 1976년 선거에서 그들의 표는 지미 카터Jimmy Carter와 제럴드 포드Gerald Ford 사이에서 갈렸다. 그런데 1970년대 말에 제리 폴웰Jerry Falwell 목사가 이끄는 복음주의 지도자들이 정치 싸움에 뛰어들면서 도덕적 다수파Moral Majority를 결성했다.[46] 복음주의 지도자들은 동성애자 권리와 남녀평등 헌법 수정안, 1973년 '로 대 웨이드Roe v. Wade' 판결 등 다양한 정치적 사안에 반대하면서 정치에 뛰어들었다.[47] 그러나 기독교 우파 운동가 폴 웨이리치Paul Weyrich가 나중에 인정했듯이, 그들을 정치에 뛰어들게 만든 주요한 촉매는 인종차별이 여전히 남아 있는 지역의 주민들에게 미 국세청이 부여한 세금공제 자격을 박탈함으로써 사립 기독교 학교들을 인종적으로 분리하지 못하도록 막고자 했던 카터 행정부의 움직임이었다.[48] 폴웰이 이끄는 도덕적 다수파는 공화당과 손을 잡고 1980년 대선에서 레이건을 위한 선거 운동을 활발하게 펼쳐나갔다.[49] 이에 대해 레이건은 복음주의자들이 제시한 의제를 받아들이면서 그중 많은 것을 공화당 공약에 포함시켰다.[50] 그렇게 레이건은 남부 백인과 복음주의 유권자를 공화당으로 끌어들이는 데 성공했다.[51] 그리고 남부 백인들의 지지율 72퍼센트, 백인 복음주의자의 지지율 80퍼센트를 기반으로 1984년 재선에서도 성공을 거뒀다.[52]

"백인을 향한 거대한 전환" 전략은 필립스가 말한 새로운 공화당 다수를 현실로 만드는 데 기여했다.[53] 공화당은 미국의 주요 정당으로 자리 잡으면서 1976년 워터게이트 사건으로 치러진 선거를 제외하고 1968~1988년 동안 모든 대선에서 승리했다. 그리고 1994년에는 1955년 이후 처음으로 하원을 장악했다.[54] 1955년에 공화당은 상원과 하원의 다수는 물론, 30개 주의 주지사 자리를 차지했었다.

그러나 백인을 향한 거대한 전환은 새로운 공화당 다수는 물론, 괴물도 만들어냈다. 세기가 바뀔 무렵 실시한 여론조사에 따르면, 공화당을 지지하는 백인 다수가 정치학자들이 "인종적 분노racial resentment"라고 부른 기준에서 높은 점수를 기록했다.[55] 인종적 분노 점수는 미국 국민선거연구American National Election Study에 포함된 다음 네 가지 문항에 대한 찬반을 기반으로 측정된다.[56]

1. 아일랜드인과 이탈리아인, 유대인을 비롯한 많은 소수 집단은 편견을 극복했고 그들만의 길을 개척했다. 흑인들 역시 특별한 우대 정책 없이도 똑같은 일을 해내야 한다.
2. 노예제도와 차별정책이 수 세대에 걸쳐 이어지면서 하층에서 벗어나기 위한 흑인들의 노력을 힘들게 만드는 사회적 여건이 조성되었다.
3. 지난 몇 년간 흑인들은 당연히 누려야 할 것을 누리지 못했다.
4. 사실은 충분히 열심히 노력하지 않는 일부 사람의 문제다. 더 열심히 노력한다면 흑인도 얼마든지 백인만큼 잘살 수 있다.

남부 지역에서 공화당이 성공을 거두고, 백인들이 인종적 증오에서 높은 점수를 보이면서 새롭고 활기찬 선거구와의 관계를 도모하는 보수주의 엘리트 정당들은 공통된 문제를 떠안게 되었다. 공화당은 '포획capture'에 취약한 상태로 전락했다.[57] 실제로 공화당은 '인종적으로 보수적인' 지지 기반에 포획되었다. 21세기에도 백인과 기독교 집단은 공화당을 여전히 압도적으로 지지하고 있지만, 미국 사회는 그렇지 않다는 점에서 이는 대단히 중요한 문제다.

유권자는 변화한다

20세기 말과 21세기 초에 미국 사회는 더욱 다양해졌다.[58] 1965년 이민국적법Immigration and Nationality Act이 양당의 강력한 지지로 통과되면서 이후 오랫동안 이어진 이민의 물결이 시작되었다. 특히 남미와 아시아에서 많은 이민자가 몰려들었다. 히스패닉이 아닌 백인 미국인이 전체 미국 인구에서 차지하는 비중은 1950년 88퍼센트에서 2000년 69퍼센트로, 그리고 2020년 58퍼센트로 떨어졌다.[59] 아프리카계와 히스패닉, 아시아계, 그리고 아메리카 원주민 인구가 전체 미국 인구에서 차지하는 비중은 이제 40퍼센트에 달한다.[60] 게다가 18세 이하 미국인 인구에서 이들은 다수를 차지하고 있다.[61] 미국 전역에 걸쳐 마을과 학교들은 인종적인 차원에서 더욱 통합된 모습을 보인다.[62] 미국 인구조사에 따를 때, 백인들이 주로 거주하는 지역에서 백인 미국인의 비중은 1990년에 78퍼센트에서 2020년 44퍼센트로 급감했다.[63] 다인종 범주에 해당하는 미국인의 비중이 높아지면서 인종 간 결혼의 비중도 크게 증가했다.[64] 종교적 다양성 또한 높아지면서 미국 사회에는 기독교인이 현저하게 줄고 있다. 1976년에 미국인 80퍼센트가 백인 기독교인(신교와 구교 모두 포함해서) 범주에 속했던 반면, 2016년에 그 비중은 43퍼센트로 떨어졌다.[65]

이러한 변화는 미국 정치의 모습을 바꿔놨다. 지난 40년 세월 동안 의회에는 백인이 아닌 의원의 수가 네 배 이상 늘었다.[66] 의회(상원과 하원)에서 아프리카계 미국인 의원 수는 1980년에 17명에서 2021년 61명으로 늘었다.[67] 그리고 같은 기간에 히스패닉, 즉 라틴 아메리카계 미국인 의원 수는 6명에서 46명으로 증가했다. 또한 의회 내 아시아계 미국인 의원의 수는 6명에서 17명으로 늘었고, 아메리카 원주민 의원의 수는 0명에서 5명으로 늘었다. 대법원 또한 오늘날 아주 다른 모습을 보인다. 1966년에는 9명 대법관 모두 백인 남성이었던 반면, 2022년에 백인 남성 대법관은 소수(9명 중 4명)를 이룬다.

민족적 다양성이 증가하고 인종적 평등을 향한 흐름이 가속화되면서 제니퍼 호호실트Jennifer Hochschild와 베슬라 위버Vesla Weaver, 트레이시 R. 버치Traci R. Burch와 같은 정치학자들이 새로운 "인종적 질서racial order"라고 부른 개념이 현실화되었다.[68] 민족 집단 사이의 경계가 분명하고 (맨 위에 백인이 있는) 인종적 수직체계를 형성했던 과거의 "인종적 질서"와는 달리, 20세기 말과 21세기 초에 나타난 인종적 변화는 민족 및 인종 간 경계를 흐릿하게 만들면서 인종적 수직체계를 약화시켰다. 이러한 변화는 다양한 방식으로 모습을 드러냈다. 예를 들어 TV 프로그램이나 영화에 백인 가정이 아닌 다인종 가정이 등장하는 사례가 늘어났고, 학교와 언론은 미국의 인종차별 역사를 대수롭지 않게 생각하거나 외면했던 오랜 사회적 분위기에 이의를 제기했으며, 인종차별적 행동에 대한 사회적 인내가 줄어들었다.

미국인들은 21세기 초에 다인종 민주주의의 핵심 원칙을 점차 받아들이기 시작했다. 이민과 다양성에 대한 여론의 지지는 꾸준히 증가했다.[69] 퓨 리서치 센터^{Pew Research Center}에 따르면, 2018년에 미국인의 60퍼센트 정도가 "새로운 인구가 유입되면서 미국 사회가 더 강력해지고 있다", 그리고 민족적 다양성이 미국을 "더 살기 좋은 곳"으로 만든다는 주장에 동의했다.[70] 또한 인종적 평등에 대한 미국인들의 의지도 더 강해졌다. 1973년에는 미국인의 35퍼센트만이 주택 매매에서 차별을 금지하는 법을 지지하고 64퍼센트는 그 문제를 주택 소유주의 판단에 맡겨두길 원했던 반면, 2015년에는 미국인 79퍼센트가 주택 매매에서 차별 금지를 지지했다.[71] 그리고 갤럽 조사에 따르면, 흑인에 대한 차별을 줄이기 위해 새로운 시민권법 제정이 필요하다고 생각한 미국인의 비중은 2003년 26퍼센트에서 2020년 60퍼센트로 크게 높아졌다.[72]

다양성과 인종적 평등에 대한 이러한 태도 변화는 특히 젊은 미국인들 사이에서 가장 두드러지게 나타났다. 젊은 미국인 집단은 나이 많은 미국인 집단에 비해 백인 기독교인 비중이 낮다. 2014년 PRRI 설문조사에 따르면, 18~29세 응답자 중 29퍼센트만이 스스로를 백인 기독교인으로 정의했다. 이는 65세 이상 응답자의 67퍼센트와 큰 대조를 이룬다.[73] 또한 젊은 세대는 인종과 이민(그리고 성과 성적 지향)과 같은 사안에 대해서도 상당히 진보적인 모습을 보인다.[74] 2018년 퓨 리서치 설문조사 결과는 밀레니얼 집단의 52퍼센트가 차별이 "오늘날 흑인들의 발전을 가로막는 주요한 장애물이다"라는 주장에 동의한다는 사실을 보여줬다. 이는 베이비부머 세대의 36퍼센트, 그리고 소위 침묵 세대Silent Generation(1928~1945년에 태어난 사람들로 베이비부머 이전 세대를 일컫는 말—옮긴이)의 28퍼센트와 뚜렷한 대조를 이룬다.[75]

물론 불평등한 법적 보호와 인종차별 행위, 그리고 여러 다양한 시민권 남용 사례는 21세기까지도 그대로 이어졌다. 그러나 권리 침해는 정치적·법적 차원에서 점차 논란의 대상이 되고 있다.[76] 여론의 변화, NAACP와 멕시코계 미국인 법률 변호 및 교육 기금Mexican American Legal Defense and Educational Fund과 같은 기관의 등장, 그리고 '흑인 목숨도 소중하다Black Lives Matter'와 같은 사회 운동으로 인해 인종차별 행위는 공적인 논란과 더불어 행위자를 고발하는 실질적인 시도를 (항상 성공적이지는 않지만) 촉발하고 있다.[77]

다인종 민주주의의 성장은 미국 사회를 재편했다. 동시에 20세기 말부터 공화당에 선거 차원에서 위협을 가했다. 공화당은 지금도 여전히 명백한 백인 기독교인 정당으로 남아 있다. 2012년에 공화당 지지자 다섯 명 중 네 명은 백인 기독교인(구교와 신교)이었다.[78] 하지만 백인 기독교인이 미국 전체 유권자 집단에서 차지하는 비중은 급격하게 줄어들고 있다. 1990년대에 백인 기독교인이 전체 유권자 집단에서 차지한 비중이 3/4이었던 반면,

2010년대에는 절반 이하로 크게 줄었다.[79]

버락 오바마가 대선(2008)과 재선(2012)에 성공하면서 공화당이 활용했던 남부 전략의 한계가 여실히 드러났다.[80] 1980년에 로널드 레이건은 백인 유권자 사이에서 55퍼센트의 득표율을 차지했고, 이를 기반으로 44개 주에서 압도적으로 승리했다. 그러나 32년이 흘러 미트 롬니Mitt Romney는 백인 유권자 사이에서 59퍼센트라는 압도적 지지를 받았지만 '선거에서 패하고 말았다'.

그러나 미국 사회의 다양성 증가가 공화당에게 반드시 암울한 운명을 의미하는 것은 아니다. 인구 구성이 곧 정치적 숙명은 아니다. 사회·정치적 정체성은 끊임없이 진화하며, 주변 환경과 정당 전략에 의해 종종 예측하지 못한 방향으로 나아간다. 그래서 정당은 더욱 광범위한 유권자 집단에 호소하는 새로운 방법을 발견하고 받아들여야 한다(그리고 종종 그렇게 한다). 반면 사회적·인구통계적 변화에 적응하지 못하는 정당은 선거 재앙의 위험에서 벗어나지 못한다.

캘리포니아주 공화당의 운명에 대해 생각해보자. 이민의 물결이 일찍이 캘리포니아를 강타하면서 1950년대에 백인 인구의 비중이 80퍼센트가 넘었던 그 주는 20세기 말 백인이 아닌 인구가 다수를 차지하는 지역으로 바뀌었다.[81] 20세기에 캘리포니아주는 공화당 쪽으로 기울었다. 17명의 주지사 중 13명이 공화당 인사였다. 그런데 1990년대 초 경기 침체 상황에서 공화당 주지사이자 1994년 재선 승리를 소망했던 피트 윌슨^{Pete Wilson}은 여론조사에서 자신이 선두를 차지하지 못하고 있다는 사실을 확인했다.

윌슨은 다시 선두를 탈환하기 위해서 그 비중이 감소하고 있지만 여전히 캘리포니아주 유권자 집단에서 80퍼센트를 차지하는 백인들의 분노에 호소했다.[82] 공화당의 입장에서는 (전체 유권자 집단에서 8퍼센트를 차지했던) 라틴계 유권자의 표를 포기할지라도 이민 정책에 반대하는 전략은 정치적으로 좋은 선택으로 보였다. 그래서 윌슨은 분명하게 오른쪽으로 이동했다. 그는 미등록 이민자의 교육 및 의료보험에 대한 접근을 제한하고 교사와 의사 및 간호사를 대상으로 미등록 이민자로 의심되는 사람을 당국에 신고하도록 규정하여 많은 논란이 일었던 국민발의 법안인 제안 제187호^{Proposition 187}를 받아들였다.[83] 또한 '합법적' 이민을 일시적으로 중단하고 미국의 출생 시민권 정책을 폐기할 것을 요구했다. 결국 윌슨은 백인 유권자들로부터 62퍼센트의 압도적 지지를 받아 재선에 성공했다.[84] 또한 제안 제187호는 라틴계 미국인 유권자의 3/4, 흑인과 아시아계 미국인 유권자 대부분이 반대했음에도, 백인 유권자의 63퍼센트 찬성으로 살아남았다.[85] 또한 공화당은 1990년대에 공공 분야의 채용과 고등 교육에서 소수민족 우대 정책을 폐지하고 공립학교에서 두 가지 언어로 강의하는 방식을 제한하는 또 다른 국민발의도 지지했다.[86]

캘리포니아주 공화당의 이러한 반이민 정책은 초기 선거에서 성공을 거두었지만, 머지않아 역효과를 드러냈다. 캘리포니아 주는 인종적인 차원에서 점차 다양해졌고, 또한 이민자 1세대와 2세대에 해당하는 많은 유권자가 투표하기 시작했다. 2000년에 는 백인이 아닌 인구가 캘리포니아주의 다수를 차지했고, 2021년 에는 캘리포니아주 '유권자' 집단에서 백인이 아닌 인구가 차지 하는 비중이 60퍼센트에 육박했다.[87] 그러나 공화당은 단기적인 선거 이익을 위해 새롭게 등장한 다수를 외면함으로써 역사적인 차원에서 정치적 몰락을 겪었다. 1996년 선거에서 공화당은 캘리 포니아주 의회에서 다수를 차지하지 못했고 이후로도 마찬가지 였다. 그리고 1992년 이후로 미국 상원 선거에서 모두 패했다. 또 한 2003년 소환투표제recall referendum(유권자들이 부적합하다고 생각하는 선출직 공무원을 투표로 임기 중에 파면시키는 제도—옮긴이)를 통해 주지 사가 된 온건파 정치 아웃사이더인 아놀드 슈워제네거를 제외하 고 공화당은 주지사 선거에서 한 번도 승리하지 못했다. 이렇게 공화당 의원 수가 갑작스럽게 줄어들면서 2016년 캘리포니아주 의회에서 공화당은 민주당과 "다른" 당에 이어 세 번째 정당으로 추락했다.[88]

캘리포니아주에서 공화당의 운명은 필연적인 것이 아니었다. 점차 줄어들고 있던 백인 기독교인 다수를 대변하기로 한 것은 그들의 '정치적 선택'이었다. 이러한 선택은 대단히 유혹적이었 으며, 실제로 그들은 그 선택으로 상당한 보상을 단기적으로 얻었다. 그러나 캘리포니아주 사례가 보여준 것처럼, 이러한 선택은 종종 재앙으로 돌아온다.

21세기 초 공화당 지도부는 이러한 위험을 잘 인지하고 있었다. 2011년에 공화당 전국위원회Republican National Committee, RNC 의장으로 추대된 라인스 프리버스Reince Priebus는 전국위원회 본부 건물에 있는 자신의 사무실에 도표 하나를 걸어놨다.[89] 그 도표에는 히스패닉 인구의 성장세, 그리고 그에 따라 공화당 대선 후보가 앞으로 선거에서 이기기 위해 필요한 백인 유권자들의 표가 담겨 있었다. 그리고 그 도표 속 그래프는 2012년과 2016년, 그리고 그 이후로 가파른 상승세를 보였다. 이에 대해 제러미 페터스Jeremy Peters 기자는 이렇게 지적했다. "결론은 부인할 수 없다. 공화당은 백인 표를 더 많이 얻는 방식으로는 앞으로의 선거에서 살아남지 못할 것이다."[90] 2012년 사우스캐롤라이나 공화당 상원 의원 린지 그레이엄Lindsey Graham은 좀 더 직설적으로 표현했다. "우리는 사업을 장기적으로 이끌어갈 수 있을 정도로 충분히 많은 분노한 백인을 양산해내지 못하고 있다."[91]

몇몇 전국 공화당 지도자들이 보기에 해결책은 간단했다. 백인과 보수주의 기독교 유권자에게 호소함으로써 전국적인 다수의 지위를 더 이상 차지할 수 없다면, 새로운 유권자 집단, 특히 백인이 아닌 유권자 집단을 끌어들여야 했다. 이 말은 캘리포니아주 공화당이 저지른 실수를 반복하지 않겠다는 뜻이었다. 2005년

RNC 의장 켄 멜만Ken Mehlman은 과거에 상대 후보를 비방했던 공화당의 관행을 공개적으로 비판하면서 이렇게 말했다. "저는 오늘 공화당 의장으로서 우리가 틀렸다는 사실을 말씀드리기 위해 이 자리에 섰습니다."[92] 2009년 아프리카계 미국인으로서는 처음으로 RNC 의장이 된 마이클 스틸Michael Steele은 남부 전략의 종식을 천명하면서 공화당 지지 기반을 확장하기 위한 전략을 수립하는 "연합 부서coalitions department"를 신설했다.[93]

그러나 지지 기반을 확장하기 위한 공화당의 대표적인 시도가 시작된 것은 버락 오바마가 2012년 재선에 성공했을 때였다. 당시 RNC 의장 라인스 프리버스는 공화당이 패배하면서 스스로 "가장 포괄적인 선거 분석"이라고 언급했던 작업에 착수했다.[94] 그는 RNC의 "부검" 보고서로 알려진 최종 분석 보고서를 통해 백인 유권자에 집중한 공화당의 전략을 날카롭게 비판하면서 공화당은 "핵심 유권자를 넘어서지 못하면서 스스로를 주변으로 몰아내고 있다"고 경고했다.[95] 그리고 오늘날 미국이 "다른 모습을 드러내고 있다"는 사실을 정확하게 지적하면서 공화당이 백인이 아닌 유권자를 더욱 "적극적이고 포용적으로" 바라봐야 한다고 촉구했다.[96] 또한 공화당이 "그들이 미국에 있는 것을 원치 않는다"고 생각하고 있는 많은 히스패닉 유권자의 인식에 대한 우려를 제기했다.[97] 나아가 공화당이 "스스로에게 들려주는 이야기"를 멈추지 않는다면 "가까운 미래에 또 다른 대선에서 승리하기는 더 힘들어질 것"이라고 경고했다.[98] 그리고 보고서의 주요 권고 사항에는 공화당이 미등록 이민자에게 시민권의 길을 열어주는 이민 개혁을 지지해야 한다는 내용도 포함되었다.[99]

2013년 부검 보고서는 선거에서 패배한 정당이 민주주의 사회에서 취해야 할 행동을 잘 보여주는 또 하나의 사례였다. 그 행동이란 유권자 집단에서 드러나는 변화에 적응하는 것이다. 멜만과 스틸, 프리버스와 같은 공화당 지도자들은 사회 변화 속에서 공화당이 선거 경쟁력을 점점 더 잃어가고 있다고 우려하면서, 인종적인 차원에서 1960년대에 시작된 기존 궤도를 벗어나고자 했다. 반면 지역 지도자와 운동가, 그리고 공화당 풀뿌리 조직을 이루는 탄탄한 핵심 유권자로 이뤄진 공화당 지지 기반의 상당 부분이 급진적인 방향으로 나아가면서 그 정당을 또 다른 방향으로 잡아끌고 있었다.

실제로 RNC 지도자들이 기자회견을 열어 백인이 아닌 미국인들을 끌어들이기 위한 계획에 대해 설명하고 있었을 때, 바로 그 RNC 지도부의 지원을 받은 전국 차원의 공화당은 백인이 아닌 미국인 유권자의 투표를 더 어렵게 만들고 있었다.[100] 2008년과 2012년에 흑인과 라틴계 및 아시아계 미국인과 젊은 유권자들, 혹은 미국 언론인 로널드 브라운스타인Ronald Brownstein이 "떠오르는 연합coalition of the ascendant"이라고 칭했던 유권자들 사이에서 투표율이 뚜렷하게 증가했다.[101] 2012년에는 흑인 투표율이 미국 역사상 처음으로 백인 투표율을 넘어섰다.[102] 선거에 패한 정당들 대부분은 '전략'을 수정하지만, 공화당은 여러 주에 걸쳐 유권자를 수정하는(사실상 줄어들게 만드는) 작업에 착수했다.

공화당은 2010년 중간선거에서 승리하면서 11개 주 의회를 장악했고, 또한 여러 주에서 압도적 다수를 차지했다.[103] 이후 공화당은 투표에 대한 접근을 제한하기 위해 방어적 개혁 방안을 실행에 옮겼다. 그중 하나는 "투표자 신분확인법"이라는 것으로, 이 법에 따르면 유권자는 투표하기 위해서 정부가 발행한 사진이 부착된 신분증을 제시해야 했다. 2005년 이전에는 미국의 어떤 주도 투표를 위해 사진이 부착된 신분증을 요구하지 않았다.[104] 그리고 2011년 이전에는 조지아주와 인디애나주만이 그 법을 시행했다. 그러나 2011~2016년 사이 (모두 공화당이 이끄는) 13개 주가 엄격한 투표자 신분확인법을 통과시켰다.[105] 주 정부들은 겉으로 보기에 합리적인 이유로 그 법을 택했다. 그것은 투표자 사칭 사기를 근절하겠다는 것이었다. 그런데 이러한 주장에는 두 가지 의문이 있었다. 첫째, 투표 사기, 특히 투표자 사칭 사기의 사례는 미국에서 실제로 존재하지 않았다.[106] 미국 사법부는 조지 W. 부시 행정부 시절에 유권자 사기 범죄를 발견하고 처벌하기 위한 전례 없는 노력에 착수했다.[107] 그러나 그들은 그런 사례를 거의 발견하지 못했다. 2002~2005년 동안 수억 건의 투표 중 한 건의 비율로, 35명에 불과한 투표자가 사기로 유죄 판결을 받았다. 게다가 이러한 사례들 대부분 단순한 실수나 유권자 등록법 위반에 해당하는 것이었다. 즉, 투표자 신분확인법이 예방할 수 있는 범죄는 아니었다.

이러한 점에서 투표자 신분확인법은 해결할 문제가 없는 해결책이었다. 이 말은 그 법의 목적이 아마도 사기 예방은 아니었을 것이라는 뜻이다. 그 진정한 목적은 특정 미국인, 특히 흑인, 라틴계 및 가난한 시민들이 투표하는 것을 더 힘들게 만드는 것이었다. 다음으로 투표자 신분확인법의 두 번째 문제는 편향적이었다는 사실이다. 투표를 위해 신분 확인을 요구하는 것은 본질적으로 민주주의에 반하지 않는다. 실제로 민주주의 국가 대부분은 신분 확인을 요구한다. 하지만 다른 민주주의 국가와는 달리, 미국에는 신분증을 관리하는 국가 차원의 시스템이 존재하지 않는다. 그래서 많은 미국 시민이 투표를 위해 필요한 사진 신분증을 갖고 있지 않다. 브레넌 정의연구소Brennan Center for Justice의 조사에 따르면, 2012년을 기준으로 투표 연령에 해당하는 시민 중 10퍼센트 이상이 최근 정부가 발행한 사진 신분증을 갖고 있지 않았다.[108] 이러한 현상은 가난한 유권자와 소수 집단 유권자 사이에서 가장 뚜렷하게 나타났다.[109] 예를 들어 2011년 텍사스주가 투표자 신분확인법을 통과시켰을 때, 그 법이 요구하는 신분증이 없는 등록된 흑인 유권자 수는 백인 유권자의 두 배가 넘었다. 그리고 유효한 신분증이 없는 등록된 라틴계 유권자 수는 백인 유

권자의 세 배 이상이었다.[110]

　이러한 유권자 억압은 특히 경합 주를 중심으로 두드러지게 나타났다. 예를 들어 플로리다주에서 공화당은 사전투표 기간을 2주에서 8일로 줄였고, (전통적으로 많은 아프리카계 미국인이 투표하는) 선거일 전 마지막 일요일을 그 기간에서 제외했다.[111] 이러한 움직임은 특히 흑인 유권자에게 치명적인 타격을 가했다.[112] 플로리다주 전체 유권자 집단에서 아프리카계 미국인이 차지하는 비중은 13퍼센트에 불과했지만, 사전투표의 경우에 그들이 차지한 비중은 1/3이 넘었다. 공화당은 새로운 법을 통해서 등록된 유권자 집단에 성가신 요구 사항을 새롭게 부과했다.[113] 예를 들어 완전히 기입한 양식지를 48시간 내 제출하지 않으면 무거운 벌금을 부과했다. 이 법은 너무나 극단적이어서 여성유권자연맹League of Women Voters은 플로리다주에서 유권자 등록 운동을 중단하기까지 했다.[114] 마지막으로 2011년에 플로리다 릭 스콧Rick Scott 주지사는 얼마 전 폐지한 중범죄자 투표권 박탈법을 부활시켰고, 이로인해 플로리다주는 (형기를 마친 뒤에도) 중범죄자가 투표하지 못하도록 막은 세 개 주(켄터키 및 버지니아 주와 함께) 중 하나가 되었다.[115] 이러한 움직임은 아프리카계 미국인에게 더 심각한 영향을 미쳤다. 스콧이 그 법을 부활시키자 놀랍게도 플로리다주에 거주하는 아프리카계 미국인 성인의 21퍼센트가 투표권 행사를 거부당했다.[116]

노스캐롤라이나주의 경우, 21세기 초 몇 년에 걸쳐 사전투표법과 당일 등록제를 도입하면서 투표율이 크게 높아졌다. 이로 인해 노스캐롤라이나주는 투표율 기준으로 1996년에는 미국에서 37번째, 2012년에는 11번째 주가 되었다.[117] 2000~2012년 동안 흑인 투표율은 65퍼센트나 높아졌고, 2008년과 2012년에는 백인 투표율을 넘어섰다.[118] 그러나 2012년 공화당이 주지사 자리와 의회 과반을 차지하면서 당일 등록제를 폐지했고 사전투표 기간을 단축했다.[119] 또한 줄이 길게 늘어선 경우에 투표 시간을 연장할 수 있는 카운티의 자율권을 빼앗는 전면적인 새로운 투표법과 함께 미국에서 가장 엄격하고 인종적으로 가장 편향된 투표자 신분확인법을 통과시켰다. 한 분석에 따르면, 공화당 의원들은 "흑인들이 갖고 있거나 갖고 있지 않은 신분증 유형에 관한 데이터를 수집해서 투표 가능한 신분증 목록을 백인에게 유리한 쪽으로 수정했다".[120] 이후 연방 대법원은 신분확인법을 무효화하면서 그 법이 "외과 수술만큼이나 정밀하게" 아프리카계 미국인을 겨냥했다고 지적했다.

이는 법률전쟁이었다. 즉, 표면적인 목표는 투표 사기를 막는 것이었지만 실질적인 목표는 저소득층과 소수 및 젊은 유권자 집단의 투표율을 떨어뜨리기 위한 것이었다. 전 공화당 전략가 스튜어트 스티븐슨은 이렇게 지적했다. 공화당은 "그 나라가 있는 곳에 있지 않다. 그래서 그들은 사람들이 투표하는 방식을 바꿔야 한다는 사실을 알고 있다. 이는 인두세와 읽고 쓰기 시험의 변형에 불과하다".[121] 위스콘신주 한 전직 공화당 보좌관은 2015년 공화당 간부 회의에서 공화당 상원 의원들이 새로운 투표자 신분확인법의 "파급 효과에 열광"했으며, 그들 중 많은 이들이 "소수 집단과 대학생 유권자를 억압할 수 있는 기회"에 주목했다고 말했다.[122] 2008년에 아프리카계 미국인 투표율에서 상위권을 차지한 11개 주 중에서 7개 주가 2010년 이후로 투표를 제한하는 새로운 법을 받아들였고, 2000~2010년 동안 히스패닉 인구 성장에서 상위권을 차지한 12개 주 중에서 9개 주가 같은 기간에 투표를 제한하는 법을 통과시켰다.[123]

여러 연구 결과는 투표자 신분확인법이 아직까지 완전한 효과를 드러내지 않았다는 사실을 말해준다.[124] 하지만 그렇다고 해서 그 법이 치명적이지 않다는 뜻은 아니다. 2009년 웰터급 권투 챔피언 안토니오 마가리토Antonio Margarito는 셰인 모슬리Shane Mosley와의 대결에서 석고를 넣고 주먹에 붕대를 감았다는 사실이 밝혀지면서 일 년간 출장 정지 징계를 받았다.[125] 게다가 그 시합에서도 졌다. 마찬가지로 반민주적인 행위 역시 효과가 뚜렷하게 드러나지 않았다고 해도 용납될 수는 없다. 게다가 미미한 효과가 중대한 영향을 미칠 때가 있다. 가령 2000년 대선은 플로리다주의 537표로 판가름이 났다. 그리고 2020년 선거는 세 개 주에 걸친 4만 표로 결정이 났다. 투표율에서 나타난 미세한 변화도 박빙의 선거에서는 결과를 뒤집을 수 있다.

백인의 나라를 되찾자

21세기 초 공화당 정치인들은 선거 패배를 두려워했다.[126] 그러나 많은 공화당 지지자는 그것보다 훨씬 더 중요한 것을 잃을까봐 두려워했다. 그것은 바로 그들의 나라였다. 구체적으로 말해서 그 나라 안에서 그들이 차지하고 있던 자리였다. 미국 역사에 걸쳐 백인 기독교인들은 절대 무너지지 않을 것처럼 보였던 인종적 수직체계의 맨 꼭대기에 앉아 있었다.[127] 백인 기독교 남성들은 건국에서 1960년대에 이르기까지 권력과 특권의 지위를 줄곧 누렸다. 심지어 1980년대 말에도 미국의 대통령과 부통령, 하원 의장, 상원 다수당 대표, 대법원장, 연방준비제도 이사회 의장, 합동참모본부 의장 모두 백인 남성이었다.[128] 그리고 미국의 모든 주지사는 1989년까지 백인이었다. 1987년까지 포천 500대 기업의 CEO들 모두가 백인이었다. 그동안 백인이 아닌 미국인은 그들보다 낮은 지위에 머물렀다. 백인 미국인은 이러한 인종적 수직체계를 기반으로 사회적으로 최소한의 지위를 보장받았다. 이는 곧 "백인 시민에게는, 볼 수 있지만 그 아래로는 절대 떨어지지 않을 유리 바닥"을 의미하는 것이었다.[129] W. E. B. 듀보이스는 이러한 특권을 백인으로 살아가는 데 따른 "심리적 임금psychological wage"이라고 불렀다.[130] 이러한 인종적 수직체계는 2백 년 가까이 당연하게 여겨졌다.

그러나 21세기로 접어들면서 상황은 크게 달라졌다. 미국은 더 이상 백인이 지배하는 사회가 아니었고, 한때 굳건했던 인종적 수직체계는 흔들리기 시작했다.[131] 백인 미국인이 오랫동안 지켜왔던 사회적 지위가 위협을 받으면서 그들 중 많은 이들은 소외와 추방, 박탈의 느낌을 받았다.[132] 2015년 PRRI는 설문조사를 통해 미국인들에게 1950년대 이후로 미국의 문화와 생활 방식이 "전반적으로 더 나아졌는지", 아니면 "전반적으로 더 나빠졌는지" 물었다. 아프리카계 미국인과 히스패닉계 미국인, 그리고 종교가 없는 미국인들 대부분은 1950년대 이후로 상황이 더 나아졌다고 답한 반면, 백인의 57퍼센트, 그리고 백인 복음주의 기독교인의 72퍼센트는 상황이 더 나빠졌다고 답했다.[133]

그러나 그들이 보인 반응은 향수를 넘어선 것이었다. 오랫동안 이어져 내려온 사회적 수직체계가 평평해지면서 많은 백인은 부당하다고 느꼈다.[134] 사회 내에서 보장된 지위와 더불어 성장한 사람은 그러한 지위를 빼앗겼을 때 부당함을 느끼게 된다.[135] 실제로 많은 백인 미국인은 스스로를 희생자라고 느꼈다.[136] 설문조사 결과는 "백인에 반대하는 편향"의 존재에 대한 백인들의 인식이 1960년대부터 꾸준히 증가했다는 사실을 보여줬다.[137] 21세기 초에 백인 미국인 다수는 백인에 대한 차별이 적어도 흑인에 대한 차별만큼 심각한 문제가 되었다고 생각했다.

이러한 느낌은 오바마의 당선으로 한층 더 증폭되었다.[138] 오바마 대통령은 정치적으로 온건한 인물이었지만, 정치학자 마이클 테슬러Michael Tesler는 연구를 통해 오바마의 당선이 미국인의 정치적 태도를 뚜렷하게 급진화했다는 사실을 보여줬다.[139] 오바마의 당선으로 모든 미국인은 그들의 나라가 다인종 민주주의의 평원으로 나아가고 있다는 사실을 확인하게 되었다. 아프리카계 미국인이 백악관에서 일하는 모습이 매일 TV 화면에 나오면서 미국인들은 더 이상 인구 통계적으로나 정치적 차원에서 새로운 현실을 외면할 수 없게 되었다.[140] 많은 백인 미국인은 그들이 자라난 나라가 그들을 저버리고 있는 것은 아닌지 두려워했다.

다인종 민주주의에 대한 반발은 주로 백인 기독교 민족주의로 모습을 드러냈다.[141] 사회학자 필립 고르스키Philip Gorski는 이를 "(백인) 기독교인이 미국을 건국했지만 이제 박해받는 (민족적) 소수가 되어가는 위기에 봉착했다"라는 믿음으로 설명했다.[142] "백인 기독교인"은 이제 종교 집단이라기보다 민족 집단, 혹은 정치 집단에 더 가깝게 되었다.[143] 이러한 믿음을 가진 이들은 대부분 백인 복음주의 기독교인들이었지만, 보수적인 백인 가톨릭 신자와 세속적인 백인 민족주의자들 또한 점차 그러한 믿음을 받아들이기 시작했다.[144] 이러한 점에서 미국 사회의 수직체계에서 그동안 꼭

대기 자리를 차지했던 이들은 백인 기독교인들이었고, 또한 20세기 말에 공화당으로 집결한 이들 역시 백인 복음주의 신교도들이었지만, 21세기 초 공화당을 장악한 "백인 기독교인"은 "백인의 기독교가 다시 한번 문화적 우위를 차지하길 바라는" 열망으로 똘똘 뭉친 종교적으로 다양한 미국인 집단이었다.[145]

이러한 백인 기독교 민족주의는 티파티 운동Tea Party movement에 박차를 가했다.[146] 티파티 운동이 모습을 드러낸 것은 2009년 2월로, 오바마 취임 후 한 달이 채 지나지 않은 시점이었다. 티파티는 2009년 4월 15일 전국 시위를 시작으로 수백 개의 지방 조직과 50만 명에 달하는 회원들, 그리고 4천 5백만 명의 지지자를 기반으로 대규모 사회 운동으로 급속하게 성장했다.[147] 티파티는 "자신의 나라를 되찾기"로 결심한 나이 많은 백인 복음주의 기독교 미국인들이 주를 이룬 전형적인 반동적 운동이었다.[148] 설문조사 결과는 티파티 회원들이 이민과 이슬람, 그리고 민족적·문화적 다양성에 압도적으로 반대한다는 사실을 보여줬다.[149] 정치학자 크리스토퍼 파커Christopher Parker와 맷 바레토Matt Barreto에 따르면, 티파티 회원들은 "그들이 '진정한' 미국인으로 인정하지 않는 집단에게 자신의 나라를 빼앗기고 있다"고 느꼈다.[150]

이러한 이유로 RNC 지도부가 2012년 선거 패배 이후로 앞으로의 전략에 대해 논의하는 와중에도 많은 일반 공화당원들은 그들이 본질적인 박탈을 경험하고 있다고 느꼈다. 이러한 상황에서 유명 우파 언론 평론가들은 절망감을 부추겼다. 2012년 선거가 있던 날 밤, 〈폭스 뉴스〉 진행자 빌 오라일리Bill O'Reilly는 이렇게 말했다. "백인 집단은 이제 소수가 되었습니다…. 전통적인 미국은 더 이상 존재하지 않습니다."[151] 그리고 다음 날 미국 보수주의 평론가 러시 림보Rush Limbaugh는 청취자들에게 이렇게 말했다. "어젯밤 우리가 수적 열세에 처했다는 생각이 들었습니다…. 잠자리에 들면서… 이 나라를 잃었다는 생각을 했습니다."[152]

공화당의 백인 기독교적 기반은 이러한 존재적 위협에 직면해서 급진적으로 나아갔던 것은 물론, 사실상 그 정당을 포획했다. 어떻게 그런 일이 가능했을까?

20세기 대부분의 기간 동안에 인종적 분노는 당파적 문제가 아니었다. '양당'의 당원들 모두 전통적인 인종적 수직체계의 수호자를 자처하면서 인종적 보수주의를 대단히 중요하게 여겼다. 실제로 많은 보수주의 남부 백인은 1990년대 내내 민주당원으로 남아 있었다. 그러나 공화당 정치인들은 40년 동안 남부 지역의 보수적인 복음주의 백인들을 단일 진영으로 끌어 모으기 위해 노력하는 가운데, 공화당을 문화적·인구 통계적 변화를 두려워하는 백인 기독교인의 확실한 고향으로 만들었다.[153] 정치학자 앨런 어브래머위츠Alan Abramowitz에 따르면, 설문조사에서 높은 "인종적 분노" 점수를 기록한 백인 공화당원의 비중이 1980년대에 44퍼센트에서 오바마 행정부 시절에 64퍼센트로 높아졌다.[154]

물론 공화당은 하나의 색깔로 이뤄진 조직은 아니다. 모든 공화당 지지자가 인종적 보수주의자도 아니다. 그러나 오바마 행정부 시절에 인종적으로 보수적인 백인들은 공화당 내에서 분명하게도 다수 지위를 차지했다.

이는 대단히 중요한 변화였다. 급진적인 공화당 지지자들은 예비선거에서 영향력을 행사했다.[155] 티파티의 지원을 받은 많은 극단주의 후보들은 예비선거에서 주류 공화당 후보를 물리치거나, 혹은 그들을 더 오른쪽으로 밀어붙였다. 극단주의 후보들이 공화당 지도부로 합류하면서 급진화 흐름은 더욱 빨라졌다. 그리고 코흐 형제Koch brothers와 같은 억만장자의 막대한 후원을 등에 업은 외부 단체, 그리고 〈폭스 뉴스〉와 같은 영향력 있는 우파 언론이 등장하면서 공화당은 특히 포획에 취약한 상태가 되었다.[156]

공화당의 한 여론조사원에 따르면, "모든 일이 불만"인 운동가와 예비선거 투표자 집단을 마주한 공화당 지도부는 백인들의 불만 정치에서 벗어나기 위해 노력했다.[157] 공화당 의원들은 2013년 부검 보고서의 주요 정책 권고를 따라 이민 개혁을 지지하는 쪽으로 당의 의견을 수렴하고자 했다.[158] 조만간 하원 의장이 될 폴 라이언Paul Ryan 의원은 미등록 이민자에게 시민권의 기회를 부여하는 법안을 지지해달라고 우파 언론인들에게 요청했다. 그러나 러시 림보는 라이언과의 통화에서 거부 의사를 분명히 밝혔다. 림보는 "그의 요청을 단칼에 거절"하면서 이렇게 말했다. "폴,

당신이 왜 그렇게 하는지 이해합니다. 하지만 제 청취자들은 어쨌든 그런 이야기는 듣고 싶어 하지 않을 겁니다."[159] 실제로 설문 조사 결과들은 공화당원들 대부분이 시민권 기회를 부여하는 법안에 반대했다는 사실을 보여줬다.[160] 이후 다수당 대표 에릭 캔터Eric Cantor마저 예비선거에서 이민 반대 운동을 벌인 티파티 운동가에게 패하면서, 공화당 하원 의원들은 이민 개혁을 포기할 수밖에 없었다.

2016년 대선 예비선거에서 공화당원들에게 보다 포용적인 전략을 선택할 또 한 번의 기회가 주어졌다. 초반 선두 주자였던 (멕시코 시민과 결혼해서 스페인어를 유창하게 구사하는) 젭 부시Jeb Bush는 2013년 부검 보고서를 적극적으로 받아들였다. 그의 수석 보좌관 샐리 브래드쇼Sally Bradshaw는 그 보고서 작성에 관여하기도 했다. 브래드쇼에 따르면, 부시 선거 진영은 "그 당이 인구 구성의 변화에 발맞춰 움직이도록 격려"하고자 했다.[161] 부시는 자신의 보좌관들에게 이렇게 말했다. "저는 불만을 이용하는 후보가 아닙니다. 불만 캠페인은 벌이지 않을 겁니다."[162]

그러나 도널드 트럼프는 다른 방향을 선택했다. 그는 군중과 함께 움직이면서 그들이 품은 최악의 충동을 종종 이용했다. 트럼프는 선거 운동 기간에 자신의 아이디어를 시험했다. 그는 이렇게 말했다. "군중은 우리가 어디로 가야 할지 말해준다."[163] 트럼프는 인종적 색채가 뚜렷한 티파티의 "우리나라를 되찾자"라는 주문이야말로 공화당 예비선거 유권자 집단을 장악한 인종적 보수주의자들을 이기기 위한 열쇠라는 사실을 재빨리 간파했다.[164] 다른 공화당 경쟁자들이 노골적으로 인종차별적이고 민족적인 혹은 선동적 호소를 마지못해 활용했던 반면, 트럼프는 그 선을 과감하게 넘어섰다. 그는 다른 공화당 후보들이 편협하고, 인종차별적이고, 잔인하다고 치부했던 생각을 말하고 기꺼이 실행에 옮기겠다는 의지를 드러내면서 불만 가득한 백인 유권자 집단을 포섭했다. 정치학자 애슐리 자르디나Ashley Jardina는 트럼프가 선거 운동 과정에서 백인 유권자들에게 "인종적 수직체계를 그대로 유지할 것"이라는 메시지를 보낸 것이라고 언급했다.[165] 실제로 연구 결과들은 자신이 속한 집단의 사회적 지위가 위협받는다고 인식한 백인 공화당원들이 예비선거에서 트럼프를 가장 강력하게 지지했다는 사실을 보여줬다.[166] 미국 언론인 에즈라 클라인Ezra Klein은 이러한 모습을 적절하게도 이렇게 표현했다. "트럼프는 공화당을 납치한 게 아니다. 그는 공화당을 이해한 것이다."[167]

트럼프 행정부는 공화당의 급진적 행보를 가속화했다. 트럼프의 성공은 백인의 정체성에 기반을 둔 정치가 공화당 내에서 승리의 공식이라는 사실을 보여줬다. 그리고 나이를 불문하고 많은 공화당 정치인들은 트럼프의 스타일과 태도를 그대로 따라했다. 반면 트럼프 열차에 탑승하기를 거부한 많은 공화당 정치인은 은퇴하거나, 아니면 예비선거에서 패했다.[168] 2020년에 트럼프에 반기를 들었던 어떤 계파도 공화당 내에 머물러 있지 못했고, 이로 인해 트럼프의 극단주의에 대한 보수주의자들의 반대 목소리는 묻혀버리고 말았다.

트럼프 시절의 공화당은 백인들의 분노 정치에 깊숙이 발을 담갔다. 2021년 설문조사는 트럼프 지지자 84퍼센트가 "백인의 의지를 억누르는 차별이 앞으로 몇 년에 걸쳐 크게 강화될 것을 우려한다"고 생각한다는 사실을 보여줬다.[169] 또한 많은 트럼프 지지자는 "거대 대체 이론great replacement theory"을 믿었다. 이 이론은 미국의 엘리트 집단이 "토착" 백인 집단을 쫓아내기 위해 이민자를 동원하는 음모를 꾸미고 있다는 것이었다. 원래 유럽에서 비주류 백인 지상주의자들이 지지했던 "거대 대체 이론"은 2016년부터 미국 사회에 뿌리를 내리기 시작했다. 2017년 버지니아주 샬러츠빌에서 열린 유나이트 더 라이트Unite the Right 백인 지상주의 집회에 참여한 이들은 거리를 행진하면서 "너희는 절대 우리를 대신할 수 없다!", 그리고 "유대인은 우리를 대신할 수 없다!"라고 외쳤다.[170] 2019년 텍사스주 엘파소에서 라틴계 미국인들을, 그리고 2022년 뉴욕주 버팔로에서 아프리카계 미국인들을 대량 학살했던 백인 지상주의자들은 "거대 대체 이론"을 인정하는 선언문을 작성했다.[171]

우파 언론인들은 이들을 더 부추겼다. 미국 보수주의 방송 진행자 로라 잉그레이엄Laura Ingraham은 시청자들에게 이렇게 말했다.

"민주당은 (…) 미국의 유권자 여러분을 새로 사면된 시민과 점차 증가하는 연쇄 이민자로 대체하려고 합니다."[172] "거대 대체 이론"을 팔아먹은 가장 영향력 있는 장사꾼은 터커 칼슨Tucker Carlson이라는 인물로, 그는 미국 TV 방송에서 최고 시청률을 기록한 케이블 뉴스 프로그램 사회자다. 〈뉴욕타임스〉의 조사에 따르면, 칼슨, 혹은 그가 초대한 출연진은 2017~2021년에 걸쳐 엘리트 집단이 이민을 이용해서 인구 통계적 변화를 주도하고 있다는 주장을 4백 회 넘게 내놨다.[173] 칼슨은 민주당의 움직임에 대해 시청자들에게 이렇게 말했다.

(그들은) 미국의 인종적 구성을 바꾸려고 시도하고 있습니다. 그게 이유입니다. 선조가 이 땅에서 살았던 사람들의 정치적 힘을 위축시키고 제3세계에서 새롭게 들어온 미국인 비중을 늘리는 것은…. 끔찍한 일입니다…. 이러한 정책은 정치 용어로 "거대 대체"라고 합니다. 이는 이 땅에 뿌리내린 미국인들을 머나먼 나라에서 건너온 충성스런 사람들로 대체한다는 것을 의미합니다.[174]

트럼프 임기 말에 공포와 분노를 느낀 많은 공화당원은 극단주의를 향해 나아갔다. 2021년 미국 기업연구소American Enterprise Institute가 후원한 설문조사 결과에 따르면, 공화당원 중 56퍼센트가 "전통적인 미국적 삶의 방식이 너무나 빨리 사라지고 있기 때문에 우리는 이를 구하기 위해 무력을 사용해야 한다"는 주장에 동의했다.[175] 이제 민주주의 자체를 공격할 근거가 마련된 것이다.

선거 결과를 부정한 트럼프와 측근들

앞서 우리는 민주적인 정당이 따라야 할 세 가지 기본 원칙을 살펴봤다. 민주적인 정당은 승패를 떠나 공정한 선거 결과를 받아들여야 한다. 그리고 권력을 차지하거나 유지하기 위해 폭력을 동원하는 방안을 분명하게 거부해야 한다. 마지막으로 반민주적인 극단주의자와 손을 잡아서는 안 된다. 그런데 공화당은 어땠는가?

선거 결과를 받아들여야 한다는 원칙으로부터 이야기를 시작해보자. 패배를 받아들이는 것보다 중요한 민주주의 원칙은 없다. 선거에서 패했을 때, 정당은 경쟁자의 승리를 인정하고, 조직을 재편하고, 잃어버린 다수를 새롭게 구축해야 한다. 그러나 공화당은 그러한 일을 하기 위한 능력을 상실하고 말았다.

도널드 트럼프가 패배를 받아들이지 않았던 역사는 오래되었다. 2016년 대선에서 트럼프는 지지자들에게 선거 제도가 자신에게 불리하게 훼손되었다고 계속해서 말했다.[176] 그리고 마지막 대선 토론을 포함해서 여러 기회를 통해 자신이 패한다면 결과에 승복하지 않을 것이라고 주장했다. 2016년 보통선거에서 패한 이후로 트럼프는 선거 결과를 부정하면서 이렇게 주장했다. "불법적으로 투표한 사람들의 수백만 표를 제외한다면 나는 투표에서 이겼다."[177] 또한 2018년 중간선거에서 민주당이 승리를 거두자 트럼프는 사기를 주장했다.[178]

이러한 점에서 트럼프 대통령이 2020년 선거 결과를 부정한 것은 놀라운 일이 아니었다. 2020년 공화당 전당대회 연설에서 트럼프는 이렇게 주장했다. "그들이 우리에게서 이번 선거를 앗아갈 수 있는 유일한 방법은 부정 선거뿐입니다."[179] 트럼프는 가을 선거 운동 기간 내내 그 주장을 되풀이했다.[180]

2020년 11월, 미국 역사상 처음으로 현직 대통령이 선거 패배에 대한 인정을 거부했다. 선거 당일 늦은 밤, 투표 집계 결과가 조 바이든에게 유리한 방향으로 흘러가기 시작하자 트럼프 대통령은 이렇게 말했다. 이번 선거는 "미국 사회에 대한 사기이며 (…) 우리는 선거에서 이길 준비가 되어 있다. 솔직하게 말해서, 우리는 이번 선거에서 이겼다. (…) 이 선거는 우리나라에 대한 거대한 사기다."[181] 트럼프는 자문들의 만류에도 선거 결과를 공식적으로 부인하면서 패배를 인정하지 않았다.[182] 오히려 그는 2개월 동안 선거 결과를 뒤집으려고 했으며, 수십 명의 주지사와 선거관리위원회 위원들, 주 의회 간부들을 대상으로 선거 결과를 조작하거나 무효화하도록 압박했다.[183] 트럼프는 조지아주 국무장관 브래드 래펀스퍼거Brad Raffensperger에게 전형적인 사기를 저지르도록 압박하면서 이렇게 말했다. "11,780표만 있으면 됩니다."[184] 이는 그 주에서 바이든이 공식적으로 앞선 격차보다 한 표 더 많은 수였다. 그리고 미국 주방위군National Guard을 배치해서 전국에 걸쳐 투표계산기를 압수하고, 겁을 먹은 CIA 국장 지나 해스펠Gina Haspel이 합동참모본부 의장 마크 밀리Mark Milley에게 이렇게 말하도록 압박했다. "우리는 우파 쿠데타를 벌이고 있습니다."[185] 마지막으로 트럼프의 내부 조직은 선거인단의 투표 인증을 방해함으로써 바이든의 승리를 가로막을 계획을 세웠다.[186] 그 일환으로 바이든에게 승리한 여섯 개 주 연합은 트럼프를 승자로 인정하는 허위 인증서를 마련했다.[187] 트럼프는 투표 집계를 위한 양원 합동 회의를 주재하는 마이크 펜스Mike Pence 부통령을 포섭해서 이들 주의 선거에 "논란의 여지가 있다"고 발표하고 선거인단 투표 집계를 거부하도록 함으로써 자신이 나머지 표에서 과반을 차지할 수 있도록 했다(실패로 돌아가기는 했지만).[188]

그런데 패배를 인정하지 않았던 것은 트럼프만이 아니었다. 많은 공화당 인사들 역시 패배를 인정하지 않았다. 선거 후 몇 주 동안, 공화당 정치인 대부분이 바이든의 승리에 대한 공식적인 인정을 거부했다. 2021년 12월 16일을 기준으로 바이든의 승리를 인정한 공화당 의원은 25명에 불과했다.[189] 공화당 책임 프로젝트Republican Accountability Project는 공화당 의원 261명 전원의 공식 진술을 분석함으로써 그들이 선거의 적법성에 대해 의심을 드러냈는지 확인했다.[190] 그런데 놀랍게도 261명 중 224명(86퍼센트)이 의혹을 제기한 것으로 드러났다. 1월 6일에는 공화당 하원 의원의 약 2/3가 선거 결과를 인정하지 않는 쪽으로 표를 던졌다.[191]

많은 공화당 간부가 선거를 뒤집기 위한 트럼프의 시도에 동참했다. 사우스캐롤라이나주 상원 의원 린지 그레이엄은 조지아주 국방장관인 래펀스퍼거에게 전화를 걸어 서명이 일치하지 않는 비중이 높은 카운티의 모든 우편 투표를 무효로 만들 수 있을지 물었다.[192] 이를 통해 그 주의 선거 결과를 뒤집을 수도 있었다. 유타주 상원 의원 마이크 리는 대통령 비서실장 마크 메도우스Mark Meadows에게 문자 메시지를 보내 "소수의 몇몇 주들이 그들의 의회가 다른 [선거인단] 대의원 명단을 채택하도록 만든다면 (선거를 뒤집을) 가능성이 있는지" 물었다.[193] 리는 나중에 메도우스에게 주 의회들이 다른 선거인단 대의원 명단을 보내도록 설득하기 위해 "하루 14시간" 일하고 있다고 말했다. 텍사스주 상원 의원 테드 크루즈Ted Cruz는 이번 선거에 대한 "10일간 긴급 감사"를 추진하기 위한 임시 "선거위원회"의 설립을 제안함으로써 경합 주 의회들이 다른 대의원 명단을 보낼 기회를 만들어줬다.[194]

공화당은 주 차원에서 이러한 시도에 힘을 보탰다. 공화당 소속 주 법무장관들 17명은 대법원에 소송을 제기함으로써 조지아, 펜실베이니아, 미시건, 위스콘신주에서 선거 결과를 무효화하고자 했다. 〈뉴욕타임스〉는 2020년 대선 경쟁에서 치열한 접전을 벌인 9개 주 공화당 의원들에 대한 분석을 통해 공화당 의원 중 44퍼센트가 선거 결과를 "의심하거나 뒤집으려는" 행동을 취했다는 사실을 확인했다.[195] 애리조나와 펜실베이니아, 위스콘신주에서는 공화당 의원들 중 압도적 다수가 그렇게 했다.[196]

위에서 아래에 이르기까지 공화당 인사들 상당수는 2020년 선거 결과에 대한 공식적인 인정을 거부했다. 이후 "새빨간 거짓말Big Lie"이라고 알려진 표현은 공화당 운동가들 사이에서 하나의 신념으로 자리 잡았고, 공화당 예비선거에서 후보자를 평가하는 실질적인 리트머스 시험지가 되었다.[197]

공화당은 패배 인정에 대한 거부에서 한 걸음 더 나아가, 폭력을 분명하게 거부해야 한다는 민주주의 정치의 두 번째 원칙도 어겼다. 2016년 이후로, 그리고 특히 2020년 이후로 점점 더 많은 공화당 정치인이 폭력적인 언사를 남발하거나 폭력적인 행동을 묵인했다.[198] 로렌 보버트Lauren Boebert, 맷 게이츠Matt Gaetz, 폴 고사Paul Gosar, 마조리 테일러 그린Marjorie Taylor Greene을 비롯한 몇몇 공화당 의원은 프라우드 보이스Proud Boys나 오스 키퍼스Oath Keepers와 같은 준군사 단체와 손잡고 폭력적인 언사를 사용하기 시작했으며, 심지어 반대파 의원에 대한 암살을 암시하기까지 했다.[199]

2020년 4월에는 주 공화당과 손잡은 무장 시위대가 도로를 가로막은 채 미시건주 랜싱에 위치한 주 의회 의사당 주변에 모여서 그레천 휘트머Gretchen Whitmer 주지사의 코로나 이동 제한 조치에 반대하는 시위를 벌였다.[200] 트럼프 대통령은 그들에게 박수를 보내면서 트위터에 "미시건을 해방하라!"는 메시지를 올렸다.[201] 2주일 후, 그들은 미시건 주 의회 의사당으로 몰려갔다.[202]

2020년 여름에 여러 공화당 의원들은 '흑인 목숨도 소중하다' 시위자들에게 폭력을 행사하도록 종용했다.[203] 맷 게이츠 하원 의원은 트위터에 이런 글을 남겼다. "안티파antifa(극우세력에 반대하는 극좌파 집단 — 옮긴이)가 테러리스트라는 사실을 분명히 인식했다면, 중동에서 그랬던 것처럼 그들을 끝까지 추적해서 소탕할 것인가?"[204] 공화당 지도부는 소총을 들고 주 경계를 넘어 위스콘신 주 케노샤에서 두 명의 시위자를 살해한 17세 청년 카일 리튼하우스Kyle Rittenhouse를 옹호했다.[205] 트럼프는 마라라고에서 리튼하우스를 맞이했고, 마조리 테일러 그린은 리튼하우스에게 의회 금메달을 수여하자는 제안에 찬성했다.[206] 또한 공화당은 세인트루이스의 마크Mark와 파트리샤 맥클로스키Patricia McCloskey 부부를 두둔했다.[207] '흑인 목숨도 소중하다' 시위대에 총을 쏜 이들 부부를 2020년 공화당 전당대회의 특별 연사로 선정했다.

폭력적인 언사의 사례는 2020년 선거 이후로 크게 증가했다. 애리조나와 조지아, 미시건, 펜실베이니아, 위스콘신을 비롯한 여러 경합 주에서 선거관리위원회 위원들은 선거 이후 트럼프 지지자들로부터 살해 협박을 받았다.[208] 선거관리위원들에 대한

2022년 설문조사 결과는 여섯 명 중 한 명이 자신의 업무와 관련해서 협박을 경험했으며, 30퍼센트는 적어도 부분적으로나마 그러한 위협에 대한 두려움으로 자리에서 물러난 사람을 알고 있다는 사실을 보여줬다.[209] 위스콘신주의 몇몇 카운티 공화당 웹사이트에서는 공화당원들에게 "전쟁을 준비하라"고 선동했다.[210]

마지막으로, 트럼프 대통령은 평화적인 권력 이양을 가로막으려는 폭동을 부추겼다. 1월 6일 아침, 트럼프는 자신의 지지자들에게 국회의사당으로 행진해서 선거인단 투표에 대한 승인을 가로막으라고 촉구했다. 이들의 폭동이 시작되었을 때, 트럼프는 공격을 중단시키라는 요청을 거부했다. 오히려 그는 주방위군 파견 요청에 대한 승인을 세 시간 넘게 거부함으로써 폭동을 '도왔다'.[211] 국회의사당 폭동이 정리된 오후 6시에 트럼프는 추종자들에게 "오늘을 영원히 기억하라"고 말했다.[212] 트럼프는 국회의사당 폭동을 비난하지 않았다. 대신에 이를 묵인하면서 한 기자에게 이렇게 말했다. "일부 사람들은 지금이 1776년이라고 말했습니다. 짓밟히고 빼앗겼다면 의회에 책임을 물어야 하지 않겠습니까?"[213] 나중에 트럼프는 그 폭동을 "미국을 다시 한번 위대한 나라로 만들고자 한 역사상 가장 위대한 운동"이라고 표현했다.[214]

공화당 간부들은 국회의사당 공격을 강력히 비난했지만, 여러 공화당 정치인들은 다소 애매모호한 반응을 보였다. 앤드류 클라이드Andrew Clyde 하원 의원은 그 사건을 "관광객의 일반적인 방문"

에 비유했다.[215] 그리고 론 존슨^{Ron Johnson} 상원 의원은 1934년 2월 6일 폭동에 대해 프랑스 보수주의자들이 했던 말을 미묘하게 따라하면서 그들은 "이 나라를 사랑하는 사람들"이기 때문에 시위자들에게서 "아무런 위협을 느끼지 못했다"고 말했다.[216] 마조리 테일러 그린은 나중에 자신이 1월 6일 공격을 이끌었다면 성공을 거뒀을 것이라고 했다. 그리고 자신의 지도하에 폭도들은 "무장을 했을 것"이라고 덧붙였다.[217] 하원이 국회의사당 폭동을 조사하기 위해 위원회를 조직했을 때, RNC는 "적법한 정치 논쟁에 참여한 일반 시민"을 탄압하는 처사라고 주장했다.[218]

1월 6일 이후에도 공화당은 폭력의 끈을 놓지 않았다.[219] 2022년 예비선거 기간 중 〈뉴욕타임스〉는 후보자가 총을 휘두르거나 발사하는 장면을 연출했던 공화당 TV 광고를 100편 이상 확인했다.[220] 오늘날 어느 서구 민주주의 사회에서도 주요 정당이 그렇게 노골적으로 폭력을 활용한 사례를 찾아볼 수 없다.

그러나 트럼프나 마조리 테일러 그린과 같은 인물이 독재자로서 노골적인 모습을 드러낸 것만큼 중요한 문제는 공화당이 그것을 실현시켜줄 수 있다는 사실이다. 독재 세력은 주류 정치인들이 그들을 묵인하고 보호할 때에만 성공할 수 있다. 그러나 이러한 독재 세력이 당 내에서 반민주적인 방식으로 행동할 때, 충직한 민주주의자는 그 행동을 공식적으로 비난하고, 이에 책임이 있는 인물이나 단체와 관계를 끊고, 또한 필요하다면 정치적 경쟁자와 손을 잡고서 반민주적인 극단주의자를 고립시키고 그들에게 책임을 묻는다. 결정적으로 충직한 민주주의자는 정치적으로 손해가 될 때에도 그렇게 한다. 반민주적인 극단주의자와 관계를 끊는 것은 민주주의 행동의 세 번째 원칙이다.

리즈 체니Liz Cheney 하원 의원은 2020년 선거 이후에 충직한 민주주의자로서 행동했다. 강경 보수주의자이자 민주당의 앙숙이었음에도 체니는 바이든의 승리를 인정했을 뿐 아니라, 선거 결과를 뒤집으려는 트럼프 대통령의 시도를 비난하면서 이를 "우리의 민주주의를 무너뜨리려는 십자군"이라고 불렀다.[221] 1월 6일 폭동 이후로 체니는 트럼프와의 관계를 끊었고, "미국 대통령이 폭도를 끌어모으고 조직해서 이번 공격의 불씨를 당겼다"고 말했다.[222] 2021년 1월 13일, 체니는 트럼프 탄핵에 찬성한 열 명의 공화당 의원 중 한 사람이었다. 마지막으로, 체니는 트럼프에게 책임을 묻기 위해 정치적 경쟁자들과 손을 잡았다. 그녀는 1월 6일 국회의사당 공격을 조사하기 위해 일곱 명의 민주당 의원들과 함께 의회 특별위원회에 합류하면서 부의장 자리를 맡았다.

체니는 1월 6일 공격에 대해 트럼프에게 책임을 물음으로써 단기적인 정치적 이익을 얻지는 못했다. 그녀는 트럼프 탄핵에 찬성표를 던지고 나서 수백 건의 살해 협박을 받았고 하원 공화당 지도부에서 쫓겨났다.[223] 그리고 와이오밍주 공화당에서도 축출을 당했고, 공화당 전국위원회에서 비난을 받았으며, 예비선거에서는 트럼프의 지지를 받은 도전자에게 패하고 말았다. 그녀의 정치 경력은 민주주의에 대한 충성심으로 위기를 맞이했다.

아홉 명의 공화당 하원 의원이 트럼프 탄핵에 찬성표를 던졌고, 일곱 명의 공화당 상원 의원이 트럼프 고발에 찬성표를 던졌다. 그들이 그렇게 하는 데에는 정치적 용기가 필요했다. 실제로 트럼프의 탄핵과 고발에 찬성한 17명의 공화당원들 대부분은 은퇴를 했거나, 아니면 2022년 선거 이후에 열린 예비선거에서 패했다.

안타깝게도 17명의 충직한 민주주의자들은 소수에 불과했다. 공화당 지도자들 대부분은 표면적으로 충직한 민주주의자로 행동했다. 그들은 민주주의 규칙에 따라 행동한다고 말했지만, 실제로 독재적인 행동에 일조했다. 상원 다수당 대표 미치 매코널Mitch McConnell과 하원 소수당 대표 케빈 매카시Kevin McCarthy는 표면적으로 충직한 민주주의자의 각본을 그대로 따랐다. 두 사람은 트럼프 임기에 걸쳐 유화정책을 기반으로 트럼프의 반민주적 행동을 묵인하고 탄핵과 해임으로부터 그를 보호했다.[224] 매코널과 매카시도 바이든이 2020년 선거에서 이겼다는 사실을 알았고, 패배를 인정하지 않으려는 트럼프 때문에 골머리를 앓았다.[225] 1월 6일 폭동에 깜짝 놀란 두 사람은 이에 대해 트럼프를 비난했고, 트럼프를 당에서 내쫓아야 한다고 동료들에게 개인적으로 말했다.[226] 매코널은 국회의사당 공격을 "지구에서 가장 강력한 남성의 새빨간 거짓말에 넘어간" 사람들이 저지른 "테러" 행위라고 불렀다.[227] 매카시는 그 공격에 대해 트럼프에게 책임을 물었고, 하원 동료들에게 그가 물러나야 한다고 말했다.[228] 매코널과 매카시 모두 트럼프를 제명할 수 있는 방안으로 수정헌법 제25조를 고려했다. 그리고 매코널은 탄핵을 지지하면서 처음에는 이렇게 말했다. "이게 탄핵 대상이 아니라면 무엇이 탄핵 대상인지 모르겠다."[229]

하지만 공화당 지지자 대부분이 여전히 트럼프에 대한 충성을 저버리지 않았다는 사실이 드러났을 때, 공화당 지도부는 유화정책으로 돌아섰다. 매카시는 "뒤통수를 치는 배신"을 감행했다.[230] 그는 트럼프의 반민주적 행동에 대한 모든 비판을 중단하고 그를 만나기 위해 마라라고를 방문했다. 결국 매카시는 탄핵에 반대표를 던진 197명의 공화당 하원 의원 중 한 사람이 되었다. 그리고 매코널은 공화당 상원 의원 50명 중 트럼프의 무죄를 지지한 43명에 합류했다. 공화당 상원 의원들은 매코널의 주도하에 1월 6일 폭동을 조사하기 위한 독립위원회의 구성을 막았다. 이는 표면적으로 충직한 민주주의자의 전형적인 행동이었다.

그러나 공화당은 트럼프를 지키려는 노력에서 한 걸음 더 나아가 그를 두둔했다. 소문에 의하면, 트럼프는 백악관을 떠나기 전에 RNC 의장 로나 맥대니얼Ronna McDaniel에게 공화당을 떠나 자신의 당을 만들 계획이라는 말을 전했다고 한다. 민주주의에 충직한 정당이라면 구데타를 시도한 지도자와 결별을 선언해야 했을 것이다. 그러나 트럼프를 필사적으로 지키고자 했던 RNC는 트럼프가 당을 떠나면 법률 비용 지원을 중단하고 선거운동용 이메일 목록을 넘겨주지 않겠다고 으름장을 놨다.[231] 그리고 매코널과 매카시를 비롯한 공화당 간부들은 트럼프가 나중에 다시 대통령 후보가 된다면 그를 지지하겠다고 말했다.[232]

공화당 지도부는 우리가 앞서 "독재의 평범성"이라고 언급한 개념의 완벽한 사례를 보여줬다. 매코널과 매카시는 적극적으로 민주주의를 허물어뜨리고자 했을 뿐 아니라, 민주주의의 존폐보다 개인의 정치적 경력을 더 중요시했다. 두 지도자는 트럼프 독재에 맞서기보다 거기에 편승하는 것이 앞으로의 정치 경력에 더 유리하다고 판단했다. 매코널은 1월 6일 공격을 조사하기 위한 독립위원회가 꾸려진다면 2022년에 공화당이 상원 다수를 회복하기가 더 힘들어질 것으로 예상했다.[233] 그리고 매카시는 무엇보다 하원 의장이 되고자 했다. 공화당 하원 간부회의에는 트럼프 측근들이 많았다. 탄핵이나 1월 6일 위원회를 지지한다면, 매카시는 트럼프 측근의 지지를 잃고 하원 의장이 될 가능성이 위험에 처할 것이었다.[234] 조너선 칼Jonathan Karl 기자는 기념비로 가득한 내셔널몰National Mall에서 했던 인터뷰에서 매카시에게 1월 6일 폭동에 대해 왜 원칙대로 트럼프에게 책임을 묻지 않았는지 물었다. 그러고는 이렇게 덧붙였다. "올바른 선택을 했다면 언젠가 이

곳에 당신의 동상이 서 있을지도 모르잖아요?"²³⁵ 매카시는 미소를 지으며 트럼프에게 반기를 들었다가 일찍 정계를 은퇴해야 했던 전 애리조나 상원 의원의 이름을 들먹이며 이렇게 대답했다. "제프 플레이크Jeff Flake 동상은 어디 있나요?" 그렇게 매카시는 정치적 편법이라는 제단에 민주주의를 희생양으로 갖다 바친, 내전 중 유럽, 냉전 중 라틴 아메리카, 그리고 오늘날 헝가리와 태국 및 베네수엘라의 표면적으로 충직한 민주주의자들의 긴 대열에 합류했다.

그런데도 우리는 정치인들이 민주주의를 강화하고 지켜줄 것이라고 기대해야 할까? 또 다른 나라인 아르헨티나는 그럴 수 있다는 대답을 들려준다. 1987년 아르헨티나의 민주주의는 위태로운 국면을 맞이했다.²³⁶ 아르헨티나는 1930~1976년 동안 '여섯 번'에 걸쳐 군사 쿠데타를 겪었다. 두 주요 정당인 페론당과 급진시민연합은 원래 표면적으로 충직한 민주주의자들로 경쟁자들에 맞서 쿠데타를 지지함으로써 아르헨티나가 반세기에 걸쳐 불안정한 상태를 겪고 민주주의를 실현하지 못하도록 만들었다. 앞서 살펴본 것처럼 아르헨티나는 가혹한 군사 독재를 겪고 난 뒤 1983년에서야 민주주의를 회복했다. 그 과정은 쉽지 않았다. 페론당은 정권을 차지하지 못했고, 급진시민연합의 새로운 대통령인 라울 알폰신Raúl Alfonsín은 극심한 인플레이션과 전반적인 노동시장 불안에 직면했다. 그리고 이로 인해 국민의 지지를 잃었다. 1987년 4월 부활절 기간에 '카라핀타다Carapintada'(위장을 한 얼굴, 혹은 위장용 물감)라는 이름으로 알려진 군 장교집단이 반란을 일으키면서 부에노스아이레스 인근의 주요 군사기지인 캄포데마요Campo de Mayo를 장악했다. '카라핀타다'의 많은 장교는 포클랜드 제도를 놓고 영국과 싸웠지만 결국 패하고 말았던 전투에서 영웅적으로 맞서 싸운 군인들이었다. 알폰신 대통령에 대한 이들의 반감은 그가 독재 정권의 가혹한 탄압에 관여한 군 장교들에 대한 인권 재판을 허용한 결정에서 비롯되었다.[237]

그 반란은 야당인 페론당에게 딜레마를 안겨다줬다. '카라핀타다'는 페론당의 민족주의 이념을 공유했고, 쿠데타 지도자인 알도 리코Aldo Rico를 포함해서 카라핀타다의 많은 이들은 페론주의에 공개적으로 동조했다.[238] 그리고 페론당의 몇몇 우파 인사들은 카라핀타다와 관계를 유지하고 있었다.[239] 이들은 반란을 직접적으로 지지하지는 않았지만, 반란에 동조하면서 여기에 참여한 이들을 "자신을 희생했으나 제대로 보상받지 못한 말비나스 군도[포클랜드 제도]의 영웅들"로 바라봤다.[240] 동시에 반란에 동조하지 않았던 페론당 인사들도 알폰신의 인기가 추락하는 것을 지켜보면서 그와 거리를 두고자 하는 유혹을 느꼈다. 대통령 선거에서 다시 승리하고자 했던 이들은 스스로에게 이렇게 물었다. "왜 그를 도와야 한단 말인가?"[241]

하지만 페론당 대표인 안토니오 카피에로Antonio Cafiero는 생각이 달랐다. 카피에로는 충직한 민주주의자였다. 그는 알폰신 대통령을 적이 아니라 경쟁자로 생각했다.[242] 페론당 내에서 우세를 점하고 있던 쇄신Renewal 계파에 속한 동맹의 지원을 받았던 카피에로는 알폰신 행정부에 대한 공식적인 지지를 표명하는 차원에서 대통령궁을 방문하기로 결정했다. (수백만 아르헨티나인이 TV 생중계로 지켜봤던) 알폰신 대통령과 야당의 당수가 대통령궁 발코니에 함께 선 모습은 대단히 인상적이었다. 만약 당시 페론당 지도부가 침묵이나 애매모호함으로 쿠데타 시도에 반응했다면, 혹은 쿠데타를 묵인하거나 암묵적으로 정당화했다면, '카라핀타다'는 동력을 얻었을 것이다. 그리고 더 과감하게 움직였을 것이다. 그러나 그들은 결국 고립되면서 힘을 잃었다. 그리고 아르헨티나는 이후로 다시는 쿠데타에 무릎 꿇지 않았다.

　카피에로의 행동에는 용기가 필요했다. 그는 대통령이 되고 싶었고, 당의 대통령 후보로 지명을 받기 위해서는 경쟁이 치열한 예비선거에서 이겨야 했다. 당시 대통령 후보 자리를 놓고 카피에로와 경쟁했던 카를로스 메넴Carlos Menem은 반란에 대해 상이한 태도를 보였다. 당이 카피에로와 대통령궁을 함께 방문하도록 공식적으로 요청받았을 때, 차로 네 시간 거리에 있었던 메넴은 제시간에 도착할 수 없을 것이라고 난색을 표했다. 메넴은 인기 없는 경쟁당의 대통령과 공식 석상에 함께 모습을 드러내고 싶지 않았던 것이다.[243] 비록 쿠데타를 지지하지는 않았지만, 메넴은

동시에 "자신의 대선 출마를 복잡하게 만들기도 원치 않았다".[244]

메넴의 본능은 오로지 정치적 차원에서 당연한 것이었다. 심각한 경제 위기가 이어지는 가운데 알폰신 대통령의 지지율이 점점 더 떨어지면서 그와 관련된 인물들은 정치적으로 큰 타격을 입었다. 이러한 상황에서 대통령을 공식적으로 지지한 카피에로의 선택은 분명하게도 "큰 부담"인 것으로 드러났다.[245] 반면 메넴은 예비선거에서 이겼다. 한 기자는 카피에로가 "추락하는 대통령을 옹호했으며" 이는 "정치적으로 그에게 아무런 이득이 없는" 대담한 행동이었다고 말했다.[246] 그러나 페론당 지도자 호세 루이스 만사노José Luis Manzano가 지적했듯이 카피에로는 "거대한 대가를 치르면서까지 대통령이 되려고 하지는 않았다".[247] 카피에로와 더불어 많은 페론당 지도자들이 충직한 민주주의자로서 과거에 당이 취했던 표면적으로 충직한 민주주의자로서의 역사와 결별했다. 만사노는 우리에게 이러한 이야기를 들려줬다. 비록 카피에로는 인기 없는 경쟁자 뒤에 줄을 서면서 정치적 대가를 치렀지만, "그래도 우리는 너무나 소중한 것을 얻었다. 우리는 민주주의를 지켜냈다".[248]

그런데 미국의 공화당을 싸잡아서 반민주적인 정당으로 규정하는 것은 공정한 처사일까? 분명하게도 공화당 내에는 많은 충직한 민주주의자가 있다. 이와 관련해서 공화당 책임 프로젝트는 2021년에 모든 공화당 의원에 대해 아래의 여섯 가지 항목을 기

준으로 "민주주의 점수"를 매겼다.[249]

1. 미시건, 위스콘신, 펜실베이니아, 조지아주에서 투표를 무효화하기 위해 텍사스주의 대법원 소송에 관한 법정 의견서에 서명했는가?

2. 2021년 1월 6일에 선거인단 투표에 대한 인증을 거부했는가?

3. 2020년 선거의 적법성을 의심하는 발언을 공식적으로 했는가?

4. 1월 6일 사건에 대해 트럼프에게 책임을 묻기 위해 탄핵이나 고발에 찬성표를 던졌는가?

5. 1월 6일 폭동을 조사하기 위한 독립위원회 구성에 찬성표를 던졌는가?

6. 1월 6일 공격을 조사하는 하원 특별위원회의 증인 소환을 거부함으로써 의회를 모욕한 스티브 배넌Steve Bannon에게 책임을 묻는 투표에 찬성표를 던졌는가?

우리가 보기에, 이 여섯 가지 항목은 민주주의에 대한 공화당의원의 의지를 평가하기에 대단히 적절한 기준이다. 1~3번 항목은 선거 결과를 받아들여야 한다는 원칙을 직접적으로 언급하고 있다. 그리고 4~6번은 극단주의자의 폭력을 묵인하려는 태도에 대해 말하고 있다.

이 점수는 많은 이야기를 들려준다. 공화당 의원 중 60퍼센트 이상(261명 중 161명)이 여섯 항목 중 다섯 개 이상에서 반민주적인 모습을 드러내면서 F를 받았다.[250] 또 다른 공화당 의원 54명은 4개 이상의 항목에서 반민주적인 모습을 보였다. 16명의 공화당 의원만이 일관적인 민주적 태도를 보이면서 A를 받았다. 이 평가에서 공화당 의원 대다수는 2020년 선거와 1월 6일 이후로 '일관적인 반민주적 태도'를 드러냈으며, 그들 중 80퍼센트 이상은 뚜렷한 반민주적 태도를 보였다. 6퍼센트의 공화당 의원만이 일관적인 민주적 태도로 행동했지만, 그들 대부분이 2022년을 기준으로 은퇴했거나 예비선거에서 패했다.

2020년 11월~2021년 1월 동안 공화당은 선거 패배에 대한 인정을 거부했고 선거 결과를 뒤집으려 했다. 그리고 폭동을 묵인했으며, 실제로 당 지도부는 폭동을 조장하기까지 했다. 또한 반민주적인 극단주의자들과 관계를 끊지 않았다. 공화당 지도자 도널드 트럼프의 당내 입지는 여전히 탄탄했을 뿐 아니라, 공화당 지도부 대부분이 트럼프가 2024년 대선 후보로 지명된다면 그를 지지할 것이라고 밝혔다. 다시 말해 공화당은 '민주주의 행동의 세 가지 기본 원칙 모두를 어겼다'.

우리는 트럼프가 주도하는 공화당이 미국에서 다시는 다수 지위를 차지하지 못할 것이라는 생각으로 위안을 받을 수 있다. 실제로 트럼프는 보통선거에서 한 번도 이기지 못했다. 그리고 미국인 다수는 임기 내내 그를 반대했다. 그리고 그가 권력을 잡았을 때, 미국인들은 (2018년과 2020년, 그리고 2022년) 투표로써 그를 심판했다. 민주당은 2020년 선거로 대통령 자리와 하원, 상원을 모두 장악했다. 민주주의 자율 교정 시스템이 제대로 작동한 듯 보였다. 공화당 극단주의는 미국인 소수에게만 호소했다. 하지만 민주주의 사회에서 정당은 통치하기 위해서 '다수'의 지지를 얻어야 한다.

적어도 우리는 그렇게 믿고 싶어 한다.

5장

족쇄를 찬 다수

2020년 7월 17일, 시민권의 상징적 인물인 조지아주 하원 의원 존 루이스^{John Lewis}가 여든 살의 나이로 세상을 떠났다. 그는 흑인 하원 의원으로서는 처음으로 국회의사당에 안치되었다. 루이스는 젊은 시민권 운동가 시절 역사적인 1965년 투표권법^{Voting Rights Act, VRA}을 현실로 만들어내는 과정에 크게 기여했다.[1] 1965년 3월 7일 스물다섯의 루이스는 시위대를 이끌고 앨라배마주 셀마에 있는 에드먼드 페터스 다리를 평화롭게 행진하고 있었다. 그런데 앨라배마주 경찰이 행진에 참가한 이들을 무자비하게 폭행하기 시작했다. 루이스도 폭행을 당해 쓰러지면서 머리에 골절상을 입었다. 〈ABC 뉴스〉가 TV로 보도한 "피의 일요일"의 끔찍한 폭력 사태는 미국 사회를 충격에 빠트렸고 의회가 행동하기를 촉구했다. 그리고 5개월이 흘러 투표권법이 통과되었다.

투표권법은 선거와 관련해서 중대한 인종 차별의 역사가 있는 지역에서 도입된 차별적인 투표법들을 우선적으로 검토하고 중단시킬 수 있는 권한을 연방 정부에 부여함으로써 미국 사회의 민주주의를 한층 강화했다.[2] 투표권법은 양당의 강력한 지지를 받아 통과되었다. 상원은 1982년에 85 대 5의 표결로 투표권법을 수정했다.[3] 인종차별주의자였던 지도자 스트롬 서먼드조차 수정안에 찬성표를 던졌다. 이후 다시 25년이 흐른 2006년에 투표권법 수정안은 하원에서 330 대 33으로, 그리고 상원에서 98 대 0으로 통과되었다.[4] 공화당 다수당 대표 미치 매코널은 상원 회의 연설에서 투표권법을 "아프리카계 미국인이든 백인이든 모든 미국인을 위한 역사적 결과물"이라고 표현했다.[5]

그러나 2013년에 대법원의 보수적인 다수는 이러한 양당 합의는 물론, 미국인 대부분이 여전히 투표권법이 필요하다고 생각한다는 사실을 보여주는 여론조사 결과마저 무시하면서 투표권법의 핵심 조항인 제4조 '범위 규정coverage formula'을 폐지했다.[6] 대법원은 어느 관할권이 투표 절차에 관한 수정 사항을 실행하기 이전에 연방 법무부에 그 내용을 보고("사전 승인preclearance"으로 알려진 규정)해야 하는지를 판단하기 위해 사용하는 기준이 헌법에 위배된다는 판결을 내렸다. 존 로버츠John Roberts 대법원장은 '셸비 카운티 대 홀더Shelby County v. Holder' 판결에서 보수주의 다수 의견을 대변해 이렇게 썼다. "법령의 '현재 부담'은 '현재 필요성'으로 정당화되어야 한다."[7] 그리고 이렇게 덧붙였다. "범위 규정은 1965년에 요건을 충족했지만 더 이상 그렇지 않다." 로버츠 판사는 투표권법에서 사전 승인 요건은 더 이상 필요치 않다고 판단했다. 반면 루스 베이더 긴스버그Ruth Bader Ginsburg 대법관은 소수 의견을 대변해 이렇게 썼다. "효과가 있고 차별적인 변화를 막는 역할을 지속적으로 하고 있는 상황에서 사전 승인을 폐지하는 것은 비에 젖지 않았다고 폭풍우 속에서 우산을 버리는 것과 다를 바 없다."[8]

긴스버그의 비유는 나중에 선견지명인 것으로 드러났다. 그 판결 이후로 이전에 연방 정부의 감시를 받았던 주와 카운티들이 선거인 명부를 공격적으로 폐기하면서 수백 곳에 이르는 투표소가 폐쇄됐고, 이러한 모습은 특히 흑인들이 거주하는 지역에서 뚜렷하게 나타났다.[9] 그리고 '셸비' 판결 이후로 8년에 걸쳐 예전에 연방정부의 사전 승인을 받았던 10개 주를 포함한 총 26개 주들이 제한적인 투표법을 통과시켰으며, 그중 많은 법은 특히 백인이 아닌 유권자에게 큰 영향을 미쳤다.[10]

존 루이스는 '셸비 카운티' 판결을 "투표권법의 심장에 꽂힌 단검"이라고 부르면서 법원이 제거한 보호 시스템을 의회가 다시 복구해주기를 요청했다.[11] 그리고 민주당은 그렇게 했다. 셸마가 위치한 앨라배마주 지역구의 하원 의원인 테리 스웰Terri Sewell은 원래의 투표권법의 조항 대부분을 회복하는 투표권 촉진법에 찬성했다. 그 법안은 2019년 12월에 의회를 통과했다. 당시 존 루이스는 아픈 몸을 이끌고 의자에 앉은 채 마지막으로 투표했다. 스웰 의원은 투표하기 전에 투표권을 위해 평생을 바친 루이스의 헌신에 경의를 표하면서 이렇게 말했다. "감사하다는 말로는 (…) 충분하지 않습니다."[12] 그런데 그 법안은 갑작스럽게 장애물을 만나고 말았다. 공화당이 상원을 장악한 상황에서 다수당 대표 매코널은 투표를 거부했고, 심지어 투표권 촉진법을 논의하기 위한 본회의도 허락하지 않았다.[13]

그리고 7개월 후, 루이스가 세상을 떠났다. 매코널은 상원 본회의에서 루이스를 "우리나라가 인종차별주의 과거를 딛고 앞으로 나아가도록 많은 개인적인 희생을 했던 기념비적인 인물"이라고 칭송했다.[14] 그러나 상원은 여전히 투표권법에 대한 논의를 거부했다. 루이스의 추도식에 참석한 전 대통령 버락 오바마는 애틀랜타주 에벤에셀 침례 교회에 있는 루터 킹의 역사적인 연단에 올라 고위 인사들로 가득한 회의실에서 루이스를 추모하면서 그를 "더 온전하고, 더 공정하고, 더 나은 미국을 건국한 아버지"라고 불렀다.[15] 그리고 이렇게 덧붙였다. "존을 기리고자 합니까? 그렇다면 목숨을 바쳐 지켜내고자 했던 그 법을 되살려냄으로써 그를 추모합시다. 그리고 이를 존 루이스 투표권법이라고 부릅시다. 그것이야말로 그를 위한 훌륭한 찬사가 될 것입니다."

2021년 하늘의 별자리는 그러한 찬사를 위해 자리를 잡은 듯 보였다. 민주당은 2020년 선거에서 대통령, 그리고 하원과 상원을 차지했다. 그리고 2021년 8월에 존 루이스 투표권 촉진법이라는 이름으로 불리게 된 새로운 투표권법이 하원을 통과했다. 그리고 상원에서도 다수가 이를 지지했다(민주당과 공화당 상원 의원 50명이 이 법안을 본회의에 상정하기로 의결했다).[16] 하지만 2021년 11월, 입법 과정이 필리버스터로 인해 중단되고 말았다. 미국 상원 규칙은 논의를 끝내고 투표를 진행하기 위해서 60표 이상의 압도적 다수를 요구했다.

2개월 후 민주당은 다시 입법을 시도하면서 존 루이스 투표권 촉진법을 더욱 포괄적인 자유투표법Freedom to Vote Act으로 확장했다. 이 법안은 미국 전역에 걸쳐 투표법을 표준화하고, 당일 등록을 허용하고, 사전투표 기간을 늘리고, 복역을 마친 중범죄자에게 투표권을 다시 부여하고, 당파적인 게리맨더링을 제한하는 등 2021년에 주 정부들이 채택한 많은 제한적인 법을 원래대로 되돌리는 방안을 담고 있었다.[17] 2022년 1월에 실시한 설문조사 결과는 미국인 63퍼센트가 그 법안에 찬성한다는 사실을 보여줬다.[18] 또 다른 설문조사는 확고한 다수가 사전 투표와 우편 투표에 대한 접근성 확대, 당일 등록에 대한 접근성 강화, 그리고 게리맨더링의 제한에 찬성한다는 사실을 보여줬다.[19] 그러나 민주당 다수는 다시 한번 필리버스터를 막기 위한 60표를 확보하지 못했다.[20] 또 한 번 가로막힌 민주당이 필리버스터 규정을 수정해서 다수의 찬성만으로 투표권법을 통과시키고자 했을 때, 두 명의 민주당 상원 의원인 웨스트버지니아주 조 맨친Joe Manchin과 애리조나주 키어스틴 시너마Kyrsten Sinema가 제동을 걸었다.

1890년에도 자유롭고 공정한 선거를 보장하기 위해 설계된 중요한 투표권 법안(로지 법안)이 하원을 통과하고 상원에서 다수의 지지를 얻었음에도 필리버스터로 인해 죽음을 맞이하면서 짐 크로법과 남부 지역의 일당 지배를 막았던 최종 장애물이 사라지고 말았다. 그리고 130년의 세월이 흘러 그와 똑같은 장면이 연출되고 있었다.

투표권법의 폐지는 명백한 사실을 보여준다. 그것은 존경받는 미국의 많은 정치 제도가 그다지 민주적이지는 않다는 것이다. 실제로 그 제도들은 민주주의를 위해 만들어진 게 아니다.[21] 국민이 뽑지 않은 다섯 명의 대법관이 명백하게 민주화를 뒷받침하는, 그리고 의회 내 양당의 다수에 의해 수차례에 걸쳐 통과되고 수정된 투표권법을 없애버렸다. 2019년에 공화당 상원 다수가 투표권법을 되살리려는 시도를 가로막았을 때, 그들이 대변한 유권자 수는 그 법안을 지지한 상원 민주당 소수가 대변한 유권자보다 7백만 명이나 더 적었다.[22] 2022년 1월에 상원과 하원의 다수, 그리고 60퍼센트가 넘는 미국인이 투표권 입법을 지지했을 때에도 상원 내 소수가 이를 가로막았다. 미국 사회는 어쩌다가 정치적 소수가 그러한 권력을 휘두를 수 있도록 허용하는 상황에 이르게 되었을까?

다수결주의와 반다수결주의

이 질문에 대한 한 가지 대답은 민주주의를 위해서는 다수의 힘을 제한하는 규칙이 '반드시 필요하기 때문'이라는 것이다. 오늘날 민주주의는 그저 다수가 지배하는 시스템이 아니다. 민주주의를 위해서는 다수의 지배와 '동시에' 소수의 권리가 보장되어야 한다. 과거에 정부 권력을 제한해야 한다고 주장했던 이들은 왕의 손이든, 혹은 국민 다수의 손이든 간에 권력이 과도한 형태로 집중되는 상황을 경계했다. 이러한 점에서 18세기 말에서 20세기에 이르기까지 서구 사회에서 등장한 민주주의(오늘날 "자유" 민주주의라고 부르는[23])는 두 가지 기둥이 떠받치고 있다. 그것은 집단적인 자율 통치(다수의 통치), 그리고 시민의 자유(소수의 권리)를 말한다. 자유 민주주의는 자유롭고 공정한 선거 없이 존재할 수 없지만, 그렇다고 해서 모든 것을 선거를 통해 얻을 수 있거나, 혹은 얻어야 하는 것은 아니다. 전 대법관 로버트 H. 잭슨[Robert H. Jackson]의 표현을 빌리자면, 사회적·정치적 삶에서 일부 영역은 "다수결의 범위를 넘어서" 존재해야 한다.[24] 다시 말해 정치학자들이 언급하는 "반다수결주의 제도[counter-majoritarian institutions]"가 그 기능을 해야 한다.

특히 두 가지 영역은 다수결 제도로부터 보호받아야 한다. 첫 번째는 시민의 자유다. 시민의 자유에는 언론과 결사 및 집회의 자유처럼 모든 민주주의에 필수적인 기본적인 개인의 권리가 포함된다. 다음으로 개인의 삶의 선택과 관련된 다양한 영역 또한 선출된 정부나 의회 다수의 간섭으로부터 자유로워야 한다. 예를 들어 선출된 정부라고 해서 우리가 예배를 드려야 하는지, 혹은 어떻게 드려야 하는지를 결정하는 권한을 가질 수는 없다. 그리고 우리가 어떤 책을 읽고, 어떤 영화를 보고, 혹은 대학에서 무엇을 배워야 할지를 판단해서는 안 된다. 또한 우리가 어떤 인종이나 성과 결혼해야 할지 결정해서는 안 된다. 보호받아야 할 권리의 범위는 언제나 논쟁의 주제이기는 하지만(그리고 시대에 따라 달라지기는 하지만) 폭넓은 개인의 자유의 범위는 분명히 존재한다. 잭슨 대법관은 이러한 자유가 "표결에 붙여져서는 안 된다. 선거 결과에 따라 영향을 받아서는 안 된다"고 말했다.[25]

미국의 권리 장전은 개인의 자유를 소중하게 여기며, 일시적인 다수의 생각으로부터 실질적으로 분리하고자 한다. 그럼에도 개인의 자유는 오랜 미국 역사에서 제대로 확립되지 못했고, 또한 평등하게 보호받지도 못했다. 이러한 사실은 대법원까지 올라온 한 유명 사례에서 분명히 확인할 수 있다. 1935년 주민의 대부분이 가톨릭 신자인 펜실베이니아주 마이너스빌이라는 작은 마을에 윌리엄 고비티스^{William Gobitis}라는 소년이 살았다. 그런데 윌리엄은 학교에 입학하자마자 국기에 대한 맹세를 거부했다. 한 가지 설명에 따르면, "교사가 팔을 들어 올리라고 지시했지만 윌리엄은 손을 주머니에 찔러 넣고는 따르지 않았다"고 한다.[26] 다음 날 윌리엄의 누나 역시 똑같은 행동을 했다. 결국 아이들의 부모가 국기에 대한 맹세를 일종의 우상숭배라고 믿었고 자녀에게도 그렇게 가르친 여호와의 증인이었다는 사실이 밝혀졌다. 국기에 대한 맹세를 거부하는 것은 종교적 양심에 관한 문제였다. 윌리엄의 누나는 교사에게 이렇게 설명했다. "쇼프스탈 선생님, 저는 더 이상 국기에 대한 맹세를 할 수 없습니다.《성경》은 출애굽기 20장에서 하느님 앞에서 어떤 다른 신도 섬길 수 없다고 말씀하기 때문입니다."[27] 그러나 아이들의 이러한 태도는 지역 주민의 분노를 자극했다. 그들은 윌리엄 가족이 운영하는 식료품점을 상대로 불매운동을 벌였고, 폭도들이 몰려가 위협하기도 했다. 이후 그 학군은 국기에 대한 맹세를 의무화하는 지역 조례를 통과시켰고, 이에 따라 아이들은 퇴학 처분을 받았다.

이 사건은 결국 대법원까지 올라갔다. 1940년에 대법원은 마이너스빌의 손을 들어주면서 모든 사람이 국기에 대한 맹세를 해야 한다는 판결을 내렸다. 다시 말해 개인적인 양심의 자유보다 주민 다수의 판단을 우선시했다. 그러나 대법원의 판결은 끔찍한 결과로 이어졌다. 이후로 미국 전역의 마을들이 국기에 대한 맹세를 의무화하는 법을 통과시키면서 여호와의 증인에 대한 폭력 사건이 벌어지기 시작했다. 한 사례로, 메인주 케네벙크에서는 2천 5백 명의 폭도들이 여호와의 증인 예배당을 완전히 불태워버렸다.[28] 이처럼 다수는 힘을 남용할 수도, 그리고 위험한 세력으로 변질될 수 있다.

그러나 1943년에 대법원은 마이너스빌 판결에 대한 입장을 전환함으로써 미국 사회에서 개인의 자유를 보호하기 위한 기반을 마련했다. 잭슨 대법관은 이후로 많은 영향을 미친 다수 의견에, 선출된 "마을의 독재자"가 다수의 명분 아래 개인의 권리를 짓밟을 수도 있다고 적시했다.[29] 이처럼 미국의 권리 장전과 같은 헌법적 보호망, 그리고 사법심사 권한을 지닌 독립적인 대법원이 다수의 권력 남용으로부터 개인과 소수 집단을 지킬 수 있다.[30] 여호와의 증인, 2차 세계대전 동안의 일본계 미국인, 혹은 아프리카계 미국인을 비롯하여 다양한 종교·민족·정치·성적 소수 집단의 구성원이 요구했던 형태의 개인적 권리를 보장하는 강력한 시스템이 존재하지 않을 때, 우리가 알고 있는 민주주의는 존재할 수 없다.

다음으로 두 번째 영역인 민주주의 규칙과 관련해서도 다수의 힘을 제한해야 한다. 선출된 정부가 일시적으로 차지한 다수 지위를 활용해서 야당을 무력화하고, 혹은 게임의 법칙을 바꿔서 공정한 경쟁을 가로막음으로써 자신들의 세력을 확장하도록 허용해서는 안 된다. 이러한 "다수의 폭군"이라는 망령은 정부가 대중의 지지나 의회의 다수 지위를 활용해서 투표를 통해 야당, 그리고 민주주의 자체를 말살시키도록 허용한다. 여기서 탄자니아의 경우를 살펴보자. 1960년대 초 유럽 식민 지배에서 해방된 탄자니아에는 위대한 희망과 이상주의 시대의 막이 올랐다. 당시 탄자니아 독립운동을 이끈 주축은 줄리어스 니에레레^{Julius Nyerere}와 탕가니카 아프리카 민족연합^{Tanganyika African National Union, TANU}이었다. 니에레레는 조지 워싱턴처럼 국가적 영웅으로 추앙받으면서 폭넓은 지지를 얻었다. 그리고 TANU는 1961년 12월 독립을 1년 앞두고 치러진 의회 선거에서 71석 중 70석을 차지했다. 1962년에는 니에레레가 탄자니아의 첫 번째 대통령 선거에서 98퍼센트 득표율로 승리를 거뒀다. 2위를 차지한 주베리 므템부^{Zuberi Mtemvu}의 1.9퍼센트와는 확연한 차이였다. 그렇게 니에레레와 TANU는 확고한 대중적 다수를 차지했고, 이를 기반으로 야당의 존재를 없애고자 했다. 1962년 탄자니아 의회는 가장 먼저 예방구금법^{Preventive Detention Act}을 통과시켰고, 정부는 이를 통해 야당 인사를 마음대로 투옥시킬 수 있었다. 다음으로 헌법을 수정해서 야당 활동을 전면 금지하고 일당 독재 체제를 구축했다. 니에레레의 정당은 지금도 여전히 정권을 유지하고 있다.

야당이 평평한 운동장에서 경쟁할 수 있는 권리는 또 하나의 핵심적인 소수 권리다. 민주주의 사회는 다수가 민주주의 절차를 뒤집어엎지 못하도록 막는 시스템을 구축해야 한다.[31] 그래서 헌법의 수정 절차는 집권 여당이 게임 규칙을 자신에게 유리한 방식으로 함부로 수정할 수 없을 정도로 까다로워야 한다.[32] 이를 위한 한 가지 방법은 법률을 통해 다수가 헌법을 쉽게 수정하지 못하도록 막는 것이다. 민주주의 국가 대부분은 헌법 수정 과정에서 압도적 다수를 요구한다(적어도 의회의 2/3 이상).[33] 또 다른 민주주의 국가는 연속적으로 선출된 두 의회의 승인을 요구함으로써 이러한 반다수결주의에 기간적인 연장까지 추가한다. 헌법적 검토 권한을 가진, 다시 말해 위헌적인 법률을 폐지할 수 있는 권한을 가진 독립적인 사법기관 역시 다수의 독재를 막기 위한 또하나의 반다수결주의적 견제 장치다. 연방주의, 그리고 특정 기간을 두고 실시하는 선거 제도(여러 공직을 서로 다른 해에 선출하는) 역시 권력을 분산시키고 단일 정당이 정부의 모든 부처를 장악할 위험을 줄여준다는 점에서 다수의 독재를 견제하는 기능을 한다.

헝가리에서는 다수 독재의 위협이 지금도 여전히 존재한다. 앞서 우리는 빅토르 오르반 정권이 어떻게 의회의 다수 지위를 활용해서 정권에 대한 사법적 견제를 차단하고 야당에 불이익을 주는 헌법적·선거적 개혁을 추진했는지 살펴봤다. 그리고 2023년 이스라엘의 베냐민 네타냐후Benjamin Netanyahu 정권 역시 사법부를 무력화하기 위한 개혁 작업에 착수했다. 그들은 입법을 막은 대법원 판결을 의회 다수만으로 뒤집을 수 있도록 허용하는 법안을 통과시킴으로써 사법부의 사법심사 권한을 실제로 막아버렸다.[34] 많은 전문가는 그 법안을 민주주의에 대한 공격으로 인식했다. 전 총리 에후드 바라크Ehud Barak는 이러한 시도가 이스라엘의 민주주의를 "붕괴 직전의 위험"으로 몰고 갔다고 지적했다.[35] 헝가리와 이스라엘은 모두 다수의 지위만으로도 너무나 쉽게 민주주의 규칙을 바꿀 수 있다. 헝가리의 경우, 2/3 의석 수만으로 헌법을 수정할 수 있다. 그리고 오르반의 피데스당은 최다득표자가 당선되는 선거 규칙을 활용해서 53퍼센트의 득표율로 의석의 2/3를 장악했다. 성문 헌법이 없는 이스라엘의 경우, 의회 다수결만으로 더 쉽게 민주주의 규칙을 바꿀 수 있다. 헌법 수정의 장벽이 너무나 낮은 것이다.

민주주의자 대부분은 개인의 자유, 그리고 공정한 경쟁을 할 수 있는 야당의 권리가 다수결주의 범위 너머에 있어야 한다는 생각에 동의한다. 모든 민주주의 사회는 다수결주의를 어느 정도 제약해야 한다.[36] 하지만 동시에 민주주의 사회는 다수에 권력을 부여해야 한다. 사실 다수에게 상당한 정도의 발언권을 부여하지 않는 정치 시스템은 민주주의라고 말할 수 없다. 반다수결주의에는 이러한 위험이 따른다.[37] 다시 말해 다수에게 족쇄를 채우기 위해 설계된 규칙은 정치적 소수가 다수를 '지속적으로 억압'하고, 심지어 다수를 '지배'하도록 만들 수 있다. 유명 민주주의 이론가 로버트 달Robert Dahl은 "다수의 독재"에 대한 두려움으로 인해 소수의 독재라고 하는 위험한 현상이 모습을 드러낼 수 있다고 경고했다.[38] 이러한 점에서 일부 영역을 다수결주의의 범위 너머에 놓아두는 작업이 중요한 것처럼 그 밖의 다른 영역은 '다수결주의의 범위 안에' 그대로 남아 있도록 만드는 작업 역시 중요하다. 민주주의는 다수의 지배보다 상위의 개념이지만, 다수의 지배가 없다면 민주주의도 존재할 수 없다.

특히 두 가지 영역만큼은 다수결주의 안에 있어야 한다. 그것은 선거, 그리고 의회의 의사 결정을 말한다. 첫째, 누가 공직을 차지할 것인지 결정하는 과정에서 더 많은 표를 얻은 자가 더 적은 표를 얻은 자를 이겨야 한다.[39] 어떤 자유민주주의 이론도 이와 다른 결과를 정당화하지 않는다. 후보자나 정당이 다수의 의지를 거슬러 권력을 잡을 때, 민주주의는 그 의미를 잃어버린다.

둘째, 선거에서 이긴 자가 통치해야 한다. 의회 다수는 시민의 자유를 침해하거나 민주적 절차를 훼손하지 않는 한 법률을 통과시킬 수 있어야 한다. 민주주의 관점에서 볼 때, 의회 소수가 다수가 지지하는 일반적이고 합법적인 입법 과정을 영구적으로 가로막도록 허용하는 압도적 다수 규칙은 옹호하기 힘들다.[40] 상원 필리버스터와 같은 압도적 과반 규칙은 종종 소수의 권리를 위한 주요한 안전망으로, 혹은 협상과 합의를 위한 방안으로 인식되었다. 하지만 이러한 압도적 다수 규칙은 정치적 소수에게 강력한 무기인 거부권을 선사한다. 그러한 거부권이 시민의 자유나 민주적 절차에 대한 보호의 차원을 넘어설 때, 의회 소수는 그들의 의지를 다수에게 강요할 수 있다.

이와 관련해서 정치 이론가 멀리사 슈와츠버그[Melissa Schwartzberg]는 중요한 지적을 했다.[41] 그는 압도적 다수 규칙이 비록 이론적으로는 소수의 권리를 보호하지만, '현실적으로는' 특권을 가진 소수의 이해관계에 종종 더 많은 도움을 준다고 말했다. 예를 들어 미국에서 반다수결주의 제도들은 짐 크로법이 존재하던 시절에 아프리카계 미국인이나 1940년대에 일본계 미국인처럼 사회적으로 취약한 집단이 아니라, 남부 지역의 흑인 소유주와 대규모 농장, 그리고 부유한 엘리트 집단의 이익을 지켜줬다.

선거에서 의회 다수를 억압하는 반다수결주의 제도는 자유 민주주의보다 독재와 더 밀접한 관련이 있다. 예를 들어 태국의 군부 지도자들은 반다수결주의 제도를 기반으로 선거에서 패하고도 오랫동안 정권을 유지했다.[42] 태국의 군부 세력은 2014년 쿠데타를 통해 민주주의를 허물어뜨리고 난 뒤 새로운 통치자 쁘라윳 짠오차[Prayuth Chan-ocha] 장군을 중심으로 '실제로는 권력을 내려놓지 않는' 합법적인 방식으로 통치하고자 했다. 이를 위해 군부는 선출된 500명의 하원 의원과 군부가 임명한 250명의 상원 의원으로 구성된 상하 양원제 의회 체제를 구축했다. 그리고 상하원 양원 합동 회의를 통해 다수결 방식으로 총리를 선출하도록 했다. 하지만 군부가 250명 상원 의원 전부를 임명하기 때문에 군부 친화적인 정당들이 하원 500석 중 126석만 차지해도 쁘라윳을 총리로 선출할 수 있었다. 실제로 2019년 선거에서 야당이 하원에서 대다수 의석을 차지했음에도 쁘라윳은 손쉽게 총리 자리에 올랐다.

마찬가지로 1989년에 민주화된 칠레에서도 군부 독재자 아우구스토 피노체트Augusto Pinochet가 다분히 반다수결주의적인 헌법을 기반으로 똑같은 행동을 했다.[43] 가령 1980년 헌법은 상원 47명 중 9명을 군부와 다른 은퇴한 독재 정권 출신 인사가 임명하도록 규정했다. 1989년에 민주적인 선거가 치러졌을 때, 야당인 '콘세르타시온Concertación' 연합이 55퍼센트 득표율로 상원 38석 중 22석을 차지했다. 그러나 피노체트 보수주의 연합은 그들이 임명한 아홉 명의 상원 의원을 기반으로 다수를 확보했다. 이로 인해 새로운 민주주의 정부의 개혁 시도는 여러 가지 측면에서 곤경에 처하고 말았다.

이러한 점에서 모든 반다수결주의 제도가 민주주의를 강화하는 것은 아니다. 우리는 소수를 보호하고 민주주의를 보전하는 제도, 그리고 특권을 가진 소수에게 부당한 이익을 제공하고 이를 통해 민주주의를 허물어뜨리도록 허용하는 제도를 분명히 구분해야 한다. 프로 축구 시합에서 공정한 경쟁을 보장하고 선수를 보호하는 규칙을 통해 위험하고 불공정한 플레이를 금지하는 것은 대단히 중요한 일이다. 그러나 특정 팀에게 어드밴티지를 주거나 더 적게 골을 넣은 팀이 승리하도록 허용하는 규칙은 명백하게 불공정한 것으로 인식해야 한다.

또한 반다수결주의에는 시간적인 문제가 있다. 오늘날 다수는 과거에, 때로 아주 먼 과거에 내려진 의사결정으로부터 제약을 받는다. 이러한 상황은 두 가지 방식으로 일어난다. 첫째, 헌법은 수십 년, 혹은 수 세기 동안 이어질 수 있기 때문에, 한 세대는 필연적으로 미래 세대의 손을 묶게 된다. 법률 이론가들은 이를 일컬어 '죽은 손의 문제problem of the dead hand'라 부른다.[44] 헌법 수정이 더 까다로울수록 죽은 손의 힘은 더 강력해진다.

토머스 제퍼슨이나 토머스 페인Thomas Paine과 같은 18세기 급진주의자들은 건국 세대가 미래 세대를 구속할 권한을 갖는 것에 대해 부정적이었다. 이와 관련해서 그들은 존 로크John Locke의 질문을 똑같이 던졌다. 로크는 이렇게 물었다, 미래에 대한 약속으로 자녀를 구속할 권리가 부모에게 있는가?[45] 제퍼슨은 이 질문을 놓고 제임스 매디슨James Madison과 치열한 논쟁을 벌였다. 제퍼슨은 친구이자 동료인 매디슨에게 이렇게 물었다. "한 세대에게는 다른 세대를 구속할 권리가 있는가?"[46] 여기서 제퍼슨 자신의 대답은 '아니오'였다. 그는 매디슨에게 이렇게 썼다. "죽은 이가 살아 있는 이를 지배해서는 안 된다."[47] 심지어 제퍼슨은 헌법의 "유통기한"까지 들먹이면서 헌법을 19년에 한 번씩, 즉 한 세대에 한 번씩 수정해야 한다고 말했다.[48] 매디슨은 그의 제안을 받아들이지 않았지만, 제퍼슨이 제시한 이 원칙은 1793년 프랑스 헌법에 고스란히 반영되었다. 프랑스 헌법은 명시적으로 이렇게 규정했다. "인간에게는 언제나 헌법을 바꾸고, 수정하고, 대체할 권리가 있다. 한 세대는 미래 세대에게 그들의 법을 강요해서는 안 된다."[49] (이 헌법은 이후 몇 개월 만에 폐지되었고 2년이 지나기 전에 다른 헌법으로 대체되었다.)

반면 매디슨과 그의 동료들은 헌법을 강화해나가야 할 필요성이 있다는 사실을 이해했다.[50] 실제로 민주주의 헌법의 '핵심'은 지금 다수 지위를 차지한 이들의 일시적 변덕으로부터 여러 다양한 권리를 지켜내는 것이다. 투표할 권리와 표현의 자유 등 다양한 기본권과 관련해서, 과거 세대는 미래 세대를 제약해야 한다. 또한 매디슨은 뛰어난 선견지명으로 20년마다 법을 새롭게 바꾸는 것보다 안정적이고 효과적인 헌법을 물려받는 편이 더 낫다고 생각했다. 볼리비아와 에콰도르는 1820년대에 독립한 이후로 10년에 한 번꼴로 헌법을 바꿨다. 두 나라는 안정적인 민주주의를 유지하지 못했고, 정치를 초월해서 광범위하게 인정받은 일련의 법들을 유지하지 못한 대가가 어떤 것인지를 우리에게 분명히 보여줬다. 제퍼슨의 모형은 세계 어느 곳에서도 의미 있는 민주주의를 만들어내는 데 기여하지 못했다.

그래도 제퍼슨의 관점에는 중요한 가치가 담겨 있다. 헌법은 다분히 반다수결주의적이다. 다시 말해 헌법은 여러 '세대들'을 연결한다. 그런데 문제는 헌법의 근간을 창조한 이들 역시 오류를 범할 수 있다는 사실이다. 가장 뛰어난 인물도 아주 먼 미래를 내다보지는 못한다. 연방주의자 노아 웹스터Noah Webster가 말했듯이, 미국의 설립자들이 "모든 가능한 상황을 예견할 수 있고, 자신의 세대보다 미래 세대를 위해 더 잘 판단할 수 있는 모든 지혜"를 갖췄다고 생각했다면 그건 "완전한 오만"에 불과했을 것이다.[51] 사실 건국자들도 그 점을 인지했다. 필라델피아 제헌회의Philadelphia Convention 기간에 버지니아주 대표 조지 메이슨George Mason은 새로운 헌법에는 "틀림없이 결함이 있을 것"이라고 경고했다.[52]

이러한 점에서 헌법은 미래 세대를 구속하되 아주 강력하게 구속해서는 안 된다. 수정의 장벽이 너무 높을 때, 오늘날 다수는 사회적 요구와 지배적 가치를 제대로 반영하지 못하는 법률의 "강철 우리" 속에 갇혀버릴 위험이 크다.[53] 그리고 이러한 일이 벌어질 때, '세대를 관통하는 반다수결주의'는 심각한 문제로 부각된다.

사법부는 이러한 문제에 취약하다. 특히 판사의 신분을 임기 제한이나 정년과 같은 조건 없이 강력하게 보장할 때, 더욱 그렇다. 사법심사Judicial review(법원이 모든 국가기관의 행위의 적법성을 판단하도록 하는 제도—옮긴이)는 판사들에게, 그리고 일부는 수십 년 전에 임명된 판사들에게 오늘날 다수가 만든 법률과 정책을 무력화시킬 수 있는 권한을 부여한다. 바로 이리한 문제로 프랭클린 루스벨트 대통령이 1937년 "대법원 재구성 계획^court packing plan"(루스벨트 대통령이 제안했으나 부결된 법안으로, 기존 대법관의 연령이 70세 6개월에 도달하면 대통령 권한으로 대법관을 한 명씩 총 여섯 명까지 증원할 수 있도록 한 방안—옮긴이)을 제안했다.[54] 루스벨트는 보통선거에서 61퍼센트 득표율을 얻어 압도적으로 재선에 승리했을 뿐 아니라, 대공황이라는 전례 없는 도전과제에 직면했다. 대공황은 경제 분야에서 정부의 강력한 역할을 촉구했다. 이를 반영한 루스벨트 대통령의 뉴딜 프로그램은 초반에 다수가 70세 이상인, 그리고 19세기에 법률 교육을 받은 판사들로 구성된 보수주의 대법원에 의해 제동이 걸렸다. 다시 한번, 사법심사는 합법과 민주주의에 기여할 수 있다. 하지만 사법심사 권한을 지닌 판사들이 그들을 임명한 이들이 공직을 떠나고 수십 년의 세월이 흐른 뒤에도 그 자리에 그대로 앉아 있을 때, 공공 정책은 오늘날 다수가 범접하지 못하는 곳에서 점점 퇴보할 것이다.

민주주의는 몇몇 핵심적인 반다수결주의 제도 없이는 살아남지 못한다. 그러나 동시에 반다수결주의 제도가 지나치게 만연한 상황에서도 살아남지 못한다. 그리고 이러한 상황은 오늘날 미국이 처한 국면이기도 하다.

필리버스터는 민주적인 제도인가

미국 헌법 체계 속에는 이례적으로 많은 반다수결주의 제도가 자리 잡고 있다. 이러한 제도는 다음과 같다.

- 권리 장전. 필라델피아 헌법 제정회의가 끝난 1791년에 헌법에 추가되었다.
- 대법원. 종신 재직권을 받은 판사들로 구성되며 사법심사 권한, 다시 말해 의회 다수가 통과시킨 법을 위헌으로 판단하여 폐지할 수 있는 권한을 갖고 있다.
- 연방주의. 국가적 다수의 영향력을 넘어선 상당한 입법 권한을 주 및 지방 정부에 이양했다.
- 상하원 양원제. 법안 통과를 위해 두 의회의 다수가 필요하다.
- 심각하게 불균형하게 할당된 상원. 모든 주는 인구수에 상관없이 상원에서 동등한 대표권을 갖는다.
- 필리버스터. 상원의 압도적 다수 규칙(헌법에 들어 있지 않은)으로 정치적 소수가 다수가 지지하는 입법을 영구적으로 가로막을 수 있도록 허용한다.
- 선거인단. 작은 주에 특혜를 주고 보통선거의 패자가 대통령이 될 수 있도록 허용하는 대통령 간접선거 제도.
- 헌법 수정을 위한 극단적으로 압도적인 다수 규칙. 상하원 모두

2/3 이상 찬성해야 하고, 진체 주의 3/4이 비준해야 한다.

　이중에서 권리장전은 민주주의를 보호하는 가장 대표적인 제도다. 반면 다른 제도들은 양날의 검이다. 사법심사 권한을 가진 독립적인 대법원은 소수 권리를 보호하기 위한 핵심 제도이지만, 종신 재직권을 받은 선출되지 않은 판사가 여러 세대에 걸쳐 다수의 뜻을 가로막을 수 있다.[55] 나아가 대법원은 과도한 사법심사 권한을 바탕으로, 민주주의와 기본권을 위협하지도 않으며 다수가 지지하는 법을 폐지할 수 있다. 연방주의는 흉포한 국가적 다수를 제지하는 보호막으로 볼 수 있지만, 미국 역사의 오랜 기간에 걸쳐 주와 지방 정부들이 시민권과 기본적인 민주적 권리를 심각하게 위반하는 것을 허용했다.[56] 헌법 수정에서 압도적 다수 규칙은 민주주의를 지키기 위한 필수 제도이지만, 미국 헌법은 수정이 극단적으로 까다롭다. 그리고 비교 연구 결과에 따르면, 전 세계 민주주의 국가들의 경우에 헌법 수정을 위한 장벽이 미국보다 훨씬 더 낮다.[57]

　비민주적인 반다수결주의 제도는 분명히 존재한다. 이러한 제도는 선거적·입법적 다수의 희생으로 정치적 소수에게 힘을 실어준다. 그중 한 가지는 선거인단이다. 선거인단 제도는 더 적은 표를 얻은 후보자도 대통령이 될 수 있도록 허용한다. 또 다른 하나는 상원이다. 상원에서 (와이오밍과 버몬트와 같은) 인구수가 적은 주들은 (캘리포니아나 텍사스와 같은) 인구수가 많은 주들의 희생으로 상대적으로 부풀려진 대표권을 행사한다. 게다가 정치적 소수는 필리버스터를 통해 거대 다수가 지지하는 입법을 영구적으로 막을 수 있다.

　미국은 언제나 반다수결주의 쪽으로 크게 치우쳐 있었다. 실제로 이러한 특성은 헌법에 규정되어 있다. 그 이유는 뭘까?

　한 가지 이유는 역사적 시점에서 찾을 수 있다. 미국 헌법은 세계에서 가장 오래된 성문 헌법이다. 이는 18세기 문헌으로, 민주주의 이전 시대의 산물이다. 평등한 권리와 완전한 투표권을 기반으로 하는 오늘날 민주주의는 미국이 건국될 시점에는 세계 어디에도 존재하지 않았다. 국민의 통치와 관련해서 미국 건국자들의 이념은 대단히 급진적이었다.[58] 그들이 창조한 헌법 질서(군주제가 아닌 공화국, 공직자가 되기 위한 재산 조건 폐지, 대통령과 의원이 되기 위한 경쟁적인 선거, 그리고 몇십 년 후 백인을 대상으로 한 광범위한 투표권)는 당시 유럽에 존재했던 어떤 헌법 체제보다 더 민주적이었다.[59] 그래도 미국 건국자들은 우리가 오늘날 민주주의라고 부르는 이상을 구축하려고 하지는 않았다. 실제로 건국자 중 많은 이는 민주주의를 공개적으로 거부했다. 예를 들어 매사추세츠주 대표 엘브리지 게리Elbridge Gerry는 민주주의를 "모든 정치적 악 중에서 (…) 최악"이라고 불렀다.[60] 오늘날 민주주의의 두 가지 핵심 요소인 투표권과 시민의 자유도 원래 미국 헌법에는 포함되지 않았다. 그리고 미국 건국자들은 국민 다수에 대한 과장된 두려움으로 인해 다수를 견제하고 제한할 수 있는 제도를 즉각적으로 도입했다.[61]

그러나 문제는 단지 헌법을 제정한 '시점'만이 아니었다. 헌법을 제정한 '방식' 또한 문제였다. 많은 미국인은 헌법을 사실상 논박할 수 없는 문헌으로 숭배한다. 그리고 상원과 선거인단과 같은 반다수결주의 제도를 선견지명이 뛰어난 지도자들이 치밀하게 설계한 견제와 균형 시스템의 일부로 이해한다. 그러나 이러한 생각은 미신에 불과하다. 물론 헌법의 틀을 만든 이들은 세상에서 가장 오래 살아남은 헌법을 제정했던 유능한 인물이었다. 하지만 반다수결주의 제도들은 치밀하게 계산된 기본 설계의 일부가 아니었다. 실제로 미국 헌법의 기반을 마련한 가장 유명한 두 인물인 해밀턴과 매디슨은 그 제도들 중 많은 것에 '반대했다'.

미국의 건국자들은 고대 그리스와 로마 작가들에게서 많은 영감을 얻었겠지만, 그들 대부분은 무엇보다 독립적인 13개 주의 안정적인 연합을 만들어내고자 했던, 경험 많고 실용적인 정치인들이었다.[62] 그 과제는 실로 중요했다. 미국의 첫 번째 헌법인 1781년 연합규약Articles of Confederation은 현실적으로 불가능하다고 드러났고, 1787년 제헌회의에 참석한 대표자들은 내전이 일어날 것을 우려했다.[63] 제헌회의가 실패로 돌아가서 연합이 분열될 경우, 미국은 불안정하고 폭력이 난무하는 상황으로 떨어질 위험이 있었다. 이제 막 모습을 드러낸 미국 경제가 위협받는 것은 물론, 더욱 중요하게는 모든 주가 영국과 프랑스, 스페인의 지정학적 야망과 군사 도발에 취약해질 것이었다.[64] 이러한 점에서 어떻게든 합의에 도달해야 한다는 강한 압박을 느낀 제정회의의 대표 55인은 일반적으로 변화를 모색하는 지도자들이 내리는 선택을 했다. 즉, 상황에 임기응변으로 대처하면서 타협을 추구했다.

새로운 헌법 질서를 창조한 이들은 종종 강력한 도전과제에 직면하게 된다. 그들은 다양한 집단으로부터 협력을 끌어내야 한다. 여기서 일부 집단은 그들의 요구가 받아들여지지 않을 때 "판을 깨버릴 만큼", 그리고 게임을 갑자기 끝내버릴 만큼 강력한 힘을 갖고 있다.[65] 작지만 영향력 강한 집단이 어려운 변화의 과정에서 탈퇴하겠다고 협박할 때, 건국 지도자들은 이들 집단에 상당한 특권을 내어줄 수밖에 없다고 결론을 내린다. 예를 들어 1989년에 공산주의 정권에서 해방되는 과도기에 있던 폴란드의 경우, 반공주의 여당은 권력을 이양하는 공산당에게 첫 번째 선출 의회에서 의석의 65퍼센트를 보장하는 협정에 동의했다. 그리고 칠레의 독재자 아우구스토 피노체트는 자신이 군사 지휘권을 그대로 갖고, 무장 병력이 상당한 수준의 권력을 유지하고, 인권 재판에 관한 논의를 하지 않고, 정권을 이양하는 독재 정부가 47명의 상원 의원 중 9명을 임명한다는 확답을 받은 후에야 권력을 내려놓는 데 동의했다.[66] 남아프리카공화국의 경우, 여당인 국민당National Party은 첫 번째 선출 정부에서 내각 대표 및 부통령을 포함해서 백인 소수를 위한 보호의 범위를 보장받고 나서야 인종차별 정책의 폐지에 동의했다.[67] 이들 사례에서 반다수결주의는 다수의 지배와 소수의 권리 사이에서 균형을 잡기 위한 숭고한 노력의 결과물이라기보다 변화를 가로막겠다고 위협하는 강력한 소수를 달래기 위한 일련의 구체적인 양보의 타협안이라 하겠다.

미국의 건국 과정 역시 다르지 않았다. 1787년 여름 미국의 건국자들이 필라델피아에 모였을 때, 두 가지 중대한 사안이 헌법적 합의를 가로막고 있었다. 그것은 연합에서 작은 주들의 역할, 그리고 노예제였다. 델라웨어와 같은 작은 주의 대표들은 버지니아와 펜실베이니아와 같은 거대 주들이 그들의 이익을 묵살할 것이라고 우려했다. 작은 주들은 독립전쟁 이후로 준독립적인 상태로 머물러 있었다. 그리고 국가와 같은 뚜렷한 정체성과 이해관계를 형성했으며 이를 어떻게든 지켜내고자 했다. 그래서 작은 주의 대표들은 새로운 정치 체제 속에서 평등한 대표권을 요구했다. 다시 말해, 인구수가 아닌 주가 대표의 원칙적인 기준이 되어야 한다고 주장했다.

노예제를 유지했던 남부의 다섯 주는 노예제를 하나의 제도로서 지키기 위한 사안에 집중했다.[68] 노예제는 남부 주들에게 타협이 불가능한 사안이었다. 남부 대표들은 노예제를 위험에 빠트릴 수 있는 조항을 새로운 헌법에 포함하려는 모든 시도에 반발했다.[69] 그러나 남부 지역의 노예 소유자들은 제정회의에서, 그리고 미국 전체에서 소수에 불과했다.[70] 전체적으로 북부 여덟 개 주의 인구수가 남부 다섯 개 주의 인구수와 비슷했다. 그러나 남부 인구의 40퍼센트는 투표권이 없는 노예 신분이었고, 또한 남부 주들은 다분히 제한적인 투표법을 시행하고 있었기 때문에 북부의 투표 인구수는 훨씬 더 많았고, 전국적인 선거에서 우세를 차지할 가능성이 컸다.[71] 그래서 남부 노예제 주들의 대표들은 새로운 공화국에서 노예제의 존속을 보장받기 위해서 "최대한 철통같은" 반다수결주의적 보호를 요구했던 것이다.[72]

매디슨은 노예제를 둘러싼 갈등이 초기 연합을 완전히 파괴할 수 있다는 사실을 이해했다. 제정회의가 시작되고 7주 후, 매디슨은 연합을 관통하는 최대의 단층선이 큰 주와 작은 주 사이의 분열이 아니라 북부 주와 남부 주 사이의 분열이라는 사실을 파악했다.[73] 남부 노예제 주의 대표들은 노예제 보호를 생존의 차원에서 인식했다. 역사가 숀 윌렌츠Sean Wilentz의 말을 빌리자면, 그들은 주로 "정부 간섭을 벗어나 노예제를 온전한 상태로 유지할 것", 혹은 적어도 "정부가 노예를 소유하는 주들의 동의 없이 노예제에 관한 사안을 법으로 제정하지 못하도록 막을 것"을 요구했다.[74] 그리고 이 요구가 받아들여지지 않으면 제정회의를 떠나겠다고 협박했다.[75] 북부의 많은 대표는 개인적으로 노예제에 반대했지만, 그리고 매디슨이 이끄는 대표들 다수는 노예제를 헌법에서 일종의 재산권으로서 명시적으로 인정해서는 안 된다고 생각했지만,[76] 노예제에 반대하는 헌법을 강력히 주장한 사람은 (거의) 없었다.[77]

합의에 이르려면 작은 주와 남부 노예제 주의 대표들을 달래야 했다. 그래서 제헌회의는 여러 가지 양보를 했다. 새로운 헌법은 노예제를 허용할 뿐 아니라, 노예제를 확고하게 보장함으로써 윌렌츠의 표현대로 "국가 정치에서 노예 소유주들의 손에 힘을 실어줬다".[78] 노예제를 보호하는 방안에는 노예 거래의 폐지에 대한 의회를 20년간 금지하고, 도망친 노예를 돌려주는 것을 의무화한 조항, 그리고 국내에서 일어난 반란(암묵적으로 노예들이 일으킨 반란을 포함해서)을 진압하는 연방 정부의 권한을 강화하는 조항이 포함되었다.[79] 그래도 남부 주들이 얻어낸 최고의 성과는 악명 높은 "3/5 타협안three-fifths clause"이었다. 이 타협안에 따라 (노예 다섯 명을 자유민 세 명으로 계산하는 방식으로) 노예를 각 주의 인구 일부로 편입시킬 수 있었다. 그 목적은 노예들에게 아무런 권리를 부여하지 않으면서 오로지 의회의 의석을 배분하기 위한 것이었다. 이 타협안을 통해 노예제 주들은 대표의 수를 늘릴 수 있었고, 또한 선거인단에서 영향력을 강화할 수 있었다. 남부 노예제 주들은 바로 이러한 방식으로 사우스캐롤라이나 대표 찰스 핑크니Charles Pinckney가 말했던 "평등과 같은 뭔가"를 얻어냈다.[80] 예를 들어 1790년에 매사추세츠주의 투표 인구수는 버지니아주보다 더 많

224

았지만, 버지니아주에는 30만 명의 노예가 있었기 때문에 의회에서 매사추세츠주보다 다섯 석을 더 차지할 수 있었다.[81] 마찬가지로 뉴햄프셔주와 사우스캐롤라이나주는 자유민 수는 같았지만, 사우스캐롤라이나주에 10만 명의 노예가 있었기 때문에 뉴햄프셔보다 의회에서 두 석을 더 차지했다. 전체적으로 남부 주들은 3/5 타협안 덕분에 의회에서 25퍼센트나 더 많이 의석을 차지했다.[82] 이로써 남부 주들은 하원 의석을 절반 가까이 차지했고, 이는 "지지를 끌어내기 힘든 노예제와 관련된 모든 국가적 입법을 가로막기에" 충분한 수였다.[83]

노예제라고 하는 사안, 그리고 노예제를 '보호하는' 사안은 미국의 헌법 제정 과정에 중대한 영향을 미쳤다. 최종 문안에는 "노예제"라는 표현이 들어 있지 않았지만, 그 제도적 유산은 광범위한 영향력을 행사했다.[84] 침묵이 그렇게 큰 반향을 일으킨 적은 없었다.

3/5 타협안은 남북전쟁이 끝나고 논란이 되기는 했지만, 그 밖에 다른 반다수결주의 타협안들은 그대로 유지되었다. 그중 가장 대표적인 것은 미국 상원 시스템이었다. 작은 주의 대표들은 모든 주가 정치 시스템 안에서 평등한 대표권을 누려야 한다고 주장했다. 이는 인구수가 5만 9천 명에 불과한 델라웨어주가 그보다 5~7배 더 많은 인구수의 매사추세츠, 버지니아, 펜실베이니아와 같은 주들과 동등한 정치적 대표를 확보할 수 있는 대단히 반

다수결적인 시스템이었다. 해밀턴과 매디슨을 비롯한 많은 건국자는 주들 간 평등한 대표라는 개념에 강력히 반발했다.[85] 해밀턴은 제헌회의에서 의회 대표를 가질 수 있는 주체는 영토가 아닌 인간이라고 주장했다.

> 주가 개인들의 집합이라는 점에서, 우리는 무엇을 더 중요하게 생각해야 할까요? 주를 구성하는 개인의 권리일까요, 아니면 그러한 구성에서 비롯된 인위적인 존재일까요? 후자를 위해 전자를 희생하는 것만큼 터무니없고 불합리한 처사는 없을 것입니다.[86]

해밀턴은 연합규약을 비판하면서 모든 주에게 평등한 대표권을 부여하는 방식은 "다수의 지배라는 개념을 요구하는 공화국 정부의 근본이념과 모순된다"고 지적했다.[87] 그는 《연방주의자 논집Federalist Papers》 22편에서 이렇게 밝혔다. "다수의 주가 미국 국민의 소수인 경우가 발생할 수 있다."[88] 마찬가지로 매디슨 역시 상원 내 평등한 대표권을 "명백히 부당하다"고 주장하면서 작은 주들이 "다수의 의지와 이익에 반하는 [의회가 의결한] 방안을 강요"할 수 있음을 경고했다.[89] 또한 펜실베이니아주 제임스 윌슨James Wilson은 주들의 평등한 대표권에 반대하면서 해밀턴처럼 이렇게 물었다. "누구를 위해 정부를 구성했는지 잊어버릴 수 있을까? '인간'을 위한 것인가, 아니면 주라고 하는 가상의 존재를 위한 것인가?"[90] 윌슨은 매디슨이 논의 첫날에 내놓았던 소위 버지니아 계획Virginia Plan을 지지했다.[91] 이 계획에 따르면, 상원과 하원의 모든 의석은 인구수에 비례해서 각 주에 배분되어야 한다. 하지만 더 작은 주들, 특히 코네티컷과 델라웨어, 뉴저지주는 적어도 하나의 의회에서 그들에게 평등한 대표권을 보장하지 않는 헌법은 절대 받아들이려 하지 않았다.[92]

델라웨어주 대표 거닝 베드퍼드Gunning Bedford가 평등한 대표권을 모든 주에 부여하지 않는다면 연합을 탈퇴하겠다고 위협했을 때, 제헌회의는 파국을 맞이했다. 베드퍼드는 "작은 [주들은] 그들과 손잡고 그들을 공정하게 대해줄 명예와 신뢰가 높은 해외 동맹을 찾으려 할 것이다"라는 말로 불길한 경고를 전했다.[93]

치열한 논쟁이 이어지는 가운데 대부분 침묵으로 일관했던, 그리고 유화적인 입장을 취했던 나이 많은 정치인 벤저민 프랭클린Benjamin Franklin은 위기의 순간에 나서서 함께 기도를 올리자고 제안했다.[94] 대표들은 결국 연합을 유지하려면 작은 주들과 타협할 수밖에 없다고 결론을 내렸다. 그렇게 협상은 이뤄졌다. 그들은 소위 코네티컷 타협안Connecticut Compromise에 따라 하원 의원을 다수결 원칙에 따라 선출하고, 의석수는 주 인구에 비례하여(물론 새로운 3/5 타협안을 반영해서) 할당하기로 합의했다. 반면 상원 의원은 인구와는 무관하게 주당 두 명을 선출하기로 결정했다. 이처럼 합의안은 신중하게 구상한 계획의 일부가 아니었다. 회의를 파국에 빠트려 그 젊은 공화국을 파멸로 몰고 가겠다고 위협했던 완고한 입장에 따른 "차선책"이었다(매디슨은 코네티컷 타협안에 반대했고, 그렇게 투표했다[95]).

마찬가지로 선거인단 제도 역시 헌법 이론이나 미래지향적인 설계의 결과물이 아니었다. 그보다는 모든 대안이 거부된 상황에서 어쩔 수 없이 받아들인 선택지였다.[96]

새로운 공화국의 대통령을 어떻게 뽑을 것인가는 헌법 설계자들이 제헌회의에서 직면했던 "가장 까다로운" 문제였다.[97] 펜실베이니아주 대표 제임스 윌슨에 따르면, 당시 독립 국가들 대부분이 군주제였기 때문에 헌법 설계자들이 새로운 공화국을 위해 참조할 만한 훌륭한 모형은 거의 없었으며, 그나마 대부분 고대 국가들이었다. 결국 그들은 군주제가 아닌 새로운 통치 시스템을 "완전히 처음부터" 설계해야 했다.[98]

그렇다면 그들은 행정 수반을 어떻게 뽑았을까? 매디슨이 지지하고 버지니아 계획에 포함된 초기 제안은 의회가 대통령을 선출하는 방식이었다.[99] 이는 이후 19세기에 걸쳐 유럽 지역에서 등장한 의회 민주주의 모형과 크게 다르지 않은 시스템이었다. 의회 제도는 결국 일반적인 형태의 민주주의가 되었다.[100] 하지만 이 방식을 택하면 대통령이 의회에 지나치게 의존하게 될 것을 우려한 많은 대표는 이를 받아들이지 않았다. 다음으로 제임스 윌슨은 보통선거를 통해 대통령을 선출하는 방식을 주장했다.[101]

이는 아르헨티나에서 프랑스, 그리고 한국에 이르기까지 오늘날 모든 대통령제, 혹은 유사 대통령제 민주주의 국가들이 행정 수반을 선출하는 방식이다. 그러나 당시 대통령제 민주주의 국가는 존재하지 않았고,[102] 1787년 필라델피아에 모인 대표들 대부분에게도 "국민"이 직접선거를 한다는 것은 여전히 생소한 생각이었다.[103] 결국 이 제안은 제헌회의에서 두 차례나 거부되었다. 특히 남부 대표들은 대통령 직접선거에 분명하게 반대했다. 매디슨이 지적했던 것처럼, 노예들에 대한 투표권 박탈을 포함해서 남부에서 실시한 강력한 투표권 제한 정책으로 남부 주들은 북부에 비해 투표권을 가진 유권자 수가 훨씬 적었다.[104] 이로 인해 노예를 소유한 남부 주들이 전국적으로 시행하는 보통선거에서 패할 것이 분명했다는 점에서 헌법학자 아킬 리드 아마르Akhil Reed Amar는 직접선거가 "협상을 가로막는 장애물"이었다고 지적했다.[105]

제헌회의는 다시 한번 막다른 골목에 들어섰고 대통령을 선출하는 방식을 둘러싸고 합의를 이루지 못했다. 대표들은 21일 동안 이 사안에 대해 논의했고, 무려 30번의 표결을 진행했다.[106] 다른 어떤 사안보다 많은 횟수였다. 그러나 모든 제안이 부결로 끝났다.[107] 8월 말 제헌회의 종료 시점이 다가오면서, 이 문제는 결국 미해결사안위원회Committee on Unfinished Parts로 넘어갔다.[108] 그 위원회는 중부 유럽에서 천 개가 넘는 준주권 영토와 영주들의 연합 국가인 신성로마제국에서 군주나 황제를 "선출"하기 위해 사용한 모형을 제시했다. 신성로마제국에서는 황제가 사망했을 때, 지역의 왕자와 대주교들이 선제후Kurfürstenrat를 구성하여 일반적으로 독일 프랑크푸르트에 모여 새 황제를 선출했다.[109] 이는 중세 시대 이후로 교황을 선출한 방식과도 비슷했다. 지금도 교황이 선종하면 추기경 회의Sacred College of Cardinals가 로마에 소집되어 "후계자 선출" 작업에 들어간다.[110] 결국 미국의 헌법 설계자들은 군주제가 아닌 상황에서 이러한 "중세 유물"을 변형한 방식을 활용하기로 합의했고, 이 방식은 나중에 선거인단이라는 이름으로 알려졌다.[111]

역사가 알렉산더 케이서Alexander Keyssar는 선거인단에 대해 여러 다른 대안에 대해 동의를 끌어내지 못한 제헌회의가 "합의한 차선책consensus second choice"이라고 설명했다.[112] 매디슨은 개인적으로 직접선거를 대통령 선출을 위한 "최적의" 방안이라고 생각했지만,[113] 결국 선거인단이 "최소의 반대"를 끌어냈다는 사실을 인정해야 했다. 그 주된 이유는 남부 노예제 주와 작은 주들이 추가적인 이득을 얻을 수 있었기 때문이었다. 각 주에 할당된 선거인단 수는 주의 하원에다가 두 명의 상원 의원을 합친 수와 같도록 정했다. 남부 주들은 하원 의원이 3/5 타협안을 기반으로 선출된다는 점에서 그 방식에 만족했다. 그리고 작은 주들은 상원 의원이 평등한 주 대표권을 기반으로 선출된다는 점에서 만족했다.[114] 이를 통해 남부 주와 작은 주들은 대통령을 선출하는 과정에서 직접적인 보통선거의 경우보다 더 큰 발언권을 얻게 되었다.

그러나 선거인단 제도는 원래의 취지를 실현하지 못했다.[115] 해밀턴은 선거인단이 독립적으로 움직이는 주 의회가 선택한, 그리고 충분한 자격을 갖춘 유명 인사나 뛰어난 엘리트로 구성될 것으로 기대했다.[116] 그러나 그건 그의 착각에 불과했다. 선거인단은 곧바로 정당들의 경쟁 무대가 되었다. 1796년 초에 선거인단은 분명히 당파적인 대표로서 기능했다.

또 다른 중요한 반다수결주의 제도인 사법심사와 상원 필리버스터는 헌법에 명시되지 않았다. 이 두 가지 제도는 공화국 초기에 등장했다. 미국 헌법(3조)은 의회가 대법원을 구성하는 권한을 갖는다고 규정했다. 그리고 1789년 첫 번째 의회가 그렇게 했다. 또한 헌법은 ("모범적인 행동"을 조건으로) 연방 판사의 종신 재직권을 명시적으로 규정했다.[117] 종신 재직권은 판사가 왕에게 지나치게 의존하는 문제를 해결하기 위해 영국에서 고안된 제도였다. 헌법 설계자들이 임기 제한이나 정년을 따로 정하지 않은 것은 놀라운 일이 아니었다. 사실 그들은 판사들의 오랜 임기에 대해 아무런 걱정을 하지 않았다. 미국 건국 당시에 기대 수명은 훨씬 더 짧았고, 중요하게도 대법원 판사라는 지위에는 오늘날과 같은 명예와 이익이 따르지 않았다. 대법원은 따로 건물조차 없었고, 공화국 초기 시절 판사들은 대부분 "순회 재판"을 도는 과정에서 여인숙에 묵어야 했다.[118] 그래서 그들은 대법원 판사들이 그 자리에 오랫동안 머무를 것이란 기대를 거의 하지 않았다. 초대 대법원장 존 제이John Jay는 5년 반 동안 재직한 후에 뉴욕 주지사로 자리를 옮겼다.[119] 실제로 조지 워싱턴 대통령이 임명한 초대 대법원 여섯 판사의 평균 임기는 8.3년으로, 1970년 이후로 퇴직 대법원 판사들의 평균 재임 기간이 25.3년인 것과 큰 대조를 이룬다.[120]

대법원의 권한은 다소 애매모호했다. 헌법 설계자들은 분명하게도 (안타깝게도 연합규약에는 포함되지 못했지만) 연방법이 주법보다 상위에 있도록 만들고자 했다.[121] 그러나 연방법에 대한 사법심사 제도는 제헌회의에서 확정되지 않았고, 헌법에도 명시적으로 포함되지 않았다. 당시에는 참조할 만한 기존의 사법심사 모형이 존재하지 않았다. 영국 판사들도 그러한 권한은 없었다. 이에 대해 매디슨은 연방 판사와 대통령으로 구성되어 의회 입법을 심사하는 "개정위원회council of revision"를 제안했지만, 대표들은 판사가 입법 과정에 개입하는 문제를 우려하여 받아들이지 않았다. 결국 헌법 설계자들은 연방법에 대한 사법적 거부권에 대해 합의를 이루지 못했고, 그래서 헌법에 명시적으로 포함시킬 수 없었다.[122]

사법심사는 설계를 통해서가 아니라, 1790년대와 19세기 초반에 걸쳐 사법부 관행을 통해서 점차 모습을 드러냈다. 1801년 토머스 제퍼슨이 대통령으로 취임하기 하루 전, 자리에서 물러날 연방당 존 애덤스 대통령은 연방 판사 수를 늘린 레임덕 의회가 통과시킨 1801년 법원조직법Judiciary Act에 따라 발생한 공석을 메우기 위한 신임 판사 임명 작업을 저녁 9시까지 마무리했다.[123] 이는 오늘날 우리가 말하는 대법원 재구성court packing의 전형적인 사례였다. 새로운 제퍼슨 행정부가 애덤스가 임명한 새로운 연방당 치안 판사의 임명을 거부했을 때, 연방당 대법원장 존 마셜John Marshall이 나서서 논란의 종지부를 찍었다. 그는 '마베리 대 매디슨Marbury v. Madison' 판결에서 윌리엄 마베리William Marbury를 임명하지 않으려는 새 행정부의 뜻을 받아들이면서 동시에 (그리고 교묘하게) 법률이 언제 헌법의 경계를 벗어나는지를 심사하는 법원의 권한을 강조했다. 그렇게 사법심사는 19세기에 걸쳐 점차 존재감을 드러냈다.

상원 필리버스터 역시 사법심사와 마찬가지로 헌법에 명시적으로 포함되지 않았다.[124] 그럼에도 많은 미국인은 필리버스터라고 하면 견제와 균형의 헌법 체계를 종종 떠올린다. 필리버스터는 대표적인 반다수결주의 제도로서, 상원 내에서 소수(1975년 이후로 1백 명 중 40명)가 표결을 가로막을 수 있도록 허용한다. 다시 말해 대부분은 법안을 통과시키기 위해 실제로 60표 이상의 압도적 다수가 필요하다. 사람들은 흔히 필리버스터를 헌법이 보장하는, 중요한 소수의 권리라고 생각한다.[125] 린든 존슨 대통령은 필리버스터를 "모든 자유의 근원"이라고 불렀다.[126] 그리고 텍사스 상원 의원 필 그램Phil Gramm은 "미국 민주주의 체제의 일부"라고 말했다.[127] 그러나 그들 모두 틀렸다.

해밀턴과 매디슨을 포함한 많은 헌법 설계자는 의회의 압도적 다수 원칙에 강력히 반발했다.[128] 연합규약에 따라 구성된 미국의 첫 번째 의회는 이 원칙을 지켰지만, 결국 제대로 기능하지 못한 것으로 드러났다. 이러한 이유로 해밀턴과 매디슨은 다수결 원칙을 선택했으며,[129] 특히 매디슨은 나중에 다수결을 "공화국 정부의 핵심 원칙"이라고 불렀다.[130] 매디슨은《연방주의자 논집》에서 의회의 압도적 다수 원칙에 대한 반대 의사를 명백히 밝혔다. 그리고 "압도적 다수 원칙으로 인해 자유로운 정부의 근본 원칙이 훼손되고, 다수가 더 이상 통치할 수 없고, 또한 권력이 소수에게로 넘어갈 수 있다"는 점을 근거로 제시했다.[131] 해밀턴 역시《연방주의자 논집》22편에서 압도적 다수 원칙으로 인해 "소수의 생각이 다수의 생각을 구속할 것"이라고 주장했다.[132] 그는 압도적 다수 원칙을 고수하면 다음과 같은 일이 벌어질 것으로 봤다.

우리는 모든 것이 안전하다는 생각으로 쉽게 안주하려 들 것이다. 그 어떤 부적절한 행동도 일어날 것으로 보이지 않기 때문이다. 하지만 우리는 꼭 필요한 것을 가로막고, 특정 시점에 나타날 수 있는 똑같은 부정적인 태도로 일을 처리하는 권한이 얼마나 많은 선을 억압하고 얼마나 많은 악을 양산하는지 잊어버렸다.[133]

필라델피아 제헌회의는 조약의 비준과 탄핵된 공직자의 해임

을 제외하고 일반적인 입법 과정에서 압도적 다수 원칙을 적용하려는 모든 제안을 받아들이지 않았다.[134]

원래 미국 상원에는 필리버스터가 없었다. 대신에 상원은 소위 예전의 질의 제안이라고 하는 원칙을 채택했는데, 상원은 이를 통해 다수의 찬성만으로 토론을 끝낼 수 있었다.[135] 그러나 상원은 그 원칙을 거의 사용하지 않았다.[136] 그리고 1806년에는 전 부통령 애런 버Aaron Burr의 권고를 받아들여 그 원칙을 폐지해버렸다. 역사적 기록이 부족하긴 하지만, 버가 내세운 근거는 그 원칙을 사용한 사례가 거의 없으며(존 퀸시 애덤스John Quincy Adams는 회고록에서 지난 4년 동안 딱 한 번 사용했다고 언급했다), 사용했을 때도 전반적으로 특정 사안에 관한 논의를 '회피'할 목적이었다는 것이었다.[137] 버를 비롯해서 다른 누군가가 정치적 소수를 보호하기 위해서, 혹은 무제한 토론이라는 모종의 "권리"를 보장하기 위해서 원칙을 바꾸려 했다는 증거는 어디에도 없다.[138] 이에 대해 의회 전문가 세라 바인더Sarah Binder는 상원 다수가 토론을 끝낼 수 있는, 그리고 이를 통해 표결을 강제할 수 있는 수단을 "의도치 않게" 잃어버렸다고 지적했다.[139]

그래도 이후로 몇십 년 동안은 아무런 문제가 없었다. 1830년 대까지도(혹은 다른 기준으로 1841년까지도) 필리버스터는 체계적인 방식으로 이뤄지지 않았다.[140] 게다가 그 활용은 너무나 드물어서 1850년대까지만 해도 이를 부르는 이름조차 없었다. 그러나

1840년대와 1850년대에 들어서면서 존 C. 칼훈^{John C. Calhoun}을 주축으로 남부 상원 의원들이 무제한 토론(실질적인 소수 거부권)을 헌법이 보장하는 소수의 권리로 만들어나갔다.[141] 그래도 상원은 전반적으로 필리버스터 사용을 최대한 자제했다. 1806~1917년 동안 실질적으로 필리버스터를 사용한 경우는 스무 차례에 불과했다.[142] 즉, 십 년에 두 번도 되지 않았다.

그러나 19세기 말에 접어들면서 필리버스터 사용 사례는 급증했다.[143] 1차 세계대전을 앞두고 독일 U-보트 공격에 직면해서 미국의 상선을 무장시키기 위한 법안을 놓고 필리버스터가 이뤄지면서 어떻게든 해법을 찾아내야 했던 윌슨 대통령과 상원 지도자들은 토론을 끝내기로 결정했다. 그래서 1917년에 상원은 규칙 22호^{Rule 22}를 통과시켰고, 이에 따르면 상원 2/3의 찬성으로 토론을 끝내고(토론 종결^{cloture}로 알려진 원칙) 의회 투표를 강제할 수 있었다. 그 과정에서 많은 상원 의원이 (원래의 상원 시스템을 회복시켜줄) 다수결에 따른 토론 종결 원칙을 지지했지만 결국 승리를 거둔 것은 2/3 원칙이었다.[144]

이후로 상원은 실질적인 압도적 다수 원칙을 따르게 되었고, 이에 따르면 1/3의 소수(이 기준은 1975년에 2/5로 상향 조정되었다)만으로 법안이 표결로 넘어가지 못하게 막을 수 있었다. 이러한 소수 거부권은 실제로 1922년과 1937년, 1940년 반린치 법안(70퍼센트 이상의 국민적 지지에도 불구하고), 그리고 1942년과 1944년, 1946년

인두세 폐지 법안(60퍼센트 이상의 국민적 지지에도 불구하고)을 가로막는 데 사용되었다.[145] 그래도 20세기 대부분에 걸쳐 필리버스터는 상대적으로 드물게 사용되었다. 한 가지 이유는 육체적으로 너무 힘들기 때문이었다. 상원 의원이 필리버스터를 하기 위해서는 발언을 계속해서 이어나가야 했다. 즉, 끊임없이 말을 해야 했다.[146] 그러나 1970년대 개편 이후로 상원 의원은 압도적 과반 원칙을 실행에 옮기기 위해 필리버스터를 하겠다는 뜻을 전화로, 혹은 오늘날에는 이메일로 정당 지도자에게 전하기만 하면 되었다.[147] 이처럼 필리버스터가 쉬워지면서 예전에 드물었던 관행이 오늘날 일상적인 것으로 바뀌어버렸다.[148] 그렇게 20세기 말과 21세기 초에 필리버스터는 급증했고, 오늘날 "모든 중요한 법안을 통과시키기 위해서는 적어도 60표가 필요하다는 생각이 널리 받아들여진 상황"에 이르게 되었다.[149] 다시 말해, 필리버스터가 모든 상원 입법 과정에서 실질적인 압도적 다수 원칙으로 진화한 것이다.

실로 급격한 변화였다. 20세기 말 이전에도 소수 거부권은 사실상 존재했지만, 거의 사용되지 않았다. 그러나 이제 일상적인 일이 되었다. 미국 정치학자 그레고리 코거Gregory Koger는 이를 "소리 없는 혁명"이라고 불렀다.[150] 상원은 결코 일반적인 압도적 다수 원칙을 집단적인 의사결정 과정을 거쳐 채택한 게 아니었다. "어쩌다 보니 그렇게 되었고, 너무 조용하게 진행되는 바람에 알아차리기 힘들었다."

　필리버스터 옹호론자들은 이를 미국의 근본적인 전통이라고 포장해서 말한다. 하지만 사실 필리버스터는 뜻하지 않게 생겨났으며, 미국 역사에서 대부분 거의 사용되지 않았다. 오늘날 우리가 알고 있는 절대적인 소수 거부권은 최근의 발명품이다.

헌법에 대한 환상

　미국인들은 초등학교에 입학하면서부터 헌법은 신성한 문헌이며, 그래서 존경의 시선으로 바라보아야 한다고 배운다. 그리고 미국 사회의 근간을 이루는 여러 제도는 거대한 설계, 즉 공화국이 효율적으로 기능하도록 만들기 위해 치밀하게 구성한 청사진의 일부라고 믿는다. 하지만 이러한 믿음은 타협과 양보, 그리고 이를 위한 차선책의 역사를 흐릿하게 만든다. 또한 민주주의를 뒷받침하는 핵심 제도, 그리고 민주주의를 위해 중요하지 않으며 심지어 반민주적이기까지 한 제도를 혼동하게 만든다. 근본적인 다양한 제도를 견제와 균형을 위한 일관적이고 고정된 하나의 집합으로 바라볼 때, 우리는 시민의 자유를 보호하고 경기장을 평평하게 만드는 규칙, 그리고 특권을 지닌 정치적 소수가 선거와 입법 경쟁에서 우위를 점하도록 힘을 실어주는 규칙을 혼동하게 된다. 전자는 민주주의를 위해 꼭 필요하지만, 후자는 민주주의와 모순을 이룬다.

여론조사 결과는 미국인 다수가 대단히 포괄적인 가치를 인정하며, 다인종 자유 민주주의 원칙을 받아들인다는 사실을 분명히 보여준다. 그러나 미국의 제도는 이러한 다수를 좌절시키고 있다. 한 유명 정치평론가는 약 75년 전 이렇게 지적했다. "미국인 다수는 사자의 목줄에 영원히 묶인 채 살아가는 순한 양치기 개다."[151] 오늘날 우리를 위협하는 것은 해방된 다수가 아니다. 그것은 '족쇄를 찬 다수'다.

6장

소수의
독재

1909년 2월, 독일 전역의 시골 지역 지주들이 독일 최대 농업연합 연례행사인 농업주간^{Agrarian Week}을 맞이해 수도인 베를린으로 몰려들었다.[1] (때로 빵의 영주^{Bread Lord}라고도 불리는) 독일의 농업 거물들은 4천 석 규모의 거대한 원형 홀에 모여 그들의 정치적 미래에 관한 이야기를 주고받았다. 자유 무역과 사회주의의 폐해에 관한 논의가 이어지는 가운데, 바론 프란츠 폰 보델슈빙흐^{Baron Franz von Boldenschwingh}라는 귀족이 환호하는 군중을 향해 이렇게 선언했다.

여러분, 일부 지역에서는 사람들이 유대교를 비난하지 않거나, 자신을 유대교의 적으로 지칭하지 않는다는 사실을 잘 알고 있습니다. 뭔가를 적절한 이름으로 부르려 하지 않는 모습은 우리 시대

의 병폐입니다.[2]

바론 폰 보델슈빙흐는 독일의 많은 거대 지주들처럼 농촌 지역에서 "기독교" 문화가 위축되고 도시 지역에서 "유대인 신문"이 등장하는 상황에 두려움을 느꼈다. 그는 다음으로 자신의 연설 주제인 독일 총선을 위한 선거구 조정 사안으로 넘어갔다.

무엇보다 저는 농촌 지역의 영향력을 위축시킬 선거구 조정에 반대한다는 말씀을 드리고 싶습니다. 그리고 한 가지 덧붙이자면, 선거구 조정을 무조건 지지하는 정당의 하원 의원들은 지지하지도 접촉하지도 말아야 한다고 생각합니다.

선거구라는 민감한 주제에 대해서 그 독일 귀족이 드러낸 민감한 반응은 두려움에서 비롯된 것이었다. 그는 농촌 지역에 주로 기반을 둔 보수주의 세력이 역사의 흐름을 거슬러 올라가고 있다고 생각했다. 19세기 말 독일의 산업화가 시작되면서, 많은 도시가 엄청나게 빠른 속도로 성장했다. 도심 지역에 많은 일자리가 생겨났고, 부동산 개발업자들은 도시 외곽의 농지를 마구 사들이면서 새로운 주택과 중산층을 위한 집을 계속해서 지어나갔다. 반면 동부 지역의 거대한 평야와 농지는 점차 황량해졌다. 경기 호황을 맞이한 도시 지역을 중심으로 자유로운 세계주의 문화가 등장하기 시작했다. 도시에 거주하는 근로자 수가 기하급수적으로 늘어가면서 정치적 좌파에 대한 지지도 크게 높아졌다. 이러한 상황에서 노동 계층에 기반을 둔 사회민주당은 세력을 넓혀나갔고, 1893년 총선을 비롯하여 1차 세계대전 동안 치러진 모든 선거에서 다른 어느 당보다 많은 표를 얻었다.

그러나 국가 권력을 차지하고 행사하는 데 있어 사회민주당의 역량은 독일의 정치 제도에 의해 많은 제약을 받았다. 1871년에 제정된 제국헌법은 보수주의자들에게 국민의 통치를 실질적으로 억압할 수 있는 절차적 무기를 가져다줬다. 보수주의 국왕은 시민 투표 결과와 무관하게 내각을 임명할 권한을 갖고 있었다. 그리고 간접선거로 선출하는 상원Bundesrat은 엘리트 집단이 장악했다. 또한 독일 연방제 내에서 최고 권력은 여전히 분명하게 비민주적이었던 각각의 주들에 주어져 있었다.

이러한 점에서 독일에서 가장 민주적인 제도는 의회Reichstag였다. 1871년 독일 내 여러 도시가 경제 호황을 누리기 이전, 총선을 위한 선거구 구획은 놀랍게도 공정한 형태로 이뤄져 있었다. 모든 선거구는 규모의 측면에서 평등했고(주민 10만 명당 한 명의 하원 의원), 나아가 투표권은 모든 남성에게 주어져 있었다. 하지만 1909년에 바론 폰 보델슈빙흐가 인정했듯이, 유권자들이 시골 지역에서 도시로 대거 이동하면서 그의 보수주의 연합은 엄청난 이익을 얻었다. 1871년에 제정된 선거구를 그대로 유지할 경우, 보수주의 세력은 더 많은 수의 의석을 차지할 수 있었다. 각 선거구가 한 명의 하원을 선출하는 시스템에서 점점 더 많은 노동 계층 유권자가 인구 밀도가 높은 도시 선거구로 넘어갈수록 사회민주당은 그 몇 석을 차지하기 위해 점점 더 많은 표를 확보해야 했고, 이로 인해 많은 표를 낭비할 수밖에 없었다. 다시 말해, 대규모 도시화가 진행되는 가운데 기존 선거구는 점차 도시에 불리한 방향으로 정치판을 왜곡했다. 농촌 지역 선거구는 유권자 수가 계속해서 줄었음에도 하원 의석수를 똑같이 유지했고, 이로써 농촌 기반 보수주의자들의 존재감은 더욱 커졌다. 이는 정치학자 제이콥 해커Jacob Hacker와 폴 피어슨Paul Pierson이 말한 "서서히 모습을 드러내는 반다수결주의"에 해당하는 현상이었다.[3]

1912년, 전형적인 농촌 보수주의 지역인 하일리겐바일 프로이시슈 아일라우Heiligenbeil-Preussische Eylau에서는 단 8천 명의 유권자 표만으로 하원 의원이 당선되었다. 반면 전형적인 산업 및 광업 지역인 보훔-겔젠키르헨-하팅겐Bochum-Gelsenkirchen-Hattingen에서는 하원 의원에 당선되기 위해 6만 명의 유권자 표를 얻어야 했다.[4] 이러한 상황은 좌파 세력에게 재앙으로 작용했다. 1907년에 사회민주당은 전국적으로 가장 높은 29퍼센트 득표율을 기록했음에도 의회에서 43석밖에 차지하지 못하면서 전체적으로 4위 정당에 머물렀다. 반면 보수당은 전국적으로 9퍼센트밖에 득표하지 못했음에도 60석을 차지했다.[5] 이러한 선거 제도는 보수주의 세력에 유리하게 기울어 있었고, 1차 세계대전이 끝나고 독일 제국 정치 체제가 무너질 때까지 실질적으로 소수가 지배하는 상황이 이어졌다.

정치적 소수가 반다수결주의 제도를 통제할 때, 역사에서 패자의 편에 서 있었던 이들이 권력에 눈독을 들이게 된다. 독일 보수주의 세력은 선거에서 이기지 못하고도 정치적 지배를 이어나갔다. 그들은 다수가 반대하는 정책을 선택했고 다수가 지지하는 정책에 거부권을 행사했다.

소수는 때로 정치 싸움에서 다수를 좌절하게 만들거나 일시적으로 승리를 거둘 수 있다. 이러한 일은 민주주의 정치에서 일반적인 협상을 통해 일어날 수 있다. 그러나 정치적 소수가 '계속해서' 거대 다수를 이기거나 정책을 강요하는 것, 나아가 그 시스템을 이용해서 자신의 우위를 굳건하게 만드는 것은 전혀 다른 일이다. 이런 일이 일어날 때, 그곳은 민주주의가 아니라 소수가 지배하는 세상이다.

시골의 정당, 도시의 정당

이와 비슷한 현상이 오늘날 미국에서 일어나고 있다. 미국의 보수주의 정당은 19세기 유럽 보수주의 정당들과 마찬가지로 전면적인 사회 변화에도 불구하고 여전히 고착화된 정치 제도로부터 계속해서 이득을 취하고 있다. 민주주의는 숫자의 게임이다. 즉, 가장 많은 표를 얻은 정당이 승리한다. 그러나 오늘날 미국에서는 다수의 표를 얻은 정당이 통치할 기회를 얻지 못하거나 때로는 선거에서 승리조차 하지 못하는 일이 종종 벌어지고 있다.

미국의 정치 체제는 다수의 희생으로 소수에게 힘을 실어주는 제도를 계속 유지해왔다. 그러나 21세기에 들어서면서 '당파적' 차원에서 반다수결주의를 받아들이고 있다. 다시 말해 국가 차원의 정치에서 특정 당이 다른 당보다 전반적으로 더 많은 이익을 얻고 있다.

헌법을 설계한 이들은 정치적 소수가 지배하는 정치 체제를 구축하려고 하지 않았다. 그들은 사실 정당의 존재조차 예상하지 못했다. 그들은 정당과 무관한 지역 엘리트들이 공공의 선을 위해 책임 있는 정치인으로서 역할을 하는 세상을 꿈꿨다. 앞서 살펴봤듯이, 미국 헌법에서 원래 반다수결주의의 수혜자는 작은, 혹은 인구수가 적은 주들이었고, 이들 주는 필라델피아 제헌회의에서 여러 가지 이익을 보장받기 위해 협상을 벌였다.

그러나 시간이 흐르면서 두 가지가 달라졌다. 첫째, 영토가 넓어지고 인구가 증가하면서 인구수가 적은 주와 많은 주 사이의 불균형이 극단적으로 뚜렷하게 나타났다. 1790년에는 (가장 인구가 적었던 주) 델라웨어주에 사는 유권자가 인구가 가장 많은 버지니아주에 사는 유권자보다 상원에서 13배 정도 강력한 영향력을 행사할 수 있었다. 반면 2000년을 기준으로 와이오밍주의 유권자는 캘리포니아주 유권자보다 상원에서 약 70배나 더 강력한 영향력을 행사할 수 있었다.[6]

다음으로 또 다른 변화가 있었다. 그것은 미국의 도시화였다. 건국 당시에 미국은 전반적으로 소도시, 그리고 인구 밀도가 낮은 농지와 숲으로 이뤄진 거대한 나라였다. 규모를 떠나 모든 주는 시골이었다. 그러나 19세기에 산업화가 진행되면서 사람들은 일자리를 찾아 도시 지역으로 몰려들었다. 1920년에 미국 인구통계청은 요란한 팡파르를 울리며 미국 역사상 처음으로 도시 인구가 농촌 인구를 넘어섰다고 발표했다.[7]

도시의 성장은 정치를 근본적으로 바꿔놨다. 1920년 무렵에 인구가 많은 주는 (뉴욕과 일리노이, 펜실베이니아주처럼) 도시화가 이뤄진 주였다. 반면 인구가 적은 주는 (와이오밍과 네바다, 버몬트주처럼) 여전히 시골로 남았던 주였다. 뚜렷하게 작은 주 편향으로 시작되었던 상황이 이제 '시골' 주 편향이 되었다. 다시 말해, 시골 지역 관할구들이 미국에서 가장 중요한 세 가지 국가적 정치 제도에서 인구 대비 지나치게 커진 대표권을 행사하게 되었다.[8] 여기서 세 가지란 상원과 선거인단, 그리고 대법원(대통령이 지명하고 상원이 승인하기 때문에)을 말한다.

미국의 헌법 체제는 20세기 대부분 시골 지역의 이익에 우호

적이었다. 하지만 그건 뚜렷한 정치적 편향으로 드러나지는 않았다. 그 이유는 20세기 대부분에는 공화당과 민주당 모두 도시, '그리고' 시골 지역에 정치적 기반을 두고 있었기 때문이었다. 북동부와 중서부 시골 지역 유권자들은 전반적으로 공화당을 지지했지만, 남부 시골 지역 (백인) 유권자들은 압도적으로 민주당을 지지했다.[9] 민주당은 주로 북동부 도시 지역에서 강세를 보였던 반면, 서부 지역의 많은 도시는 공화당 텃밭이었다. 이처럼 두 당 모두 도시와 시골 지역에서 정치적 기반을 확보하고 있었기 때문에 시골 지역이 인구 대비 지나치게 강력한 대표권을 행사하는 과잉대표overrepresentation 현상은 특정 정당에 일방적인 이익이 되지 못했다.

그러나 21세기로 접어들면서 상황은 바뀌었다. 산업 후기 지식 경제가 떠오르면서 도시 지역은 경제적 활력과 좋은 일자리의 중심이 되었던 반면, 시골 및 오랜 제조업 지역은 침체를 맞이했다.[10] 동시에 이민 행렬이 여러 활발한 도심으로 집중되면서 이들 지역에서 민족적·문화적 다양성이 높아졌다.[11] 정치학자 조너선 로든Jonathan Rodden이 보여준 것처럼, 이러한 지정학적 변화는 서구 민주주의 전반에 중대한 영향을 미쳤다. 영국 노동당과 독일 사회민주당 및 녹색당, 미국 민주당과 같은 중도좌파 정당들은 점차 도시 유권자의 고향으로 자리 잡았다.[12] 그리고 이들 유권자는 대단히 현실적이고, 세계적이고, 민족적 다양성에 관용적인 태도를 보였다. 반면 오른쪽으로 기운, 그리고 때로는 극우로 치닫는 정당들은 점차 소도시와 시골 지역 유권자를 대변하게 되었다. 그리고 이들 지역 유권자는 보수적이고, 이민과 민족적 다양성을 지지하지 않는 성향을 뚜렷하게 드러냈다.

미국에서 일어난 이러한 흐름은 인종에 기반을 둔 정당 체제가 변화하면서 더욱 가속화되었다. 시민권 운동이 일어나기 전, 남부 시골 지역 유권자들은 압도적으로 민주당을 지지했다. 반면 다른 지역 유권자들은 공화당을 지지했다. 그러나 시민권 혁명 이후로 남부 시골 지역의 (백인) 유권자들은 점차 공화당 쪽으로 넘어갔다.

오늘날 공화당은 전반적으로 인구 밀도가 낮은 지역들을 대변하는 정당이, 반면 민주당은 도시 지역을 대변하는 정당이 되었다.[13] 그 결과, 헌법의 소도시 편향, 나아가 20세기의 '시골' 편향은 21세기로 접어들면서 '당파적 편향'으로 진화했다. 오늘날 미국 사회는 "서서히 모습을 드러내는 반다수결주의"를 직접 겪고 있다.

적은 표를 얻고 승리하는 선거

미국은 소수가 지배하는 사회로 전락할 위기에 처해 있다. 이는 결코 일반적이지 않은 비민주적인 상태로, 경쟁 정당보다 더 적은 표를 얻은 정당이 정치권력에서 핵심적인 주도권을 쥘 수 있다.

어떻게 이런 일이 가능한지 이해하기 위해 농구 경기를 생각해보자. 미국 프로 농구에서 모든 팀은 자유투로 1점을, 일반적인 슛으로 2점을, 그리고 3점 라인 뒤에서 던진 슛으로 3점을 얻는다. 그런데 이 규칙이 한 팀(보통팀이라고 부르자)에게만 적용된다고 상상해보자. 여기서 다른 팀(특별팀이라고 부르자)은 3점 라인 뒤에서 던진 슛이 성공하면 '4점'을 얻는다. 그래도 경기는 대부분 치열하게 펼쳐질 것이며, 누가 승리할지 장담할 수 없을 것이다. 예를 들어 특별팀이 4점 슛을 한 번도 시도하지 않고서 3점 차이로 이겼다면, 그들은 공정하고 확실하게 경기에 이긴 것이다. 혹은 보통팀이 4점 규칙에도 '불구하고' 20점 차이로 승리할 수도 있다. 그런데 접전 상황에서는 이야기가 좀 복잡해진다. 가령 두 팀 모두 똑같은 수의 자유투와 2점 슛을 성공시켰다고 해보자. 그런데 보통팀이 3점 라인 뒤에서 10개의 슛을 성공시킨 반면, 특별팀은 3점 라인에서 8개의 슛을 성공시켰다고 해보자. 그런 경우, 일반적인 규칙이라면 보통팀이 6점 차이로 승리하게 된다. 하지만 새로운 규칙에서는 특별팀이 2점 차이로 이기게 된다. 즉, 패자가 승자가 된다. 다시 한번, 이러한 규칙이 언제나 승패를 결정짓는 것은 아니다. 특별팀이 아주 좋은 경기를 펼친다면 그러한 어드밴티지 없이도 얼마든지 이길 수 있다. 혹은 보통팀이 훌륭한 경기를 펼친다면 특별팀에 주어진 어드밴티지에도 불구하고 이길 수 있다. 하지만 접전이 펼쳐진 경기에서는 특별팀이 보통팀보다 더 많은 승리를 가져가게 될 것이다.

미국 정치 시스템은 점차 이러한 방식으로 돌아가고 있다. 정당의 우세 여부를 도시와 시골 지역을 기준으로 나눌 때, 미국의 몇몇 중요한 제도는 소수의 지배를 떠받치는 기둥의 역할을 할 수 있다.

그 기둥 중 하나는 선거인단 제도다. 이 제도는 보통선거를 두 가지 방식으로 왜곡시킨다. 첫째, 거의 모든 주(메인과 네브래스카주를 제외한)는 승자 독식 방식으로 선거인단 표를 할당한다. 다시 말해, 어떤 주에서 한 후보자가 50.1퍼센트 대 49.9퍼센트의 근소한 차이로 보통선거에서 승리했다면, 그 후보자는 그 주에 할당된 선거인단 표 100퍼센트를 차지한다. 이러한 방식은 모든 주의 선거인단 표를 집계할 때 부당한 방식으로 문제를 만들어낸다. 그것은 전국적인 보통선거에서 패한 후보가 승리할 수 있는 기회를 열어주기 때문이다.

2016년 선거가 위스콘신(10개의 선거인단 표)과 미시건(16개), 펜실베이니아(20개), 뉴욕(29개)주에서 어떻게 이뤄졌는지 살펴보자. 도널드 트럼프는 위스콘신과 미시건, 펜실베이니아주에서 근소한 차이로(각각 23,000표, 11,000표, 54,000표) 이겼다. 이를 통해 이들

주에 할당된 46개 선거인단 표를 모두 가져갔다. 반면 힐러리 클린턴은 뉴욕주에서 1백 7십만 표 차이로 승리하면서 29개 선거인단 표를 가져갔다. 그런데 이들 네 개 주의 보통선거 표를 합산하면, 클린턴이 1백 6십만 표 차이로 승리했다. 하지만 선거인단 투표에서는 트럼프가 46 대 29로 승리했다. 패자가 이긴 것이다.

이러한 선거인단 제도의 승자 독식 시스템은 양당의 불리한 후보자에게 어드밴티지를 준다. 실제로 1960년대에 이 시스템의 부당함을 주장한 쪽은 보수주의 공화당이었다. 사우스다코타주 공화당 상원 의원 칼 먼트Karl Mundt는 선거인단 제도를 개혁하기 위한 헌법 수정안을 제시했다. 그는 이 제도가 "몇몇 대도시와 소위 '핵심' 거대 주에게 독재 권력"을 쥐여 준다고 주장했다.[14]

다음으로 선거인단 제도의 두 번째 왜곡인 작은 주 편향은 명백하게도 공화당에게 어드밴티지를 선사했다. 각 주에 할당된 선거인단 수는 의회 대표의 수, 즉 하원 의원에다가 상원 의원을 합한 수와 동일하다는 사실을 기억하자. 그런데 상원에서는 인구 밀도가 낮은 주들이 과잉대표권을 행사하기 때문에, 선거인단은 총 538표 중 20표 정도가 시골 지역에 편향되어 있다.[15] 그리고 그 20표는 공화당에게 작지만 잠재적으로 결정적인 어드밴티지를 준다. 예를 들어 2000년 선거에서 이러한 작은 주 편향은 조지 W. 부시의 전체 선거인단 표에 약 18표를 추가해줬다.[16] 그리고 부시가 결국 앨 고어를 선거인단에서 5표 차이로 이겼기 때문에, 그

18표는 보통선거의 패자를 대통령 당선인으로 바꿔놓은 것이다.

정치 분석가들은 전국 선거에서 결정적인 역할을 하는 주, 다시 말해 승리하는 후보에게 결정적인 270번째 선거인단 표를 가져다주는 주를 확인하는 방식으로 공화당이 현재 누리고 있는 어드밴티지를 측정한다.[17] 다시 말해 2020년 대선에서 민주당이 최대 격차로 승리한 주(버몬트)에서 공화당이 최대 격차로 승리한 주(와이오밍)에 이르기까지 모든 주를 순서대로 나열했을 때, 가장 결정적인 역할을 한 주는 위스콘신주인 것으로 드러났다. 그래서 우리는 위스콘신주가 전국적인 보통선거의 결과를 보여준다고 예상할 수 있다. 바이든은 보통선거에서 4.4퍼센트포인트로 이겼다. 그러나 위스콘신주에서는 겨우 0.6퍼센트포인트로 이기면서 4퍼센트포인트에 가까운 격차를 보였다. 이것이 바로 선거인단 제도의 편향이다. 바이든이 대통령으로 당선되기 위해서는 보통선거에서 약 4퍼센트포인트로 이겨야 했다. 앞서 살펴본 농구 경기처럼 바이든이 보통선거에서 3퍼센트포인트로 이겼다면 승리는 트럼프의 차지로 돌아갔을 것이다.

이러한 결과는 21세기 미국 대선이 그다지 민주적이지는 않다는 사실을 말해준다. 1992~2020년 동안 치러진 모든 대선에서 공화당은 2004년을 제외하고 보통선거에서 패했다. 다시 말해 30년에 가까운 세월 동안 공화당이 더 많이 득표한 것은 '단 한 번'에 불과했다. 그럼에도 공화당 대선 후보들은 그동안 '세 번'이나 대통령이 되었다. 이로써 공화당은 28년 중 12년간 대통령 자리를 유지했다.

소수의 지배를 뒷받침하는, 그리고 당파적 편향을 더욱 뚜렷하게 드러내는 두 번째 기둥은 상원 제도다. 미국 전체 인구에서 20퍼센트 미만을 차지하는 인구수가 낮은 주들만으로도 상원에서 과반을 차지할 수 있다.[18] 그리고 전체 인구의 11퍼센트에 해당하는 주들만으로도 필리버스터로 입법을 가로막을 수 있는 충분한 상원 의석을 확보할 수 있다.[19]

이러한 문제는 상원의 당파적 편향으로 더 심각해진다. 공화당은 인구수가 적은 주들에서 우위를 확보함으로써 전국적인 보통선거에서 과반을 차지하지 않고서도 상원을 장악할 수 있다. 미국 상원 의원의 임기는 놀랍게도 6년이며, 그중 1/3이 2년을 주기로 선거를 치른다. 이 말은 상원 전체를 완전히 새롭게 구성하기 위해서는 6년 주기에 걸쳐 세 번의 선거가 필요하다는 뜻이다. 공화당은 상원 선출을 위한 전국 보통선거에서 몇 차례(2002년, 2010년, 2014년) 이기기는 했지만, 민주당은 '1996~2002년 이래 6년 주기마다' 상원 선출을 위한 전국 보통선거에서 과반의 표를 얻었다.[20] 그럼에도 공화당은 대부분 기간에 걸쳐 상원을 장악했다.[21] 다시 말해 더 적은 표를 얻은 정당이 상원에서 더 오래 과반을 차지한 것이다.

그렇다면 상원 제도의 친공화당 편향은 어느 정도일까? 2020년 선거를 들여다보자. 앞서 살펴본 경합 주 논리를 바탕으로 할 때, 중간 순위 주(상원 다수를 결정하는 주)의 2020년 대선 결과와 전국 대선 결과 사이에는 5포인트 격차가 존재한다.[22] 이 말은 상원의 당파적 편향이 대단히 강력해서 민주당이 상원을 장악하기 위해서는 상원 의원 선출을 위한 전국 보통선거에서 약 '5포인트' 격차로 이겨야 했다는 사실을 의미한다. 지난 몇십 년간 친공화당 편향의 정도는 낮게는 2포인트에서 높게는 6포인트에 이르기까지 선거 때마다 다양하게 나타났다.[23] 그러나 한 가지만큼은 분명했다. 그것은 공화당이 수십 년간 상원에서 어드밴티지를 누렸다는 사실이다.

혹은 다른 관점으로 살펴보자. 21세기 들어서 공화당이 상원에서 미국 인구의 다수를 대표한 적은 한 번도 없었다. 주의 인구를 기반으로 할 때, 1999년 이후로 민주당은 상원에서 줄곧 더 많은 미국인을 대표했다.[24] 예를 들어 2016년 선거에서 공화당은 52석으로 상원 다수를 차지했지만, 이들 상원 의원이 대표한 것은 미국 전체 인구의 45퍼센트에 불과했다.[25] 2018년에도 공화당은 53석으로 과반을 차지했지만, 다시 한번 이들 상원 의원은 미국인 소수(48퍼센트)밖에 대표하지 못했다. 2020년 선거로 상원 의석을 똑같이 나눠가지고 나서 민주당 상원 의원 50명은 미국 전체 인구의 55퍼센트를 대표했다.[26] 다시 말해 공화당 상원 의원 50명보다 4천 1백 5십만 명 더 많은 국민을 대표했다. 이러한 패턴이 2022년에도 그대로 이어지면서 공화당은 득표율(42퍼센트)보다 더 많은 상원 의석(49석)을 계속 차지했다.[27] 그렇기 때문에 민주당이 상원에서 50석을 확보하기 위해서는 공화당보다 훨씬 더 많은 표를 얻어야 한다. 이에 대해 한 평론가는 이렇게 지적했다. "오늘날 공화당 연합의 형태가 인구수가 적은 주에서 승리하기에 최적화되어 있다는 점에서 말도 안 되는 정치적 위법 행위나 불운이 없는 한 그 보수주의 정당이 권력을 장악하지 못할 일은 없을 것이다."[28]

다음으로 소수의 지배를 떠받치는 세 번째 기둥은 대법원이다. 대법원의 당파적 편향은 간접적이지만 대단히 중대한 영향을 미친다. 선거인단과 상원의 특성을 고려할 때, 보통선거에서 패한 대통령이 대법원 판사를 지명하고, 미국 전체 인구의 소수를 대표하는 상원 다수가 이를 승인하는 일이 얼마든지 벌어질 수 있다. 그리고 선거인단과 상원에서 공화당에게 주어진 어드밴티지를 감안할 때, 대법원 판사들은 공화당이 지명한 인물일 가능성이 높다.

바로 이런 일이 21세기에도 분명히 벌어지고 있다. 현재 대법관 아홉 명 중 네 명(클래런스 토머스Clarence Thomas, 닐 고서치Neil Gorsuch, 브렛 캐버노Brett Kavanaugh, 에이미 코니 배럿Amy Coney Barrett)은 상원을 선출하는 보통선거에서 소수를 대표했던 상원 과반으로부터 승인받았다.[29] 그리고 그중 세 명(고서치와 캐버노, 코니 배럿)은 보통선거에서

258

패한 대통령으로부터 지명받았다.[30] 만약 미국 인구의 다수가 대선과 상원 선거에서 이겼다면, 현재 대법원에서 가장 보수적인 판사들 세 명(혹은 네 명)은 지금 대법원에 있지 못할 것이다. 그 세 자리는 틀림없이 민주당이 임명하고 승인한 판사들로 채워졌을 것이다.

이처럼 유권자 다수와 대법원 구성 사이에 간극이 벌어지면서 미국 대법원은 점차, 그리고 뚜렷하게 여론과 멀어지는 양상을 보인다. 역사적 관점에서 대법원을 연구하는 학자들은 판결이 국민의 뜻과 너무 멀어지지 않기 위해 대법관이 조율을 했다고 설명한다.[31] 그러나 이러한 모습은 이제 옛말이 되었다. 최근 연구는 대법원 판결과 다수 여론 사이의 간극이 점점 더 벌어지고 있다는 사실을 말해준다.[32] 이러한 흐름은 절대 우연이 아니다. 그것은 당파적 소수가 보수주의 대법관 다수를 임명했기 때문이다.

소수의 지배를 떠받치는 네 번째 기둥은 헌법에 기반을 두지 않은, 그리고 인위적인 다수를 '만들어내고' 때로 더 적은 표를 얻은 정당이 의회를 장악하도록 허용하는 선거 제도다.[33] 미국의 거의 모든 의회 및 주 의회 선거는 최다 득표자를 당선자로 선정하는 (혹은 승자 독식 방식) 시스템을 채택하고 있다. 여기서 모든 주는 한 명의 의원을 선출하는 선거구로 구성된다. 그리고 각 선거구에서 1위 득표자가 의석을 차지하고 나머지 경쟁 후보자는 패하게 된다. 그렇기 때문에 선거가 50.1퍼센트 대 49.9퍼센트의 초접전이든, 아니면 80퍼센트 대 20퍼센트의 압도적 차이든 간에 결과는 똑같다. 21세기로 접어들면서 민주당을 지지하는 유권자들이 대도시에 집중된 반면, 공화당을 지지하는 유권자는 소도시와 교외 지역을 기반으로 골고루 분포되어 있다는 점을 떠올려 보자.[34] 그래서 민주당은 도시 지역 선거구에서 압도적인 다수의 표를 얻어 승리하고 도시가 아닌 선거구에서는 패함으로써 표를 "낭비"하는 경향을 뚜렷하게 드러냈다. 이러한 "비효율적인" 투표자 분포는 의원 한 명을 선출하는 선거구 제도와 결합함으로써 더 적은 표를 얻은 정당이 의회 다수를 차지할 수 있는 길을 열어 놓았다.

이러한 문제는 주 의회에서 뚜렷하게 드러난다. 민주주의 핵심으로 인정받는 주 의회는 "국민에게 가장 밀접한" 기관이며, 그래서 국민의 뜻을 가장 잘 대변한다고 여겨진다. 대법원장 얼 워런Earl Warren은 주 의회를 "국민의 뜻을 대변하는 정부의 근간"이라고 불렀고, 닐 고서치 대법관은 진정한 "국민의 대표"라고 떠받들었다.[35] 하지만 미국 사회의 현실 속에서 주 의회는 소수의 지배에 취약한 상태에 놓여 있다.[36]

어떻게 그런 일이 벌어질 수 있는지 이해하기 위해, 펜실베이니아주의 경우를 살펴보자. 21세기에 민주당이 펜실베이니아주 전역에 걸쳐 과반의 득표를 계속해서 차지했지만 공화당이 의회를 장악하면서는 주요 전쟁터 중 한 곳이 되었다. 2000년 이후로 민주당은 펜실베이니아주에서 치러진 여섯 번의 주지사 선거 중 다섯 번을 이겼고, 다섯 번의 대통령 선거에서 네 번을 이겼다. 그리고 주 의회 선거에서도 대부분 과반의 득표를 차지했다. 그러나 이러한 승리는 주 의회에서 다수 의석을 차지하는 결과로 이어지지 못했다. 예를 들어 2018년에 민주당은 주 의회 선거에서 55퍼센트의 득표율을 기록했지만 공화당이 110 대 93으로 주 의회 의석의 과반을 차지했다.

2018년 주 의회 선거에서 세 선거구를 비교해보면 어떻게 이러한 일이 벌어졌는지 쉽게 확인할 수 있다.[37] 가장 먼저, 펜실베이니아주에서 인구 밀도가 아주 높고, 필라델피아 외곽에 위치한, 백인이 아닌 인구 비중이 45퍼센트인 70번 선거구를 들여다보자. 여기서 미국 철강노조에서 일한 경험이 있는 변호사 맷 브래드포드Matt Bradford 민주당 의원이 2018년 선거에서 16,055표를 얻으면서 7,112표를 얻은 공화당 도전자를 압도적으로 물리쳤다. 그 결과를 바로 옆에 위치한 71번 선거구와 비교해보자. 인구 밀도가 낮고 백인이 84퍼센트인 71번 선거구에서는 페른데일 경찰서장을 지낸 공화당 후보 짐 리그비Jim Rigby가 접전 끝에 민주당 경쟁자를 11,615표 대 10,661표로 물리쳤다. 다음으로 펜실베이니아주 남동부에 위치한 144번 선거구를 살펴보자. 주로 시골 지역인 이 선거구에서는 퇴역한 해군 전투기 조종사인 공화당 토드 폴린촉Todd Polinchock이 민주당 경쟁자를 15,457표 대 14,867표로 아슬아슬하게 이겼다. 그런데 이 세 선거구 표를 모두 합산하면, 민주당이 41,583표 대 34,184표로 승리했다. 그럼에도 공화당이 세 의석 중 둘을 차지했다. 이러한 패턴은 2018년 펜실베이니아주 전역에 걸쳐 나타났으며, 또한 오늘날 미국의 많은 주에 걸쳐 계속해서 이어지고 있다.[38] 민주당은 주 차원의 선거에서 종종 다수를 차지한다. 하지만 민주당은 일부 선거구에서 압도적으로 승리하는 반면 공화당은 접전을 벌이는 선거구에서 승리하기 때문에, 공화당은 전체적으로 더 적은 표를 가지고서도 의회 다수를 차지할 수 있다.

여기서 지정학적 상황이 중요한 역할을 했지만, 많은 주 의회가 권력을 쥔 정당에 유리한 방식으로 선거구를 재구획함으로써 유권자를 의도적으로 분할했다.[39] 인구 변화를 다양한 제도에 반영하기 위해 10년마다 이뤄지는 인구조사 이후 미국의 모든 주는 선거구를 새롭게 구획해야 한다. 대법원 판결 '베이커 대 카Baker v. Carr(1962)', 그리고 '레이놀즈 대 심스Reynolds v. Sims(1964)' 이후로 모든 주는 의회 구성을 위한 선거구를 인구 기준으로 동일하게 구획해야 한다. 하지만 선거구의 형태까지 동일하게 만들 필요는 없다. 주 의회는 대단히 비정상적인 형태로 선거구를 구획할 수 있다. 가령 경쟁 정당을 지지하는 유권자들을 몇몇 선거구에 집중적으로 몰아넣고 나머지는 다른 대다수 선거구에 골고루 분포시키는 방식으로 선거구를 구획함으로써 경쟁 정당의 표를 희석시킬 수 있다. 그런 경우에 경쟁 정당은 몇몇 선거구에서 압도적으로 승리하지만, 나머지 대부분의 선거구에서는 패하게 된다.

이것이 바로 게리맨더링이다. 게리맨더링은 미국 역사만큼 오래되었다. 미국의 두 주요 정당은 오랫동안 게리맨더링을 해왔다. 그런데 21세기로 접어들면서 두 가지가 달라졌다. 첫째, 민주당 지지자들이 도시 지역으로 몰려들면서 공화당이 게리맨더링을 하기가 한층 더 수월해졌다. 다시 말해 지정학적 상황이 공화당을 위해 이미 많은 일을 해놨기 때문에 그들은 실질적으로 "먼저 출발"할 수 있는 어드밴티지를 얻게 되었다.[40] 둘째, 특히 2008년 버락 오바마 당선 이후로 미국 사회가 양극화되고 공화당이 급진화되면서 게리맨더링에 따른 이익이 더욱 높아졌다. 이로 인해 게리맨더링은 일상적인 행정 작업에서 엄청난 돈이 들어가고, 전국적인 협력에 기반을 두고, 첨단 기술을 바탕으로 수단과 방법을 가리지 않는 프로젝트로 바뀌었다.[41]

실제로 2010년 공화당은 '재구획 다수 프로젝트Redistricting Majority Project, REDMAP'라고 하는 전국 규모의 게리맨더링 전략을 내놨다.[42] 부유한 공화당 후원자들의 지원을 받는 REDMAP은 주 의회를 장악하고 선거구를 공화당에게 유리하게 재구획하기 위한, 그리고 전국적 협력을 기반으로 하는 프로젝트였다.[43] 2010년 헝가리의 빅토르 오르반이 의회 선거에서 압도적인 승리를 거둔 후 세운 전략과 비슷하게, 공화당은 2010년 중간선거에서 거둔 압도적 승리를 바탕으로 위스콘신에서 미시건, 버지니아, 노스캐롤라이나주에 이르는 여러 접전 주에서 재구획 과정을 주도적으로 이끌었다. 이 전략은 헝가리에서만큼 효과가 있었다. 2011년 공화당이 위스콘신주에서 공격적으로 게리맨더링을 한 이후, 민주당이 2012년 주 의회 구성을 위한 보통선거에서 승리했음에도 (50퍼센트 대 49퍼센트) 공화당이 99석 중 60석을 차지하면서 주 의회를 그대로 장악했다. 전 위스콘신주 의원 앤디 요르겐센Andy Jorgensen은 게리맨더링이 이뤄진 그 선거에 대해 이렇게 말했다. "얻을 수 없는 권력을 잡기 위한 부패한 방법. 〈소프라노스The Sopranos〉(1999~2007년 동안 미국에서 방영된 갱스터 드라마―옮긴이)의 한 에피소드다."[44] 위스콘신주 의회에서 소수의 지배는 2010년대에 걸쳐 계속 이어졌다. 2018년 주 의회 선거에서 민주당은 53퍼센트를, 그리고 공화당은 45퍼센트를 차지했다. 그럼에도 공화당은 주 의회에서 63석 대 36석으로 우위를 차지했다.[45] 마찬가지로 미시건과 노스캐롤라이나, 펜실베이니아, 버지니아주에서도 공화당은 보통선거에서 패하고도 주 의회를 장악했다.

지정학적 상황과 개리맨더링은 한 분석가가 언급했던 "만들어진 다수manufactured majorities"로 이어졌다.[46] 1968~2016년 동안 주 전체에서 더 적은 표를 얻은 정당이 주 의회에서 다수를 차지한 경우는 121번 있었다. 그리고 보통선거에서 패배한 정당이 주 상원을 장악한 경우는 146번 있었다.[47] 과거에 양당은 때로 만들어진 다수로부터 이익을 얻었지만, 오늘날 도시-시골 간 뚜렷한 분할

로 인해 항상 이익을 얻는 쪽은 거의 공화당이다.[48]

신뢰를 잃은 민주주의

오늘날 평론가들은 미국의 정치 시스템을 공정한 경기를 펼치는 두 정당 간의 교착 상태로 설명한다. 학자와 전문가들은 양극화와 교착 상태와 같은 미국 민주주의 병폐가 전반적으로 대단히 뚜렷한 당파적 "동등함"에서 비롯되었다고 말한다.[49] 예를 들어 대선은 아주 근소한 차이로 결정이 나고 상원은 대단히 균등한 형태로 분할되어 있다. 그러나 이러한 주장은 그러한 동등함이 제도에 의해 '만들어졌다'는 사실을 외면하는 것이다. 물론 선거인단 결과는 미세한 차이로 결정되고 상원에서 두 당의 의석수는 박빙을 이룬다. 하지만 미국 유권자의 상황을 들여다볼 때, 이러한 동등함은 퇴색된다. 앞서 언급했듯이 민주당은 1980년대 이후로 한 번을 제외하고 대통령 선출을 위한 모든 보통선거에서, 그리고 1990년대 이후로 6년 주기의 상원 선출을 위한 모든 보통선거에서 승리를 거뒀다. 이를 놓고 동등한 상황이라고는 결코 말할 수 없다. 미국 정치의 동등함은 국민들의 표가 왜곡된 제도의 통로를 거친 후에야 모습을 드러낸다.

그래도 미국은 아직 소수의 지배로 완전히 넘어가지는 않았다.

유권자 다수는 여전히 하원과 주지사 및 여러 주 차원의 선거를 포함해서 많은 경기장에서 우세를 점하고 있다. 소수의 지배는 일반적이라기보다 예외적인 현상으로 남아 있다. 하지만 예외의 빈도수가 점차 늘어나고 있다.

이러한 사실은 중요한 영향을 미친다. 1980년에 태어나서 1998년, 혹은 2000년에 처음으로 투표한 미국인을 떠올려보자. 그가 성인이 된 이후로 민주당은 상원 선출을 위한 6년 단위의 보통선거에서, 그리고 한 번을 제외한 모든 대선의 보통선거에서 승리했다. 하지만 그는 공화당 대통령과 공화당이 장악한 상원, 그리고 공화당이 임명한 대법관이 다수를 차지하는 대법원 체제에서 성인기의 삶 대부분을 살아가고 있다. 과연 그는 미국의 민주주의를 얼마나 신뢰할까?

다수의 의지가 꺾이는 나라

소수의 지배가 모습을 드러내는 현상이 문제가 되는 것은 단지 패자가 승리하도록 허용하기 때문만은 아니다. 이는 또한 국민의 삶과 밀접한 공공 정책에 교묘하게 영향을 미친다. 여론은 절대 완벽하게 정책에 반영되지는 않는다. 정책에 대한 시민의 생각은 다양하고 또한 변화하며, 그러한 생각이 항상 투표의 선택으로 이어지지도 않는다.[50] 게다가 조직화된(그리고 종종 엄청난 지원을 받는) 이익단체들은 정책과 입법 과정에 다수 여론과는 동떨어진 방식으로 종종 강한 입김을 불어넣는다.[51] 그리고 제도 역시 중요한 역할을 한다. 당파적 소수가 과잉대표권을 행사하도록 제도가 허용할 때, 여론은 외면과 억압을 받는다. "다수가 영향력을 행사할 수 없는" 상원 의원이나 판사가 사회적으로 논란이 되는 사안에 대한 결정을 내릴 때, 여론과 동떨어진 결론이 나온다고 해도 전혀 놀랄 일이 아니다.

이와 관련해서 한 가지 분명한 사례로 낙태를 둘러싼 정치를 들 수 있다. 2022년에 대법원은 '도브스 대 잭슨Dobbs v. Jackson' 판결에서 헌법으로 보장된 낙태권을 폐기하면서 이 문제를 연방 의회와 주 의회로 넘겨버렸다. 새뮤얼 알리토Samuel Alito 대법관은 다수 의견을 통해 "헌법으로 시선을 돌려 낙태 문제를 국민이 선출한 대표들에게 넘길" 때가 왔다고 언급했다.[52] 그리고 브렛 캐버노Brett Kavanaugh 대법관 역시 같은 맥락에서 이번 판결로 "민주적인 자율통치 절차를 통해 낙태 문제를 해결하기 위한 국민의 권한"이 회복되었다고 말했다.[53]

그러나 반다수결주의 제도는 "국민이 선출한 대표들"의 생각과 국민들 자신의 생각이 멀어지게 만들었다. 2022년 6월에 몬머스 대학Monmouth University이 실시한 여론 조사에 따르면, '로 대 웨이드Roe v. Wade' 판결을 뒤집은 결정에 동의한 미국인은 37퍼센트에 불과했다.

마찬가지로 2022년 5월 갤럽 여론조사에 따르면, 미국인 55퍼센트가 "낙태 합법화에 대한 찬성" 의견을 밝혔던 반면, "낙태에 대한 반대" 의견을 밝힌 응답자는 39퍼센트에 불과하다.[54] 그리고 퓨 리서치 센터Pew Research Center에 따르면, 미국 성인의 61퍼센트가 낙태를 모든, 혹은 대부분의 경우에 법적으로 허용해야 한다고 생각하는 반면, 37퍼센트만이 낙태를 모든, 혹은 대부분의 경우에 법적으로 허용해서는 안 된다고 생각하는 것으로 드러났다.[55] 이처럼 분명한 다수가 낙태권을 지지했음에도 미국의 반다수결주의 제도는 의회에서 민주당이 '로 대 웨이드' 판결을 성문화하려는 시도를 가로막았다. 주 정부가 낙태권을 제한하지 못하도록 하는 여성건강보호법Women's Health Protection Act은 하원을 통과했지만, 상원에서 필리버스터를 막기 위해 필요한 60표를 확보하지 못하면서 가로막히고 말았다.[56]

결국 낙태법은 주 차원으로 넘어갔다. 미국의 13개 주는 '로 대 웨이드' 판결이 뒤집힐 경우에 낙태 금지를 부분적으로, 혹은 전체적으로 되돌리기 위해 소위 방아쇠법trigger law(현재 시행이 불가능하지만 향후 중대한 변화가 생길 경우에 가능해질 수 있는 법—옮긴이)을 마련해놓고 있다.[57] 미국 비영리 연구단체인 구트마허 연구소Guttmacher Institute에 따르면, 또 다른 13개 주는 '도브스 대 잭슨' 판결 이후로 낙태 금지를 법제화하고자 했다. 이러한 법들은 공격적인 게리맨더링으로 구성된 의회에서 설계되었고, 주 차원의 여론과 정면으로 충돌하는 것이었다. 정치학자 제이콥 그룸바크Jacob Grumbach와 크리스토퍼 워쇼Christopher Warshaw는 여론조사 데이터를 분석함으로써 이들 주에서 낙태권에 대한 지지도를 확인했다.[58] 그들은 약 40개 주에서 국민 다수가 합법적인 낙태권에 찬성하며, 약 10개 주에서만 다수가 낙태에 반대한다는 사실을 발견했다. 이 말은 16개 주가 주민 다수의 뜻을 거슬러 제한적인 낙태법을 통과시켰다는 뜻이다. 그룸바크와 워쇼에 따르면, "이러한 불균형은 오직 일방적인 형태로만 흘러간다. 시민이 낙태 금지를 지지하는데도 주 정부가 지지하지 않는 곳은 없다."[59]

예를 들어 오하이오주의 경우를 보자. 그룸바크와 워쇼는 오하이오 주민의 약 44퍼센트만이 낙태 불법화에 찬성했다는 사실을 확인했다.[60] 그러나 '로 대 웨이드' 판결이 뒤집어졌을 때, 오하이오주는 미국에서 가장 제한적인 낙태법 중 하나의 고향이 되었다. ('도브스 대 잭슨' 판결 이후로 시행되었지만 항소로 인해 중지되었던) 그 주의 소위 심장박동 법안heartbeat bill은 심장박동을 확인할 수 있는 경우, 즉 일반적으로 임신 후 6주 이후로 낙태를 금지했다.[61] 그 법은 강간이나 근친상간의 경우도 예외로 인정하지 않았다. 그러나 2019년 여론조사에 따르면, 오하이오 주민 중에서 강간과 근친상간의 경우에도 낙태를 허용해서는 안 된다고 생각한 사람은 14퍼센트에 불과했다.[62] 물론 웨스트버지니아와 아칸소주처럼 주민 다수가 실제로 합법적 낙태에 반대하는 곳도 있다. 이러한 경우에 제한적인 법은 낙태 정책을 다수 의견과 가까운 형태로 만들어줄 것이다. 하지만 그룹바크는 전반적으로 "도브스 대 잭슨' 판결 이후로, 그리고 그에 따른 법들이 등장하면서 자신이 지지하는 낙태 정책하에서 살아가게 될 미국인 수가 1천 4백만 명 더 줄어들게 될 것"이라는 사실을 확인했다.[63]

　여론과 정책 사이의 이러한 괴리 현상은 총기 규제 사안에서 더 뚜렷하게 나타난다. 최근 몇십 년에 걸쳐 콜럼바인(1999)과 샌디훅(2012), 파크랜드(2018), 유밸디(2022) 등에서 학교 총기난사 사건이 잇달아 일어나면서 엄격한 총기법에 대한 광범위한 여론 지지가 모습을 드러내고 있다. 텍사스주 유밸디 총기난사 사건 이후로 모닝컨설트Morning Consult/폴리티코Politico가 실시한 여론조사에 따르면, 미국인 65퍼센트가 보다 엄격한 총기규제법에 찬성하는 반면, 이에 반대하는 사람은 29퍼센트에 불과한 것으로 드러났다.[64] 폭넓은 여론 지지는 또한 특정한 총기안전 정책에서도 확인할 수 있다. 갤럽과 퓨 리서치의 설문조사는 60퍼센트 이상이 반자동, 혹은 "공격용" 무기의 제조와 판매 및 소지를 금지하는 법에 찬성하며, 80퍼센트 이상이 총기 구매 과정에서 신원 조사를 의무화하는 법에 찬성한다는 사실을 지속적으로 확인시켜주고 있다.[65] 그러나 이를 위한 입법 과정은 상원에서 번번이 중단되고 있다. 그 부분적인 이유는 상원이 총기 소유자들을 과잉대표하고 있기 때문이다. 총기 소유의 비중이 높은 20개 주의 인구수는 총기 소유 비중이 낮은 20개 주 인구수의 1/3에 불과하다.[66] 그러나 총기 소유 비중이 높은 주들은 낮은 주들과 동등한 상원 의석을 차지하고 있다. 이러한 과잉대표 문제는 필리버스터와 더불어 상원을 총기 규제 입법의 무덤으로 만들고 있다.

샌디훅에서 대량 살상 사건이 벌어진 이후로, 희생자의 부모들은 총기 구매 과정에서 신원 조회를 의무화하는 법을 통과시키기 위해 로비 활동을 벌였다.[67] 이러한 노력은 하원에서 성공을 거뒀다. 2013년에 하원은 신원 조회법을 통과시켰다. 그리고 그 법안은 상원 의원 55명의 지지를 얻었다. 그러나 물론 그 수로는 충분치 않았고, 결국 필리버스터의 손에 희생되고 말았다. 신원 조회법에 반대한 45명의 상원 의원이 대표한 미국인은 전체 인구의 38퍼센트에 불과하다.[68] 이후로도 하원은 2015년과 2019년, 그리고 2021년에 유사한 형태의 신원 조회법을 통과시켰지만, 세 법안 모두 상원에서 죽음을 맞이했다.[69] 또한 2022년 7월에 하원은 특정한 유형의 반자동 무기를 금지하는 법안을 통과시켰다. 〈폭스 뉴스〉가 6월에 실시한 여론조사에 따르면, 미국 전역에서 63퍼센트가 이 법안에 찬성한 것으로 나타났다.[70] 하지만 그 법안을 지지한 상원 의원들이 필리버스터를 넘기 위해 필요한 60석을 확보하지 못하면서 다시 한번 상원의 벽에 가로막혔다.[71]

또한 총기 정책은 주 차원에서도 여론과 정면으로 충돌했다.

2018년에 오하이오주에서 실시한 설문조사는 거대 다수가 총기 규제에 찬성한다는 사실을 보여줬다.[72] 오하이오 주민의 60퍼센트 이상이 반자동 무기와 고용량 탄창의 금지를 지지했고, 70퍼센트 이상이 총기 구매를 위한 의무 대기 기간에 찬성했다. 또한 교사의 무장에 반대한 비중은 75퍼센트가 넘었다. 그럼에도 공화당이 장악한 오하이오주 의회는 다른 방향으로 나아갔다. 그들은 총기 규제 법안을 통과시키지 않았고, 대신에 텍사스와 테네시, 그리고 몬태나주와 더불어 허가 없이 권총을 몰래 소지할 수 있도록 허용하는 법을 통과시켰다.[73] 이를 지지한 미국인은 20퍼센트에 불과했다. 게다가 2022년 유밸디 총기난사 사건 이후로, 오하이오주는 교사를 무장시키기 위해 설계된 법안을 서둘러 통과시켰다.

〈뉴욕타임스〉 칼럼리스트 자멜 부이Jamelle Bouie는 이렇게 말했다. "지금 나와 있는 가장 관대한 총기법을 원하는 미국인은 거의 없다. 하지만 공화당을 포획한 이들은 제도적 이점을 이용해 총기 규제를 막고 총기 소지권에 대한 광범위하고 특이한 입장을 법률의 차원으로 끌어올리려 하고 있다."[74]

또한 미국의 반다수결주의 제도는 뚜렷한 다수의 지지에도 불구하고 가난과 불평등을 완화하려는 시도를 계속해서 가로막고 있다.[75] 미국 사회의 임금 정체 현상에 대해 생각해보자. 연방 차원에서 규정한 최저임금은 뉴딜 시기에 처음 도입되었다

(시간당 25센트).[76] 이는 이후 30년간 꾸준히 증가했고, 이 흐름은 1966년 헌법 수정 이후로 1968년에 처음으로 최저임금을 1.60달러(2020년 기준으로 약 12달러)로 규정한 (린든 존슨 대통령이 추진한 빈곤과의 전쟁의 근간이 되었던) 공정근로기준법Fair Labor Standards Act의 도입으로 정점을 찍었다.[77] 이러한 상승 흐름이 근로 계층의 소득에 미친 영향은 엄청났다. 1960년대와 70년대에 최저임금을 받으면서 전일 근무한 근로자는 미국의 빈곤 기준을 넘어서 세 명의 가족 구성원을 부양하기에 충분한 소득을 올릴 수 있었다.[78]

하지만 1968년 이후로 연방 정부는 인플레이션을 반영하여 최저임금을 정기적으로 끌어올리는 데 실패하면서 소득 분포에서 최하층에 속하는 집단의 실질 임금은 꾸준히 감소했다. 1968~2006년 동안에 최저임금의 가치는 45퍼센트나 떨어졌다.[79] 2020년에 연방 정부가 정한 최저임금을 받는 근로자가 매월 식료품과 주택 임대료로 지출하기 위한 소득은 50년 전에 비해 1/3 정도 줄었다.[80] 오늘날 연방 정부가 정한 최저임금으로 살아가는 3인 가구는 실제로 빈곤 기준을 넘어서지 못하고 있다.[81]

미국인들은 수십 년 동안 최저임금 인상을 강력하게 지지했다.[82] 그러나 그들의 목소리는 예산에 거의 반영되지 못했다. 지난 2009년 7월 인상(시간당 7.25달러) 이후로 최저임금 인상을 위한 시도는 의회에서 계속해서 가로막혔다. 2014년에 최저임금을 10.10달러로 인상하기 위한 법안(여론조사에 따르면 미국인 2/3가 찬성한)은 상원을 통과하기 위해 필요한 60표 중 54표만 얻었다.[83] 2019년에는 연방 정부가 정한 최저임금을 시간당 15달러로 끌어올리기 위한 임금인상법Raise the Wage Act이 하원을 통과했다. 이에 대해 의회 예산처는 그 법안이 2천 7백만 명에 달하는 미국 근로자의 급여 수준을 높여줄 것이며, 1백 3십만 가구를 빈곤에서 구제해줄 것으로 기대했다.[84] 힐-해리스엑스Hill-HarrisX가 등록된 유권자를 대상으로 실시한 여론조사에 따르면, 81퍼센트가 전반적인 최저임금 인상을 지지했으며, 55퍼센트가 최저임금을 시간당 15달러로 인상하는 방안에 찬성한 것으로 드러났다.[85] 그럼에도 상원은 그 법안의 채택을 거부했다.

전국 차원에서 최저임금을 인상하기 위한 가장 최근의 시도는 2021년에 있었다. 2021년 미국구조계획American Rescue Plan(코로나 사태에 대처하기 위한 법안) 안에는 전국 차원에서 최저임금을 15달러로 인상하는 조항이 포함되어 있었다. 퓨 리서치 설문조사에 따르면, 미국인 62퍼센트가 그 계획을 지지했다.[86] 그리고 당시 〈CBS 뉴스〉가 실시한 여론조사 결과 역시 71퍼센트가 더 높은 수준의 최저임금을 지지한다는 사실을 보여줬다.[87] 그러나 여론의 지지도, 민주당이 장악한 상원도 그 법안의 통과를 보장하기에 역부족이었다. 상원이 최저임금 인상은 조정reconciliation(특정 지출안에 대해 필리버스터를 중단시킬 수 있는 상원의 특별 절차)을 통해 처리할 수 있는 예산 조항이 아니라고 결정했을 때, 시간당 15달러 최저임금

법안이 상원에서 생을 마감할 것이라는 전망은 분명해졌다.[88]

지난 50년 동안 임금 정체의 문제를 제대로 해결하지 못하면서 미국 사회는 빈곤과 불평등의 차원에서 예외적인 사례로 남았다.[89] 정치학자 레인 켄워시Lane Kenworthy와 요나스 폰투손Jonas Pontusson 은 미국을 포함해서 21세기에 가구소득의 불평등이 증가했던 부유한 민주주의 국가들을 살펴봤다. 그리고 이들 10개국 중 9개국 의 정부가 재분배라고 하는 적극적인 정책으로 대응했다는 사실 을 확인했다. 그렇게 하지 않은 유일한 나라는 미국이었다.[90]

학자들은 미국 정부가 소득 정체와 불평등 심화 현상에 계속해 서 제대로 대처하지 못했기 때문에 급진적인 우파 포퓰리즘이 등 장하게 되었다고 설명한다.[91] 여기서 미국 민주주의가 근로 계층 과 중산층 유권자들의 요구에 부응하지 못했던 한 가지 이유로 반다수결주의 제도를 꼽을 수 있다.[92] 그리고 노동조합의 약화와 거대 자본의 엄청난 영향력도 중요한 이유로 작용했다. 하지만 동시에 의회 소수가 다수의 의지를 계속해서 억압하도록 허용하 는 규칙 역시 핵심적인 역할을 했다.

공화당의 평행우주

민주주의에 대한 위협은 여론을 무시하는 단계에서 멈추지 않았다. 오늘날 미국의 반다수결적인 제도는 소수의 독재를 인정하고 심지어 강화하기까지 할 위험을 드러내고 있다.[93]

사람들은 미국 민주주의 시스템에 자율교정 기능이 있다고 기대한다. 즉, 선거의 경쟁적 압박과 헌법이 규정한 견제와 균형이 독재로 나아가는 흐름을 막고 그 방향을 되돌릴 것으로 믿는다.

그러나 항상 그런 것은 아니다. 반민주적인 정당은 소수를 보호하기 위해 설계된 제도를 이용해서 독재를 인정하고 '강화'하기까지 한다.

가장 먼저, 반다수결적인 제도는 소수 정당을 경쟁 압박으로부터 보호함으로써 전제적인 극단주의를 강화한다. 소수 정당은 반다수결주의의 이점을 이용함으로써 정치 세계에서 중력의 법칙을 무시하고 협소한 극단주의 기반에 호소함으로써 권력을 잡을 수 있다. 그리고 이런 일이 일어날 때, 선거 시장의 자율교정 기능이 멈추게 된다.

2021년 1월 6일 국회의사당 폭동이 벌어진 다음 날, 공화당 전국위원회는 플로리다주 아멜리아섬에 위치한 리츠칼튼 리조트의 샹들리에가 빛나는 무도회장에서 4일간의 전통적인 겨울 행사를 열었다.[94] 만일 공화당에게 미래를 위한 자기반성의 기회가 있었다면, 바로 그때였을 것이다. 미국은 민주주의에 대한 전례 없는 공격을 겪었고, 트럼프 대통령은 그 과정에서 중요한 역할을 했다. 그뿐만 아니라 트럼프가 이끄는 공화당은 선거에서 패했다. 트럼프는 지난 88년 동안 재선에서 실패한 세 번째 대통령이었다. 나아가 공화당은 하원, '그리고' 상원을 장악하는 데 실패했다. 그야말로 완패였다. 트럼프는 허버트 후버Herbert Hoover 이후로 첫 임기 동안에 하원과 상원, 그리고 대통령 자리까지 모두 잃어버린 첫 번째 대통령이었다.

일반적으로 정치판에서 선거 패배의 대가는 대단히 크다. 패배는 내부적인 비난을 촉발하고, 당의 평판을 떨어뜨리고, 지도부의 힘을 약화시키면서 때로 지도자들의 정치 경력을 중단시키기까지 한다. 그러나 2021년 1월 아멜리아섬에서는 그런 모습을 찾아볼 수 없었다. 〈뉴욕타임스〉 기사에 따르면, 공화당 지도부는 "평행우주 속에서 살고 있는 듯했다".[95] 트럼프가 두 번째 탄핵과 범죄수사에 직면했을 때, 공화당 전국위원회의 주 의장들과 위원들 모두 트럼프를 떠받들었다.[96] 그들은 전략을 검토하거나 당의 강령을 바꾸려 하지 않았다. 트럼프가 후보로 지명했던 로나 맥대니얼Ronna McDaniel RNC 의장은 만장일치로 다시 의장으로 추대되었다. 당시 맥대니얼은 연설에서 트럼프의 패배를 단 한 번도 언급하지 않았다.[97] 말하자면 공화당은 트럼프주의에 더 집중하는 방식으로 치명적인 선거 패배에 대응했다. 메릴랜드주 위원인 데이비드 보시David Bossie는 이렇게 말했다. "심각한 잘못이 없는 이상 모두를 쫓아낼 필요는 없습니다."[98] 반면 트럼프가 공화당이라는 "브랜드"에 입힌 피해에 대해 공식적인 우려를 표명한 몇

안 되는 참석자 중 한 사람인 뉴저지주 빌 팔라투치^{Bill Palatucci} 위원은 이렇게 지적했다. "그 방에 모인 사람들 모두 진실을 받아들이려 하지 않았습니다." 그의 목소리는 아멜리아섬에서 외로이 사라졌다. 그의 동료 공화당원들은 거의 만장일치로 패배한 대통령을 지지했다. 특히 앨라배마주 폴 레이놀즈^{Paul Reynolds} 위원은 트럼프와 그의 동료들이 "우리를 더 좋은 정당으로 만들어줬다"고 역설했다.

2022년 중간선거에서 트럼프가 장악한 공화당은 미국 전역에 걸친 의회 선거에서 선거 결과를 부정하는 후보자들을 내세웠고, 또다시 좋은 성과를 올리지 못했다. 2018년과 2020년, 그리고 2022년 세 번 연속으로 선거에서 실망스러운 결과를 확인한 몇몇 공화당 지도자는 트럼프의 극단주의로 공화당이 표를 잃었다는 사실을 인정하기 시작했다. 그럼에도 공화당은 여전히 궤도를 수정하지 않았다. 트럼프의 측근인 로나 맥대니얼은 2023년 1월에 전국위원회 의장으로 당선되었고, 그녀에게 도전했던 후보들 모두 선거를 부정했던 친트럼프 인사들이었다. 공화당 하원 의원들도 트럼프와 관계를 끊지 않았다. 케빈 매카시는 2023년 1월 하원의장으로 당선된 후 이렇게 말했다. "특별히 트럼프 대통령에게 감사를 드립니다… 누구도 그의 영향력을 의심하지 않을 겁니다. 트럼프는 처음부터 저와 함께 했습니다."⁹⁹ 공화당 원내 지도부는 극단주의자들을 고립시키거나 내쫓으려 하지 않았다. 폭력적인 언사로 지난 위원회에서 제명당했던 하원 의원 마조리 테일러 그린^{Marjorie Taylor Greene}과 폴 고사^{Paul Gosar}는 다시 위원회로 복귀했다.[100] 2023년에 몇몇 공화당 정치인은 머뭇거리면서 트럼프 없는 공화당의 미래를 그려보기 시작했지만, 그래도 공화당의 근본적인 정책을 검토하거나 트럼프를 지지하는 극단주의 기반과 관계를 끊는 일에는 거의 관심을 보이지 않았다.

반다수결적인 제도가 강력하게 자리 잡지 않은 나라라면 이러한 행동은 상상조차 힘들다. 잇단 선거 패배에도 신중한 모습을 보이지 않았던 공화당의 태도는 상원과 선거인단에서 만들어진 다수를 얼마든지 차지할 수 있다는 그들의 자신감을 고려하지 않고서는 결코 이해할 수 없다.

선거에서 패했을 때, 정당은 일반적으로 궤도를 수정한다. 이러한 점에서 정당은 시장에서 활동하는 기업과 비슷하다. 분기마다 연달아 손실을 기록할 때, 기업은 자기반성을 통해 새로운 전략을 세우고 CEO를 해고하기도 한다.

마찬가지로 민주당이 1980년과 1984년, 1988년 세 번 연속으로 대선에서 패하고 난 뒤, 아칸소 주지사 빌 클린턴을 비롯해서 새로운 세대의 민주당 정치인들은 정치적인 자기 성찰 과정에 들어갔다. 그들은 새로운 싱크탱크(가령 민주당 지도부회의^{Democratic Leadership Council})를 설립했고, 정당 지도자들이 당의 강령과 전략의 핵심 요소를 다시 한번 생각해보도록 촉구했다. 결국 민주당은 궤도를 수정했고, 정치적 중심지를 파고들어 다음 두 번의 대선을 승리로 이끌었다. 영국 노동당도 1980년대, 그리고 1990년대의 오랜 기간을 정치적 역경 속에서 보내고 난 뒤, 이와 비슷한 혁신 작업에 착수했다.

정치 세계는 두 세기가 넘도록 경쟁을 만병통치약처럼 생각했다. 정치 이론가와 실무자 모두 철학자 존 스튜어트 밀John Stuart Mill 이 제시했던 반민주적인 이념을 물리치기 위한 원칙을 종종 언급한다. 밀은 널리 알려진 표현을 통해 진실이 거짓에 승리를 거두려면 "대립하는 의견 사이의 충돌"이 필요하다고 말했다.[101] 비슷한 맥락에서 제임스 매디슨은 《연방주의자 논집》 10편에서 이렇게 말했다. "당파가 다수를 차지하지 못할 때, 다수가 정기적인 선거를 통해 사악한 입장을 물리친다는 공화국 원칙이 우리를 구제한다."[102] 민주주의는 스스로 교정한다. 경쟁적인 선거는 유권자의 생각에 민감하게 반응하는 정당에게 피드백 시스템을 선사하고, 그렇지 못한 정당은 처벌한다. 그렇기 때문에 패배한 정당이 다시 승리하기 위해서는 기존 의제를 수정하고 확대해 나가야 한다.

그런데 한 가지 문제가 있다. 선거 제도가 특정 지역이나 집단에게 과잉대표를 허용할 때, 그래서 정당들이 '유권자 다수를 확보하지 않고서도' 선거에서 이길 수 있을 때, 유권자의 생각에 반응해야 할 압박이 줄어든다. 그럴 때 정당들은 그들의 주장을 확장해나가야 할 경쟁적인 압박에서 벗어나 내부에 집중함으로써 급진화를 향해 나아가게 된다.

바로 이러한 일이 21세기 초 공화당에서 일어났다. 공화당은 시골 지역에 편향된 제도를 기반으로 전국적인 보통선거에서 계속해서 패하면서도 대선에서 승리하고 상원까지(그리고 결국 대법원도) 장악했다. 말하자면 공화당은 경쟁해야 할 동기를 무디게 만드는 "헌법적 보호 장치"의 수혜자가 되었다. 그들은 전국적인 선거에서 자동적으로 먼저 출발하는 어드밴티지를 누렸고, 이를 통해 경쟁 압박에서 어느 정도 벗어날 수 있었다.

미국의 민주주의 제도가 공화당에게 내어준 선거 목발은 공화당의 극단주의를 강화함으로써 미국의 민주주의를 위협하고 있다. 공화당이 '전국 선거에서 다수를 확보하지 않고서도' 권력을 차지하고 휘두를 수 있게 되면서, 그들은 미국 사회에서 일어나는 근본적인 변화에 적응해야 할 전반적인 동기를 상실해버렸다. 지금 상태로도 그 나라에서 가장 중요한 자리를 계속해서 차지할 수 있는데, 왜 굳이 지지 기반을 확대하는 노력을 한단 말인가? 공화당 정치인들은 스스로 강한 소용돌이 속으로 빨려 들었다. 다시 말해 공화당의 보수주의 기반은 그들을 극단주의로 밀어넣고 있으며, 반다수결적인 제도가 제공하는 선거적 보호망은 이러한 극단주의 흐름에 저항해야 할 동기를 떨어뜨리고 있다.

미국의 민주주의는 공화당이 전국적 다수를 확보할 수 있을 때, 즉 도시 지역에서, 그리고 백인이 아닌 젊은 시민들 사이에서 표를 놓고 충분히 경쟁할 수 있을 때, 살아남을 수 있다. 공화당이 전국 선거에서 다시 한번 합법적으로 이길 수 있을 때, 공화당 지도부는 비로소 다인종 민주주의에 대한 두려움을 누그러뜨릴 수 있다. 그리고 그럴 때라야만 우리는 공화당이 폭력적인 극단주의를 포기하고, 승패를 떠나 민주주의 원칙에 따라 움직일 것을 기대할 수 있다. 이를 위해 공화당은 진정한 다인종 정당으로 거듭나야 한다. 그러나 오늘날 미국의 제도는 공화당이 그렇게 변화해야 할 동기를 약화시키고 있다. 이는 심각한 문제다. 급진적인 백인 기독교 핵심 기반을 넘어서지 않고서도 권력을 잡을 수 있는 한, 공화당은 오늘날 미국의 민주주의를 위험에 빠트릴 극단주의에 대단히 위태로운 상태로 남아 있을 것이다.

반다수결주의 제도들은 전제적인 극단주의를 뒷받침할 뿐 아니라, 정치적 소수에 힘을 실어줌으로써 이를 더 강화한다. 그럴 때, 정치적 소수는 그 힘을 가지고 다른 제도에 대한 그들의 통제력을 더욱 강화한다. 정치 세계에서는 권력이 권력을 만든다.[103] 2016~2020년 동안 보통선거에서 진 대통령은 그의 정당이 인위적으로 만들어낸 상원 다수를 기반으로 대법원을 뚜렷하게 오른쪽으로 치우치도록 만들었다. 그리고 소수의 독재는 그러한 대법원을 기반으로 자신의 자리를 더욱 굳건하게 만들었다.

이러한 일이 실제로 벌어지고 있다. 대법원은 게리맨더링으로 구성된 주 의회에서 소수의 독재를 강화하고 있다. 미국 역사상 가장 극단적인 형태 중 하나로 드러난, 위스콘신주의 악명 높은 선거구 지도는 2016년 연방 법원에 의해 허물어졌다.[104] 하지만 2018년 닐 고서치가 대법관으로 있는 연방대법원이 그 판결을 뒤집으면서(실제로 절차적 문제를 이유로 판단을 회피하는 방식으로) 게리맨더링으로 구성된 주 선거구 지도가 다시 모습을 드러냈다. 그리고 1년 후 앤서니 케네디^{Anthony Kennedy} 대법관이 자리에서 물러나고 브렛 캐버노가 그 자리를 이어받은 상황에서 연방대법원은 5 대 4의 다수 의견으로('루초 대 커먼코스^{Rucho v. Common Cause}'에서) 주의 당파적 게리맨더링 사건을 심판할 권한이 대법원에는 없다고 판결을 내렸다. 대법원장 존 로버츠^{John Roberts}는 다수 의견으로 이렇게 말했다. "당파적 게리맨더링 주장은 연방대법원의 권한을 넘어선 정치적 문제를 제기한다."[105] 이렇게 반다수결주의 상원에 의해 구성된 반다수결주의 대법원이 주 차원에서 소수의 지배를 강화하고 있다.

상황은 더 나빠질 수 있다. 대통령 선출을 위한 보통선거에서 이길 가능성이 점차 희박해지면서, 일부 공화당원은 선거 과정을 완전히 뒤집기 위한 새로운 급진적인 방안을 내놨다. 그중 하나로, 지금까지 비주류 법률 이론으로 여겨졌던 "독립적인 주 의회 원칙"을 거론하고 있다. 미국 헌법 제1조와 제2조는 대통령 선거 인단을 구성하기 위한 방법을 선택할 수 있는 권한을 주 의회에 부여하고 있다. 제2조에는 이렇게 나와 있다. "각 주는 의회가 정한 방식에 따라서 선거인단 수를 지명할 수 있다." 이 조항은 전통적으로 각 주의 일반적인 입법 절차를 언급한 것으로 이해되었으며, 여기에는 주 헌법과 주 대법원, 주지사의 거부권과 국민 투표가 해당된다.[106] 그러나 몇몇 보수주의자는 이 조항을 정통적이지 않은 방식으로 해석하면서 헌법 제2조가 선거 규칙을 정할 수 있는 독점적인 권한을 주 의회에 부여한다고 주장했다. 미국 법학자 리처드 하센Richard Hasen은 독립적인 주 의회 원칙에 따를 때, 주 의회는 "비록 주 헌법을 위반하고 주 대법원의 해석을 무시한다고 해도, 대통령 선거와 의회 선거를 실행하는 규칙에 대해 실질적으로 무제한적인 권한"을 갖는다고 썼다.[107]

앞서 살펴봤듯이 공화당은 2010년대에 미시건과 노스캐롤라이나, 펜실베이니아, 위스콘신 등 여러 핵심 주의 보통선거에서 패했음에도 이들 주 의회를 장악했다. 독립적인 주 의회 원칙에 따라 헌법을 재해석했을 때, 이들 주 의회는 잠재적으로 과감한 방식으로 권한을 행사할 수 있다. 가령 일방적으로 선거 승자를 결정하거나 주 선거인단을 임명하는 권한을 스스로에게 부여할 수 있다.

유권자가 아닌 주 의회가 미국의 대통령을 선택한다는 생각은 참으로 어처구니 없는 주장으로 보이며, 명백하게도 비민주적이다. 실제로 그 원칙은 이미 오래전에 주류에서 멀리 벗어난 개념으로 외면을 받았다. 그럼에도 알리토와 고서치, 토머스, 캐버노 대법관은 그 원칙의 변형된 형태를 지지하고 있다.[108] 코니 배럿 대법관 또한 여기에 속한다.

정치적 소수가 장악한 주 의회들이 대통령을 결정하게 된다면, 미국은 완전히 소수의 지배로 전락하고 말 것이다.

물론 이 시나리오가 현실이 될 가능성은 낮지만, 뚜렷하게 반다수결적인 미국의 제도들은 그 나라를 정치적 소수가 다수를 지배하는 비민주적인 상황에 취약하게 만들고 있다. 2016년에 드러난 것처럼 반다수결적인 미국의 제도들은 전제적인 소수를 지배적인 다수로 만들어버릴 수 있다. 다시 말해 미국의 제도들은 전제적인 권력을 견제하기는커녕 이를 더 강화해나가고 있다.

우리는 지난 10년에 걸쳐 냉혹한 교훈을 배웠다. 그것은 미국이 민주주의 위기를 겪고 있으며, 심지어 퇴보에 취약한 상태에 머물러 있다는 사실이다. 물론 영국과 프랑스, 독일, 네덜란드와 스칸디나비아 지역의 국가를 비롯한 모든 서구 사회는 21세기에 접어들면서 다양성의 확대를 기준으로 퇴보를 경험하고 있다.[109] 그럼에도 이들 나라의 민주주의는 비교적 건강한 상태를 유지하고 있다. 그들은 어떻게 그럴 수 있었을까?

7장

표준 이하의 민주주의, 미국

미국의 헌법이 비준받은 지 25년이 흐른 1814년 봄. 정부 관료에서 변호사, 군 장교, 기업 경영자, 신학자, 그리고 선원에 이르기까지 112명에 달하는 노르웨이인들이 오슬로에서 북쪽으로 약 60킬로미터 떨어진 도시인 에이드스볼에 모였다. 그들은 5주에 걸쳐 기업가 카르스텐 앙커Carsten Anker의 저택에 머물면서 세계의 '두 번째' 성문 헌법을 함께 작성했다.

당시 노르웨이의 독립 지도자들은 미국 건국자들과 마찬가지로 아주 불확실한 상황에 직면해 있었다. 노르웨이는 4백 년 넘게 덴마크의 일부로 남아 있었다.[1] 그런데 덴마크가 나폴레옹과의 전쟁에서 패하면서 영국이 주축이 된 승전 세력은 노르웨이 영토를 스웨덴에 이양하기로 결정했다. 이는 노르웨이의 민족주의 감정을 자극했다. 어떤 이의 표현에 따르면, "마치 가축처럼" 팔리길 거부했던 노르웨이인들이 독립을 주장했다.[2] 그리고 이를 위해 에이드스볼에 모인 노르웨이인들은 헌법을 기반으로 112인으로 이뤄진 의회를 구성했다.

계몽주의 이상과 자율 통치 개념에 영감을 얻은 노르웨이 건국자들은 미국의 경험을 모형으로 삼았다.[3] 어쨌든 미국인들은 노르웨이인들이 당시 열망했던 외세로부터 독립을 일궈냈다. 한 노르웨이 언론은 미국의 실험에 관한 소식을 전국에 퍼뜨렸고, 이를 통해 조지 워싱턴과 벤저민 프랭클린을 영웅으로 묘사했다.[4] 비록 그 언론이 항상 정확한 소식을 전한 것은 아니었지만(미국 대통령을 "군주"로 설명하고, 워싱턴이 "4년 동안 미국을 통치할 독재자로 임명되었다"고 보도했으며, 부통령을 "총독"으로 표현했다)[5], 에이드스볼에 모인 많은 이는 미국 시스템의 원리에 대해 아주 잘 알고 있었다.[6] 헌법을 작성하는 과정에서 주도적인 역할을 맡았던 뛰어난 독립운동가 크리스티안 마그누스 팔센Christian Magnus Falsen은 워싱턴과 프랭클린으로부터 따와 아들의 이름을 "조지 벤저민"으로 짓기까지 했다.[7] 팔센은 매디슨과 제퍼슨으로부터 많은 영향을 받았고, 나중에 미국의 모형을 "거의 독점적인" 기반으로 삼아 노르웨이 헌법 일부를 작성했다고 밝혔다.[8]

1814년 5월에 그 헌법이 비준받은 후, 노르웨이는 독립을 선언했다.[9] 그러나 독립의 상태는 오래가지 못했다. 스웨덴 군대가

7월에 쳐들어와서 노르웨이와 스웨덴의 "합병"을 강요했다. 그래도 스웨덴은 노르웨이가 새로운 헌법과 정치 체제를 유지할 수 있도록 허용했다. 1814년 노르웨이 헌법은 이후로 이어진 준독립 기간에 걸쳐서, 그리고 1905년에 완전한 독립을 이룬 이후에도 그대로 유지되었다. 또한 지금도 여전히 남아 있다.

노르웨이 헌법 설계자들이 미국의 건국 사례로부터 많은 영감을 얻었지만, 그들이 처음 만들어낸 헌법이 그리 혁명적인 것은 아니었다. 노르웨이는 세습 군주제를 그대로 유지했고, 왕에게 내각을 임명하고 의회를 거부할 권리를 부여했다[10](물론 지금은 의회가 왕의 거부권을 무효화할 수 있다). 또한 스토팅^{Storting}이라고 불리는 노르웨이 의회는 지역 선거인단에 의해 간접선거 방식으로 선출되었고, 투표권은 특정한 재산 요건을 충족하는 남성에게만 주어졌다.[11] 또한 도시 지역 엘리트들이 의회에 강력한 영향력을 행사했다. 1814년 당시 노르웨이 영토 대부분은 시골이었고 유권자 중 90퍼센트가량이 시골 지역에 살았다.[12] 땅을 소유한 많은 농부가 투표를 할 수 있는 상황에서 부유한 도시 엘리트들은 농부들이 정치적 다수를 차지할 것을 두려워했다. 한 노르웨이 정치학자가 설명했듯이, 도시 지역 엘리트들은 농부들을 "잠재적 시한폭탄"으로 여겼다.[13] 그래서 노르웨이 헌법을 통해 시골과 도시가 의회에서 차지할 수 있는 의석의 비율을 2대 1로 규정했다.[14] 그러나 당시 시골 지역 인구수가 도시 인구수보다 10 대 1 정도로 더 많았다는 점을 고려할 때, 그 규정은 도시 지역에 극단적인 형태의 과잉대표를 허용하는 것이었다. 이 규정은 소위 농부조항Peasant Clause이라고 불렸다. 게다가 하원이 라깅Lagting이라고 하는 상원을 선출하도록 함으로써 노르웨이 상하 양원제는 다수의 지배를 명백하게 희석시켰다.[15] 마지막으로 1814년 헌법 제2조는 "복음주의 루터교"를 "공식 국교"로 지정하면서 장관 중 절반 이상이 루터교 신자일 것을 요구했다.[16]

이러한 점에서 노르웨이의 1814년 헌법은 미국의 1789년 헌법과 마찬가지로 여러 가지 비민주적인 특성을 담고 있었다. 실제로 19세기 초 노르웨이는 미국보다 훨씬 덜 민주적이었다.

그러나 노르웨이는 이후 두 세기에 걸쳐 헌법에 기반을 두고 일련의 광범위한 민주주의 개혁을 이어나갔다. 19세기에 의회 주권이 확립되면서 노르웨이는 진정한 제헌 군주국이 되었다.[17] 그리고 1905년에는 헌법 개혁을 통해 지역 선거인단 제도를 폐지하면서 직접선거를 통해 의원을 선출했다. 투표권을 위한 재산 조건은 1898년에 폐지되었고 1913년에는 보편적인(남성과 여성) 투표권이 확립되었다.

그렇게 노르웨이는 1913년 이후로 민주주의 체제를 이어나갔다. 그런데 한 가지 중요한 반다수결주의 제도가 남아 있었다. 그것은 바로 농부조항이었다. 20세기 중반에 도시화가 진행되면서 농부조항에 따른 의원 정수의 불균형이 거꾸로 뒤집혔다. 이제 인구 절반이 도시에 거주하게 되면서 2 대 1로 고정된 시골 대 도시 비중은 점차 '시골' 유권자를 더 많이 과잉대표하게 되었다. 미국 상원처럼 노르웨이의 농부조항은 인구 밀도가 낮은 시골 지역의 정치적 힘을 지나치게 강화함으로써 보수주의 정당에 유리한 형태로 다수의 지배를 위협했다. 하지만 미국과는 달리 노르웨이 주요 정당들은 1952년 협상을 통해 헌법을 수정함으로써 농부조항을 폐지해버렸다.[18] 그리고 1978년에 투표 연령을 18세로 낮추고 2009년에 상원을 폐지하면서 다수의 지배를 향해 한 걸음 더 나아갔다.[19]

　그러나 노르웨이 민주화는 여기서 멈추지 않았다. 20세기 말과 21세기 초에 노르웨이 사회와 세계적인 상황이 변화하면서 헌법적·민주적 권리들이 새로운 형태로 확장되었다. 예를 들어 소수 토착민 집단을 새로운 형태로 보호하기 시작했다.[20] 1970년대 말에 노르웨이 정부는 대규모 수력발전소 시설을 강변에 건설할 계획을 세웠는데, 그럴 경우에 토착민인 사미^Sami족의 마을과 그들의 순록 방목지가 물에 잠길 수밖에 없었다. 이에 대해 환경 운동가와 지역 어부들의 지지를 얻은 사미족 운동가들은 시위와 단식 투쟁 등 대규모 저항 운동을 펼쳐나갔다.[21] 1981년에는 사미족 여성 14명이 노르웨이 총리실을 점거하면서 노르웨이 정치판에 충격을 던지며 사미족의 권리를 분명한 정치적 안건으로 올려놨다.[22] 결국 노르웨이는 1988년 수정 헌법을 통해 사미족의 언어와

문화 보호를 보장했다.[23]

이후 사반세기에 걸쳐 노르웨이는 다양한 권리에 대한 보장 범위를 계속해서 넓혀나갔다. 1992년 수정 헌법은 노르웨이 국민에게 건강한 환경에서 살 수 있는 권리를 보장했다.[24] 그리고 2012년에 다시 한번 수정된 헌법은 노르웨이의 공식 종교를 폐지하면서 "모든 종교적·철학적 공동체"를 대상으로 평등한 권리를 보장했다.[25] 또한 2014년에는 헌법 차원에서 전반적인 인간적·사회적 권리 보호를 채택했다.[26] 여기에는 아동을 대상으로 한 "인간의 존엄성에 대한 존중"과 교육에 대한 권리, 그리고 생존을 위한 권리(노동을 통한, 혹은 스스로 부양이 불가능한 경우에 정부 지원을 통한)의 보장이 포함되었다. 노르웨이 헌법은 1814~2014년에 걸쳐 총 316차례 수정되었다.[27]

그렇게 노르웨이는 두 세기에 걸친 개혁을 통해 세상에서 가장 민주적인 국가로 거듭났다. 프리덤하우스Freedom House가 발표한 세계자유지수Global Freedom Index(0~100점)에서 기존 민주주의 국가들 대부분 2022년에 90점 이상을 받았다. 특히 캐나다와 덴마크, 뉴질랜드, 우루과이와 같은 몇몇 국가는 95점 이상을 받았고, 핀란드와 스웨덴, 노르웨이 세 나라는 100점 만점을 기록했다. 프리덤하우스는 민주주의에 관한 25가지 항목을 기준으로 국가들의 점수를 매긴다. 노르웨이는 모든 기준에서 만점을 받았다.

반다수결주의 해체의 역사

변화에 관한 노르웨이의 이야기는 상당히 인상적이지만, 그렇다고 해서 대단히 예외적인 사례는 아니다. 유럽 지역의 많은 정치 체제들 역시 대중 다수를 제약하는 다양한 제도와 더불어 똑같이 비민주적인 상태로 시작했다. 대부분 노르웨이처럼 왕이 통치했다. 그리고 몇몇 예외를 제외하고 재산이 있는 남성만이 투표할 수 있었다. 투표는 일반적으로 간접선거 방식으로 이뤄졌다. 즉 시민들은 후보자가 아니라, 공무원과 신부 및 목사, 지주, 공장 소유주 등 지역 "유지"에게 투표했고, 그러면 그들이 모여서 의회 구성원을 선출했다. 그리고 19세기 초 독립을 쟁취하면서 미국 헌법을 모델로 삼았던 남미 지역 국가(의 건국자)들은 1840년 이전에 선거인단이나 의회를 통한 간접선거 방식으로 대통령을 선출했다.[28]

게다가 초기 선거 제도는 부유한 지주에게 유리한 방향으로 왜곡되어 있었다. 유럽 지역에서 점점 더 많은 노동자가 도시로 몰려들면서 의회에서 도시 지역의 대표권은 시골 지역에 비해 의회에서 뚜렷하게 위축되었다. 가령 영국의 악명 높은 "부패선거구rotten borough"에서는 때로 몇십 명의 유권자만으로 대표를 선출하기도 했다.

국가들 대부분이 광범위한 '입법' 방식으로 대중 다수를 제약했으며, 여기에는 입법 과정에서 거부권을 행사할 수 있는 비민주적인 기관들이 포함되었다. 가령 영국에서는 세습 귀족과 임명받은 이들로 구성된 비선출 상원이 세금을 제외한 모든 입법 관련 거부권을 갖고 있었다. 캐나다도 1867년 독립 이후에 임명 방식의 상원 제도를 만들었다. 19세기 유럽 정치 시스템 대부분은 세습 귀족, 그리고 왕과 교회가 임명한 인물로 구성된 비슷한 형태의 상원 제도를 유지했다.[29]

전 세계 많은 의회가 소수의 이익을 지나치게 보호했다. 하나의 극단적인 사례로 폴란드의 18세기 하원(세임Sejm)을 꼽을 수 있다. 2백 명의 의원으로 구성된 폴란드 하원의 모든 구성원은 '모든 법안에 대한 개인적인 거부권'을 갖고 있었다. 프랑스 정치철학자 장자크 루소Jean-Jacques Rousseau는 폴란드의 '리베룸 비토liberum veto'("자유거부권"이라는 의미의 라틴어)를 한 법률 분석가의 말을 빌려 "한 개인에 의한 소수의 독재"라고 불렀다.[30] 반면 리베룸 비토를 옹호하는 이들은 이를 "자유의 특권"으로 정의했다. 그러나 폴란드 정치는 리베룸 비토로 멈춰서고 말았다. 1720~1764년 동안 폴란드 의회는 회기의 절반 가까이 개인적인 거부권이나 필리버스터로 인해 아무런 의사결정을 내리지 못한 채 중단되었다.[31] 이로 인해 정부 사업을 추진하거나 국방 예산을 마련하지 못한 폴란드는 결국 이웃 나라인 러시아와 프러시아, 오스트리아의 침략에 희생되었다. 이들 군대는 폴란드 영토를 분할했고, 말 그대로 한 세기가 넘도록 폴란드를 지도에서 지워버렸다(미국 건국자들 역시 '리베룸 비토'의 부작용을 모르지 않았다. 특히 알렉산더 해밀턴은 폴란드를 "다수에게 부정적인 권한을 소수에게 부여했던 독"의 사례로 꼽았다).[32]

폴란드를 제외하고 '리베룸 비토'를 채택한 국가는 없었지만, 유럽 지역 국가들은 의회 토론을 막기 위한 규칙을 마련하지 못하면서 의회 내 소수가 다수를 계속해서 가로막을 수 있도록 허용했다. 필리버스터와 같은 제도가 유럽 지역에 널리 퍼지면서 1904년 독일의 법률 이론가 게오르크 옐리네크George Jellinek는 이렇게 말했다. "의회를 가로막는 방해는 여러 의회의 역사에서 '간주곡'의 단계를 넘어섰다. 이제 세계적인 현상으로 모습을 드러내면서 의회 통치의 미래 전반에 위협적인 의문을 제기하고 있다."[33]

서구 지역 초기 정치 체제는 대중 다수가 선거와 의회에 접근하지 못하도록 가로막음으로써 소수의 권리를 보장하는 단계를 넘어서 소수의 완전한 지배를 보장했다. 이처럼 왕과 귀족이 지배하는 세상에서 미국의 건국 헌법은 그 반다수결주의 특징에도 불구하고 비교적 민주적인 헌법으로 인정받았다.

그러나 오늘날 민주주의 국가로 인정받고 있는 많은 나라들은 20세기에 걸쳐 악명 높은 반다수결주의 제도를 폐지하고 다수에 힘을 실어주는 방향으로 나아갔다. 가장 먼저, 투표권 제한을 없애버렸다. 보편적인 남성 투표권은 1870년대 프랑스 제3공화국에서 가장 먼저 모습을 드러냈다. 그리고 뉴질랜드와 호주, 핀란드는 19세기 말과 20세기 초에 여성 투표권을 처음으로 도입했다. 1920년 무렵에 서유럽 지역과 호주 및 뉴질랜드에서는 실질적으로 모든 성인 남성과 여성이 투표할 수 있었다(이후 벨기에와 프랑스, 스위스도 여성에게 투표권을 부여했다).

간접선거도 사라졌다.[34] 19세기 말 프랑스와 네덜란드는 이전에 의회 구성원을 선출했던 강력한 지역 위원회를 없앴다.[35] 그리고 노르웨이와 프러시아, 스웨덴은 20세기 초에 똑같은 일을 했다. 프랑스는 1950년대 말 대선에서 선거인단 제도를 한 차례 실험했지만 곧바로 포기했다.[36] 선거인단 제도는 남미 지역에서도 조금씩 자취를 감췄다.[37] 콜롬비아는 1910년에 선거인단을 없앴고, 칠레는 1925년에, 그리고 파라과이는 1943년에 그 뒤를 이었다. 브라질은 군사통치 시절인 1964년에 선거인단 제도를 채택했지만, 1988년 대선부터 다시 직접선거를 부활시켰다. 남미 지역에서 대통령 선출을 위한 간접선거 방식을 마지막으로 유지했던 아르헨티나는 1994년에 선거인단을 폐지했다.

유럽 민주주의 국가들은 또한 유권자를 대표로 전환하는 방식을 뒷받침하는 규칙인 선거 제도를 개혁했다. 유럽 대륙 및 스칸디나비아 국가들은 20세기로 넘어가는 민주화 과정에서 최다 득표자를 선출하는 선거 제도를 폐지했다. 1899년 벨기에를 시작으로 1906년 핀란드, 1907년 스웨덴, 그리고 이후로 유럽 전역에 이르기까지 다양한 정치 스펙트럼에 걸친 정당들이 연합을 형성함으로써 중선거구제(한 선거구에서 여러 명의 의원을 선출하는 선거 제도)와 더불어 비례대표제를 성공적으로 추진해나갔다.[38] 이로써 의회에서 정당이 차지하는 의석 비중이 보통선거에서 표를 차지한 비중과 더 가까워졌다. 이러한 새로운 규칙하에서 가령 40퍼센트를 득표한 정당은 의석의 40퍼센트를 기대할 수 있었다.[39] 그리고 정치학자 아런트 레이파르트^{Arend Lijphart}가 보여줬듯이 선거에서 다수를 차지한 집단이 통치할 수 있도록 보장했다. 2차 세계대전 무렵에 유럽 대륙의 민주주의 국가들 대부분이 다양한 형태의 비례대표제를 실시했고, 오늘날에는 인구가 1백만 명 이상인 민주주의 국가들 중 80퍼센트가 그렇게 하고 있다.[40]

비민주적인 상원 제도는 20세기 첫 10년에 걸쳐 영국을 시작으로 제약을 받거나 사라졌다. 영국의 경우, 1906년에 압도적 승리를 거둔 자유당이 10년 넘게 통치한 보수당(혹은 토리당)을 대체하면서 거대한 정치적 지각변동이 일었다.[41] 자유당이 이끄는 새로운 정부는 새로운 사회 정책을 야심 차게 추진해나갔고, 여기에는 상속 재산 및 부동산에 대한 누진세법이 포함되었다. 의회에서 2 대 1 이상으로 수적 열세에 처한 보수당은 공황 상태에 빠졌다. 이러한 상황에서 보수주의 쪽으로 기운 세습 귀족들이 장악한 상원이 토리당을 구원하기 위해 나섰다. 선출되지 않은 상원이 정치에 직접 개입하면서 1909년 자유당의 가장 핵심적인 세법안에 거부권을 행사했다.

　상원은 관례적으로 일부 법안에 대해 거부권을 행사할 수 있었지만, 세법은 예외였다(1640년대에 과세를 둘러싼 싸움으로 내전이 발발했다).[42] 그럼에도 상원은 모든 관례를 깨트리면서 자유당의 야심 찬 예산 법안을 거부했다.

　상원 의원들은 상원이 "헌법의 감시견"이라고 주장하면서 그들의 이례적인 행보를 정당화했다.[43] 그 예산 법안을 작성하는 과정에서 주도적인 역할을 했던 자유당 재무장관 데이비드 로이드 조지David Lloyd George는 상원을 금권정치 조직이라고 일축하면서 "감시견이 아니라" 보수당 지도자의 "푸들"이라고 불렀다.[44] 로이드 조지는 런던 이스트엔드에 모인 성난 군중을 향해 상원 의석을 물려받은 귀족들을 "실업자 중에서 뜻하지 않게 선발된 5백 명의 평민들"이라고 신랄하게 조롱하면서 왜 그들에게 "수백만 명이 신중하게 내린 결정을 무효화하는" 권한을 줘야 하는지 물었다.[45]

　헌법 위기에 직면한 자유당은 '모든 법안'에 대해 영구적으로 거부권을 행사할 수 있는 권한을 상원에게서 빼앗을 의회법을 발의했다.[46] 이에 대해 보수당 인사들은 상원의 거부권을 박탈한다면 정치적 대재앙이 벌어질 것이라고 경고했다. 그러나 보수당이 두려워했던 것은 단지 세금만이 아니었다. 그들은 또한 가톨릭을 믿는 아일랜드에 더 많은 자율권을 허용하는 계획(그들은 이를 영국의 국가 정체성을 바라보는 전통적인 프로테스탄트 시각에 대한 중대한 모욕이라고 봤다)을 포함해서 자유당이 주도하는 다양한 안건들을 우려했다. 보수당 상원 의원 랜스돈Lansdowne 경은 의회법이 통과되면 다음과 같은 일이 벌어질 것이라고 주장했다.

> 무엇보다 소중한 제도에 돌이킬 수 없는 상처를 입힐 방안들이 등장할 것이다. 왕과 헌법, 연방과 교회, 우리의 정치적 자유, 다시 말해 이 나라에서 대단히 추앙받고 존경받는, 그리고 [이러한] 다수가 간섭할 수 없는 모든 제도가 위험에 처하고 말 것이다.[47]

이 법안은 결국 하원은 물론 상원까지 통과했다. 물론 그 과정은 쉽지 않았다. 왕의 지지를 얻은 자유당 정부가 만약 동의하지 않으면 새로운 자유당 인사 수백 명을 상원 의원으로 임명함으로써 상원을 완전히 집어삼킬 것이라고 위협하고 나서야 상원은 그 법안을 마지못해 받아들였다. 법안이 통과되면서 상원은 선출된 하원이 통과시킨 법안을 가로막을 수 있는 권한을 잃어버렸다(입법 과정을 지연시킬 수는 있었지만). 영국에서 가장 강력한 반다수결주의 제도가 실질적으로 힘을 잃은 것이다.[48] 그래도 정치적 대재앙은 일어나지 않았다. 대신에 영국은 개혁을 통해 20세기에 걸쳐 더욱 완전하고 포괄적인 민주주의를 구축하기 위한 토대를 마련했다.

당시 새롭게 떠오른 여러 민주주의 국가들 역시 2차 세계대전이 끝나고 귀족적인 형태의 상원을 모두 폐지했다.[49] 뉴질랜드는 1950년에 상원과 유사한 역할을 하는 입법위원회를 없앴다. 그리고 덴마크는 국민투표를 거쳐 1953년에 19세기 상원Landsting을 폐지했다. 스웨덴도 1970년에 그 흐름을 따랐다. 21세기 초에 전 세계 의회의 2/3가 일원화되었다. 하지만 상원 제도를 옹호하는 이들이 종종 경고했던 정치적 혼란과 마비 사태는 일어나지 않았다. 오히려 뉴질랜드와 덴마크, 스웨덴은 세계에서 가장 안정적이고 민주적인 3대 국가로 거듭났다.

역사적으로 비민주적인 상원을 민주화하는 또 다른 방법은 상원의 대표성을 강화하는 것이었다. 독일과 오스트리아가 바로 이 방식을 선택했다. 서독이 미국 주둔군의 감시하에 새 헌법을 작성하고 민주주의를 새롭게 건설했다는 점에서 2차 세계대전 이후 독일의 변화는 대단히 획기적이었다. 1948년 8월 독일 헌법학자들이 바이에른 남동부에 위치한 중세 아우구스티누스 수도원(헤렌킴제Herrenchiemsee)에 모여 민주주의 헌법을 작성하기 시작했다.[50] 이러한 헌법 설계자들이 맡은 한 가지 주요 임무는 전통적으로 대부분 임명된 공무원으로 구성되었던 독일의 19세기 상원Bundesrat을 개혁하는 일이었다.[51]

그 설계자들은 2주간 이어진 치열한 회의에서 상원 제도를 제외하고는 완벽에 가까운 헌법을 만들어냈다. 그들은 상원의 구성 방식에 대해 동의하지 못했다. 그다음 달에 정당 지도자들은 본에 있는 의사당 건물에 모여 향후 총리가 될 콘라트 아데나워Konrad Adenauer 의장을 중심으로 다양한 방안에 대해 논의했다.[52] 미 주둔군이 중요한 역할을 맡았음에도 독일 헌법 설계자들은 상원이 연방의 주들을 평등하게 대표하는 미국의 모형을 거부했다.[53] 대신에 그들은 주의 인구수를 기준으로 상원에서 대표를 선출하는 방식을 택했다. 이로써 독일은 연방 상원을 그대로 유지하면서 그 대표성을 더욱 강화했다. 오늘날 독일에서 작은 규모의 주들은 세 명의 대표를, 중간 규모의 주들은 네 명을, 그리고 큰 규모의 주들은 여섯 명의 대표를 상원으로 보낸다. 독일의 전후 헌법 설계자들은 바로 이러한 방식을 바탕으로 연방주의 원칙과 민주주의 원칙을 하나로 통합했다.

20세기 민주주의 국가 대부분은 다수의 의결만으로 의회 토론을 끝낼 수 있도록 함으로써 의회 '내부에서' 소수의 방해를 제한하는 방안을 마련했다. 이는 '토론 종결cloture'이라는 이름으로 알려졌다. 원래 "토론 종결"이라는 용어는 프랑스 제3공화국 시절 초기에 처음 사용되었다.[54] 1870년대에 아돌프 티에르Adolphe Thiers가 이끄는 임시 정부는 힘든 도전 과제에 직면했다. 당시 프랑스는 프러시아와의 전쟁에서 패했고, 또한 새로운 공화국 정부는 왼쪽에서는 혁명적인 파리 코뮌Paris Commune과, 그리고 오른쪽에서는 왕정 복귀를 주장하는 세력과 맞서 싸워야 했다. 새로운 정부는 그들이 실제로 법률을 제정할 수 있다는 사실을 보여줘야 했다. 그러나 당시 프랑스 의회는 마라톤 토론과 당면 과제를 제대로 처리하지 못하는 무능함으로 악명이 높았다. 그럼에도 의회는 티에르의 압박하에 토론 종결 방안을 마련했고, 이를 통해 그렇지 않았더라면 끝없이 이어졌을 토론을 중단하기 위한 표결 절차를 실행에 옮길 수 있었다.

영국도 비슷한 개혁을 단행했다. 1881년 자유당 총리 윌리엄 글래드스턴William Gladstone은 하원 다수만으로 토론을 종결하도록 허용함으로써 의회가 표결을 진행할 수 있도록 하는 "토론 종결 규칙"을 끝까지 밀어붙였다. 호주 의회는 1905년에 이와 유사한 토론 종결 규칙을 채택했다. 캐나다 의회는 야당 소수가 여러 가지 주요 법안을 놓고 필리버스터를 진행하고 있었는데, 그 법안 중 하나는 보수당 총리 로버트 보든Robert Borden이 1912년에 발의했던 것이었다.[55] 해군 세력을 확대하려는 독일에 맞서 캐나다 해군을 강화함으로써 대응하고자 했던 해군원조법안Naval Aid Bill을 놓고 야당인 자유당은 다섯 달에 걸쳐 필리버스터를 이어오고 있었다. 때로 토론이 자정 너머까지 이어지면서 총리는 육체적인 어려움을 겪었고, 결국 염증이 악화되면서 "목에 붕대를 감은 상태로" 발언해야 했다. 보든 총리가 "캐나다 의회 역사상 가장 치열하고 주목할 만한 순간"이라고 말했던 시간을 보낸 후, 캐나다 정부는 결국 1913년 4월에 토론 종결 규칙을 강행함으로써 의회 다수만

으로 토론을 끝낼 수 있게 되었다.[56]

필리버스터를 비롯한 여러 가지 압도적 다수 규칙을 철폐하려는 노력은 최근에도 계속해서 이어지고 있다. 핀란드 의회는 20세기의 상당 기간 동안 법안 연기 규칙을 유지했다.[57] 여기서 1/3 이상의 소수만으로 다음 선거 때까지 입법을 연기하기 위한 표결을 진행할 수 있었다. 그러나 핀란드는 이 규칙을 1992년에 폐지했다. 덴마크는 1/3의 의회 소수가 예산을 제외한 입법에 대해 국민투표를 요청할 수 있는 규칙을 여전히 유지하고 있으며, 성인 인구의 30퍼센트가 반대에 투표할 경우(투표율을 감안할 때 상당히 높은 기준)에 입법은 중단된다. 하지만 이 규칙은 1963년 이후로 한 번도 사용된 적이 없다.[58]

아이슬란드 의회인 알팅기Althingi는 시대에 뒤떨어진 필리버스터 제도를 오랫동안 유지했다. 알팅기 사무국장 헬기 베르노뒤손Helgi Bernódusson은 필리버스터가 "아이슬란드 정치 문화에 깊이 뿌리를 내렸다"고 지적했다.[59] 아이슬란드 언론은 매년 가장 긴 연설을 한 의원에게 '알팅기 연설왕Speech King of the Althingi'이라는 칭호를 수여했다. 그리고 그 칭호를 받는 의원은 이를 "명예로 여겼다".[60] 21세기 초 필리버스터를 제한하려는 아이슬란드의 시도는 거센 저항에 직면했다. 그것은 의원들의 "발언의 자유"를 침해한다는 인식 때문이었다.[61] 2016년에 베르노뒤손은 이렇게 말했다. "알팅기에서 필리버스터를 제한할 수 있는 기회는 현재로서는 보이지 않는다. 의장의 손은 규칙에 매여 있고, 의원들은 나름의 방법을 알고 있다. 알팅기는 필리버스터의 틀에 갇혀 있다."[62] 하지만 3년 후 유럽연합 에너지 법안을 둘러싸고 기록적인 150시간 필리버스터가 이어진 이후, 아이슬란드 의회는 발언과 반박을 제한하는 새로운 규칙을 통해 필리버스터에 대처하고 있다.[63]

이러한 개혁의 패턴이 확산되는 가운데, 많은 민주주의 국가가 20세기에 반다수결주의 방향으로 나아가는 영역이 존재했다. 그것은 바로 사법심사였다. 2차 세계대전 이전에 사법심사는 미국을 비롯한 몇몇 나라에만 존재했다. 그러나 1945년 이후로 민주주의 국가들 대부분이 비슷한 형태의 사법심사 제도를 받아들였다. 오스트리아와 독일, 이탈리아, 포르투갈, 스페인과 같은 나라들은 헌법의 "수호자"로서 헌법재판소를 새롭게 설립했다. 반면 브라질과 덴마크, 인도, 이스라엘, 일본과 같은 나라는 기존의 대법원이 이러한 수호자 역할을 맡도록 했다. 민주주의가 자리 잡은 31개국을 대상으로 한 최근 연구는 이들 중 26개국이 특정한 형태의 사법심사 제도를 유지하고 있다는 사실을 확인했다.[64]

사법심사가 세대 간 반다수결주의의 원천이 될 수 있다는 점을 떠올려보자. 미국 이외의 많은 민주주의 국가는 대법원 판사의 종신제를 폐지하고 임기 제한이나 정년을 의무화하는 방식으로 이 문제를 어느 정도 해결했다. 가령 캐나다는 1927년에 대법원 판사의 정년을 75세로 정했다.[65] 그 결정은 두 나이 많은 판사가 은퇴를 거부하는 상황에서 이뤄졌다. 한 판사는 자신이 받게 될 연금에 대해 이의를 제기하면서 법원 심의에서 태업을 벌였다. 그리고 다른 판사에 대해 매켄지 킹Mackenzie King 캐나다 총리는 자신의 일기장에 "노망난"이라는 표현으로 그를 설명했다.

마찬가지로 호주는 에드워드 맥티어난Edward McTiernan 판사가 46년간의 재임을 마치고 불명예 퇴직을 하고 난 1977년에 고등법원 판사에 대한 70세 정년 제도를 마련했다.[66] 1930년에 판사 생활을 시작한 맥티어난이 1970년대 80대가 되었을 때, 그의 목소리는 "변호인이 알아듣기 힘들" 정도였다고 한다. 1976년, 맥티어난은 멜버른에 있는 윈저 호텔에 머무르던 중 신문지를 둘둘 말아 귀뚜라미를 잡다가 엉덩이에 부상을 입었다. 그 법원의 수석재판관은 명백하게도 그의 퇴직을 종용하는 차원에서 고등법원 건물에 휠체어용 경사로를 만들어달라는 요구를 비용 문제를 거론하며 거부했다.[67] 결국 맥티어난은 은퇴했고, 의회가 정년 규정에 관한 사안을 제기했을 때 이견은 "실제로 전혀 없었다".[68] 의원들은 정년 규정이 "국민에게 더욱 가깝고", 그리고 "보다 현대적인 가치관"을 지닌 판사를 임용함으로써 "법원의 현대화"에 도움이 될 것이라고 주장했다.[69]

1945년 이후로 사법심사 제도를 도입한 민주주의 국가들 모두 고등법원 판사에 대한 정년 및 임기 제한을 실행하고 있으며, 이를 통해 오랫동안 재임한 판사들이 미래 세대를 구속하는 문제를 완화하고 있다.

결론적으로 20세기에는 현대 민주주의 시대, 즉 민주주의 이전에 왕과 귀족이 설계한, 대중 다수에 대한 많은 제도적 족쇄를 해체하는 시대가 열렸다. 전 세계 민주주의 국가들은 악명 높은 반다수결주의 제도를 폐지하거나 약화시켰다. 이러한 제도를 옹호하는 보수주의자들은 사회적 불안정과 혼란, 혹은 독재가 등장하게 될 것이라고 경고했다. 하지만 2차 세계대전 이후로 그런 일은 거의 일어나지 않았다. 오히려 캐나다와 덴마크, 핀란드, 프랑스, 독일, 뉴질랜드, 노르웨이, 스웨덴, 영국과 같은 국가는 20세기가 막을 내릴 무렵에 20세기가 시작될 때보다 더 안정적이고 민주적인 사회가 되었다. 반다수결주의를 해체하려는 노력은 현대적인 민주주의 등장에 힘을 실어줬다.

종신제, 간접선거, 불균형한 의석

미국 역시 이러한 흐름에서 예외는 아니었다. 미국도 20세기에 다수의 지배를 향한 중요한 발걸음을 내디뎠다. (1920년에 비준된) 수정헌법 제19조는 투표권을 여성에게까지 확대했고, 1924년 스나이더법Snyder Act은 시민권과 투표권을 아메리카 원주민에게로 확대했다. 그러나 미국이 보편적인 투표권을 위한 최소한의 기준을 충족시킨 것은 1965년 투표권법이 등장한 이후였다.

또한 미국은 (부분적으로) 상원을 민주화했다. "아메리칸 하우스 오브 로즈American House of Lords"라는 다소 도발적인 이름으로 불린 미국 상원은 1913년 이전에 간접선거 방식으로 선출되었다.[70] 미국 헌법은 상원을 선출할 수 있는 권한을 유권자가 아니라 주 의회에 부여했다. 이러한 점에서 상원 선출을 위한 직접적인 보통선거를 의무화한 1913년 수정헌법 제17조의 비준은 민주화를 향한 중요한 이정표였다.

1960년대에 미국이 "부패선거구"를 없애면서 의회 선거는 더욱 공정해졌다. 이전에 미국 전역에 걸쳐 시골 지역 선거구의 인구는 도시와 교외 지역 선거구에 비해 훨씬 적었다. 예를 들어 인구가 1만 5천 명 남짓한 앨라배마주 로운데즈 카운티Lowndes County는 60만 명이 넘는 주민이 사는 제퍼슨 카운티Jefferson County와 동등한 수의 주 상원 의원을 선출했다.[71] 이러한 패턴은 미국 전역에 걸쳐 나타났다. 그 결과, 의회 내에서 시골 지역의 과잉대표 현상이 광범위하게 모습을 드러냈다.[72] 1960년에 시골 지역 카운티들은 미국 인구의 23퍼센트에 불과했지만 주 의회 의석에서 52퍼센트를 차지했다.[73] 반면 도시와 교외 지역 카운티들은 미국 인구의 2/3를 차지했음에도 주 의회 의석에서 1/3만을 차지했다. 이렇게 시골 지역의 소수가 연방 의회와 주 의회 모두에서 오랫동안 다수를 지배했다.[74] 1956년에 버지니아주 의회가 1954년 '브라운 대

교육위원회Brown v. Board of Education' 판결 이후로 공립학교를 통합하지 않고 폐쇄하는 쪽으로 의결했을 때, 폐쇄에 찬성한 21명의 주 상원 의원이 대표한 인구는 통합에 찬성한 17명의 상원 의원이 대표한 인구보다 더 적었다.[75] 이러한 시골 지역 편향으로 많은 주에서 당파적 균형이 무너졌고, 선거에서 소수를 대표한 정당이 주 의회를 장악할 수 있었다.[76]

1962~1964년에 걸쳐 나온 일련의 대법원 판결은 연방 의회와 주 의회가 선거 다수를 대표할 수 있도록 보장했다. 이들 판결은 "1인 1표" 원칙을 확립하면서 미국의 모든 의회 선거구가 인구 기준으로 평등해야 한다고 요구했다. 정치학자 스티븐 안솔라베헤레Stephen Ansolabehere와 제임스 스나이더James Snyder는 이러한 판결들의 결과가 "즉각적이고, 완전하고, 놀라웠다"고 말했다.[77] 인위적으로 만들어진 시골 지역의 다수가 거의 하룻밤 새 17개 주에서 종적을 감췄다.[78] 이러한 투표 권력의 평등화는 연방 하원과 주 하원에서 다수의 지배를 보장하기 위한 중요한 이정표였다.

헌법 개혁의 마지막 시도는 1960년대와 1970년대 초에 있었다. (1961년에 비준된) 수정헌법 제23조는 워싱턴 D.C. 주민에게 대선 투표권을 부여했고, 수정헌법 제24조(1964)는 인두세를 최종적으로 폐지했으며, 수정헌법 제26조(1971)는 투표 연령을 21세에서 18세로 낮췄다.

미국은 이러한 20세기 개혁을 통해 훨씬 더 민주적인 사회로 진화했지만, 다른 민주주의 국가들만큼은 아니었다. 선거인단 제도를 보자. 전 세계 모든 대통령제 민주주의 국가들이 20세기에 걸쳐 간접선거를 폐지했던 반면, 미국의 선거인단 제도는 그대로 남았다. 선거인단 제도를 개혁하거나 폐지하려는 시도가 수백 번 있었지만 모두 실패로 돌아갔다.[79]

또한 미국은 소수가 주 의회를 장악하도록 허용하고 있음에도 최다득표자를 선출하는 선거 제도를 그대로 유지하고 있다. 미국은 캐나다 및 영국과 함께 20세기에 걸쳐 비례적인 선거 규칙을 채택하지 않은 부유한 민주주의 국가로 남았다.

또한 심각하게 불균형한 상원 제도 역시 그대로 남았다. 하원에서 "1인 1표" 원칙을 확립했던 1962~1964년의 대법원 판결들은 상원에는 적용되지 못했다. 그 결과, 주 차원의 "부패선거구"는 미국에 지금도 남아 있다.

게다가 미국은 상원 '안에' 소수 거부권을 그대로 유지하고 있다. 프랑스와 영국, 캐나다 의회가 아주 비슷한 형태로 토론 종결 규칙을 채택한 것과는 달리, 그러한 규칙이 없는 미국 상원에서는 의사 방해 시도가 19세기 말부터 뚜렷하게 증가했다. 캐나다의 경우와 마찬가지로, 미국에서 필리버스터 문제는 1차 세계대전까지 독일 해군의 위협에 직면해서 위기감을 더욱 고조시켰다.[80] 그러나 캐나다는 프랑스 및 영국과 마찬가지로 50퍼센트 다수결로 토론을 종결시킬 수 있는 규칙을 채택했다. 반면 미국 상원은 거의 넘을 수 없는 압도적 다수인 67표의 토론 종결 규칙을 선택했다. 그 기준이 1975년에 2/3에서 3/5으로 수정되기는 했지만, 여전히 명백한 반다수결주의 제도로 남았다. 결국 미국은 "60표 상원"과 함께 21세기로 진입했다.[81]

마지막으로, 미국은 다른 모든 민주주의 국가와는 달리 대법원 판사에 대한 임기 제한이나 의무 정년 제도를 도입하지 않았다. 오늘날 미국 대법원 판사들은 실질적으로 종신제를 누리고 있다. 그러나 주 차원으로 가면 이야기는 완전히 달라진다. 미국의 50개 주 중에서 46개 주는 19세기, 혹은 20세기에 걸쳐 주 대법원 판사에 대한 임기 제한을 두고 있었다. 다른 3개 주는 의무 정년 제를 채택했다. 대법원 판사에 대한 종신제를 유지했던 곳은 로드아일랜드주뿐이었다. 미국은 전 세계 민주주의 국가들 사이에서 로드아일랜드처럼 홀로 서 있다.

선거인단 제도 폐지는 왜 실패했는가

한때 민주주의 개척자이자 다른 나라의 모범이었던 미국은 이제 민주주의 세상에서 느림보가 되었다. 다른 민주주의 국가들이 민주주의 이전에 만들어진 제도를 허물어뜨리는 동안에 미국은 그 제도를 그대로 유지했고, 이로 인해 미국은 21세기가 펼쳐지

는 가운데 여전히 반다수결주의 민주주의 사회로 남았다. 다음을
생각해보자.

- 미국은 전 세계에서 유일하게 유권자가 아닌 선거인단이 대통
  령을 간접적인 방식으로 선출하는 대통령제 민주주의 국가다.
  "선거 다수의 의지에 반해서" 대통령을 선출할 수 있는 나라는
  미국뿐이다.[82]

- 미국은 강력한 상원을 기반으로 양원제를 유지하는 소수의 민
  주주의 국가 중 하나다. 그리고 강력한 상원이 "불평등한 주들
  을 평등하게 대표하는" 심각하게 불균형한 훨씬 더 소수의 민
  주주의 국가 중 하나다[83](미국보다 상황이 더 심각한 곳은 아르헨티나
  와 브라질뿐이다). 가장 중요한 것은, 미국은 강력하고 불균형적인
  상원과 '동시에' 소수의 거부권(필리버스터)을 모두 유지하는 세
  계에서 유일한 민주주의 국가라는 것이다.[84] 다른 어느 나라에
  서도 의회 소수가 의회 다수를 반복적으로, 영구적으로 가로막
  지 못한다.

- 미국은 캐나다와 인도, 자메이카, 영국과 함께 최다득표자를 선
  출하는 민주주의 국가 중 하나다. 최다득표자 선출제는 가장 많
  은 표를 얻은 정당이 의회에서 다수를 차지하도록 하지만, 때로
  더 적은 표를 얻은 정당이 의회 다수를 차지하게도 한다.

- 미국은 대법원 판사의 종신제를 유지하는 세계에서 유일한 민

주주의 국가다. 다른 민주주의 국가들 모두 임기 제한이나 의무 정년제, 혹은 두 제도를 동시에 유지하고 있다.

• 민주주의 국가의 헌법 중 미국 헌법은 가장 수정이 힘들다.[85] 그 이유는 양원의 압도적 다수에다가 3/4에 달하는 주들의 비준을 요구하기 때문이다.

미국은 예외적인 국가다. 이제 다른 어떤 민주주의 국가보다 소수의 지배에 더 취약한 상태로 남아 있다. 그렇다면 다른 민주주의 국가들은 어떻게 미국을 앞질러나갈 수 있었을까? 노르웨이와 같은 나라는 어떻게 19세기 초 군주제에서 오늘날 모든 기준에서 미국보다 '더' 민주적인 시스템으로 진화할 수 있었던 걸까?

한 가지 분명한 대답은 노르웨이의 헌법 수정이 훨씬 더 쉽기 때문이다. 노르웨이에서 헌법을 수정하기 위해서는 두 번의 연속적인 선출 의회에서 2/3에 해당하는 압도적 과반의 찬성이 필요하다. 하지만 미국처럼 예외적으로 까다로운 주 차원의 비준 요건은 없다. 정치학자 톰 긴스버그[Tom Ginsburg]와 제임스 멜튼[James Melton]에 따르면, 노르웨이는 상대적으로 유연한 헌법 덕분에 "공식적인 문헌을 현대적인 형태로 업데이트"할 수 있다.[86]

미국은 그리 운이 좋지 않았다. 앞서 언급했듯이 미국 헌법은 민주주의 세상에서 가장 수정이 힘든 헌법이다.[87] 도널드 러츠[Donald Lutz]가 헌법 수정 절차에 관한 비교 연구를 통해 31개 민주주의 국가들을 살펴봤을 때, 미국은 난이도 지수Index of Difficulty에서 최고점을 차지하면서 다음으로 높은 점수를 기록한 국가(호주와 스위스)를 큰 폭으로 따돌렸다.[88] 미국에서 헌법을 수정하기 위해서는 상원과 하원 모두에서 2/3의 승인을 받아야 할 뿐 아니라, 3/4에 달하는 주들의 비준도 받아야 한다. 이러한 이유로 미국은 세계적으로 대단히 낮은 수준의 헌법 수정률을 보인다.[89] 미국 상원의 발표에 따르면, 헌법을 수정하기 위한 시도가 11,848번 있었다. 그러나 성공을 거둔 사례는 27번에 불과하다.[90] 재건 시대 이후로 미국 헌법이 수정된 것은 20번에 불과하며, 가장 최근 사례는 30년도 더 된 1992년이었다.

이러한 문제는 중대한 결과로 이어졌다. 선거인단의 운명을 살펴보자. 다시 한번, 미국은 선거인단 제도를 유지하는 유일한 민주주의 국가다. 선거인단 제도를 규정하는 헌법 조항은 가장 빈번한 개혁 시도의 대상이 되었다. 한 추산에 따르면, 지난 225년에 걸쳐 선거인단 제도를 폐지하거나 개혁하기 위한 시도는 700회를 넘었다.[91] 20세기 중 이를 위한 본격적인 시도는 1960년대와 1970년대에 있었다. 당시 미국에서는 세 번의 "아슬아슬한" 대선(1960년과 1968년. 1976년)이 있었고, 여기서 보통선거의 승자가 선거인단 투표에서 아주 근소한 차이로 패했다. 1960년 선거가 끝나고 테네시주 상원 의원이자 상원 법사위원회 산하 헌법 수정 소위원회 의장인 에스테스 케포버Estes Kefauver는 선거인단 제도의 폐지를 주장하면서, 끈질기게 살아남은 그 제도를 "러시안룰 렛 게임"에 비유했다.[92] 케포버가 1963년에 세상을 뜨자 인디애 나주 상원 의원 버치 베이^Birch Bayh^가 헌법 수정 소위원회 의장 자 리를 물려받았다. 상원 법사위원회 의장 제임스 이스트랜드^James Eastland^는 거의 활동이 없는 소위원회를 해체하려고 했지만, 베이 가 자신의 사무실 예산으로 소위원회를 지원하겠다고 그를 설득 함으로써 그대로 유지되었다. 그러나 그런 베이조차 이렇게 인정 했다. "(그 위원회는) 무덤이었습니다. 세상에! 헌법을 몇 번이나 수 정할까요?"[93]

그래도 베이는 케네디 대통령 암살 후 수정헌법 제25조를 통 과시키는 과정에서 주도적인 역할을 했다. 제25조는 대통령이 임 기 중 서거하거나 직무 수행이 불가능한 경우에 따라야 할 원칙 을 규정했다. 처음에 베이는 선거인단 개혁에 부정적이었지만 1960년대에 민주화 물결이 미국 전역을 휩쓸면서 기존 입장을 재 검토했고, 1966년에 선거인단을 직접선거로 대체하는 헌법 수정 안을 내놨다.[94]

미국인들은 많은 관심을 보였다. 1966년 갤럽 여론조사 결과 는 미국인 63퍼센트가 선거인단 제도 폐지에 찬성한다는 사실을 보여줬다.[95] 그리고 상공회의소는 그해 위원들을 대상으로 한 설 문조사를 통해서 9 대 1로 개혁에 찬성한다는 사실을 확인했다.[96] 1967년에는 권위 있는 미국 변호사협회^American Bar Association^가 선거인단을 "낡고, 비민주적이고, 복잡하고, 애매모호하고, 간접적이고, 위험한" 제도라고 부르면서 개혁을 지지했다.[97]

베이의 개혁안은 1968년 선거에서 동력을 얻었다.[98] 당시 조지 월리스George Wallace의 강력한 제3당이 놀라운 성과를 올리면서 선거 결과는 거의 하원의 손에 달렸다. 일리노이주와 미주리주에서 7만 8천 표만 넘어가게 되면 닉슨은 선거인단 다수를 차지할 수 없게 되고, 그럴 경우 선거 결과는 민주당이 다수를 차지한 하원의 판단으로 넘어가게 될 것이었다. 그때 민주당이 다수를 차지하고 있던, 그리고 그런 결과를 두려워했던 양당의 지도자들은 베이가 내놓은 제안을 중심으로 집결하기 시작했다.

1969년에 선거인단 폐지를 향한 흐름은 "멈출 수 없을 것으로 보였다".[99] 새롭게 선출된 리처드 닉슨 대통령도 그 흐름에 동조했다.[100] 민주당의 상원 다수당 대표 마이크 맨스필드Mike Mansfield와 공화당의 소수당 대표 에버릿 덕슨Everett Dirksen, 하원 소수당 대표 제럴드 포드Gerald Ford를 비롯하여 월터 몬데일Walter Mondale, 하워드 베이커Howard Baker, 조지 H. W. 부시George H. W. Bush와 같은 주요 정치인들 역시 뜻을 같이했다. 나아가 재계(상공회의소), '그리고' 노동계(미국 노동총연맹AFL-CIO), 미국 변호사협회, 여성유권자연맹League of Women Voters 역시 개혁안에 지지를 보냈다. 공화당 의원 윌리엄 맥컬록은 이렇게 말했다.

죽음과 세금, 그리고 선거인단 개혁을 고대하는 것은 미국인의 삶의 방식이 되어버렸다. 그래도 지금 이 땅에 새로운 희망이 살아 숨 쉬고 있다. 아마도 선거인단 개혁의 시점이 마침내 도래한 것이리라.[101]

1969년 9월에 하원은 선거인단 제도를 폐지하기 위한 법안을 338 대 70으로 통과시켰다. 이는 헌법 수정에 필요한 2/3 찬성 요건을 훌쩍 넘어선 것이었다. 그 법안이 상원으로 넘어갈 무렵, 갤럽 설문조사 결과는 미국인 81퍼센트가 개혁안을 지지한다는 사실을 보여줬다.[102] 주 의회 의원을 대상으로 한 〈뉴욕타임스〉 설문조사 결과는 30개 주 의회가 이미 수정안을 통과시킬 준비를 하고 있으며, 여섯 개 주는 아직 미결 상태이며, 또 다른 여섯 개 주는 살짝 반대하는 쪽으로 돌아섰다는 사실을 보여줬다[103](수정헌법 비준에는 38개 주의 찬성이 필요했다). 선거인단 제도의 폐지는 충분히 가능한 과제로 보였다.

그러나 과거의 많은 시도에서 그랬듯이 개혁안은 상원에서 죽음을 맞이했다.[104] 그리고 이전의 많은 개혁안과 마찬가지로 반대는 남부에서 왔다. 앨라배마주 상원 의원 제임스 앨런James Allen은 이렇게 말했다. "선거인단 제도는 남부에 얼마 남지 않은 정치적 안전망 중 하나입니다. 지켜냅시다."[105] 인종차별 정책을 오랫동안 지지해온 상원 의원 스트롬 서먼드는 그 법안에 대한 필리버스터를 진행하기로 약속했고, 상원 법사위원회 의장이자 또한 명의 인종차별주의자 제임스 이스트랜드는 "사법위원회에서 느리게 처리하는 방식으로" 일 년 가까이 연기했다.[106] 1970년 9월 17일 마침내 토론 종결 투표가 열렸을 때, 54명의 상원 의원이 토론 종결에 찬성했다.[107] 이는 확실한 다수였지만, 필리버스터를 끝내는 데 필요한 2/3에는 미치지 못했다. 그리고 12일 후 두 번째 토론 종결 투표가 다시 열렸을 때, 53명 상원 의원이 찬성했다.[108] 그렇게 개혁안은 표결에 이르지도 못한 채 생을 마감하고 말았다.

그럼에도 베이는 포기하지 않았다. 그는 1971년과 1973년, 1975년, 1977년에도 선거인단 개혁안을 다시 발의했다.[109] 또 한 번의 "아슬아슬한" 선거 이후로 1977년 개혁안은 동력을 얻었다.[110] 당시 지미 카터 대통령은 개혁안을 지지했고, 갤럽 여론조사는 미국인 75퍼센트가 찬성한다는 사실을 보여줬다. 그러나 그 법안은 상원에서 필리버스터가 지속되면서 계속해서 연기되었다. 1979년에 토론 종결 투표가 마침내 열렸을 때, 찬성은 51표에 불과했다.[111] 나중에 〈뉴욕타임스〉는 선거인단 개혁안을 지지하는 사람들이 "보통선거에서 소수의 지지로 대통령에 당선되거나, 국정이 불안정해지면서 그런 결과가 임박할 때까지 그 안건을 되살릴 가능성은 거의 없다는 사실을 개인적으로 인정했다"고 보도했다.[112] 그러나 소수의 지지를 얻은 후보가 21세기에는 대통령이 되었음에도 선거인단은 지금도 그대로 남아 있다.

또 한 번의 진지했던, 그러나 다시 실패로 끝난 헌법 개혁 시도는 1970년대에 있었다.[113] 그것은 남녀평등 헌법 수정안Equal Rights Amendment, ERA으로 최근 노르웨이에서 있었던 개혁과 마찬가지로 여성의 평등한 권리를 보장하려는 시도였다. ERA는 1923년 처음으로 국민여성당National Woman's Party이 의회에 발의했던 법안이었다.[114] 이후로 이 법안은 매년 의회에 발의되었지만, 수십 년 동안 하원 법사위원회 문턱을 넘지 못했다. ERA는 1960년대에 한 차례 동력을 얻었고, 1970년에 마사 그리피스Martha Griffiths 하원 의원이 법사위원회를 압박해서 표결로 밀어붙였다. 1971년 10월에 하원은 ERA를 354 대 23으로 통과시켰다.[115] 그리고 상원은 1972년 3월에 84 대 8로 통과시켰다. 하와이는 상원을 통과한 그날에 ERA를 비준했고, 델라웨어와 네브래스카, 뉴햄프셔, 아이다호, 아이오와주는 이후 이틀에 걸쳐 비준 절차를 마쳤다.[116] 1973년 초에는 비준 요건을 충족시키기 위해 필요한 38개 주 중 30개 주가 ERA 비준을 마쳤다.

상황은 비준에 유리하게 흘러갔다. 닉슨과 포드, 카터 대통령 모두 ERA를 지지했고, 민주당과 공화당 모두 1972년과 1976년에 찬성의 뜻을 밝혔다.[117] 여론 또한 분명하게 비준의 편을 들었다. 1974년 갤럽 여론조사에서는 74퍼센트가 ERA를 지지했고, 1970년대에 걸쳐 실시한 설문조사들에서는 전반적으로 2 대 1로

비준에 대한 찬성의 뜻을 드러냈다.[118]

그러나 흐름은 이어지지 못했다. 1973년 이후로 5개 주가 추가로 ERA를 비준함으로써 1977년 기준으로 총 35개 주가 비준을 마쳤다. 미국 전체 비준까지 3개 주만 남은 상태였다. 그런데 하원이 비준 마감 시한을 1982년으로 연장했음에도 추가 비준은 나오지 않았다. 비준을 하지 않은 주들 15개 중 10개 주는 남부에 있었다. 이후 40년이 흘러 실시한 여론조사는 미국인 네 명 중 세 명 가까이 ERA에 찬성한다는 사실을 보여줬다.[119] 그러나 비준 가능성은 지금도 희박한 상태로 남아 있다.

지나치게 반다수결적인 미국 헌법은 단지 역사적 호기심의 대상만은 아니다. 미국 헌법은 전제적인 당파적 소수를 보호하고 그들에게 힘을 실어줌으로써 국가의 민주주의를 위험에 빠트리고 있다. 그럼에도 미국 헌법은 개혁하기가 거의 불가능한 상태다. 미국은 이제 그 제도 안에 갇혀버린 듯 보인다. 탈출구는 있는 것일까?

8장

민주주의를
민주화하다

미국의 정치 생활을 연구하는 영국의 논평가 제임스 브라이스James Bryce는 19세기 말에 미국을 여행하면서 훗날 많은 영향력을 발휘한 자신의 두 권짜리 책,《아메리카 연방The American Common-wealth》을 쓰기 위해 조사를 했다. 브라이스는 미국에서 어디를 가든 미국인들이 상당한 자부심을 드러내며 자신에게 이런 질문을 던졌다고 했다. "우리나라의 제도에 대해서 어떻게 생각하세요?" 나중에 주미 영국대사로 부임하게 되는 옥스퍼드 역사가로서 브라이스는 이 질문에 이렇게 답했다.

이곳 주민과 이방인들은 미국의 제도가 널리 알려진 구세계 국가들보다 일반적으로 더 많은 관심을 받고 있다는 사실을 인정한다.

미국의 제도는 (…) 새로운 유형의 제도다…. 그것은 전례 없는 방
대한 규모로 이뤄진, 대중의 지배에 대한 실험을 의미한다. 그리
고 모두가 그 결과에 주목하고 있다.[1]

오늘날 미국은 마찬가지로 야심 찬 또 다른 실험을 추진하고
있다. 그것은 거대한 다인종 민주주의 사회를 건설하는 일이다.
그리고 다시 한번 세상이 지켜보고 있다.

미국에서 다인종 민주주의 사회를 건설하려는 이전 시도들은
모두 실패로 돌아갔다. 하지만 지금의 실험은 예전과는 달리 미
국인 대부분의 지지를 얻고 있다. 21세기로 접어들면서 확실히
다수가 다양성과 인종적 평등 원칙을 받아들이고 있다.

그러나 다수만으로 미국의 민주주의를 구원하기에는 충분하
지 않다. 그 이유는 다수가 실제로 미국 사회를 지배하지 못하고
있기 때문이다. 포용적인 정치를 향한 시도는 전제적인 소수 집
단의 극렬한 반발을 불러일으켰고, 미국의 제도는 소수의 힘을
강화해왔다. 트럼프 행정부가 초래한 심각한 헌법 위기는 이제
끝났지만, 우리는 그 4년을 예외로 치부하기보다 경고로 받아들
여야 한다. 그 이유는 트럼프 행정부가 등장하도록 허용했던 기
반, 다시 말해 민주주의 이전에 만들어진 헌법이 힘을 실어준 급
진적인 정당이 그대로 남아 있기 때문이다.

미국은 이제 기로에 들어섰다. 미국은 다인종 민주주의 사회로

나아가거나, 아니면 아예 민주주의가 아닌 사회로 빠져들게 될
것이다.

민주주의를 지키기 위한 전략

미래로 나아가는 길이 열려 있다. 미국의 역사는 물론 다른 국
가들의 경험은 우리에게 지침을 준다. 오늘날 미국인들은 내부에
서 민주주의를 공격한 정치적 움직임에 직면한 첫 세대는 아니
다. 과거 민주주의 국가들 역시 여러 다양한 형태로 그러한 위협
에 직면했다.

1930년대 유럽의 암흑기에서 비롯된 한 가지 전략은 민주주의
를 지향하는 모든 세력을 포괄적인 연합 속으로 몰아넣음으로써
반민주적인 극단주의자들을 고립시키고 물리치는 것이다. 두 번
의 세계대전을 겪는 동안에 파시즘이라는 세계적인 망령이 등장
하면서 유럽의 많은 새로운 민주주의 국가는 위기에 직면했다.
몇몇 국가에서 주류 정치인들이 분명한 이념적 차이를 제쳐두고
광범위한 좌-우 연합을 형성해서 민주주의를 수호하는 방식으
로 대응했다. 전례 없는 협력을 요구하는 외침이 울려 퍼지면서
경쟁 정당의 지도자들은 각자의 정책 목표를 잠시 내려놓고 선거
기간은 물론 통치 기간에 민주주의를 위한 공동 전선을 형성해야

한다는 사실을 깨달았다. 핀란드에서는 1930년대 초에 좌파 사회 민주당이 파시스트의 라푸아 운동Lapua Movement에 직면해서 중도 및 중도 우파 정당들과 손잡고 광범위한 형태의 합법전선Legality Front을 형성했다.[2] 벨기에의 경우, 중도좌파 노동당이 파시스트 렉스당Rexist Party를 물리치기 위해 보수주의 가톨릭당, 그리고 중도파 자유당과 손잡고 중도우파 연합 정부를 이뤘다.[3] 두 사례에서 친민주주의 정당들은 연합전선을 기반으로 극단주의 세력이 권력을 잡지 못하도록 성공적으로 막아냈다(1940년 나치가 벨기에를 침공하기 전까지).

일부 미국 정치인들도 트럼프 임기 동안에 이러한 봉쇄containment 전략을 사용했다. 법치를 위한 공화당Republicans for the Rule of Law, 트럼프에 반대하는 공화당 유권자Republican Voters Against Trump, 링컨 프로젝트Lincoln Project와 같은 "네버 트럼프Never Trump" 조직을 만든 오랜 보수주의자들은 트럼프가 이끄는 공화당을 선거에서 물리치기 위해서 그들이 시종일관 반대했던 민주당과 손을 잡았다. 마찬가지로 두 보수주의 공화당 하원 의원인 리즈 체니와 애덤 킨징거Adam Kinzinger는 각자의 정치 생명을 걸고 미국 국회의사당 1월 6일 폭동 수사를 위한 하원 특별위원회를 통해 민주당과 긴밀히 협력했다. 이러한 모습은 봉쇄 전략이 어떻게 돌아가야 하는지 잘 보여준다.

미국의 주 의회들 또한 봉쇄 전략을 활용했다. 2022년 중간선거가 끝나고 오하이오와 펜실베이니아주에서 민주당은 극단주의 공화당 인사가 주 의회 의장직을 차지하지 못하도록 하기 위해 온건한 공화당 인사들과 손을 잡았다. 펜실베이니아주에서는 민주당과 공화당 연합이 온건한 민주당 인사를 선출했고,[4] 오하이오주에서는 주류 공화당 인사를 선출함으로써 선거 결과를 부정하는 이들이 권력을 잡지 못하도록 막았다.[5]

이러한 형태의 정당 간 연합, 그리고 양당 협력을 통해 후보자를 공천하는 방식은 공화당이 극단주의 행보를 멈추지 않는다면 2024년에도 중요한 역할을 하게 될 것이다.

하지만 봉쇄는 단기 전략에 불과하다. 민주주의 한가운데에는 경쟁이 있다. 그러므로 지나치게 장기적인 연합은 오히려 민주주의를 허물어뜨릴 수 있다. 진보 세력과 보수 세력은 민주주의를 지키기 위해 일시적으로 손잡을 수 있지만, 궁극적으로 유권자는 이들 사이에서 선택할 수 있어야 한다. 유럽의 경험에 따르면, "대연정"이 오랫동안 이어질 때 유권자들은 그들을 배타적이고 불법적인 공모 연합으로 바라보게 된다.[6] 또한 주류 정당 간의 연합이 지나치게 길어질 때, "기득권 세력"이 그들을 억압하고 있다는 포퓰리스트의 주장이 설득력을 얻게 된다.[7] 그러므로 봉쇄 전략을 통해 반민주 세력이 권력을 잡지 못하게 할 수는 있지만, 그렇다고 해서 그 세력을 반드시 약화시킬 수 있는 것은 아니다. 어쩌면 그들을 더 강화할 위험도 있다.

다음으로 전제주의자를 대적하는 두 번째 전략(전투적, 혹은 방어적 민주주의로 알려진) 역시 1930년대에 유럽이 트라우마를 겪는 과정에서 등장했다.[8] 이 전략의 핵심은 정부의 권한과 법률을 적극적으로 활용해서 반민주 세력을 '축출하고', '적극적으로 고발하는' 것이다. 이 전략은 2차 세계대전 직후에 서독이 처음 사용했다. 히틀러가 권력을 잡았던 경험을 한 독일의 전후 헌법 설계자들은 민주주의 정부가 내부의 전제적 위협에 직면해서 무력하게 서 있기를 원치 않았다.[9] 그래서 그들은 선동가, 혹은 "반헌법적인" 연설과 집단 및 정당을 '금지하고 제한할 수 있는' 헌법을 제정했다. 이러한 전략은 극단주의 좌파와 우파 정당을 수사하기 위해 드물게 사용되었지만(최근 사례는 2021년), "민주주의 질서"를 어지럽히는 집단을 수사하는 권한이 존재한다는 사실만으로 극단주의 세력을 억제하는 효과가 있는 것으로 드러났다. 이후 독일의 모형은 유럽의 많은 지역으로 확산되었다.[10]

전투적 민주주의는 얼핏 보기에 미국의 자유주의 전통과 어울리지 않는 듯하지만, 미국 헌법 또한 반민주적인 극단주의에 맞서기 위한 방안을 마련해놓고 있다.[11] 헌법학자들의 설명에 따르면, 수정헌법 제14조 3항(반란에 관여한 자가 유죄 평결을 받으면 출마 자격을 박탈할 수 있다는 내용의 규정 — 옮긴이)의 목적은 남북전쟁 이후 "선동가"들이 공직에 오르는 것을 막기 위한 것이다. 이러한 목적으로 이 조항을 사용한 경우는 거의 없지만(2023년 12월에 콜로라

도주 대법원은 수정헌법 제14조 3항에 따라 트럼프의 대선 후보 자격을 박탈하는 판결을 내린 바 있다 — 옮긴이), 그래도 제14조는 민주주의를 내부의 적으로부터 지키기 위한 강력한 수단을 제공한다. 미국은 2023년 이전에 전직 대통령을 기소한 적이 없었지만, 일본과 한국, 프랑스, 이스라엘, 이탈리아 등 많은 기존 민주주의 국가들은 그렇게 했고, 그럼에도 그들의 정치 시스템은 후퇴하지 않았다. 대통령이나 총리가 중범죄를 저지를 때, 민주주의는 그 누구도 법 위에 군림하지 않는다는 사실을 보여줘야 한다. 미국인들은 민주주의를 폭력적으로 공격하는 이들에게 법의 온전한 힘을 적용해야 한다는 주장에 강력하게 동의한다. 2021년 퓨 리서치 설문조사에 따르면, 미국인 87퍼센트가 2021년 1월 6일 국회의사당 폭도들을 기소하는 것이 중요한 사안이라고 생각했고, 69퍼센트는 "매우 중요한 사안"이라고 생각한 것으로 드러났다.[12]

그러나 봉쇄와 마찬가지로 이러한 배제exclusion 전략에도 뜻하지 않은 함정이 있다. 가장 중요한 문제는 쉽게 남용될 수 있다는 것이다. 실제로 미국의 역사에는 그러한 남용의 사례가 넘쳐난다. 1798년 이민 제한 및 선동 금지법Alien and Sedition Acts, 사회주의 지도자 유진 데브스Eugene Debs의 수감, 1919~1920년 팔머 습격Palmer Raids, 악명 높은 비미활동위원회House Un-American Activities Committee와 조지프 매카시 상원 의원의 정치적 마녀사냥, 아프리카계 미국인 지도자와 운동가들에 대한 감시와 기소 및 살해가 이러한 사례에 해당한다. 전투적 민주주의라는 개념은 냉전 기간에 남미의 많은 지역에서 좌파 정당들에 대한 비민주적인 탄압을 정당화하기 위해 사용되었다.[13] 이러한 점에서 폭력적인 반민주적 극단주의자에게 법의 온전한 힘을 적용하는 것이 민주주의 수호에 중요하다고 해도, 항상 존재하는 양극화와 그 이상의 위험을 피하기 위해서는 대단히 신중하고 제한적인 방식으로 전투적 민주주의를 활용해야 한다.

민주주의를 지키기 위해 폭넓은 연대를 형성하고 반민주적 극단주의자에게 법을 엄격하게 적용하는 것은 전제주의의 급박한 위협에 직면해서 반드시 필요한 전략이다. 그러나 이는 단기적 전략에 불과하다. 즉, 급한 불을 끄기 위한 임시방편이다. 절대 장기적인 해결책이 될 수 없다. 그러므로 미국은 민주주의를 강화하기 위해 보다 근본적인 대책을 모색해야 한다.

반드시 논의해야 할 세 가지 개혁

이제 제임스 매디슨을 비롯한 많은 이들에게 영감을 던져준 기본 원칙으로 시선을 돌려보자. 그 원칙이란 극단주의 소수를 견제할 수 있는 가장 효과적인 방법은 선거를 통한 경쟁이라는 것이다. 매디슨은 국민 다수의 지지를 얻어야 한다는 과제가 가장

"악의적인" 정치적 충동을 억제할 수 있다고 믿었다. 그러나 이를 위해서는 국민 다수가 선거에서 '실질적인 우위'를 점해야 한다. 그리고 다시 이를 위해 미국은 제도를 개혁해야 한다. 20세기 초 미국의 개혁가 제인 애덤스^{Jane Addams}는 이런 글을 남겼다. "민주주의의 병폐를 치료하기 위한 약은 더 많은 민주주의다."[14]

우리는 이 말에 동의한다. 미국의 극단적인 반다수결주의 제도들은 극단주의를 강화하고 전제주의 소수에게 힘을 실어주면서 소수의 독재로 사회를 위협한다. 이 문제를 해결하기 위해서 미국은 민주주의에 더 박차를 가해야 한다. 이 말은 지나치게 소수를 보호하는 영역을 허물고 통치의 모든 단계에서 다수에 힘을 실어줘야 한다는 의미다. 그리고 헌법적 보호주의를 끝내고 실질적인 정치 경쟁을 활성화해야 한다는 의미다. 또한 유권자의 선택과 조화를 이루는 방향으로 정치 권력의 균형을 잡아야 한다는 의미다. 마지막으로 정치인들이 국민 다수에게 더 민감하게 대응하고 더 많은 책임을 떠안도록 만들어야 한다는 의미다. 결론적으로 말해서 미국은 오랫동안 미뤄왔던 헌법적·선거적 개혁을 실행함으로써 적어도 다른 민주주의 국가들과 보조를 맞출 정도로 민주주의를 민주화해야 한다.

미국인들은 대개 전면적인 개혁안에 회의적이다. 그 이유는 충분히 이해할만하다. 개혁은 힘들다. 특히 수많은 제도적 거부권과 대단히 양극화된 정당들이 활동하는 정치 시스템에서는 더 힘들다. 그러나 개혁을 시도하지 않을 때, 아무 일도 일어나지 않는다. 그래서 우리는 독자 여러분이 '어떻게' 변화를 끌어낼 것인지에 대한 걱정은 잠시 접어두고(이는 나중에 살펴볼 것이다) 광범위한 세 가지 개혁 영역을 살펴보길 바란다.[15]

투표권을 확립해야 한다. 투표권은 민주주의에 대한 모든 현대적인 정의에서 핵심 요소다. 간접 민주주의에서 시민은 지도자를 뽑는다. 모든 시민이 투표할 수 있을 때, 그들은 민주적인 방식으로 지도자를 선출한다. 이러한 점에서 투표가 일부 시민에게 힘들거나 큰 비용을 요구한다면, 가령 투표하기 위해 몇 시간 줄을 서거나 먼 거리를 이동해야 한다면, 그것은 온전히 민주적인 선거라고 말할 수 없다.

이는 대부분의 민주주의 국가에서 별문제가 아니다. 민주주의 사회에서 '사람들은 투표를 해야 하며', 그래서 대부분의 민주주의 국가는 투표할 헌법적(혹은 적어도 법률로 정한) 권리를 부여하고 정부 기관은 사람들이 최대한 쉽게 투표할 수 있도록 만든다. 몇몇 나라(호주와 벨기에, 브라질, 코스타리카, 우루과이)에서 투표는 의무이며, 실제로 사람들은 세금을 납부하는 것처럼 투표를 시민의 의무라고 생각한다. 대부분의 민주주의 국가에서 유권자 등록은 자동으로 이뤄진다. 시민이 18세가 되면 그들의 이름이 유권자 명부에 자동으로 추가된다. 그리고 투표는 쉽다. 유럽과 남미 지역의 민주주의 국가 대부분은 업무로 인해 투표가 방해받지 않도록 주말에, 특히 주로 일요일에 투표를 시행한다. 민주주의 국가들 대부분 투표율이 80퍼센트에 이른다. 투표는 절대 어렵지 않은 일이다. 시민들이 쉽게 등록하고 투표할 수 있도록 정부가 제도를 만든다면, 유권자들은 대부분 투표할 것이다.

그런데 너무나 놀랍게도 미국에서는 헌법이나 법률이 보장하는 "투표권"이 존재하지 않는다.[16] 수정헌법 제2조는 미국인에게 무기를 소지할 권리는 보장하지만, 헌법 어느 조항도 투표할 권리는 보장하지 않는다. 이후 수정헌법은 인종(수정헌법 제15조)이나 성별(수정헌법 제19조)을 기준으로 투표권을 제한해서는 안 된다고 밝히고는 있지만, 국민의 투표권을 적극적인 형태로 규정하지는 않는다. 마찬가지로 많은 연방법 역시 투표할 권리를 보호하고는 있지만, 어떤 연방법도 모든 성인 시민에게 투표할 권리를 보장하지는 않는다. 대부분의 민주주의 국가들과는 달리, 미국 정부는 역사적으로 투표를 어렵게 만들고 심지어 억압하기까지 했다. 지금도 미국은 유권자로 등록해야 할 책임을 전적으로 개별 시민에게 지우는 지구상 몇 안 되는 국가(벨리즈 및 브룬디와 더불어) 중하나다.[17]

미국은 유럽 및 다른 여러 지역의 민주주의 국가들처럼 투표를 쉽게 만들어야 한다. 다시 말해 미국은 다음의 과제를 실행에 옮겨야 한다.

1. 모든 시민에게 투표권을 보장하는 헌법 수정안을 통과시켜야 한다.[18] 이를 통해 투표 제한에 대해 소송을 제기할 수 있는 명백한 기반을 마련할 수 있다.

2. 모든 시민이 18세가 되었을 때 유권자로 등록되는 자동등록제를 도입해야 한다. 나아가 모든 시민에게 투표에 적합한 신분증을 자동으로 발급해야 한다. 등록 과정의 부담이 투표를 방해해서는 안 된다.

3. 사전 투표와 쉬운 우편 투표를 선택할 수 있는 권리를 모든 주의 시민에게 확대해야 한다. 미국인이라면 누구나 쉽게 투표할 수 있어야 한다.

4. 선거일을 일요일이나 국경일로 정해서 업무가 시민의 투표를 방해하지 않도록 해야 한다.

5. 형기를 마친 중범죄자의 투표권을 회복시켜야 한다(벌금이나 수수료를 부과하지 않고도).

6. 국가 차원에서 투표권 보호를 회복시켜야 한다. 대법원이 2013년에 없애버렸던 1965년 투표권법의 정신을 되살려, 선거 규칙 및 관리에 관한 연방의 감시를 회복시켜야 한다. 이는 투표권법에 따라 투표권 침해 역사가 있는 주와 지역에만 적용할 수도 있고, 혹은 1890년 로지 법안에 따라 모든 관할구에 적용할 수도 있다.

7. 현재의 당파적인 선거관리 시스템을 주 및 지방 선거관리위원

회가 공정하고 전문적인 인력을 바탕으로 운영하는 시스템으로 바꿔야 한다. 이를 통해 유권자 명부 업데이트, 투표소에 대한 접근, 투표 및 집계 과정의 공정성을 보장할 수 있다. 프랑스와 독일, 브라질, 코스타리카, 일본, 남아프리카 등 대부분의 민주주의 국가는 비당파적인 감독관이 선거를 감시하도록 하고 있다.

선거 결과가 다수의 선택을 반영하도록 만들어야 한다. 가장 많은 표를 얻은 후보가 선거에서 승리해야 한다. 민주주의 이론에서 어느 요소도 패자가 선거에서 승리하도록 허용하는 것을 정당화하지 않는다. 정치철학자 존 스튜어트 밀은 민주주의는 "모든 경우에 통치 권력을 수적인 다수에 부여해야 한다"고 썼다.[19] 그러나 안타깝게도 미국 대선과 상원 및 일부 주 의회 선거에서 그렇지 못한 상황이 종종 벌어지고 있다. 선거에서 다수의 지지를 얻은 후보가 실제로 통치할 수 있도록 보장하기 위해서는 다음의 여러 단계가 필요하다.

8. 선거인단 제도를 폐지하고 이를 전국적인 보통선거로 대체해야 한다. 어떤 대통령제 민주주의 국가도 보통선거의 패자가 대통령이 되도록 허용하지 않는다. 미국 헌법 역시 1970년에 그러한 방향으로 거의 수정될 뻔했다.

9. 상원을 개혁해서 주에서 선출한 상원 의원 수가 각 주의 인구 수와 비례하도록 만들어야 한다(독일의 경우처럼). 가령 캘리포니아와 텍사스주는 버몬트와 와이오밍주보다 더 많은 상원 의원을 선출해야 한다. 미국 헌법 제5조가 "상원의 동의가 없는 상태에서 어느 주의 평등한 투표권도 박탈할 수 없다"(일종의 '리베룸 비토')고 규정하고 있기 때문에, 우리는 상원을 개혁하기 위한 장벽이 대단히 높다는 사실을 알고 있다. 그러나 이러한 상원 시스템이 기본적인 민주주의 원칙을 저버리면서 막대한 영향력을 행사하기 때문에, 모든 중요한 민주화 개혁에 이 사안을 포함시켜야 한다.

10. 하원과 주 의회에서 "최다득표자를 선출하는" 선거 규칙과 단일선거구제를 비례대표제로 바꿔야 한다.[20] 비례대표제하에서 유권자는 더 큰 선거구에서 다수의 대표를 선출하고, 정당은 그들이 받은 표에 비례하여 의석을 차지하게 된다. 이를 위해서는 먼저 하원에서 단일선거구제를 규정하고 있는 1967년 표준의회선거구법Uniform Congressional District Act을 폐지해야 한다. 비례대표제는 하원의 의석 분배가 미국인의 투표 방식을 더 정확하게 반영하도록 함으로써 선거에서 더 적은 표를 얻은 정당이 의회에서 다수를 차지하는 "만들어진 다수"의 문제를 해결할 수 있다.[21] 정치학자 리 드러트만Lee Drutman은 비례대표제가 "어느 지역에 살든 모든 유권자를 평등하게 대하고, 그들을

지지한 유권자가 어느 지역에 살든 간에 모든 정당을 평등하게 대한다"고 썼다.[22]

11. 캘리포니아와 콜로라도, 미시건주가 채택한 것과 같은 형태의 독립적인 재구획위원회를 설립함으로써 당파적인 게리맨더링을 없애야 한다.

12. 하원의 규모를 435명으로 정한 1929년 할당법Apportionment Act을 수정하고, 인구 성장에 따라 확장하는 하원의 원래 설계 방식에 주목해야 한다. 현재 하원 의원 대 유권자 비율은 유럽 지역의 모든 민주주의 국가보다 '다섯' 배 가까이 더 높다.[23] 의회 규모를 확장함으로써 대표가 국민에게 더 가까이 다가서게 만들고, 또한 선거인단 및 현재의 상원 제도가 그대로 남아 있을 때에도, 선거인단 제도에 따른 작은 주 편향 문제를 완화할 수 있다.

지배하는 다수의 힘을 강화해야 한다. 마지막으로 반다수결주의 의회 및 사법 제도를 약화함으로써 의회 다수에 힘을 실어주는 방안을 실행에 옮겨야 한다.

13. 상원 필리버스터를 폐지함으로써(법률이나 헌법 수정이 필요하지 않은 개혁) 당파적 소수가 의회 다수를 반복적이고 영구적으로 지배할 수 있는 힘을 빼앗아야 한다. 어떤 다른 민주주의 국가도

이러한 형태의 소수 거부권을 계속해서 유지하지 않는다.

14. 대법원 판사에 대한 임기 제한(12년, 혹은 18년으로)을 규정함으로써 대법원 임명 절차를 정례화하고 모든 대통령이 임기 동안에 동일한 수의 대법원 판사를 임명하도록 만들어야 한다. 미국은 이러한 개혁을 통해 전 세계 주요 민주주의 국가들과 보조를 맞춰 나갈 수 있다. 또한 대법원의 세대 간 반다수결주의 문제를 완화할 수 있다.

15. 헌법 수정을 위한 3/4에 달하는 주의 비준 요건을 제거함으로써 헌법 수정을 더 쉽게 만들어야 한다. 하원과 상원에서 2/3의 압도적 과반을 요구하는 것만으로도 미국과 미국의 많은 주는 독일이나 인도와 같은 연방 민주주의 국가를 포함하여 대부분의 다른 민주주의 국가들과 보조를 맞춰나갈 수 있다.

이러한 개혁은 단순하지만 강력한 영향을 미칠 것이다. 즉, 다수가 권력을 차지하고 지배하도록 만들어줄 것이다. 우리가 제시한 개혁안은 소수의 지배를 막고 헌법적 보호주의를 없애버림으로써 민주주의의 경쟁적 역동성을 활성화할 것이다. 중요하게도 이 개혁안은 공화당이 승리를 위해 광범위한 연합을 형성하도록 촉구할 것이다. 오늘날 미국에서 이러한 연합전선은 더욱 다양하게 형성되어야 하며, 그럴 때 공화당 내부의 극단적인 세력의 영향력을 희석시킬 수 있다. 공화당이 더욱 다각화되고, 또한 공명 정대한 방식으로 전국 다수를 차지할 수 있게 된다는 것은 민주당에게 선거적 관점에서 나쁜 소식이 되겠지만, 미국 민주주의를 위해서는 너무나 반가운 소식이 될 것이다.

우리가 제시하는 개혁안이 급진적으로 보일 수 있지만, 사실 덴마크와 독일, 핀란드, 뉴질랜드, 노르웨이, 스웨덴과 같은 큰 성공을 거둔 대다수 민주주의 국가에서는 이미 자리를 잡았다. 투표를 더 쉽게 만들고, 게리맨더링을 없애고, 선거인단 제도를 직접적인 보통선거로 대체하고, 상원 필리버스터를 없애고, 상원을 보다 비례적으로 만들고, 대법원 종신제를 폐지하고, 헌법 수정을 좀 더 쉽게 만드는 개혁. 이 모든 변화를 통해 미국은 세상의 모든 나라를 따라잡게 될 것이다.

그런데 이러한 개혁안이 '이론적으로는' 타당하지만, 현실적으로는 불가능하지 않을까? 미국의 정치 시스템의 본질, 그리고 오늘날 정치 상황을 고려할 때, 혹자는 성취하기 힘든 개혁을 돈키호테처럼 밀어붙이는 접근방식은 "현실" 정치의 일상적이고 점진적인 노력을 가로막는 비생산적인 장애물이라고 주장할 수 있을 것이다. 1911년 스웨덴에서 태어난 미국의 노동운동가이자 작곡가인 조 힐Joe Hill은 구체적인 문제에 직면했을 때 공상적인 박애주의자의 이상적인 약속을 경계하라고 노동자들에게 경고했다. 그 노랫말은 이렇게 시작된다.

매일 밤 긴 머리의 설교자가 찾아와서,

무엇이 틀렸고 무엇이 옳은지 이야기를 늘어놓는다.

하지만 뭘 먹을지 물어보면

그는 달콤한 목소리로 이렇게 대답할 것이다.

머지않아 먹게 될 것이다

영광스러운 천상의 땅에서

일하고 기도하며, 건초를 먹으며 살아가리라

세상을 떠날 때 하늘에서 내려온 파이를 얻게 되리라.

혹시 미국의 민주주의 개혁도 "하늘에서 내려온 파이"가 아닐까? 오늘날 변화의 장벽은 실로 높다. 공화당의 반대는 절대 뛰어넘을 수 없을 것 같고, 미국 헌법의 수정은 그 무엇보다 힘든 과제처럼 보인다. 그 개혁은 너무나 어려워 보이기 때문에, 대신에 마음을 접고 다음 선거에서 승리하거나 현실적으로 가능한 법안을 만드는 것처럼 당면 과제에 집중하는 게 좋겠다는 생각이 든다. 우리도 정치적 현실주의자로서 이러한 생각에 공감한다. 선거 승리와 점진적인 정책 개선은 중요하다. 모두의 삶을 개선하고 민주주의를 지키는 데 중요하다.

그러나 그것만으로는 충분하지 않다. 우리의 여러 개혁안이 가까운 미래에 채택되지는 않겠지만, 더 중요한 것은 헌법 개혁을 위한 아이디어가 거대한 국가적 정치 토론의 일부가 되는 것이다. 변화를 가로막는 가장 강력한 무기는 침묵이다. 주류 집단이 아이디어를 불가능한 제안이라고 판단할 때, 정치인들이 아이디어를 언급조차 하지 않을 때, 신문사 편집자가 아이디어를 외면할 때, 교사들이 수업 시간에 아이디어를 설명하지 않을 때, 학자들이 순진하다거나 현실 감각이 없다는 비판에 대한 두려움 때문에 더 이상 아이디어를 내놓지 않을 때, 다시 말해 야심 찬 아이디어가 "생각조차 할 수 없는 것"이 되어버릴 때, 싸움은 이미 끝난 것이다. 어떤 개혁도 자기 충족적인 예언이 되지 못할 것이다.

아이디어가 지금 당장 채택되지 않았다고 해서 그것을 진지하게 고려할 필요가 없다는, 혹은 앞으로도 그럴 필요가 없다는 뜻은 아니다. 19세기 초 노예제를 폐지해야 한다는 아이디어는 미국의 주류 사회에서 생각조차 할 수 없는 것이었다. 노예제 폐지론자들은 몽상가로 취급받았다. 1840년대 여성 참정권 운동이 시작되었을 때, 전 세계 어느 나라도 여성에게 투표권을 부여하지 않았다. 미국의 주류 사회는 20세기에 들어서도 여성 참정권이라는 아이디어를 말도 안 되는 개념으로 치부했다. 그리고 남북전쟁이 끝나고 수십 년 동안 사람들은 인종 평등과 시민권은 완전히 불가능하지는 않다고 해도 현실적으로 힘들다고 인식했다. 그러나 그 모든 사례에서 주류 관점은 급진적으로 변화했다. 하지만 그런 변화가 일어나기 위해서는 누군가 공적인 논의를 시작해야 한다.

오늘날 민주주의 개혁에 관한 논의가 시작되고 있다. 2020년에는 권위 있는 미국 예술 과학 아카데미American Academy of Arts and Sciences가 〈우리의 공동 목표Our Common Purpose〉라는 제목으로 보고서를 내놨다.[24] 여기서 그들은 미국의 민주주의를 위한 다각화된 개혁안을 제시했다. 브레넌 정의연구소, 뉴아메리카New America, 민주주의를 수호하라Protect Democracy와 같은 기관들 또한 선거 제도를 더 균형적으로 다듬고, 게리맨더링을 없애고, 투표권을 확대하고, 선거의 형평성을 높이기 위한 다양하고 혁신적인 제안을 내놓고 있다.[25] 그리고 2021년에 백악관은 퇴직 판사와 법률 전문가 및 다양한 분야의 전문가들의 지식을 바탕으로 대법원 개혁을 위한 대통령 위원회를 구성함으로써 제도 변화를 위한 방안을 모색하고 있다.[26] 이들 모두 의미 있는 시도다. 변화를 고려하지 않을 때, 우리는 변화를 이룰 수 없다.

논의와 아이디어는 결코 공허한 노력이 아니다.[27] 우리는 이를 통해 개혁의 기반을 마련할 수 있다. 독일 출신의 영국 상원 의원이자 유명한 진보 인사인 랄프 다렌도르프Ralf Dahrendorf 경은 2차 세계대전 이후 국제기구 설립 과정에서 나타난 "거대한 도약"을 어떻게 설명할 수 있을지에 관한 질문을 받았을 때, 이렇게 대답했다.

그때로 돌아가 전후 질서의 기원을 들여다본다면 (…) UN을 시작으로 (…) IMF와 세계은행 (…) 그리고 하위 기구들 모두의 기원을 살펴본다면, 아이디어 대부분이 사실은 전쟁을 치르는 동안에 나왔다는 사실을 확인하게 될 겁니다…. 제도 구축을 위한 (…) 미래지향적인 새로운 도약이 가능한 순간이 찾아왔을 때 (…) 아이디어가 [이미] 거기에 존재하고 있다는 것은 너무나 중요한 사실입니다.[28]

제도 변화의 과정에 참여한 이들은 프랑스 시인 빅토르 위고가 말한 "때를 맞이한 아이디어보다 더 강력한 것은 없다"라는 표현을 종종 거론하곤 한다. 하지만 그러한 때도 누군가 아이디어를 내놓아야만 찾아온다.

헌법은 신이 아니다

미국이 헌법 수정을 바라보는 자세를 그대로 고집한다면 민주주의 개혁은 불가능한 과제로 남게 될 것이다.[29] 다른 민주주의 국가 시민들과는 달리, 미국인들은 그들의 헌법에 뜯어 고쳐야 할 결함이 있다거나 그 일부가 시대에 뒤떨어졌다는 지적에 강력하게 저항하는 경향이 있다. 법학자 아지즈 라나Aziz Rana가 지적했듯이, 많은 미국인은 "종교에 가까운 경건함"으로 그들의 헌법을 바라본다.[30] 미국인들은 헌법 설계자들이 마치 성스럽고 초자연적인 권능을 부여받은 존재라고 생각한다. 그리고 그들의 제도를 신성한 경전처럼, 즉 "근본적으로 완벽한" 것으로 대한다.[31] 다시 말해 미국인들은 그들의 근본적인 제도가 역사적으로, 그리고 모든 상황 속에서 실질적으로 최고의 제도라고 생각한다. 그러나 미국 헌법이 개선될 여지가 없다는 생각은 객관적인 증거나 진지한 논의에 기반을 둔 게 아니다. 다만 믿음에서 비롯되었다.

제도는 그렇게 작동하지 않는다. 헌법은 결코 처음부터 완벽할 수 없다. 어쨌든 인간의 창작물이기 때문이다. 선거인단 제도가 설계자들의 예상과는 어긋난 임시방편의 차선책이었다는 사실을, 그리고 매디슨이(해밀턴과 마찬가지로) 상원의 평등한 주 대표 방식에 반대했음에도 필라델피아 제헌회의에서 수적으로 밀리고 말았다는 사실을 떠올려보자. 이렇게 만들어진 제도에 신성한 부분이란 없다. 그리고 대단히 잘 설계된 헌법조차 때로 수정이 필요하다. 그것은 헌법이 작동하는 세상이 변하기 때문에, 그리고 때로는 대단히 급격하게 변하기 때문이다. 어떠한 법도 언제 어디서나 "최고의 상태로 기능"할 수 없다. 국경은 변하고 인구는 증가한다. 신기술이 등장하면서 사람들은 이전 세대가 상상조차 하지 못했던 일을 한다. 평등이나 자유와 같은 근본 원칙은 그대로 남아 있겠지만, 사회 규범이 진화하면서 우리는 그 원칙을 정의하는 방식을 어쩔 수 없이 바꿔야 한다.

나중에 대법원장이 된 존 로버츠는 로널드 레이건 행정부에서 백악관 고문으로 일하고 있던 1983년에 판사의 임기 제한을 주장하면서 이렇게 지적했다.

> 설계자들은 인간이 지금처럼 오래 살지 못했던 시절에 종신제를 채택했다. 25년이나 30년 동안 일반인의 삶과 격리된 판사는 당시 대단히 드물었지만, 오늘날 흔한 모습이 되어가고 있다. 가령 15년으로 임기를 제한하는 방식을 통해 연방 판사들이 수십 년간 상아탑 속에 갇혀서 현실 감각을 완전히 잃어버리는 문제를 해결할 수 있다.[32]

또한 오늘날 우리는 제도가 어떻게 기능하는지에 관해 더 많은 것을 알고 있다. 미국 건국 당시에는 간접 민주주의라는 개념 자체가 존재하지 않았다. 선출된 대통령도, 의회 민주주의 국가도 없었다. 군주제가 여전히 보편적인 통치 방식이었다. 그러나 미국 헌법이 제정된 후 236년에 걸쳐 수십 곳에 달하는 민주주의 국가가 등장했다. 그리고 그중 많은 나라는 대통령 직선제에서 비례대표제에 기반을 둔 선거 시스템, 독립적인 전국 선거관리위원회에 이르는 제도적 혁신을 성공적으로 일궈냈다. 그리고 새로운 민주주의 국가의 지도자들이 이를 발전으로 인식하면서 혁신은

20세기에 걸쳐 널리 확산되었다.

우리를 둘러싼 세상의 변화가 언제나 헌법적 변화를 요구하는 것은 아니다. 그러나 분명히 그럴 때가 있다. 기성 제도가 언제나 "최고의 상태로 기능"한다는 믿음은 어떤 상황에서 효과적으로 기능하는 제도가 다른 상황에서는 비효과적이고 심지어 위험한 오작동을 일으킨다는 사실을 보여주는 오랜 사회과학적 연구 결과와 정면으로 충돌한다.[33]

미국의 건국자들은 이러한 사실을 알았다. 그래서 '그들은' 헌법의 초기 버전에 집착하지 않았다. 그들은 자신이 만든 결과물의 한계를 인식했고, 후대가 이를 바로 잡아줄 것이라고, 그리고 그래야만 한다고 믿었다. 1787년 필라델피아 제헌회의가 끝난 후, 조지 워싱턴은 이렇게 썼다. "우리 헌법의 따뜻한 친구와 최고의 지지자들은 그것이 결함으로부터 자유롭다고 주장하지 않았으며, 결함은 피할 수 없는 부분이라고 생각했다."[34] 그리고 이러한 결함으로부터 문제가 발생한다면 "추후 보완이 뒤따라야 한다"고 말했다. 그는 이렇게 덧붙였다.

(미국인들은) 직접 경험이라는 이득을 누리게 될 것이므로 필요한 대안이나 수정에 대해 우리만큼 신중하게 판단을 내릴 수 있을 것이다. 나는 우리가 후손들보다 더 많은 영감과 더 많은 지혜, 그리고 더 많은 덕목을 갖추고 있다고 생각하지 않는다.

토머스 제퍼슨은 "종교적 경배의 차원에서 헌법을 바라보는, 그리고 헌법을 너무나 신성해서 절대 건드려서는 안 되는 서약의 법궤로 바라보는" 이들에게 특히 비판적이었다.[35] 그는 이렇게 생각했다.

> 법과 제도는 인간의 생각과 나란히 진화해야 한다…. 문명화된 사회가 그들의 야만스러운 선조의 삶의 방식에 따라 살아가도록 강요하는 것은 어릴 적 몸에 맞았던 외투를 성인이 돼서도 그대로 입으로고 요구하는 것과 같다.[36]

변화에 적응하지 못하는 제도는 몇 년 동안, 그리고 몇십 년 동안 제대로 기능하지 못하게 될 것이다. 그리고 점차 고착화되면서 결국에는 정치 체제의 정당성을 허물어뜨릴 것이다. 이런 일이 바로 21세기 미국에서 일어나고 있다. 1995년에 미국의 민주주의에 대해 불만을 드러낸 미국인의 비중은 25퍼센트 미만이었다. 이 수치는 최근 크게 증가하여 2020년에는 55퍼센트에 이르렀다.[37] 민주주의에 대한 대중의 불만이 높아지는 것은 전 세계적인 흐름이기는 하지만, 다른 서구 민주주의 국가들보다 유독 미국에서 뚜렷하게 나타나고 있다. 퓨 리서치 센터에 따르면, 2021년 기준으로 민주주의에 만족한다고 답한 미국인은 응답자의 41퍼센트에 불과했다.[38] 이 수치는 호주와 캐나다, 독일, 네덜란드의 60퍼센트 이상, 그리고 뉴질랜드와 스웨덴의 70퍼센트 이상과 큰 대조를 이룬다. 미국인들은 그들의 헌법이 "근본적으로 완벽하다"고 믿고 싶어 하지만, 변화하지 않는 제도는 썩기 마련이다. 그리고 그런 제도는 결국 실패하고 만다.

공론화에서 지속적인 운동으로

미국 역사의 한 가지 특징은 드물지만 의미 있는 민주주의 진보의 순간들이 존재했다는 것이다. 재건 시대에 주요한 헌법 수정이 이뤄졌고(제13조, 제14조, 제15조), 일련의 광범위한 새로운 법들이 정치 시스템을 아프리카계 미국인에게 열어줬다(비록 일시적이기는 하나). 마찬가지로 1913~1920년에는 민주화를 뒷받침하는 세 건의 헌법 수정안이 통과되었고, 여기에는 직접 소득세를 규정한 제16조, 상원에 대한 직접선거를 확립한 제17조, 여성 참정권을 헌법으로 보장한 제19조가 포함된다. 마지막으로 본격적인 민주주의 헌법 개혁의 세 번째 시대가 일련의 대법원 판결(1962~1964)과 더불어 시작되면서 미국 하원에서 의석수 불균형을 없애버렸다. 그리고 이후로 시민권법(1964)과 투표권법(1965)이 뒤를 이었다. 실제로 오늘날 우리가 미국의 민주주의에 대해 가치 있게 평가하는 많은 것들이 이러한 일련의 헌법적·입법적 개혁을 통해 이뤄졌으며, 그중 많은 것은 예전에 성취가 불가능하다고 여겨졌었다.

그렇다면 우리는 이러한 개혁 사례로부터 무엇을 배울 수 있을까? 가장 먼저, 주도적인 지도자가 등장한다고 해서 변화가 이뤄지는 것은 아니라는 사실이다. 실제로 미국에서 정치적·경제적 통합을 향한 많은 중요한 진보는 당시에는 개혁가로 인정받지 못했던 대통령인 우드로 윌슨Woodrow Wilson과 프랭클린 델러노 루스벨트, 린든 존슨 시절에 이뤄졌다. 이들 중 누구도 진정한 급진주의자는 아니었다. 사실 그들은 결국에 스스로 뒤집었던 기존 체제가 만들어낸 인물이었다. 가령 윌슨은 보수주의 남부 공화당 인사로, 그의 지지에 힘입어 수정헌법 제16조와 제17조, 제19조를 통과시킨 북부의 중산층 진보 진영과는 거리가 멀었다(실제로 윌슨은 임기 초반에 여성 참정권에 반대했다[39]). 마찬가지로 프랭클린 루스벨트는 미국의 귀족 출신이었지만 1930년대에 단위조합과 노동자 권리를 구축하는 과정에서 주도적인 역할을 맡았다. 마지막으로 남부 민주당원으로 정계에 입문한 린든 존슨은 리처드 러셀Richard Russell과 같은 영향력 높은 인종차별주의자들의 지지를 등에 업고 상원에서 유력 인사로 성장했다. 그러나 존슨은 1960년대에 시민권법과 투표권법을 통과시키는 과정에서 주도적인 역할을 했다.

이러한 지도자들의 개혁은 우연히, 혹은 하룻밤 새 일어나지 않았다. 여기에는 강력한 정치적 움직임이 작용했다. 그리고 그러한 움직임의 시작은 개혁을 공적인 사안으로 만드는 노력이었다. 실제로 모든 개혁 운동이 성공을 거두기 위해서는 옹호자와 조직자, 대중 사상가, 의제 형성자들이 정치 토론의 분위기를 조성하고 사람들이 열망하거나 가능하다고 생각하는 것을 점차 바꿔나가야 한다. 재건 시대에 여성 참정권, 그리고 시민권에 이르기까지 미국 역사상 가장 중요한 민주주의 개혁 사례에 앞선 법률적·정치적 차원의 공적인 논의 작업이 수년에 걸쳐 이뤄졌다.

예를 들어 민주당이 짐 크로법 옹호자에서 시민권 옹호자로 변신한 과정은 자연스럽거나 쉽게, 혹은 신속하게 이뤄지지 않았다. 인종 간 평등을 국가적 사안으로 인식하기 오래전인 1930년대에 전미흑인지위향상협회NAACP와 산별노조CIO 활동가들은 시민권 사안을 중심으로 민주당 내부에서 조직을 형성하기 시작했다.[40] 시드니 힐먼Sidney Hillman이나 존 L. 루이스John L. Lewis와 같은 노동 운동 지도자들이 이끄는 CIO는 민주당이 진보적인 노동 입법뿐 아니라, 반린치법과 인두세 폐지 등 시민권 법안들을 지지하도록 압박하기 시작했다. 또한 CIO 지도부는 일반 회원들의 가치관에 영향을 미치고자 했다. 가령 그들은 〈CIO 뉴스The CIO News〉라는 신문을 흑인과 백인을 모두 포함한 미국 전역의 모든 회원의 가정에 매주 배포하면서 ("CIO가 린치법과 관련해서 필리버스터를 공격하다"와 같은 제목으로) 시민권 문제를 다룬 장문의 기사를 실었다.[41] 그리고 이러한 기사에는 아프리카계 미국인 집단에 대한 CIO 지도자들의 연설 내용도 실렸다. 이에 대해 한 역사가는 이렇게 평가했다. "흑인의 투쟁을 위한 외침이 여태껏 이토록 광범위한 청중에게 닿았던 적은 없었다."[42]

그러나 의제의 공론화는 시작에 불과하다. 민주주의 개혁을 위해서는 지속적인 정치적 압박이 필요하다. 의미 있는 변화는 일반적으로 지속적인 사회적 운동, 즉 활동을 통해 논의의 흐름을 바꾸고, 결과적으로 특정 사안에 대한 정치적 힘의 균형점을 옮기는 광범위한 시민 연합을 통해 이뤄진다.[43] 국민 청원과 방문 캠페인, 집회, 행진, 파업, 피켓 시위, 연좌 농성, 보이콧 등 다양한 수단을 활용하는 사회 운동이 여론과 언론 보도 방향을 바꿀 수 있다.

궁극적으로 사회 운동은 개혁을 지지하는 새로운 유권자 집단을 양산하고 현상 유지를 옹호하는 이들의 입지를 약화시킴으로써 정치인의 선거적 계산을 바꾼다. 시민권 운동의 경우, 법적 투쟁은 NAACP가 이끌었지만, 풀뿌리 캠페인은 거대한 교회 네트워크에 기반을 둔 남부기독교지도자회의Southern Christian Leadership Conference나 학생비폭력협력위원회Student Nonviolent Coordinating Committee와 같은 단체가 이끌었다.[44]

윌슨과 루스벨트, 존슨과 같은 정치인이 그들 스스로 개혁 옹호론자로 변신한 것은 아니었다. 대규모 사회 운동이 정치적 셈

법을 바꿔놓으면서 그들은 포괄적인 개혁을 받아들였다. 윌슨 대통령은 북부 중산층 진보주의자들로부터 압박을 받았고, 그들 중 많은 이들은 그의 경쟁자인 시어도어 루스벨트Theodore Roosevelt를 지지했다. 윌슨은 자신의 고향인 뉴저지에서 여성 운동가들의 압박에 직면하고 나서야 여성 참정권을 지지하는 쪽으로 "넘어갔다".[45] 1915년 당시 뉴저지주는 그 사안을 놓고 국민투표를 벌였다. 프랭클린 루스벨트 대통령은 장기적인 경기침체로 고용 불안이 이어지는 가운데 노동자 권리를 주장했다. 1936~1937년 당시에 미시건주 플린트에 위치한 GM 공장에서 연좌 농성이 일어나면서 공장 가동이 중단되는 사태가 벌어졌다. 또한 존슨 대통령은 1963년 워싱턴 행진, 그리고 1965년 셀마에서 있었던 피의 일요일 행진과 같은 유명한 사건을 비롯하여 시민권 운동을 중심으로 많은 인구가 집결하는 상황에서 시민권을 수용했다.

위의 개혁들 모두 오랜 기간에 걸친 지속적인 투쟁의 산물이었다. 모든 주요 개혁 운동에는 수십 년의 세월이 걸렸고, 이들 모두 그 과정에서 종종 막다른 골목에 맞닥뜨렸다. 사회 운동이 성공하기 위해서는 선거 패배나 내부 분열, 혹은 예상치 못한 지도부 교체 및 분열을 초래하는 해외 전쟁과 같은 난관에 대처하는 법을 배워야 한다.

1920년 헌법 수정 제19조로 이어졌던 (백인) 여성 참정권 운동의 경우를 생각해보자. 이 운동은 단기적인 프로젝트가 아니었다. 전미여성참정권연합National American Woman Suffrage Association 대표이자 여성유권자연맹 설립자, 그리고 수정헌법 제19조의 주요 설계자인 캐리 채프먼 카트Carrie Chapman Catt는 수정헌법 제19조가 "상상력이 부족한 거리의 남성들에게는 난데없이 등장한 것처럼" 보일 것이라고 말했다.[46] 물론 제19조는 난데없이 등장하지 않았다. 그것은 두 세대 이상을 아우르는 여성 운동가들이 벌인 투쟁의 산물이었다. 카트는 이렇게 주장했다.

> 헌법에서 남성male이라는 단어를 없애기 위해 이 나라의 여성은 52년간 끊임없이 운동을 벌여야 했다…. 그동안 여성들은 남성 유권자를 대상으로 56번의 국민투표 캠페인, 의회가 유권자에게 투표권 수정안을 내놓도록 촉구하는 480번의 캠페인, 여성 참정권을 주 헌법에 포함시키기 위해 주 헌법회의를 촉구하는 47번의 캠페인, 주 정당 집회가 여성 참정권 조항을 상정하도록 설득하는 277번의 캠페인, 대선 정당 회의가 여성 참정권 조항을 정당의 강령으로 채택하도록 촉구하는 30번의 캠페인, 19번의 연속적인 의회와 함께한 19번의 캠페인을 벌여야 했다…. 수백 명의 여성이 평생에 걸쳐 쌓아온 가능성을 보여줬고, 수천 명의 여성이 평생을 바쳤으며, 수십만 명의 여성이 최선을 다해 끊임없는 관심과 지원을 보냈다. 그것은 지속적이고 끝이 없어 보이는 활동의 연속이었다. 그 흐름의 마지막 고리를 연결하는 데 기여한 젊은 여성 참정

권론자들은 그 운동이 시작될 무렵에 태어나지도 않았다. 그리고 그 연속의 첫 번째 고리를 만들어낸 나이 많은 여성 참정권론자들은 그 운동이 끝났을 때 이미 세상에 없었다.[47]

여성 참정권 운동은 특히 1870년에 수정헌법 제15조의 통과로 여성의 참정권에 대한 논의가 주변으로 밀려나면서 패배와 내분, 그리고 깊은 배신감으로 큰 타격을 받았다.[48] 그 운동은 살아남기 위해 전략을 수정해야 했다. 엘리자베스 캐디 스탠튼Elizabeth Cady Stanton과 수전 B. 앤서니Susan B. Anthony와 같은 지도자들은 그 운동의 "기원 이야기"를 통해 1848년 세네카 팔스 회의Seneca Falls Convention의 의미를 강조하고자 했다.[49] 그들은 분열과 혼란의 분위기가 고조되는 가운데 전국적인 운동의 결속력을 강화하겠다는 목표로 1880년 초에 여러 권으로 구성된 영향력 있는 책,《여성 참정권의 역사History of Woman Suffrage》를 펴냈다.[50]

여성 참정권 운동이 직면한 또 하나의 과제는 사회에 깊이 뿌리내린 백인 상류층 민족주의였다. 그러나 1900년 무렵부터 카트와 같은 지도자는 또 한 번의 전환을 통해 참정권이 문맹에서 열악한 공중위생, 그리고 아동 노동에 이르는 다양한 사회적 병폐를 해결할 수 있다고 주장함으로써 엘리트 상류층이 중심이 된 운동을 노동조합 운동가와 최근 이민자, 여성 사회주의자, 인보관 운동settlement movement, 흑인 여성 클럽을 기반으로 조금씩 확장해 나아가는 운동으로 바꿔 났다.[51] 그 과정에서 카트는 "참정권 메시지를 지역적·집단적 차이에 따라 수정하려는 의지"를 보여 줬다.[52]

많은 이를 끌어모으려는 노력 또한 중요한 역할을 했다. 1890년 에 미국여성참정권연합과 전국여성참정권연합이 하나의 조직으로 합쳐지면서 여성 참정권 운동은 탄력을 얻었다.[53] 새로 모습을 드러낸 전미여성참정권연합의 회원 수는 1910~1920년에 걸쳐 1만 6천 명에서 8만 5천 명으로 다섯 배가량 크게 늘었다. 그들은 영국을 비롯한 다른 나라의 참정권 운동이 사용했던 전략을 참조 해서 풀뿌리에 더 가까운 접근 방식을 선택했고, "하나의 선거구 에서 다음 선거구로" 조금씩 넘어가는 방식으로 1917년 뉴욕주 에서 실시한 여성 참정권 국민투표에서 승리를 거뒀다.[54] 1911년 캘리포니아주를 비롯해서 여러 다른 주에서도 비슷한 사회 운동 이 일어나면서 여성 참정권이 보장받았다. 여기서 우리는 한 가 지 교훈을 얻을 수 있다. 그것은 많은 사례에서 투표권 개혁은 처 음에 주 차원에서 시작했다가 나중에 연방 헌법 수정을 이끄는 원동력으로 작용하게 되었다는 점이다.

그 밖에 주요한 헌법 개혁 역시 오랜 시간과 끊임없는 노력 이 필요했다. 상원에 대한 직접선거 방식을 규정한 수정헌법 제 17조는 수십 번의 좌절 끝에 통과되었다.[55] 1872년까지 의회는 열두 번 가까이 수정안을 제출했다. 그리고 상원 직접선거를 위한 캠페인이 19세기 말에 힘을 얻으면서 1891년과 1893년에만 총 25건의 제안이 의회에서 이뤄졌다.[56] 윌리엄 제닝스 브라이언William Jennings Bryan과 포퓰리스트 정당Populist Party은 1892년 상원 직접선거를 공약의 차원으로 주장하면서 새로운 활기를 불어넣었다. 하원은 1892~1902년에 걸쳐 다섯 번이나 수정안을 통과시켰지만, 그때마다 상원은 표결조차 거부했다.[57] 1906년 윌리엄 랜돌프 허스트William Randolph Hearst 하원 의원이 유명 소설가 데이비드 그레이엄 필립스David Graham Phillips에게 의뢰하여 "상원의 반역The Treason of the Senate"이라는 제목으로 사람들의 흥미를 자극하는 글을 쓰도록 했을 때, 전국적인 반향이 일었다.[58] 〈코스모폴리탄〉 잡지에 9회에 걸쳐 연재된 그 글에서 필립스는 주 의회의 상원 선출 방식을 부유한 특수 이익집단이 이끄는 부패한 제도로 설명했다. 오리건주는 1907년에 상원 선출 방식에 관한 참조를 위해 "자문" 국민투표를 실시했다. 그리고 1912년에 절반이 넘는 미국 주들이 이러한 방법을 받아들였다.[59] 마지막으로 1913년에 29개 주 전부가 소위 오리건 시스템Oregon System을 받아들이고 나서야 수정헌법 제17조의 비준 절차가 마무리되었다.[60] 여기서도 개혁은 다시 한번 주 차원에서 시작되었고, 결국 연방 차원의 헌법 수정으로 이어졌다.

그렇다면 오늘날 미국에 필요한 것은 민주주의 개혁 의제만이 아니라, 민주주의 개혁 '운동'일 것이다. 이를 통해 각계각층의 시민을 국가 차원의 지속적인 사회 운동으로 집결시킴으로써 상상력을 자극하고 공적 논의의 틀을 바꿔나가야 한다.

불가능한 목표처럼 보이지만, 사실 이러한 움직임은 이미 모습을 드러내고 있다. 2013년에 무장하지 않은 십대 흑인 청년 트레이번 마틴^{Trayvon Martin}에 대한 살인이 무죄 판결을 받으면서 촉발된 '흑인 목숨도 소중하다' 캠페인에서는 수백만 명의 미국인이 법 앞에 평등한 대우라는 민주주의의 핵심 원칙 아래 모여들었다. 그리고 2020년 5월 경찰이 조지 플로이드^{George Floyd}를 살해했을 때, 미국 역사상 최대 규모의 시위가 벌어졌다.[61] 1천 5백만에서 2천 6백만 명에 달하는 미국인이(미국 성인 열 명 중 한 명) 거리로 뛰쳐나왔다.[62] 2020년 초여름에는 5천 건이 넘는 시위가 벌어졌다(하루에 약 140번꼴).[63] 시위는 미국의 모든 주로, 40퍼센트가 넘는 카운티로, 그리고 소도시로 확산되었다.[64] 이들 시위에는 젊은 층의 참여가 압도적으로 높았으며, 놀랍게도 다양한 인종이 참여했다.[65] 시위자 중 약 절반(54퍼센트)은 백인으로 드러났다. 그리고 설문조사에서 미국인 다수가 시민권 시위에 반대했다는 결과가 지속적으로 나왔던 1960년대와는 달리, '흑인 목숨도 소중하다' 시위는 미국인 대부분의 지지를 받았다.[66] 미국인 3/4이 2020년 여름에 이어졌던 시위에 뜻을 같이했다.[67] 시위에 대한 열기는 이후로 조금 가라앉기는 했지만, 2021년에도 미국인 55퍼센트는 '흑인 목숨도 소중하다' 시위에 대한 지지를 여전히 드러내 보였다.[68]

이러한 모습이 비단 '흑인 목숨도 소중하다' 운동에서만 나타난 것은 아니었다. 트럼프 행정부 시절에 민주주의를 수호하기 위한 거대한 규모의 시민운동이 모습을 드러냈다.[69] 새로운 조직들, 특히 다양한 초당파적인 조직이 시민권과 투표권을 지키고, 선거를 안전하게 보호하고, 법의 지배를 강화하기 위해 등장해서 미국 시민자유연맹ACLU과 여성유권자연맹, NAACP와 같은 기존 조직의 대열에 합류했다. 그리고 많은 새로운 언론 매체가 등장해서 처음으로 국내 정치 보도의 "민주주의 리듬"을 만들어냈다. 2016년 선거 이후로 민주주의 수호를 외치는 새로운 전국 조직들 수십 곳이 나타났다.[70] 그중 유명한 '민주주의를 수호하라'는 "우리의 민주주의가 전제적인 통치 방식으로 후퇴하지 않도록 막기 위해" 2016년에 설립되었다.[71] '민주주의를 수호하라'는 소송을 진행하고 정보의 자유를 요구했으며, 법안 작성에 참여하고, 유권자 명부의 과도한 삭제를 막기 위해 보트실드VoteShield라는 프로그램까지 개발했다.[72]

민주주의를 추구하는 또 다른 조직인 '흑인 유권자도 소중하다'는 라토샤 브라운이라는 정치 운동가에 의해 설립되었다. 브라운은 피의 일요일과 투표권법 통과 후 몇 년이 흘러 앨라배마주 셀마에서 태어났다. 그녀는 어릴 적에 할머니가 자신이 가장 아끼는 옷을 차려입고 멋진 핸드백을 들고서 투표소로 향하는 모습을 봤다. 그날 브라운은 자신의 임무를 수행해야 한다는 생각으로 할머니와 동행했다. 브라운은 이렇게 말했다. "투표가 뭔지도 몰랐어요. 하지만 뭔가 특별한 일이라는 느낌은 들었죠."[73] 나중에 미국 전역의 의원들이 선거인 명부를 삭제하고, 투표소를 폐쇄하고, 소수 집단과 저소득층 시민이 투표하는 것을 더 어렵게 만드는 법안을 통과시키고자 했을 때, 브라운은 뭔가를 해야 한다고 느꼈다.

2016년에 브라운은 클리프 알브라이트[Cliff Albright]와 함께 '흑인 유권자도 소중하다' 재단을 설립했다.[74] 그들은 이 재단을 기반으로 투표소 폐쇄에 맞서고, 새로운 등록 제도와 투표 요건에 관해 시민들에게 정보를 제공하고, 유권자를 움직이게 만들기 위해 주로 남부 지역에 등장했던 공동체 기반 운동을 지원했다. 2020년 '흑인 유권자도 소중하다' 재단은 12개 주에 걸쳐 6백 곳이 넘는 단체를 지원했다. 이들 단체는 남부 지역을 순회하는 버스 투어 행사를 추진했다.[75] 그리고 그 과정에서 유권자를 억압하는 법이 가장 강력한 힘을 발휘했던 시골 마을에 집중했다. 2020년에 그들은 "우리가 권력을 차지했다[We Got Power]"라는 이름의 투어 행사로 15개 주를 방문하고 1천만 명이 넘는 유권자를 만났다.[76]

트럼프 행정부 시절에는 젊은 유권자들도 다인종 민주주의를 위한 투쟁에 동참했다. Z세대는 미국 역사상 등장한 가장 다채로운 세대다. 또한 오늘날 미국 정치 상황으로부터 가장 많은 어려움을 겪으면서 다인종 민주주의 원칙에 대한 가장 강력한 의지를 분명히 드러내는 세대다. 2022년 하버드 정치연구소Harvard Institute of Politics가 실시한 설문조사에 따르면, 18~29세 사이의 유권자들 중 2/3는 미국의 민주주의가 "난관에 봉착"했거나 "실패"했다고 생각하는 것으로 나타났다.[77] 마찬가지로 퓨 리서치 설문조사에서는 18~29세의 미국인 2/3가 2021년 '흑인 목숨도 소중하다' 운동을 지지한 것으로 드러났다.[78] 이처럼 젊은 미국인들은 나이 많은 세대보다 이민을 더 많이 지지하고, 다양한 구성의 마을을 더 선호한다.[79] 이들이야말로 미국에서 다인종 민주주의를 정착시킬 수 있는 세대다.

역사적으로 젊은 층은 적극적으로 투표하지 않았다. 2016년 선거에서는 18~29세 유권자 중 39퍼센트만이 투표했으며, 이는 60세 이상 인구의 70퍼센트 이상이 투표한 것과 선명한 대조를 이룬다.[80] 나이 많은 유권자들이 젊은 유권자에 비해 인종적인 차원에서 더 보수적이고 트럼프를 더 많이, 그것도 큰 폭의 차이로 지지한다는 점에서 이러한 투표율 차이는 미국 민주주의에 광범위한 영향을 미쳤다. 그러나 트럼프 임기 동안에 상황이 좀 바뀌었다. 젊은이들, 특히 Z세대가 뭉치기 시작했다. 2018년 2월 플로리다주 파크랜드에 있는 고등학교에서 발생한 총기난사 사건에서 살아남은 고등학생들은 2018년에 '우리의 생명을 위한 행진March for Our Lives'을 조직했다. 이 행사에는 미국 435개 의회 선거구 중 387곳에서 2백만 명이 넘는 학생들이 참여했다.[81]

'우리의 생명을 위한 행진' 행사가 주로 총기 사건에 집중하기는 했지만, 행사 주최 측은 새로운 유권자를 등록하고, 끌어모으고, 그리고 민주주의 활동가 세대를 조직하기 위해 광범위한 운동을 벌였다.[82] 17세 멕시코 이민자 산티아고 메이어Santiago Mayer는 고등학생 시절인 2019년에 젊은 유권자를 끌어모으고 그 존재감을 드러내기 위해서 '내일의 유권자Voters of Tomorrow'라는 이름의 단체를 설립했다.[83] 이 단체는 2020년 선거 기간에 "투표소 무도회Prom at the Polls" 행사를 기획했다.[84] 이 행사에서는 코로나 때문에 전통적인 무도회 행사에 참석할 수 없었던 고등학교 3학년 학생들이 무도회 복장을 갖춰 입고서 투표소에 나타났다.

'흑인 목숨도 소중하다'나 '변화를 위한 Z세대Gen-Z for Change'와 같은 조직은 정치적으로 중도좌파에 해당했지만, 미국 민주주의를 수호하기 위한 노력은 당파를 넘어선 차원으로 이뤄졌다. 이러한 움직임에는 'R 스트리트R Street', '스탠드업 리퍼블릭Stand Up Republic', '트럼프에 반대하는 공화당 유권자', '법치를 위한 공화당'과 같은 중도우파 단체도 합류했다. 게다가 다양한 지역의 보수주의자들도 함께했다. 가령 샬리 멀린스 글렌Sharlee Mullins Glenn은 유타주 북동부의 작은 모르몬교 농촌 마을에서 성장했다.[85] 그 마을은 대단히 보수적이었고, 그녀의 가족은 극우파 단체인 '존 버치 소사이어티John Birch Society'에 가입한 상태였다.[86] 평생 공화당을 지지했던 글렌은 2016년에 이렇게 말했다. "이민자와 이슬람, 난민 등에 대한 공포 공약을 들고 나온 후보가 제가 평생 소속되어 있던 정당의 후보자가 되고 결국 대통령까지 되자 (⋯) 걱정이 되었습니다."[87]

2017년 1월 트럼프 취임 직후, 글렌은 '윤리적 정부를 위한 모르몬교 여성들Mormon Women for Ethical Government, MWEG'이라는 초당적 페이스북 그룹을 만들었다. 2018년에 그룹 회원 수는 6천 명에 달했고 거의 모든 주에 지부가 생겨났다.[88] 그 그룹은 수만 명의 유권자를 등록하고 투표권과 이민자 권리를 지키기 위해 노력했으며, 유타주의 게리맨더링을 막기 위해 소송전을 벌였다.[89] 또한 도널드 트럼프를 "권력 남용"으로 기소하고 탄핵하기 위해, 그리고 투표권을 보호하고 미국의 선거 보호 장치를 강화하기 위해 의원들을 상대로 로비 활동을 벌였고, 그중에는 유타주 상원 의원 마이크 리와 미트 롬니도 포함되었다. 이 그룹의 아이다호주 회원인 신디 윌슨Cindy Wilson에 따르면, MWEG 회원들은 "극단주의에 맞서는 강력한 옹호자"를 자처했다.[90] 2020년에 글렌은 이런 글을 올렸다. "착한 사마리아인 이야기가 분명하게 말해주듯이, 예수님이 이웃을 사랑하라고 말씀했을 때, 이웃은 모든 사람을 의미하는 것이라고 우리는 믿는다."[91] MWEG 회원들이 낙태와 동성결혼과 같은 사안에 대해서는 보수적인 입장을 취했지만, 다인종 민주주의를 향한 의지에서만큼은 단합된 모습을 보였다.[92]

우리가 이러한 민주주의 운동에서 얻을 수 있는 교훈이 하나

있다면, 그것은 민주주의 개혁이 그저 주어지는 것은 아니라는 사실이다. 개혁은 우리가 의식적으로 만들어나가는 것이다.

애국은 과거를 직시하는 것이다

미국의 민주주의를 개혁하기 위해서는 그리 민주적이지 못했던 과거를 똑바로 바라봐야 한다. 민주주의를 진정으로 열망한다면 미국은 그들의 성취뿐만 아니라 실패도 직시해야 한다. 미국의 개혁가들은 역사에 걸쳐 그들의 헌법을 소중하게 생각하면서도 그 결함을 인정하고 바로잡기 위해 노력했다. 그들은 미국을 사랑하면서 동시에 그들의 나라를 더 좋고, 더 공정하고, 더 민주적으로 만들기 위해 애썼다. 미국을 사랑하지만 그 과거를 직시할 수 없다고 말하는 것은 잘못된 선택에서 비롯된 태도다. 프랑크발터 슈타인마이어Frank-Walter Steinmeier 독일 대통령은 2020년 연설에서 독일의 역사를 언급하면서 과거를 직시하는 애국심의 중요성을 분명하게 지적했다.

나흐만이라는 랍비는 이런 말을 남겼습니다. '상처받은 마음만큼 온전한 마음은 없다.' [우리나라의] 과거는 수백만 명을 죽이고 수백만 명을 고통스럽게 만든 책임에서 벗어날 수 없는 비참한 과거입니다. 그 과거는 아직까지 우리 마음에 상처로 남아 있습니다. 그래서 저는 이 나라가 사랑받기 위해서는 그러한 상처받은 마음을 이해해야 한다는 말씀을 드리는 것입니다.[93]

마음에 상처를 입은 미국을 사랑한다는 말은 미국이 민주주의 이상을 실현하지 못했다는 사실, 즉 모두를 위한 자유와 정의를 너무도 오랫동안 실현하지 못했다는 사실을 인정한다는 뜻이다. 그리고 모든 미국인이 받아들일 수 있는 포괄적인 다인종 민주주의를 건설함으로써 그 이상을 실현하겠다고 스스로 다짐한다는 뜻이다.

다시 위기와 희망의 시간으로

우리는 트럼프 임기 초반에 썼던 《어떻게 민주주의는 무너지는가》를 마무리하면서 미국 역사의 맥락에서 당시 상황을 조망했다. 그리고 그 순간은 역사가 미국인에게 민주주의 이상을 위해 일어서라고 촉구한 첫 번째 순간이 아니었다는 사실을 독자들에게 상기시켰다. 남북전쟁이 벌어지던 동안에, 파시즘과 전체주의에 맞섰던 1930년대와 40년대에, 시민권 운동이 일어났던 1950년대와 60년대에 미국인들은 민주주의를 지키고 강화하기 위해 일어섰다. 우리는 그 이야기를 잘 알고 있다. 2차 세계대전 동안 나라를 걱정한 시민들은 전쟁채권을 사들이고, 승리의 정원victory garden(두 차례 세계대전 동안에 식량 생산과 사기 진작을 위해 집 안에 과일과 채소를 가꾸도록 장려했던 정책 — 옮긴이)을 가꿨고, 사랑하는 이를 사지로 보냈다. 그리고 시민권 시대에는 구타와 투옥, 살해 협박에 직면해서도 행진과 보이콧, 유권자 등록 캠페인에 참여했다.

2016년 이후 역사는 다시 한번 소리쳤다. 그리고 미국인들은 대답했다. 많은 시민운동가 단체가 만나고, 계획을 세우고, 행진을 벌였다. 독서모임들은 동료 시민들의 의식을 고양했다. 초당파적 단체 활동가들은 시민 연합을 형성해서 전제주의를 향한 흐름에 제동을 걸었다. 투표율을 높이기 위한 운동을 벌인 단체들은 새로운 유권자들을 만났다. 의사와 과학자, 법률가, 기자, 공무원, 군 장교 등 각 분야 전문가들이 부패로부터 공공 윤리를 지키기 위해 일어섰다. 시민들은 무방비 상태의 난민들을 돕기 위해 공항과 남부 국경 지역에서 자원봉사 활동을 했다. 그리고 조지 플로이드 사망 사건 이후로 미국인들은 코로나 위험을 무릅쓰고서 미국이 지금껏 목격했던 중 최대 규모의 시위를 벌였다.

미국인들은 활발한 민주주의 전통을 다시 한번 살려냈다. 그리고 그들이 거둔 민주주의 승리가 미국 국경을 넘어 울려 퍼지면서 전 세계 운동가들의 귀감이 되었다.

미국의 헌법 시스템이 트럼프 임기 4년을 무사히 버텨냈다는 사실은 그러한 위협이 실제로 그리 심각하지 않았으며, 민주주의가 퇴보했다는 주장이 과장된 것이었다는 증거로 받아들여야 한다. 그러한 주장은 기우였다. 민주주의 생존을 걱정했던 미국인들은 민주주의를 지키기 위해 하나로 뭉쳤고, 그래서 민주주의는 살아남았다.

미국인들은 지난 7년 동안 탈진 상태에 빠졌다. 이는 충분히 이해할 만하다. 민주주의 수호는 정말로 힘든 일이다. 장애물에 맞서 유권자들이 매번 선거에서 투표하도록 독려하는 일은 열성적인 활동가조차 지치게 만들 수 있다.

트럼프가 백악관을 떠난 지금, 한숨을 돌릴 수 있게 되었다고, 그리고 민주주의가 다시 균형을 회복했다고 결론을 내리고픈(혹은 '소망'하고픈) 마음이 든다.

1888년 〈애틀랜틱The Atlantic〉 잡지의 창간 편집자인 제임스 러셀 로웰James Russell Lowell은 남북전쟁을 되돌아보면서 민주주의가 죽음의 문턱에 직면했던 역사를 앞으로 미국이 어떻게 기억할 것인지 우려를 표했다. 그는 이렇게 썼다.

우리의 헌법이 공정한 방식으로 작동하기 시작하면서 우리는 저절로 돌아가는 기계를 개발했다고 생각하게 되었다. 그리고 이러한 생각은 남북전쟁이 잠시 혼란에 빠트린 우리의 행운에 대한 믿음으로 진화했다…. 우리는 [유전을] 발견한 나라이며, 동시에 그 유전이 절대 메마르지 않을 것이라고 확신하는 나라다. 그리고 비길 데 없는 기회가 만들어낸, 물질적 이익을 얻은 행운에 대한 확신으로 (…) 우리는 정치적 의무를 소홀히 여기게 되었다.[94]

로웰이 그들의 헌법을 "저절로 돌아가는 기계"라고 생각했던 미국인의 확신에 우려를 표했을 무렵, 수정헌법 제14조와 제15조는 힘을 잃었다. 남북전쟁이 백미러 속에서 재빠르게 사라지면서 백인 미국인들은 남부 지역의 인종차별 정책에 눈을 감아버렸다. 그리고 수 세대에 걸쳐 미국의 정치를 병들게 만들고 미국의 국가 정체성에 오점을 남기고 말았다.

이제 더 이상 피폐한 마음에 정치적 삶으로부터 시선을 돌리는 과오를 범하지 말자. 민주주의 세력은 2020년과 2022년에 의미 있는 승리를 거뒀다. 하지만 최근까지도 미국 사회를 후퇴하도록 만든 요소(급진화된 정치적 소수, 그리고 이들을 보호하고 힘을 실어주는 제도)는 여전히 남아 있다. 미국의 민주주의는 아직 불안정한 상태다. 역사는 다시 소리치고 있다.

민주주의 수호는 이타적인 영웅의 과제가 아니다. 민주주의를 위해 일어선다는 말은 우리 자신을 위해 일어선다는 뜻이다. 우리가 이 책을 쓰기 시작한 1월 5일과 1월 6일의 상황을 다시 떠올려보자. 우리는 과연 어떤 사회에서 살아가고 싶은가? 젊고, 나이

들고, 종교적이고, 현실적인, 그리고 우리가 떠올릴 수 있는 모든 다양한 피부색을 가진 미국인들이 2020년 여름에 정의의 이름으로 거리를 가득 메웠던 때를 떠올려보자. 그 여름에 행진에 참여한 젊은이들은 국가 시스템으로부터 외면을 받았지만, 그럼에도 투표로 시선을 돌렸다. 새로운 세대의 미국인들이 불완전한 민주주의를 지키기 위해 일어섰다. 그리고 동시에 더 나은 민주주의, 즉 모두를 위한 민주주의 비전을 보여줬다.

시민권 세대가 역사의 뒤안길로 사라지면서 진정한 다인종 민주주의를 구축해야 할 과제는 이제 우리에게 남겨졌다. 미래 세대는 훗날 그 책임을 우리에게 물을 것이다.

감사의 글

우리는 운이 꽤나 좋은 사람들이다. 이 책을 쓰는 동안 여러 친구와 학생, 그리고 동료들이 많은 지원과 조언을 아낌없이 베풀어줬다.

특히 훌륭한 연구 협력자들이 없었다면 이 책을 쓰지 못했을 것이다. 올리버 아들러, 플로리안 보처트, 조이스 첸, 누르한 엘사예드, 에디 에스포지토, 다니엘 로위, 도로시 마네비치, 사라 모하메드, 앤드류 오도노휴, 코너 필립스, 에밀리 세구라, 엘리자베스 톰, 애런 와타나베, 마이클 왁스먼의 노고에 감사드린다. 이 책 전반에 걸쳐 많은 도움을 준 이선 야스니, 그리고 비교 제도에 관한 연구를 함께 진행하고 원고 전반에 걸쳐 소중한 피드백을 전해준 마뉴엘 멜렌데즈에게 특별한 고마움을 전한다.

하버드대학 유럽연구센터와 데이비드 록펠러센터의 분들께도 남미 연구와 관련해서 감사를 드린다. 그리고 베를린사회과학연구소 분들께도 관대한 지원(그리고 끈기)에 대해 고마움을 전한다.

많은 동료와의 토론 또한 우리에겐 큰 보탬이 되었다. 대니얼 앨런, 이안 바신, 셰리 버만, 자멜 부이, 댄 카펜터, 래리 다이아몬드, 리 드루트먼, 피터 홀, 리처드 하센, 그레첸 헬름케, 토번 아이버슨, 마이클 클라먼, 메리 루이스, 롭 미키, 폴 피어슨, 리처드 필데스, 마이클 포드호저, 테다 스코폴, 댄 슬레이터, 토드 워시번, 루칸 아마드 웨이를 비롯하여 베를린사회과학연구소에서 근무하는 대니얼의 동료와 친구들에게 감사드린다.

또한 반나절 동안 다인종 민주주의 개념에 대해 우리에게 아낌없이 가르침을 전해준 버나드 프라가, 제니퍼 호치차일드, 하킴 제퍼슨, 에반 리버만, 자밀라 미첼너, 롭 미키, 베슬라 위버에게 고마움을 전한다.

많은 동료가 소중한 시간을 내서 원고의 일부, 혹은 전체를 읽고 피드백을 전해줬다. 이안 바신, 래리 다이아몬드, 리 드루트먼, 파트리스 히고넷, 마이클 클라먼, 메리 루이스, 제임스 롭스턴, 수잔 메틀러, 롭 미키, 크리스 밀링턴, 벤 라더스도르프의 소중한 조언 덕분에 이 책은 훨씬 더 훌륭한 작품이 되었다.

날카로운 크라운 출판사의 편집자 아만다 쿡에게 다시 한번 고마움을 전한다. 아만다는 언제나 우리보다 이 책을 더욱 명료하게 들여다봤고, 많은 작업에서 우리를 어떻게든 이끌어줬다. 우리에 대한 믿음과 함께한 끈기, 그리고 이번 프로젝트를 향한 한결같은 열정에 감사드린다. 또한 크라운의 다른 팀원들인 케이티 베리, 마크 버키, 질리언 블레이크, 줄리 세플러, 데이비드 드레이크, 멜리사 에스너, 디아나 메시나, 앤슬리 로즈너, 페니 사이먼에게도 감사를 전한다.

항상 우리 곁에 있어 준 캐서린 플린과 새러 칼릴, 니어림앤윌리엄스 에이전시에 깊은 감사를 드린다.

이 책을 쓰는 동안 우리는 두 번의 가슴 아픈 이별을 겪었다. 유능한 에이전트 질 니어림이 2022년에 세상을 떠났다. 그녀의 지원과 지혜, 그리고 놀라운 글쓰기 강의의 가치는 아무리 강조해도 지나치지 않을 것이다. 그녀가 없었다면 우리는 어떤 책도 쓰지 못했을 것이다. 질, 당신이 미치도록 그립다.

마지막으로 대니얼의 아버지인 데이비드 지블랫이 2022년에 돌아가셨다. 아버지는 대니얼에게 최고의 편집자였다. 그리고 이 책에서 소개했던 여러 가지 사안에 관한 대니얼의 생각에 많은 영향을 미쳤다. 우리는 그분을 매일 그리워하고 있다.

이 책을 질과 데이비드에게 바친다.

주

들어가며

1 Steve Peoples, Bill Barrow, and Russ Bynum, "Warnock Makes History with Senate Win as Dems near Majority", Associated Press, Jan. 5, 2021.

2 Rachel Epstein, "La Tosha Brown Says New South Is Rising", *Marie Claire*, Nov. 27, 2021.

3 민족적 소수 집단이 전체적으로 인구의 다수를 구성하는 상황에서 다른 사회들이 어떻게 대처해왔는지에 관해서는 다음을 참조. Justin Gest, *Majority Minority*(Oxford: Oxford University Press, 2022).

4 다양한 인종뿐 아니라, (라틴계 미국인이나 유대인처럼) 인종에 기반을 두지 않은 민족 집단까지 포함한다는 점에서 "다민족 민주주의multi-ethnic democracy"가 더 정확한 용어일 것이다. 하지만 미국 역사에서 인종이 차지하는 중요성을 감안해서, 그리고 "다인종 민주주의"라는 용어가 미국의 공적 논의에서 더욱 보편적으로 사용된다는 점을 감안해서 여기서는 "다인종 민주주의"라는 용어를 사용하고 있다.

5 2018년 선거에 대한 연구 결과는 라틴계 미국인과 흑인 유권자들이 투표를 하기 위해 평균적으로 백인 유권자보다 각각 46분, 45분씩 더 오래 기다렸다는 사실을 보여줬다. 다음을 참조. Hannah Klain et al., "Waiting to Vote: Racial Disparities in Election Day Experiences", Brennan Center for Justice, June 2020. 또, Daniel Garisto, "Smartphone Data Show Voters in Black Neighborhoods Wait Longer", *Scientific American*, Oct. 1, 2019.

6 Vann R. Newkirk II, "Voter Suppression Is Warping Democracy", *Atlantic*, July 17, 2018.

7 Lynne Peeples, "What the Data Say About Police Shootings", *Nature*, Sept. 4, 2019.

8 Jennifer Hochschild, Vesla Weaver, and Traci Burch, *Creating a New Racial Order:*

How Immigration, Genomics, and the Young Can Remake Race in America(Princeton, N.J.: Princeton University Press, 2012), pp.128, 148. 1억 건에 달하는 교통 단속에 관한 2020년 연구 결과는 흑인 운전자가 백인 운전자보다 더 자주 단속을 당하고, 그리고 단속을 당할 때 흑인 운전자가 약 두 배 더 많이 수색을 당한다는 사실을 보여줬다. Emma Pierson et al., "A Large-Scale Analysis of Racial Disparities in Police Stops Across the United States", *Nature Human Behaviour 4*(July 2020), pp.736-45.

9 "Report to the United Nations on Racial Disparities in the U.S. Criminal Justice System", Sentencing Project, April 19, 2018; Glenn R. Schmitt et al., "Demographic Differences in Sentencing: An Update to the 2012 *Booker* Report", U.S. Sentencing Commission, Nov. 2017; E. Anne Carson and William J. Sabol, "Prisoners in 2011", U.S. Department of Justice Bureau of Justice Statistics, Dec. 2012.

10 Justin Hansford, "The First Amendment Freedom of Assembly as a Racial Project", *Yale Law Journal* 127(2018).

11 William H. Frey, *Diversity Explosion: How New Racial Demographics Are Remaking America*(Washington, D.C.: Brookings Institution Press, 2018).

12 Hochschild, Weaver, and Burch, *Creating a New Racial Order*, 24.

13 Mohamed Younis, "Americans Want More, Not Less, Immigration for First Time", Gallup, July 1; "Voters' Attitudes About Race and Gender Are Even More Divided Than in 2016", Pew Research Center, Sept. 10, 2020; Hannah Fingerhut, "Most Americans Express Positive Views of Country's Growing Racial and Ethnic Diversity", Pew Research Center, June 14, 2018; Juliana Menasce Horowitz, "Americans See Advantages and Challenges in Country's Growing Racial and Ethnic Diversity", Pew Research Center, May 8, 2019; "General Social Survey(GSS)", NORC at the University of Chicago.

14 지난 5년간 미국 민주주의의 도전 과제를 주제로 다음과 같이 중요한 책들이 많이 출판되었다. Theda Skocpol and Caroline Tervo, eds., *Upending American Politics: Polarizing Parties, Ideological Elites, and Citizen Activists from the Tea Party to the Anti-Trump Resistance*(New York: Oxford University Press, 2020); Suzanne Mettler and Robert C. Lieberman, *Four Threats: The Recurring Crises of American Democracy*(New York: St. Martin's Press, 2020); Robert C. Lieberman, Suzanne Mettler, and Kenneth M. Roberts, eds., *Democratic Resilience: Can the United States Withstand Rising Polarization?*(Cambridge, UK: Cambridge University Press,

2022).

15 Adam Przeworski and Fernando Limongi, "Modernization: Theories and Facts", *World Politics* 49(1997), p.165.

16 Rafaela Dancygier, *Dilemmas of Inclusion: Muslims in Europe*(Cambridge, U.K.: Cambridge University Press, 2017).

17 Dominik Hangartner et al., "Does Exposure to the Refugee Crisis Make Natives More Hostile?", *American Political Science Review* 113, no. 2(2019), pp.442- 55; Pippa Norris and Ronald Inglehart, *Cultural Backlash: Trump, Brexit, and Authoritarian Populism*(New York: Cambridge University Press, 2019).

18 Tarik Abou-Chadi and Simon Hix, "Brahmin Left Versus Merchant Right? Education, Class, Multiparty Competition, and Redistribution in Western Europe", *British Journal of Sociology* 72, no.1(2021), pp.79-92; J. Lawrence Broz, Jeffry Frieden, and Stephen Weymouth, "Populism in Place: The Economic Geography of the Globalization Backlash", *International Organization* 75, no.2(2021), pp.464-94; Larry Bartels, *Democracy Erodes from the Top: Leaders, Citizens, and the Challenge of Populism in Europe*(Princeton, N.J.: Princeton University Press, 2023), p.166.

19 이러한 결함에 관한 뛰어난 논의는 다음을 참조. Sanford Levinson, *Our Undemocratic Constitution: Where the Constitution Goes Wrong (and How We the People Can Correct It)*(Oxford: Oxford University Press, 2008).

1장 패배에 대한 두려움

1 Gustavo Beliz, *CGT: El otro poder*(Buenos Aires: Planeta, 1988), p.74.

2 Mario Wainfeld, interview with Levitsky, Dec. 22, 2021.

3 Redacción LAVOZ, "A 38 años del retorno de la democracia: La asunción de Raúl Alfonsín", La Voz, Dec. 10, 2021.

4 Rogelio Alaniz, "Las elecciones del 30 de octubre de 1983", *El Litoral*, Oct. 29, 2014.

5 "Raúl Alfonsín exige a los militares argentinos el traspaso inmediato del poder", *El País*, Nov. 1, 1983.

6 Wainfeld, interview with Levitsky, Dec. 22, 2021.

7 Audio of press conference of Italo Luder and Raúl Alfonsín, Nov. 1, 1983, *Radio Universidad Nacional de La Plata*, sedici.unlp.edu.ar/bitstream/

handle/10915/34284/Audio_de_Luder_y_Alfons%C3%ADn__04_19_.
mp3?sequence=1&isAllowed=y.

8 Adam Przeworski, *Democracy and the Market*(New York: Cambridge University Press, 1991), p.10.

9 Sean Wilentz, *The Rise of American Democracy: Jefferson to Lincoln*(New York: W. W. Norton, 2005), p.94.

10 Seymour Martin Lipset, *The First New Nation: The United States in Historical and Comparative Perspective*(New York: W. W. Norton, 1979), p.44

11 Joanne B. Freeman, "Corruption and Compromise in the Election of 1800: The Process of Politics on the National Stage", *The Revolution of 1800: Democracy, Race, and the New Republic*, ed. James Horn, Jan Ellen Lewis, and Peter S. Onuf(Charlottesville: University of Virginia Press, 2002), pp.87-120.

12 Richard Hofstadter, *The Idea of a Party System: The Rise of Legitimate Opposition in the United States, 1780-1840*(Berkeley: University of California Press, 1969), pp.92-96, 106-11.

13 "미지의 세상으로 뛰어드는 도전"이란 구절은, Adam Przeworski, "Acquiring the Habit of Changing Governments Through Elections", *Comparative Political Studies* 48, no. 1(2015), p.102.

14 Lipset, *First New Nation*, pp.38-39.

15 Wilentz, *Rise of American Democracy*, pp.49-62.

16 Hofstadter, *Idea of a Party System*, pp.123-24.

17 James MacGregor Burns, *The Vineyard of Liberty*(New York: Knopf, 1982), pp.125-26.

18 James Sharp, *American Politics in the Early Republic: The New Nation in Crisis*(New Haven, Conn.: Yale University Press, 1993), p.322, n.1.

19 위의 책, pp.241-42.

20 위의 책, p.242; Douglas Egerton, *Gabriel's Rebellion: The Virginia Slave Conspiracies of 1800 and 1802*(Chapel Hill: University of North Carolina Press, 1993), pp.114-15. 가브리엘의 반란에 프랑스인 두 명이 적극적으로 가담했다는 사실은 도움이 되지 못했다(Egerton, *Gabriel's Rebellion*, p.45).

21 Sharp, *American Politics in the Early Republic*, p.214에서 인용.

22 John Murrin et al., *Liberty, Equality, Power: A History of the American People*(New York: Harcourt Brace, 1996), p.292.

23 Sharp, *American Politics in the Early Republic*, p.250.

24 위의 책, p.219.

25 *The Political Writings of Alexander Hamilton*, vol.2, ed. Carson Holloway and Bradford Wilson(Cambridge, U.K.: Cambridge University Press, 2017), p.417.

26 John Ferling, *Adams vs. Jefferson: The Tumultuous Election of 1800*(Oxford: Oxford University Press, 2004), p.177.

27 Sharp, *American Politics in the Early Republic*, p.266.

28 Susan Dunn, *Jefferson's Second Revolution: The Election Crisis of 1800 and the Triumph of Republicanism*(Boston: Houghton Miffin, 2004), p.196.

29 James E. Lewis, "What Is to Become of Our Government? The Revolutionary Potential of the Election of 1800", in Horn, Lewis, and Onuf, *Revolution of 1800*, p.14. 연방주의자들은 그러한 전략의 타당성을 놓고 분열되었다. 애덤스는 제퍼슨이나 버가 대통령이 되는 것보다는 덜 위험하다고 봤다.(Dunn, *Jefferson's Second Revolution*, p.205) 반면 해밀턴은 "선거를 막는 게임"을 "가장 위험하고 부적절한" 것으로 표현했다.(위의 책, p.197).

30 Sharp, *American Politics in the Early Republic*, p.257.

31 Ferling, *Adams vs. Jefferson*, p.182.

32 위의 책.

33 Dunn, *Jefferson's Second Revolution*, pp.212-13.

34 Bayard to Richard Bassett, Feb. 16, 1801, *Papers of James Bayard, 1796-1815*, ed. Elizabeth Donnan(Washington, D.C.: American Historical Association, 1913), pp.126-27. 제퍼슨은 나중에 연방당이 침묵한 이유가 "군대가 의회의 권력 찬탈에 저항할" 가능성 때문이었다고 밝혔다. Jefferson to Madison, Feb. 18, 1801: Lewis, "What Is to Become of Our Government?", p.20에서 인용.

35 Dunn, *Jefferson's Second Revolution*, p.228.

36 위의 책, pp.227-28.

37 Hofstadter, *Idea of a Party System*, p.142.

38 Dunn, *Jefferson's Second Revolution*, p.226.

39 Hofstadter, *Idea of a Party System*, p.140.

40 위의 책, p.137.

41 위의 책, p.145-46.

42 Freeman, "Corruption and Compromise in the Election of 1800", pp.109-10; 또한 페링Ferling의 논의도 참조, *Adams vs. Jefferson*, p.194.

43 Hofstadter, *Idea of a Party System*, p.163.

44 위의 책, pp.142-43.

45 Dunn, *Jefferson's Second Revolution*, p.225.

46 Henri Tajfel, "Experiments in Intergroup Discrimination", *Scientific American* 223, no. 5(1970), pp.96-102; James Sidanius and Felicia Pratto, *Social Dominance: An Intergroup Theory of Social Hierarchy and Oppression*(New York: Cambridge University Press, 1999); Noam Gidron and Peter A. Hall, "The Politics of Social Status: Economic and Cultural Roots of the Populist Right", *British Journal of Sociology* 68, no.S1(2017), pp.57-84; Diana C. Mutz, "Status Threat, Not Economic Hardship, Explains the 2016 Presidential Vote", *PNAS* 115, no.19(2018).

47 Barbara Ehrenreich, *Fear of Falling: The Inner Life of the Middle Class*(New York: Pantheon, 1989).

48 Stenographische Berichte, Haus der Abgeordneten 77 Sitzung, 21 Legislative Period, May 20, 1912.

49 *Conservative Parties and the Birth of Democracy*(Cambridge, U.K.: Cambridge University Press, 2017), p.40에서 인용.

50 Surin Maisrikrod, "Thailand 1992: Repression and Return of Democracy", *Southeast Asian Affairs*(1993): pp.333-38.

51 James Fallows, *Looking at the Sun: The Rise of the New East Asian Economic and Political System*(New York: Pantheon Books, 1994).

52 이러한 움직임의 인구통계학적 배경에 대해 아시아재단Asia Foundation이 신중하게 분석한 내용은 다음을 참조. Duncan McCargo, "Thailand in 2014: The Trouble with Magic Swords", *Southeast Asian Affairs*(2015), pp.335-58.

53 Andrew R. C. Marshall, "High Society Hits the Streets as Prominent Thais Join Protests", Reuters, Dec. 13, 2013.

54 Abhisit Vejjajiva, interview with Ziblatt, Jan. 13, 2022.

55 Suttinee Yuvejwattana and Anuchit Nguyen, "Thai Opposition to Petition Court to Annul Weekend Vote", Bloomberg, Feb. 4, 2014.

56 Thomas Fuller, "Protesters Disrupt Thai Voting, Forcing Additional Elections", *New York Times*, Feb. 2, 2014; Kocha Olarn, Pamela Boykoff, and Jethro Mullen, "After Disrupting Thailand Election, Protesters Pledge More Demonstrations", CNN, Feb. 3, 2014.

57 Olarn, Boykoff, and Mullen, "After Disrupting Thailand Election, Protesters Pledge More Demonstrations".

58 Marshall, "High Society Hits the Streets as Prominent Thais Join Protests".

59 Thomas Fuller, "Thailand's Military Stages Coup, Thwarting Populist Movement",
    New York Times, May 22, 2014.

60 Kaweewit Kaewjinda, "Thailand's Oldest Party Will Join Coup Leader's
    Coalition", Associated Press, June 5, 2019.

61 Suchit Bunbongkarn, "Thailand's November 1996 Election and Its Impact on
    Democratic Consolidation", *Democratization* 4, no. 2(1997).

62 Duncan McCargo, "Thaksin and the Resurgence of Violence in the Thai South:
    Network Monarchy Strikes Back?", *Critical Asian Studies* 38, no.1(2006); Dan
    Rivers, "Ousted Thai PM Thaksin Guilty of Corruption", CNN, Oct. 21, 2008.

63 Kevin Hewison, "Crafting Thailand's New Social Contract", *Pacific Review* 17,
    no.4 (2004); Michael Montesano, "Thailand in 2001: Learning to Live with
    Thaksin", *Asia Survey* 42, no.1(2002), p.91.

64 Nick Cumming-Bruce, "For Thaksin, How Big a Victory?", *New York Times*, Feb.
    4, 2005.

65 David Hughes and Songkramchai Leethongdee, "Universal Coverage in the Land
    of Smiles: Lessons from Thailand's 30 Baht Health Reforms", *Health Affairs* 26,
    no.4(2007), pp. 999-1008.

66 Thomas Fuller, "Thaksin Can Rely on Thai Villagers", *New York Times*, March 5,
    2006; Thanasak Jenmana, "Income Inequality, Political Instability, and the Thai
    Democratic Struggle"(master's thesis, Paris School of Economics, 2018).

67 Jenmana, "Income Inequality, Political Instability, and the Thai Democratic
    Struggle".

68 McCargo, "Thaksin and the Resurgence of Violence in the Thai South".

69 Thomas Fuller, "Thai Beer Loses Esteem After Heiress's Remarks", CNBC, Jan.

70 Marshall, "High Society Hits the Streets as Prominent Thais Join Protests".

71 Asia Foundation, *Profile of the "Bangkok Shutdown" Protestors: A Survey of Anti-
    Government PDRC Demonstrators in Bangkok*, Jan. 2014, p.18.

72 Marc Saxer, "Middle Class Rage Threatens Democracy", *New Mandala*, Jan. 21,
    2014.

73 Peter Shadbolt, "Thailand Elections: Politics of Crisis", CNN, Feb. 2, 2014.

74 Petra Desatova, "What Happened to Thailand's Democrat Party?", *Thai Data
    Points*, Dec. 4, 2019; Punchada Sirivunnabood, "Thailand's Democrat Party:
    The Gloomy Light at the End of the Tunnel", *Diplomat*, May 24, 2022; Joshua
    Kurlantzick, "Thailand's Coup, One Year On", Council on Foreign Relations, May

26, 2015.

2장 독재의 평범성

1   프랑스의 1934년 2월 6일 사건과 미국의 2021년 1월 6일 사건에 대한 비교는 다
    음을 참조. John Ganz, "Feb 6 1934/Jan 6 2021: What Do the Two Events Really
    Have in Common?", *Unpopular Front*, July 15, 2021, johnganz.substack.com/p/
    feb-6-1934jan-6-2021; 또한, Baptiste Roger-Lacan, "Le 6 février de Donald
    Trump", *Le Grand Continent*, Jan. 7, 2021 참조.

2   William Irvine, French Conservatism in Crisis: The Republican Federation of
    France in the 1930s(Baton Rouge: Louisiana State University Press, 1979), p.105.

3   Brian Jenkins and Chris Millington, *France and Fascism: February 1934 and the
    Dynamics of Political Crisis*(London: Routledge, 2015), pp.52, 89-90.

4   René Rémond, *The Right Wing in France: From 1815 to de Gaulle*(1969;
    Philadelphia: University of Pennsylvania Press, 2016), p.283.

5   우파 연맹들은 어니스트 메르시에Ernest Mercier(전기와 석유 투자 분야의 거물)
    와 같은 강력한 보수주의 경제 이해관계자들로부터 상당한 재정적 후원을 받았
    다. William L. Shirer, *The Collapse of the Third Republic: An Inquiry into the Fall of
    France in 1940*(New York: Simon & Schuster, 1969), pp.200, 202-3.

6   그날 밤 사건과 관련해서 이어지는 이야기는 윌리엄 샤이러William L. Shirer가 직접 설
    명한 내용에 기반을 둔 것이다. 위의 책, pp.213-20.

7   위의 책, p.210.

8   위의 책, p.215.

9   위의 책.

10 *Guardian*, Feb. 7, 1934.

11 Shirer, *Collapse of the Third Republic*, p.216.

12 Julian Jackson, *France: The Dark Years, 1940-1944*(Oxford: Oxford University
    Press, 2001), p.72.

13 Shirer, *Collapse of the Third Republic*, pp.226, 954(n16).

14 이 협력은 좌파 성향의 인민전선 정부(1936-1938) 수립을 위한 근간이 되었
    다. Julian Jackson, *The Popular Front in France: Defending Democracy, 1934-
    1938*(Cambridge, U.K.: Cambridge University Press, 1988).

15 Irvine, *French Conservativism in Crisis*, p.100.

16 위의 책, pp.107-108.

17 위의 책, p.123.

18 Max Belo", "The Sixth of February", *The Decline of the Third Republic*, ed. James Joll(London: Chatto and Windus, 1959), p.11; 또한 Jenkins and Millington, *France and Fascism*, p.88 참조.

19 Jenkins and Millington, *France and Fascism*, p.88.

20 위의 책, p.179.

21 위의 책, pp.126-148.

22 위의 책, p.130; 또한 Kevin Passmore, *The Right in France: From the Third Republic to Vichy*(Oxford: Oxford University Press, 2013), pp.295-96 참조.

23 Irvine, *French Conservatism in Crisis*, pp.117-18; Jenkins and Millington, *France and Fascism*, p.132.

24 자세한 내용은 Jenkins and Millington, *France and Fascism*, pp.131-33.

25 Irvine, *French Conservatism in Crisis*, p.118.

26 Jenkins and Millington, *France and Fascism*, p.88.

27 Irvine, *French Conservatism in Crisis*, pp.116-17.

28 *Rapport général: Evénements du 6 février 1934 procès verbaux de la commission*, p.2820.

29 위의 책, pp.2861-62.

30 위의 책, pp.2839-40.

31 Juan Linz, *The Breakdown of Democratic Regimes*(Baltimore: Johns Hopkins University Press, 1978).

32 민주주의 사회에서 패배의 중요성에 관한 좀 더 깊이 있는 논의는 다음을 참조. Jan-Werner Müller, *Democracy Rules*(New York: Farrar, Straus and Giroux, 2021), pp.58-64.

33 Linz, *Breakdown of Democratic Regimes*.

34 위의 책, p.38.

35 위의 책.

36 Ziblatt, *Conservative Parties and the Birth of Democracy*, p.344.

37 Gabriel Jackson, *The Spanish Republic and the Civil War, 1931-1939*(Princeton, N.J.: Princeton University Press, 1965), pp.148-69, 184-95; Stanley G. Payne, *Spain's First Democracy: The Second Republic, 1931-1936*(Madison: University of Wisconsin Press, 1993)

38 Linz, *Breakdown of Democratic Regimes*, p.37.

39 Jackson, *Spanish Republic and the Civil War*, pp.148-69, 184-95; Payne, *Spain's*

First Democracy.

40 Ziblatt, *Conservative Parties and the Birth of Democracy*, pp.347-53.

41 Javier Tusell, *Spain: From Dictatorship to Democracy*(Oxford: Wiley-Blackwell, 2011), pp.294-95.

42 위의 책, p.311.

43 Javier Cercas, *Anatomía de un instante*(Barcelona: Mondadori, 2009), pp.276, 337, 371.

44 위의 책, pp.144-46.

45 Tusell, *Spain*, p.309: Cercas, *Anatomía de un instante*, p.324. 쿠데타에 대한 자세한 설명은, Cercas, *Anatomía de un instante*.

46 Cercas, *Anatomía de un instante*, p.169

47 위의 책, pp.271, 325.

48 위의 책, pp.161, 168-69, 283-84.

49 위의 책, pp.30, 180.

50 위의 책, pp.176-77.

51 위의 책, p.183.

52 위의 책, p.160.

53 Bill Cemlyn-Jones, "King Orders Army to Crush Coup", *Guardian*, Feb. 23, 1981. 쿠데타에 관한 보다 구체적인 논의는 다음을 참조. Cercas, *Anatomía de un instante*.

54 Cemlyn-Jones, "King Orders Army to Crush Coup".

55 "La manifestación más grande de la historia de España desfiló ayer por las calles de Madrid", *El País*, Feb. 27, 1981.

56 위의 책.

57 Cercas, *Anatomía de un instante*, p.419.

58 Renaud Meltz, *Pierre Laval: Un mystère français*(Paris: Perrin, 2018), p.494.

59 Carmen Callil, *Bad Faith: A Forgotten History of Family, Fatherland, and Vichy France*(New York: Vintage Press, 2006), pp.106-8.

60 Robert Paxton, *Vichy France: Old Guard and New Order, 1940-1944*(New York: Columbia University Press, 1972), p.249. 또한, Stanley Hoffmann, "The Vichy Circle of French Conservatives", *Decline or Renewal? France Since the 1930s*(New York: Viking Press, 1960), pp.3-25.

61 Sheri Berman, *Democracy and Dictatorship in Europe: From the Ancien Régime to the Present Day*(New York: Oxford University Press, 2019), p.181.

62 위의 책.

63 Philip Nord, *France 1940: Defending the Republic*(New Haven, Conn.: Yale University Press, 2015), pp.150-51.

64 Larry Tye, *Demagogue: The Life and Long Shadow of Senator Joe McCarthy*(Boston: Houghton Mifflin Harcourt, 2020), pp.457-59.

65 우리가 사용한 표현은 다음을 참조했다. Hannah Arendt, *Eichmann in Jerusalem: A Report on the Banality of Evil*(1963; London: Penguin, 2006).

66 "헌법적 강경 태도"는 헌법학자 마크 투쉬넷Mark Tushnet이 만든 용어다. Mark Tushnet, "Constitutional Hardball", *John Marshall Law Review* 37(2004), pp.523-54. 또한, Steven Levitsky and Daniel Ziblatt, *How Democracies Die*(New York: Crown, 2018 참조.

67 학자들은 "전제적 법률주의autocratic legalism"라는 용어를 비슷한 방식으로 사용한다. Javier Corrales, "Autocratic Legalism in Venezuela", *Journal of Democracy* 26, no.2(April 2015), pp.37-51; Kim Lane Scheppele, "Autocratic Legalism", *University of Chicago Law Review* 85, no.2, art.2(2018).

68 Lee Epstein and Jeffrey Segal, *Advice and Consent: The Politics of Judicial Appointments*(New York: Oxford University Press, 2005).

69 Robin Bradley Kar and Jason Mazzone, "The Garland Affair: What History and the Constitution Really Say About President Obama's Powers to Appoint a Replacement for Justice Scalia", *New York University Law Review* 91(May 2016), pp.53-115.

70 위의 책, pp.107-14.

71 Abraham García Chávarry, "Tres maneras de conceptualizar la figura de permanente incapacidad moral del presidente de la República como causal de vacancia en el cargo", IDEHPUCP, Nov. 17, 2020.

72 Diego Salazar, "¿Cuántas vidas le quedan al presidente Pedro Castillo?", *Washington Post*, Dec. 8, 2021.

73 위의 책.

74 Ian MacKinnon, "Court Rules Thai Prime Minister Must Resign over Cookery Show", Guardian, Sept. 9, 2008.

75 "Thai Leader Ordered to Quit over Cooking Show", MSNBC, Sept. 8, 2008.

76 Gyan Prakash, *Emergency Chronicles: Indira Gandhi and Democracy's Turning Point*(Princeton, N.J.: Princeton University Press, 2019), pp.92-108.

77 Christophe Jaffrelot, and Pratinay Anil, *India's First Dictatorship: The Emergency,*

1975-77(Oxford: Oxford University Press, 2021), pp.233-64.

78 Granville Austin, *Working a Democratic Constitution: A History of the Indian Experience*(New Delhi: Oxford University Press, 1999), p.214; Jaffrelot and Anil, *India's First Dictatorship*, pp.6-7.

79 Prakash, *Emergency Chronicles*, pp.158-59.

80 위의 책, pp.160-61; Jaffrelot and Anil, *India's First Dictatorship*, pp.4-5.

81 Austin, *Working a Democratic Constitution*, p.304; Jaffrelot and Anil, *India's First Dictatorship*, p.14.

82 Jaffrelot and Anil, *India's First Dictatorship*, p.15; Austin, *Working a Democratic Constitution*, p.305.

83 Prakash, *Emergency Chronicles*, p.9; Jaffrelot and and Anil, *India's First Dictatorship*, pp.15-16.

84 Jaffrelot and Anil, *India's First Dictatorship*, p.15.

85 위의 책, pp.15-16.

86 Prakash, *Emergency Chronicles*, p.166.

87 위의 책, pp.166, 307; Jaffrelot and Anil, *India's First Dictatorship*, pp.2-3.

88 Jaffrelot and Anil, *India's First Dictatorship*, pp.12, 28-98; Prakash, *Emergency Chronicles*.

89 Prakash, *Emergency Chronicles*, pp.180-83.

90 위의 책, p.10.

91 Daniel Brinks, Steven Levitsky, and María Victoria Murillo, *Understanding Institutional Weakness: Power and Design in Latin American Institutions*(New York: Cambridge University Press, 2019).

92 Alena V. Ledeneva, *How Russia Really Works: The Informal Practices That Shaped Post-Soviet Politics and Business*(Ithaca, N.Y.: Cornell University Press, 2014).

93 David E. Hoffman, *The Oligarchs: Wealth and Power in the New Russia*(New York: Public Affairs, 2011).

94 Marshall I. Goldman, *Petrostate: Putin, Power, and the New Russia*(Oxford: Oxford University Press, 2008), pp.102-3.

95 위의 책, pp.113-16.

96 위의 책, pp.105, 116.

97 이 정의는 법률 제도를 동원하여 정적을 공격한다는 의미를 나타내기 위해 널리 사용되는 표현을 다듬은 것이다.

98 "Zambia: Elections and Human Rights in the Third Republic", *Human Rights*

Watch 8, no. 4 (A), Dec. 1996.

99 위의 책.

100 Joe Chilaizya, "Zambia-Politics: Kaunda's Comeback Finally Over", Inter Press Service News Agency, May 16, 1996.

101 Paul Lendvai, *Orbán: Europe's New Strongman*(Oxford: Oxford University Press, 2017).

102 위의 책, p.149.

103 András Bozóki and Eszter Simon, "Two Faces of Hungary: From Democratization to Democratic Backsliding", *Central and Southeast European Politics Since 1989*, ed. Sabrina P. Ramet and Christine M. Hassenstab, 2nd ed.(Cambridge, U.K.: Cambridge University Press, 2019), p.229.

104 Lendvai, *Orbán*, p.103.

105 Miklós Bánkuti, Gábor Halmai, and Kim Lane Scheppele, "Hungary's Illiberal Turn: Disabling the Constitution", *Journal of Democracy*, 23, no. 3(July 2012), p.139.

106 위의 책, p.140.

107 Paul Lendvai, *Hungary: Between Democracy and Authoritarianism*(New York: Columbia University Press, 2012), p.222.

108 "Wrong Direction on Rights: Assessing the Impact of Hungary's New Constitution and Laws", Human Rights Watch, May 16, 2013. 또한, Lendvai, *Orbán*, p.104.

109 "Wrong Direction on Rights."

110 Bozóki and Simon, "Two Faces of Hungary", p.231.

111 Lendvai, *Orbán*, p.110에서 인용.

112 Bozóki and Simon, "Two Faces of Hungary", p.231.

113 Lendvai, *Hungary*, p.220; Bozóki and Simon, "Two Faces of Hungary", p.231.

114 Lendvai, *Hungary*, pp.219-20.

115 Lendvai, *Orbán*, pp.158-63.

116 위의 책, pp.161-62; Bozóki and Simon, "Two Faces of Hungary", p.231.

117 "Hungary: Media Law Endangers Press Freedom: Problematic Legislation Part of Wider Concern About Country's Rights Record", Human Rights Watch, Jan. 7, 2011. 또한, Lendvai, *Hungary*, p.218; U.S. Department of State, "Hungary 2013 Human Rights Report".

118 Bánkuti, Halmai, and Scheppele, "Hungary's Illiberal Turn", p.140; Lendvai, *Orbán*, p.115; U.S. Department of State, "Hungary 2013 Human Rights Report",

p.25; "Hungary: Media Law Endangers Press Freedom".

119 U.S. Department of State, "Hungary 2011 Human Rights Report"; U.S. Department of State, "Hungary 2012 Human Rights Report"; U.S. Department of State, "Hungary 2013 Human Rights Report".

120 Attila Mong, "Hungary's Klubrádió Owner András Arató on How the Station Is Responding to the Loss of Its Broadcast License", Committee to Protect Journalists, Nov. 9, 2021.

121 위의 글.

122 Zack Beauchamp, "It Happened There: How Democracy Died in Hungary", *Vox*, Sept. 13, 2018.

123 Lendvai, *Orbán*, p.119.

124 Bánkuti, Halmai, and Scheppele, "Hungary's Illiberal Turn", p.140.

125 위의 글; Bozóki and Simon, "Two Faces of Hungary", p.229.

126 Lendvai, *Orbán*, pp.129-30; Dylan Difford, "How Do Elections Work in Hungary?", Electoral Reform Society, April 1, 2022.

127 Lendvai, *Orbán*, p.129.

128 Lendvai, *Hungary*, p.226에서 인용.

129 Bozóki and Simon, "Two Faces of Hungary", p.230.

130 위의 글.

131 Lendvai, *Orbán*, p.128.

132 Bozóki and Simon, "Two Faces of Hungary", p.230.

133 Lendvai, *Orbán*, p.91.

134 Lendvai, *Hungary*, p.221.

3장 이 땅에서 벌어진 일

1 이 시기에 형성된 면화 산업에 관해서는 다음을 참조. Sven Beckert, *Empire of Cotton: A New History of Global Capitalism*(London: Penguin, 2014), pp.312-39.

2 Ronald Hartzer, "To Great and Useful Purpose: A History of the Wilmington, North Carolina District, U.S. Army Corps of Engineers (United States)"(PhD diss., Indiana University, 1987), p.37.

3 John R. Killick, "The Transformation of Cotton Marketing in the Late Nineteenth Century: Alexander Sprunt and Son of Wilmington, NC, 1884-1956", *Business History Review 55*, no.2(1981), p.155.

4 위의 책, p.145.

5 1898 Wilmington Race Riot Commission, *1898 Wilmington Race Riot Report*(Raleigh: North Carolina Department of Cultural Resources, 2006), pp.228-229.

6 위의 책, p.30.

7 위의 책, p.31.

8 Elizabeth Sanders, *Roots of Reform: Farmers, Workers, and the American State, 1877-1917*(Chicago: University of Chicago Press, 1999).

9 Steven Hahn, *A Nation Under Our Feet: Black Political Struggles in the Rural South from Slavery to the Great Migration*(Cambridge, Mass.: Harvard University Press, 2003), pp.436-38; Helen Edmonds, *The Negro and Fusion Politics in North Carolina, 1894-1901*(Chapel Hill: University of North Carolina Press, 1951).

10 J. Morgan Kousser, *The Shaping of Southern Politics: Suffrage Restriction and the Establishment of the One-Party South, 1880-1910*(New Haven, Conn.: Yale University Press, 1974), p.187.

11 David Zucchino, *Wilmington's Lie: The Murderous Coup of 1898 and the Rise of White Supremacy*(New York: Grove Press, 2021), pp.xv-xvii, 68, 91-92, 156.

12 Suzanne Mettler and Robert C. Lieberman, *Four Threats: The Recurring Crises of American Democracy*(New York: St. Martin's Press, 2020), pp.92-101의 설명 참조.

13 Zucchino, *Wilmington's Lie*, pp.80, 65-82.

14 위의 책, p.146.

15 1898 Wilmington Race Riot Commission, *Report*, pp.66-67.

16 위의 책, p.33.

17 Zucchino, *Wilmington's Lie*, p.137.

18 위의 책, p.148.

19 위의 책, pp.125-37.

20 위의 책, pp.147, 149-50.

21 1898 Wilmington Race Riot Commission, *Report*, pp.79-80.

22 Mettler and Lieberman, *Four Threats*, pp.93-95.

23 Zucchino, *Wilmington's Lie*, pp.119-20.

24 1898 Wilmington Race Riot Commission, *Report*, p.92.

25 Zucchino, *Wilmington's Lie*, p.160.

26 1898 Wilmington Race Riot Commission, *Report*, pp.107-9.

27 Zucchino, *Wilmington's Lie*, pp.189-219.

28 위의 책, pp.341-42.

29 Mettler and Lieberman, *Four Threats*, p.94.

30 Zucchino, *Wilmington's Lie*, pp.228-56.

31 Mettler and Lieberman, *Four Threats*, p.121.

32 Richard M. Valelly, *The Two Reconstructions: The Struggle for Black Enfranchisement*(Chicago: University of Chicago Press, 2004), p.132; Zucchino, Wilmington's Lie, pp.159-60.

33 Kousser, *Shaping of Southern Politics*, pp.190-92, 239.

34 Zucchino, *Wilmington's Lie*, p.330; Kent Redding, *Making Race, Making Power: North Carolina's Road to Disfranchisement*(Urbana: University of Illinois Press, 2003), p.37.

35 Zucchino, *Wilmington's Lie*, p.330.

36 Eric Foner, *Reconstruction: America's Unfinished Revolution, 1863-1877*(New York: Harper & Row, 1988); W.E.B. Du Bois, *Black Reconstruction in America: An Essay Toward a History of the Part Which Black Folk Played in the Attempt to Reconstruct Democracy in America, 1860-1880*(1935; New York: Free Press, 1998).

37 Eric Foner, *The Second Founding: How the Civil War and Reconstruction Remade the Constitution*(New York: Norton, 2019), p.7; Foner, *Reconstruction*, p.278.

38 Foner, *Second Founding*, pp.68-78.

39 위의 책, p.112에서 인용.

40 Xi Wang, *The Trial of Democracy: Black Su!rage and Northern Republicans, 1860-1910*(Athens: University of Georgia Press, 2012), pp.36-37.

41 Rayford W. Logan, *The Betrayal of the Negro, from Rutherford B. Hayes to Woodrow Wilson*(New York: Hachette Books, 1965), p.107.

42 Foner, *Second Founding*, p.33에서 인용.

43 위의 책, p.86.

44 위의 책, p.107.

45 J. Morgan Kousser, *Colorblind Injustice: Minority Voting Rights and the Undoing of the Second Reconstruction*(Chapel Hill: University of North Carolina Press, 1999), p.39.

46 Kenneth Stampp, *The Era of Reconstruction, 1865-1877*(New York: Vintage Books, 1965), p.83.

47 그 밖의 인물로는 상원 의원인 매사추세츠주 헨리 윌슨[Henry Wilson], 오하이오주 벤저민 웨이드[Benjamin Wade], 미시간주 자카리아 챈들러[Zachariah Chandler]와 더불어 하원 의

원인 매사추세츠주 조지 바우트웰George Boutwell, 인디애나주 조지 줄리언George Julian 이 있었다. 위의 책, pp.83-84.

48 Foner, *Reconstruction*, pp.230-31.

49 James Morone, *Hellfire Nation: The Politics of Sin in American History*(New Haven, Conn.: Yale University Press, 2003), pp.123-44; Daniel Carpenter, *Democracy by Petition: Popular Politics in Transformation, 1790-1870*(Cambridge, Mass.: Harvard University Press, 2021), pp.75-76.

50 *Congressional Globe*, Feb. 6, 1866, p.687.

51 위의 책.

52 Sandra Gustafson, *Imagining Deliberative Democracy in the Early American Republic*(Chicago: University of Chicago Press, 2011), p.125.

53 Marilyn Richardson, *Maria W. Stewart: America's First Black Woman Political Writer*(Bloomington: Indiana University Press, 1987), p.xiii; Valerie C. Cooper, *Word, Like Fire: Maria Stewart, the Bible, and the Rights of African Americans*(Charlottesville: University of Virginia Press, 2011), p.1.

54 Stephen Kantrowitz, *More Than Freedom: Fighting for Black Citizenship in a White Republic, 1829-1889*(New York: Penguin, 2012), p.28.

55 Pauline Maier, *American Scripture: Making the Declaration of Independence*(New York: Vintage, 1997), p.129.

56 Kantrowitz, *More Than Freedom*, pp.52, 109, 130-31.

57 Foner, Second Founding, p.98.

58 위의 책, p.101.

59 Valelly, *Two Reconstructions*, p.3.

60 위의 책, p.33.

61 위의 책, p.122; Foner, *Reconstruction*, p.294.

62 Du Bois, *Black Reconstruction in America*, p.371.

63 위의 책, p.372; Foner, *Reconstruction*, p.318.

64 Du Bois, *Black Reconstruction in America*, pp.404, 444; Foner, *Reconstruction*, p.354; Valelly, *Two Reconstructions*, p.3.

65 Du Bois, *Black Reconstruction in America*, pp.469-70; Foner, *Reconstruction*, p.354.

66 Foner, *Reconstruction*, pp.356-63.

67 Trevon D. Logan, "Do Black Politicians Matter? Evidence from Reconstruction", *Journal of Economic History* 80, no.1(2020), p.2; Eric Foner, *Freedom's Lawmakers: A Directory of Black Officeholders During Reconstruction*(Baton Rouge: Louisiana

State University Press, 1996).

68 Robert Mickey, *Paths Out of Dixie: The Democratization of Authoritarian Enclaves in America's Deep South, 1944~1972*(Princeton, N. J.: Princeton University Press, 2015), p.38; Foner, *Reconstruction*, p.355.

69 Hahn, *Nation Under Our Feet*, p.243에서 인용.

70 Zucchino, *Wilmington's Lie*, p.307.

71 Hahn, *Nation Under Our Feet*, p.237.

72 Michael Perman, *Struggle for Mastery: Disenfranchisement in the South, 1888-1908*(Chapel Hill: University of North Carolina Press, 2001), pp.22-27; Zucchino, *Wilmington's Lie*.

73 Glenda Elizabeth Gilmore, *Gender and Jim Crow*(Chapel Hill: University of North Carolina Press, 2019); Jane Dailey, *White Fright: The Sexual Panic at the Heart of America's Racist History*(New York: Basic Books, 2020).

74 Gilmore, *Gender and Jim Crow*, p.83.

75 Earl Black and Merle Black, *The Rise of Southern Republicans*(Cambridge, Mass.: Harvard University Press, 2002), p.44에서 인용.

76 Perman, *Struggle for Mastery*, p.23에서 인용.

77 Allen W. Trelease, *White Terror: The Ku Klux Klan Conspiracy and Southern Reconstruction*(Baton Rouge: Louisiana State University Press, 1971).

78 Jamelle Bouie, "Why I Keep Coming Back to Reconstruction", *New York Times*, Oct. 25, 2022에서 인용.

79 Logan, *Betrayal of the Negro*, p.10.

80 Equal Justice Initiative, "Reconstruction in America"(Montgomery, Ala., 2020); Foner, *Reconstruction*, pp.425-28.

81 Foner, *Reconstruction*, pp.427, 440-42.

82 Du Bois, *Black Reconstruction in America*; Wang, *Trial of Democracy*, pp.79-83; Foner, *Reconstruction*, pp.342-43.

83 Du Bois, *Black Reconstruction in America*, p.474; Equal Justice Initiative, "Reconstruction in America"; Foner, *Reconstruction*, p.342.

84 Foner, *Reconstruction*, p.343.

85 Richard Abbott, "The Republican Party Press in Reconstruction Georgia, 1867-1874", *Journal of Southern History* 61, no.4(Nov. 1995), p.758.

86 Foner, *Reconstruction*, pp.440-41.

87 Wang, *Trial of Democracy*, pp.78-92; Foner, *Reconstruction*, 454-59.

88　Foner, *Reconstruction*, pp.454-55.

89　Wang, *Trial of Democracy*, pp.93-102.

90　Foner, *Reconstruction*, pp.458-59.

91　James M. McPherson, "War and Peace in the Post-Civil War South", *The Making of Peace: Rulers, States, and the Aftermath of War*, ed. Williamson Murray and Jim Lacey(Cambridge, U.K.: Cambridge University Press, 2009), p.168.

92　Wang, *Trial of Democracy*, pp.102-5; Foner, *Reconstruction*, pp.497-99.

93　Foner, *Reconstruction*, pp.523-31.

94　"The Era of Moral Politics", *New York Times*, Dec. 30, 1874; Foner, *Reconstruction*, pp.525-27.

95　Foner, Reconstruction, p.559.

96　위의 책, 562.

97　위의 책, pp.574-75; Du Bois, *Black Reconstruction in America*, pp.687-89.

98　Foner, *Reconstruction*, pp.574-75.

99　Mickey, *Paths Out of Dixie*, p.39.

100　Logan, *Betrayal of the Negro*, p.10; Valelly, *Two Reconstructions*, p.47.

101　Equal Justice Initiative, "Reconstruction in America".

102　이러한 주장과 더불어 소위 '기정사실 명제[fait accompli thesis]'와 관련된 문제에 대한 논의는 다음을 참조. Valelly, *Two Reconstructions*, p.186, n.14.

103　Du Bois, *Black Reconstruction in America*, pp.597-98.

104　Kousser, *Colorblind Injustice*, p.20; Valelly, *Two Reconstructions*, p.52.

105　C. Vann Woodward, *The Strange Career of Jim Crow*(Oxford: Oxford University Press, 2002), pp.57-65, 77; Kousser, *Shaping of Southern Politics*.

106　Kousser, *Shaping of Southern Politics*, pp.27-28.

107　위의 책, pp.36-42.

108　Woodward, *Strange Career of Jim Crow*, pp.61-64, 79; Kousser, *Shaping of Southern Politics*.

109　Perman, *Struggle for Mastery*, pp.22-27; Woodward, *Strange Career of Jim Crow*, p.79.

110　Kousser, *Shaping of Southern Politics*, p.37.

111　위의 책, p.145에서 인용.

112　Perman, *Struggle for Mastery*; Kousser, *Shaping of Southern Politics*.

113　Kousser, *Shaping of Southern Politics*; Perman, *Struggle for Mastery*.

114　Foner, *Reconstruction*, p.590에서 인용.

115 Perman, *Struggle for Mastery*, p.12.

116 Michael J. Klarman, *From Jim Crow to Civil Rights: The Supreme Court and the Struggle for Racial Equality*(Oxford: Oxford University Press, 2004), p.33.

117 V. O. Key, *Southern Politics in State and Nation*(New York: Vintage Books, 1949), p.531.

118 비밀 투표는 호주에서 1850년대에 처음 시행되었다.

119 Kousser, *Shaping of Southern Politics*, pp.110-14, 239; Perman, *Struggle for Mastery*, p.54.

120 Perman, *Struggle for Mastery*, p.20에서 인용.

121 Alexander Keyssar, *The Right to Vote: The Contested History of Democracy in the United States*(New York: Basic Books, 2000), chap. 5.

122 Kousser, *Shaping of Southern Politics*, pp.139-45; Perman, *Struggle for Mastery*, pp.70-90.

123 Kousser, *Shaping of Southern Politics*, p.239.

124 위의 책, p.134.

125 Keyssar, *Right to Vote, 89-90*, pp.111-13.

126 Kousser, *Shaping of Southern Politics*, p.239.

127 위의 책.

128 Perman, *Struggle for Mastery*, p.58에서 인용.

129 David Bateman, *Disenfranchising Democracy: Constructing the Electorate in the United States, the United Kingdom, and France*(Cambridge, U.K.: Cambridge University Press, 2018), p.25.

130 Klarman, *From Jim Crow to Civil Rights*, p.34; Valelly, *Two Reconstructions*, pp.104-5.

131 R. Volney Riser, *Defying Disfranchisement: Black Voting Rights Activism in the Jim Crow South, 1890-1908*(Baton Rouge: Louisiana State University Press, 2010).

132 Richard Pildes, "Democracy, Anti-democracy, and the Canon", *Constitutional Commentary* 17(2000), p.297.

133 Brian Lyman, "The Journey of Jackson Giles", *Montgomery Advertiser*, Feb. 7, 2022.

134 John Hope Franklin and Evelyn Brooks Higginbotham, *From Slavery to Freedom: A History of African Americans*, 9th ed.(New York: McGraw-Hill, 2011), p.268.

135 Pildes, "Democracy, Antidemocracy, and the Canon", p.302에서 인용.

136 Louis Menand, *The Metaphysical Club: A Story of Ideas in America*(New York: Farrar, Straus and Giroux, 2001), p.4.

137 Klarman, *From Jim Crow to Civil Rights*, p.38.

138 Pildes, "Democracy, Antidemocracy, and the Canon", p.306. 1883년 시민권법 판결에 관해서는 Wang, *Trial of Democracy*, pp.212-13.

139 Samuel Brenner, "Airbrushed out of the Constitutional Canon: The Evolving Understanding of *Giles v. Harris*, 1903-1925", *Michigan Law Review* 107, no.5(2009), p.862; 또한, Valelly, *Two Reconstructions*, pp.112-20.

140 Valelly, Two Reconstructions, p.131; Wang, *Trial of Democracy*, p.254.

141 David W. Blight, *Frederick Douglass: The Prophet of Freedom*(New York: Simon & Schuster, 2018), p.743.

142 Wang, *Trial of Democracy*, p.224.

143 Richard Valelly, "Partisan Entrepreneurship and Policy Windows: George Frisbie Hoar and the 1890 Federal Elections Bill", *Formative Acts: American Politics in the Making, ed. Stephen Skowronek and Matthew Glassman*(Philadelphia: University of Pennsylvania Press, 2007), p.126에서 인용.

144 Keyssar, *Right to Vote*, p.109.

145 Kousser, *Shaping of Southern Politics*, pp.29-30.

146 Wang, *Trial of Democracy*, pp.236-37.

147 Gregory Wawro and Eric Schickler, *Filibuster: Obstruction and Lawmaking in the U.S. Senate*(Princeton, N.J.: Princeton University Press, 2013), pp.76-78.

148 *Reminiscences of Senator William M. Stewart*, ed. George Rothwell Brown(New York: Neale, 1908), pp.297-98.

149 Wawro and Schickler, *Filibuster*, pp.82-83.

150 Wang, *Trial of Democracy*, p.248.

151 위의 책.

152 Wawro and Schickler, *Filibuster*, pp.76-87.

153 Wang, *Trial of Democracy*, p.249.

154 Kent Redding and David James, "Estimating Levels and Modeling Determinants of Black and White Voter Turnout in the South, 1880-1912", *Historical Methods* 34, no.4 (2001), p.148.

155 Valelly, *Two Reconstructions*, p.128.

156 Kousser, *Shaping of Southern Politics*, p.209.

157 Mickey, *Paths Out of Dixie*, pp.35-61.

158 위의 책.

159 Du Bois, *Black Reconstruction in America*, p.30.

4장 왜 공화당은 민주주의를 저버렸나

1   Lyndon B. Johnson, "Address Before a Joint Session of the Congress", Nov. 27, 1963, American Presidency Project, UC Santa Barbara.

2   Geoffrey M. Kabaservice, *Rule and Ruin: The Downfall of Moderation and the Destruction of the Republican Party, from Eisenhower to the Tea Party*(Oxford: Oxford University Press, 2012), p.100.

3   Julian Zelizer, *The Fierce Urgency of Now: Lyndon Johnson, Congress, and the Battle for the Great Society*(New York: Penguin Press, 2015), p.128.

4   Byron C. Hulsey, *Everett Dirksen and His Presidents: How a Senate Giant Shaped American Politics*(Lawrence: University Press of Kansas, 2000), p.201.

5   공화당 보수주의자들은 이전 투표권법을 약화시키고자 했다. 예를 들어 1970년에 닉슨 행정부는 투표권법의 핵심인 5항을 폐지하고자 했지만 실패로 돌아갔다. Ari Berman, *Give Us the Ballot: The Modern Struggle for Voting Rights in America*(New York: Farrar, Straus and Giroux, 2015).

6   "Walking Away: The Republican Party and Democracy", *Economist*, Jan. 1, 2022.

7   Glenn Thrush, "'We're Not a Democracy,' Says Mike Lee, a Republican Senator. That's a Good Thing, He Adds", *New York Times*, Oct. 8, 2020.

8   Anna Luhrmann et al., "New Global Data on Political Parties: V-Party", V-Dem Institute Briefing Paper No. 9, Oct. 26, 2020, pp.1-2.

9   위의 글, p.1.

10 이 질문에 관한 중요한 저서는 다음과 같다. Daniel Schlozman, *When Movements Anchor Parties: Electoral Alignments in American History*(Princeton, N.J.: Princeton University Press, 2015); E. J. Dionne, *Why the Right Went Wrong: Conservatism—from Goldwater to Trump and Beyond*(New York: Simon & Schuster, 2016); Theda Skocpol and Vanessa Williamson, *The Tea Party and the Remaking of Republican Conservativism*(New York: Oxford University Press, 2016); Sam Rosenfeld, *The Polarizers: Postwar Architects of Our Partisan Era*(Princeton, N.J.: Princeton University Press, 2017); Jacob Hacker and Paul Pierson, *Let Them Eat Tweets: How the Right Rules in an Age of Extreme Inequality*(New York: W. W. Norton, 2020).

11 Lewis L. Gould, *The Republicans: A History of the Grand Old Party*(Oxford: Oxford University Press, 2014); Heather Cox Richardson, *To Make Men Free: A History of the Republican Party*(New York: Basic Books, 2014).

12 James L. Sundquist, *Dynamics of the Party System: Alignment and Realignment*

of *Political Parties in the United States*, rev. ed.(Washington, D.C.: Brookings Institution, 1983), pp.214-26.

13 Black and Black, *Rise of Southern Republicans*, p.15.

14 Ziblatt, *Conservative Parties and the Birth of Democracy*, pp.33-37; Hacker and Pierson, *Let Them Eat Tweets*, p.21.

15 Eric Schickler, *Racial Realignment: The Transformation of American Liberalism, 1932-1965*(Princeton, N.J.: Princeton University Press, 2016), pp.252-53; Boris Heersink and Jeffrey A. Jenkins, *Republican Party Politics and the American South, 1865-1968*(Cambridge, U.K.: Cambridge University Press, 2020), pp.163-76; Sam Rosenfeld, *The Polarizers: Postwar Architects of Our Partisan Era*(Chicago: University of Chicago Press, 2017), pp.70-89.

16 Black and Black, *Rise of Southern Republicans*, p.57.

17 Schickler, *Racial Realignment*, pp.104-18; Tali Mendelberg, *The Race Card: Campaign Strategy, Implicit Messages, and the Norm of Equality*(Princeton, N.J.: Princeton University Press, 2001), pp.67-70.

18 Schickler, *Racial Realignment*, pp.81-97; Philip A. Klinkner, *The Unsteady March: The Rise and Decline of Racial Equality in America, with Rogers M. Smith*(Chicago: University of Chicago Press, 1999), pp.207-34.

19 Black and Black, *Rise of Southern Republicans*, pp.45-46.

20 위의 책, p.32에서 인용.

21 Schickler, *Racial Realignment*, pp.213-18.

22 위의 책, pp.248-49.

23 Joseph Lowndes, *From the New Deal to the New Right: Race and the Southern Origins of Modern Conservatism*(New Haven, Conn.: Yale University Press, 2008), pp.48-49, 60-64; Schickler, *Racial Realignment*, pp.248-53.

24 Schickler, *Racial Realignment*, pp.253-70; Heersink and Jenkins, *Republican Party Politics and the American South*, pp.177-78; Lowndes, *From the New Deal to the New Right*, pp.52-61; Mickey, *Paths Out of Dixie*, pp.180-89.

25 Robert Novak, *The Agony of the G.O.P. 1964*(New York: Macmillan, 1965), p.179.

26 Angie Maxwell and Todd G. Shields, *The Long Southern Strategy: How Chasing White Voters in the South Changed American Politics*(New York: Oxford University Press, 2019), p.8.

27 Schickler, *Racial Realignment*, pp.237-38.

28 Sundquist, *Dynamics of the Party System*, p.290.

29 위의 책; Kabaservice, *Rule and Ruin*, pp.98-113; Heersink and Jenkins, *Republican Party Politics and the American South*, p.182; John H. Kessel, *The Goldwater Coalition: Republican Strategies in 1964*(New York: The Bobbs-Merrill Company, 1968), pp.195-96.

30 Edward G. Carmines and James A. Stimson, *Issue Evolution: Race and the Transformation of American Politics*(Princeton, N.J.: Princeton University Press, 1989), pp.38-39, 164-66; Donald R. Kinder and Lynn M. Sanders, *Divided by Color: Racial Politics and Democratic Ideals*(Chicago: University of Chicago Press, 1996), pp.206-7.

31 Stuart Stevens, *It Was All a Lie: How the Republican Party Became Donald Trump* (New York: Alfred A. Knopf, 2020), p.12

32 Klinkner, *Unsteady March*, p.275.

33 Kinder and Sanders, *Divided by Color*, pp.20-23, 33.

34 위의 책, pp.101-3; Klinkner, *Unsteady March*, pp.280-81.

35 Kinder and Sanders, *Divided by Color*, pp.101-3; Sundquist, *Dynamics of the Party System*, pp.382-87; Klinkner, *Unsteady March*, p.280.

36 Black and Black, *Rise of Southern Republicans*, p.205; Kevin Phillips, *The Emerging Republican Majority*(New Rochelle, N.Y.: Arlington House, 1969).

37 Sundquist, *Dynamics of the Party System*, pp.364-65.

38 Kabaservice, *Rule and Ruin*, p.274에서 인용.

39 Mendelberg, *Race Card*, pp.95-98.

40 Phillips, *Emerging Republican Majority*, p.227.

41 Lowndes, *From the New Deal to the New Right*, p.137.

42 Carmines and Stimson, *Issue Evolution*, p.54; Black and Black, *Rise of Southern Republicans*, pp.215-16.

43 Rick Perlstein, *Reaganland: America's Right Turn, 1976-1980*(New York: Simon & Schuster, 2020), p.830.

44 Robert P. Jones, *The End of White Christian America*(New York: Simon & Schuster, 2016), p.88; 또한, Maxwell and Shields, *Long Southern Strategy*, chaps. 7-9.

45 Daniel K. Williams, *God's Own Party: The Making of the Christian Right*(Oxford: Oxford University Press, 2010); Frances Fitzgerald, *The Evangelicals: The Struggle to Shape America*(New York: Simon & Schuster, 2017).

46 Daniel Schlozman, *When Movements Anchor Parties: Electoral Alignments in American History*(Princeton, N.J.: Princeton University Press, 2015), pp.77-107;

Williams, *God's Own Party*, pp.171-79.

47 Schlozman, *When Movements Anchor Parties*, pp.87-88.

48 위의 책, pp.90-101; Jones, *End of White Christian America*, p.171; Fitzgerald, *Evangelicals*, pp.303-5.

49 Williams, *God's Own Party*, pp.188-94.

50 위의 책, pp.189-90; Kabaservice, *Rule and Ruin*, p.361; Maxwell and Shields, *Long Southern Strategy*, pp.291-92.

51 Black and Black, *Rise of Southern Republicans*, pp.205-40.

52 위의 책, pp.217-19; Williams, *God's Own Party*, p.206.

53 Black and Black, *Rise of Southern Republicans*, p.206; 또한, Sundquist, *Dynamics of the Party System*, p.417.

54 Black and Black, *Rise of Southern Republicans*, pp.268-368; David Lublin, *The Republican South: Democratization and Partisan Change*(Princeton, N.J.: Princeton University Press, 2004), pp.33-41.

55 Alan Abramowitz, *The Great Alignment: Race, Party Transformation, and the Rise of Donald Trump*(New Haven, Conn.: Yale University Press, 2018), pp.130-31.

56 Taken from Kinder and Sanders, *Divided by Color*, p.106.

57 Ziblatt, *Conservative Parties and the Birth of Democracy*, pp.174-75.

58 William H. Frey, *The Diversity Explosion: How New Racial Demographics Are Remaking America*(Washington, D.C.: Brookings Institution Press, 2018).

59 Data from 2020 U.S. census.

60 Frey, *Diversity Explosion*, p.247.

61 Tara Bahrampour and Ted Mellnik, "Census Data Shows Widening Diversity: Number of White People Falls for First Time", *Washington Post*, Aug. 12, 2021.

62 Frey, Diversity Explosion, pp.168-77, 184-89.

63 Ted Mellnik and Andrew Van Dam, "How Mixed-Race Neighborhoods Quietly Became the Norm in the U.S", *Washington Post*, Nov. 4, 2022.

64 Frey, *Diversity Explosion*, pp.193-211.

65 Robert P. Jones and Daniel Cox, "America's Changing Religious Identity: Findings from the 2016 American Values Atlas", Public Religion Research Institute, Washington, D.C., Sept. 2017, 18.

66 Katherine Schaeffer, "Racial, Ethnic Diversity Increases Yet Again with the 117th Congress", Pew Research Center, Jan. 28, 2021.

67 위의 글.

68 Hochschild, Weaver, and Burch, *Creating a New Racial Order*.

69 Younis, "Americans Want More, Not Less, Immigration for First Time".

70 위의 글.; "Voters' Attitudes About Race and Gender Are Even More Divided Than in 2016"; Fingerhut, "Most Americans Express Positive Views of Country's Growing Racial and Ethnic Diversity"; Horowitz, "Americans See Advantages and Challenges in Country's Growing Racial and Ethnic Diversit".

71 Emily Badger, "28 Percent of Whites Say They Favor a Law Allowing Homeowners to Discriminate", *Washington Post*, July 9, 2015; "General Social Survey(GSS)", NORC at the University of Chicago.

72 "Race Relations", Gallup.

73 John Sides, "White Christian America Is Dying", *Washington Post*, Aug. 15, 2016; Public Religion Research Institute, American Values Atlas(2014).

74 Frey, *Diversity Explosion*, pp.31-32, 254. 2018년 퓨 리서치는 밀레니얼 세대의 52퍼센트가 차별이 "오늘날 많은 흑인이 성공하지 못하는 주요한 이유"라는 주장에 동의했다는 사실을 보여줬다. 이 수치는 베이비부머 세대의 36퍼센트, 그리고 소위 침묵 세대의 28퍼센트와 선명한 대조를 이룬다. 밀레니얼 세대의 80퍼센트 가까이는 이민자들이 미국을 강하게 만든다고 생각하며, 이 수치는 침묵 세대의 47퍼센트와 큰 차이를 보인다. "The Generation Gap in American Politics", Pew Research Center, March 1, 2018.

75 "Generation Gap in American Politics."

76 Hochschild, Weaver, and Burch, *Creating a New Racial Order*, p.173.

77 "Voting Rights Restoration", Brennan Center for Justice.

78 Jones, *End of White Christian America*, pp.107-8.

79 위의 책, p.106; Jones and Cox, "America's Changing Religious Identity", p.18.

80 Stevens, *It Was All a Lie*, p.32.

81 Manuel Pastor, *State of Resistance: What California's Dizzying Descent and Remarkable Resurgence Mean for America's Future*(New York: New Press, 2018), p.37; Soraya Sarhaddi Nelson and Richard O'Reilly, "Minorities Become Majority in State, Census O"cials Say", *Los Angeles Times*, Aug. 30, 2000.

82 "A Summary Analysis of the 1994 General Election", *California Opinion Index*(Jan. 1995); Daniel Martinez HoSang, *Racial Propositions: Ballot Initiatives and the Making of Postwar California*(Berkeley: University of California Press, 2010), p.197.

83 HoSang, *Racial Propositions*, pp.161, 173-77.

84 "Summary Analysis of the 1994 General Election."

85 HoSang, *Racial Propositions*, pp.196–97; "Summary Analysis of the 1994 General Election".

86 HoSang, *Racial Propositions*, pp.212–28, 231–41.

87 Nelson and O'Reilly, "Minorities Become Majority in State, Census Offcials Say"; Jill Cowan, "Census Confirms Hispanic Residents Are Now the Biggest Ethnic Group in California", *New York Times*, Aug. 12, 2021; "California Voter and Party Profiles", Public Policy Institute of California Fact Sheet, Sept. 2021. 또한, Pastor, *State of Resistance*, pp.3, 7.

88 Pastor, *State of Resistance*, p.129.

89 Jeremy W. Peters, *Insurgency: How Republicans Lost Their Party and Got Everything They Ever Wanted*(New York: Crown, 2022), p.140.

90 위의 책.

91 Rosalind S. Helderman and Jon Cohen, "As Republican Convention Emphasizes Diversity, Racial Incidents Intrude", *Washington Post*, Aug. 29, 2012.

92 Stevens, *It Was All a Lie*, p.174.

93 Elyse Siegel, "Michael Steele: For Decades GOP Pursued 'Southern Strategy' That Alienated Minorities", *HuffPost*, May 25, 2011; Steele, interview with authors, Dec. 13, 2021.

94 Shushannah Walshe, "RNC Completes 'Autopsy' on 2012 Loss, Calls for Inclusion Not Policy Change", ABC News, March 18, 2013.

95 Republican National Committee, "Growth and Opportunity Project", March 2013, 4.

96 위의 글, pp.7–8.

97 위의 글, p.8.

98 위의 글, p.5.

99 위의 글, pp.5–8.

100 Tova Wang, *The Politics of Voter Suppression: Defending and Expanding Americans' Right to Vote*(Ithaca, N.Y.: Cornell University Press, 2012); Berman, *Give Us the Ballot*; Carol Anderson, *One Person, No Vote: How Voter Suppression Is Destroying Our Democracy*(New York: Bloomsbury, 2018).

101 "Dissecting the 2008 Electorate: Most Diverse in U.S. History: Overview", Pew Research Center, April 30, 2009; "Dissecting the 2008 Electorate: Most Diverse in U.S. History: Voter Turnout Rates", Pew Research Center, April 30, 2009. 떠오르

는 연합^{coalition of the ascendant}에 대해서는, Ronald Brownstein and National Journal, "Analysis: Obama Gambles with Whites", *Atlantic*, June 29, 2012.

102 Berman, *Give Us the Ballot*, p.22.

103 Anderson, *One Person, No Vote*, pp.62-63; Berman, *Give Us the Ballot*, 10, 260; Wendy R. Weiser, "Voter Suppression: How Bad? (Pretty Bad)", Brennan Center for Justice, Oct. 1, 2014.

104 Benjamin Highton, "Voter Identification Laws and Turnout in the United States", *Annual Review of Political Science* 20(2017), pp.151-58.

105 위의 글, p.153.

106 Lorraine C. Minnite, *The Myth of Voter Fraud*(Ithaca, N.Y.: Cornell University Press, 2011); Richard L. Hasen, *The Voting Wars: From Florida 2020 to the Next Election Meltdown*(New Haven, Conn.: Yale University Press, 2012), pp.52-62; Justin Levitt, "The Truth About Voter Fraud", Brennan Center for Justice, 2007.

107 Hasen, *Voting Wars*, pp.52-53; Minnite, *Myth of Voter Fraud*, pp.86-128.

108 Keesha Gaskins and Sundeep Iyer, "The Challenge of Obtaining Voter Identification", Brennan Center for Justice, July 2012.

109 위의 글.

110 Weiser, "Voter Suppression", p.5; Berman, *Give Us the Ballot*, p.266.

111 Wang, *Politics of Voter Suppression*, p.3.

112 Anderson, *One Person, No Vote*, p.118.

113 Wang, *Politics of Voter Suppression*, p.2; Anderson, *One Person, No Vote*, p.11.

114 Michael Cooper and Jo Craven McGinty, "Florida's New Election Law Blunts Voter Drives", *New York Times*, March 27, 2012.

115 Abby Goodnough, "In a Break from the Past, Florida Will Let Felons Vote", *New York Times*, April 6, 2007; Berman, *Give Us the Ballot*, p.263.

116 Anderson, *One Person, No Vote*, pp.94, 118.

117 Berman, *Give Us the Ballot*, p.291.

118 위의 책; Anderson, *One Person, No Vote*, p.68.

119 Berman, *Give Us the Ballot*, p.295; Weiser, "Voter Suppression", p.4.

120 Anderson, *One Person, No Vote*, p.68.

121 Stevens, interview with authors, April 29, 2022.

122 Michael Wines, "Some Republicans Acknowledge Leveraging Voter ID Laws for Political Gain", *New York Times*, Sept. 16, 2016.

123 Wendy R. Weiser and Erik Opsal, "The State of Voting in 2014", Brennan Center

for Justice, June 17, 2014.

124 Jason D. Mycoff, Michael W. Wager, and David C. Wilson, "The Empirical E"ects of Voter ID Laws: Present or Absent?", *PS: Political Science and Politics* 42, no.1(Jan. 2009), pp.121–26; Highton, "Voter Identification Laws and Turnout in the United States", pp.149–67; Nicholas A. Valentino and Fabian G. Neuner, "Why the Sky Didn't Fall: Mobilizing Anger in Reaction to Voter ID Laws", *Political Psychology* 38, no.2(2017), pp.331–50; Justin Grimmer et al., "Obstacles to Estimating Voter ID Laws' Effects on Turnout", *Journal of Politics* 80, no.3(2018), pp.1045–51; Justin Grimmer and Jesse Yoder, "The Durable Differential Deterrent Effects of Strict Photo Identification Laws", *Political Science Research and Methods* 10, no.3(2022), pp.453–69.

125 "Margarito Banned for One Year over 'Loaded' Gloves", *Guardian*, Feb. 11, 2009.

126 Ashley Jardina, *White Identity Politics*(New York: Cambridge University Press, 2019); Jones, *End of White Christian America*.

127 Lawrence D. Bobo, "Inequalities That Endure? Racial Ideology, American Politics, and the Peculiar Role of the Social Sciences", *The Changing Terrain of Race and Ethnicity*, ed. Maria Krysan and Amanda E. Lewis(New York: Russell Sage Foundation, 2004); Hochschild, Weaver, and Burch, *Creating a New Racial Order*.

128 Jardina, *White Identity Politics*, pp.22, 35–36.

129 Joel Olson, "Whiteness and the Polarization of American Politics", *Political Research Quarterly* 61, no.4(Dec. 2008), p.708.

130 Du Bois, *Black Reconstruction in America*, p.700.

131 Hochschild, Weaver, and Burch, *Creating a New Racial Order*; Jardina, *White Identity Politics*.

132 Olson, "Whiteness and the Polarization of American Politics", pp.704–18; Justin Gest, *The New Minority: White Working Class Politics in an Age of Immigration and Inequality*(New York: Oxford University Press, 2016); Arlie Russell Hochschild, *Strangers in Their Own Land: Anger and Mourning on the American Right*(New York: New Press, 2018); Jardina, *White Identity Politics*.

133 Jones, *End of White Christian America*, p.86.

134 Gest, *New Minority*, p.16; Hochschild, *Strangers in Their Own Land*, pp.137–39; Jardina, *White Identity Politics*, p.153.

135 Olson, "Whiteness and the Polarization of American Politics"; Jardina, *White Identity Politics*, p.153.

136 Gest, *New Minority*, p.16; Hochschild, *Strangers in Their Own Land*, pp.137-39; Rogers M. Smith and Desmond King, "White Protectionism in America", *Perspectives on Politics* 19, no.2(June 2021), pp.460-78.

137 Michael I. Norton and Samuel R. Sommers, "Whites See Racism as a Zero-Sum Game That They Are Now Losing", *Perspectives on Psychological Science* 6, no.3(2011), pp. 215-18; Alex Samuels and Neil Lewis Jr., "How White Victimhood Fuels Republican Politics", FiveThirtyEight, March 21, 2022.

138 Michael Tesler, *Post-racial or Most Racial? Race and Politics in the Obama Era*(Chicago: University of Chicago Press, 2016).

139 위의 책, pp.47-63.

140 위의 책.

141 Philip S. Gorski and Samuel L. Perry, *The Flag and the Cross: White Christian Nationalism and the Threat to American Democracy*(New York: Oxford University Press, 2022); Andrew L. Whitehead and Samuel L. Perry, *Taking America Back for God: Christian Nationalism in the United States*(New York: Oxford University Press, 2020).

142 Philip Gorski, "Christianity and Democracy After Trump", Political Theology Network, July 18, 2018.

143 Whitehead and Perry, *Taking America Back for God*, p.10; Gorski, "Christianity and Democracy After Trump".

144 Gorski and Perry, *The Flag and the Cross*, pp.10, 84-85. 실제로 복음주의 기독교 인 중에서 교회에 자주 가지 않는 이들이 교회에 자주 가는 이들보다 2016년 선거 에서 도널드 트럼프를 더 많이 지지했다. 다음을 참조. Gorski, "Christianity and Democracy After Trump."

145 Gorski, "Christianity and Democracy After Trump".

146 티파티Tea Party의 뿌리에 대해서는, Theda Skocpol and Vanessa Williamson, *The Tea Party and the Remaking of Republican Conservatism*(New York: Oxford University Press, 2012); Christopher Parker and Matt A. Barreto, *Change They Can't Believe In: The Tea Party and Reactionary Politics in America*(Princeton, N.J.: Princeton University Press, 2013).

147 추산과 관련해서 다음을 참조. Skocpol and Williamson, *Tea Party and the Remaking of American Conservatism*, p.22; Parker and Barreto, *Change They Can't Believe In*, p.242.

148 Skocpol and Williamson, *Tea Party and the Remaking of American Conservatism*,

pp.76-82: Parker and Barreto, *Change They Can't Believe In*: Rachel M. Blum, *How the Tea Party Captured the GOP: Insurgent Factions in American Politics*(Chicago: University of Chicago Press, 2020), pp.95-97.

149 Skocpol and Williamson, *Tea Party and the Remaking of American Conservatism*, pp.57-58, 69-72: Parker and Barreto, *Change They Can't Believe In*, pp.165-72: Blum, *How the Tea Party Captured the GOP*, pp.64-95.

150 Parker and Barreto, *Change They Can't Believe In*, pp.249, 또한 pp.3, 245, 257.

151 Jardina, *White Identity Politics*, p.219에서 인용.

152 같은 책에서 인용.

153 Maxwell and Shields, *Long Southern Strategy; Abramowitz*, Great Alignment.

154 Abramowitz, *Great Alignment*, pp.130-1.

155 Lawrence R. Jacobs, *Democracy Under Fire: Donald Trump and the Breaking of American History*(Oxford: Oxford University Press, 2022), pp.163-88.

156 Sam Rosenfeld and Daniel Schlozman, "The Hollow Parties", *Can America Govern Itself?*, ed. Frances Lee and Nolan McCarty(Cambridge, U.K.: Cambridge University Press, 2019), pp.120-51: Hacker and Pierson, *Let Them Eat Tweets*.

157 Tony Fabrizio, Peters, *Insurgency*, p.18에서 인용.

158 위의 책, pp.143-44.

159 위의 책.

160 Jon Cohen and Dan Balz, "Poll: Immigration a Quandary for Republicans", *Washington Post*, July 23, 2013.

161 Peters, *Insurgency*, p.223에서 인용.

162 위의 책, p.224에서 인용.

163 위의 책, pp.180-81.

164 위의 책, pp.256-57.

165 Jardina, *White Identity Politics*, 45.

166 위의 책, pp.230-45: Tahema Lopez Bunyasi, "The Role of Whiteness in the 2016 Presidential Primaries", *Perspectives on Politics* 17, no.3(Sept. 2019): Brenda Major, Alison Blodorn, and Gregory Major Blascovich, "The Threat of Increasing Diversity: Why Many White Americans Support Trump in the 2016 Presidential Election", *Group Processes and Intergroup Relations* 21, no.6(2018), pp.931-40: Mutz, "Status Threat, Not Economic Hardship, Explains the 2016 Presidential Vote": Michael Tesler and John Sides, "How Political Science Helps Explain the Rise of Trump: The Role of White Identity and Grievances", *Washington Post*,

404

March 3, 2016.

167 Matthew Continetti on *The Ezra Klein Show*, "Donald Trump Didn't Hijack the G.O.P. He Understood It", *New York Times*, May 6, 2022.

168 Nathaniel Rakich, "Congressional Republicans Left Office in Droves Under Trump. Just How Conservative Are Their Replacements?", FiveThirtyEight, April 27, 2021.

169 Larry Schack and Mick McWilliams, "Project Home Fire/Center for Politics Research Reveals Outsized Role Immigration Plays in Fueling Our National Divide", *Sabato's Crystal Ball*, UVA Center for Politics, Oct. 7, 2021.

170 Hawes Spencer and Sheryl Gay Stolberg, "White Nationalists March on University of Virginia", *New York Times*, Aug. 11, 2017.

171 Tim Arango, Nicholas BogelBurroughs, and Katie Benner, "Minutes Before El Paso Killing, Hate-Filled Manifesto Appears Online", *New York Times*, Aug. 3, 2019; Alan Feuer, "How Buffalo Suspect's Racist Writings Reveal Links to Other Attacks", *New York Times*, May 16, 2022.

172 Ian Schwartz, "Laura Ingraham: Democrats Want to Replace American Voters with Newly Amnestied Citizens", RealClearPolitics, Oct. 17, 2018.

173 〈뉴욕 타임스 터커 칼슨 투나잇The New York Times's Tucker Carlson Tonight〉과 상호 참조.

174 Jonathan Chair, "Yes, Tucker Carlson Shares Blame for the Buffalo Supermarket Attack. The White Nationalist's Allies Mount an Unconvincing Defense", *Intelligencer*, May 16, 2022에서 인용.

175 Daniel A. Cox, "After the Ballots Are Counted: Conspiracies, Political Violence, and American Exceptionalism: Findings from the January 2021 American Perspectives Survey", Survey Center on American Life, American Enterprise Institute, Feb. 11, 2021.

176 Alan Yuhas, "Trump Says He May Not Accept Result if Clinton Wins, in Reversal from Debate", *Guardian*, Oct. 1, 2016; Jeremy Diamond, "Donald Trump: 'I Will Totally Accept' Election Results 'if I Win'", CNN, Oct. 20, 2016.

177 "Trump Claims Millions Voted Illegally in Presidential Poll", BBC, Nov. 28, 2016.

178 Mark Bowden and Matthew Teague, *The Steal*(New York: Atlantic Monthly Press, 2022), pp.2-3.

179 Bob Woodward and Robert Costa, *Peril*(New York: Simon & Schuster, 2021), p.131.

180 Bowden and Teague, *Steal*, p.3; Kevin Liptak, "A List of the Times Trump Has Said

He Won't Accept the Election Results or Leave Office if He Loses", CNN, Sept. 24, 2020.

181 Bowden and Teague, *Steal*, p.82.

182 Woodward and Costa, *Peril*, pp.144, 153, 288.

183 이러한 활동에 대한 자세한 내용은, Bowden and Teague, *Steal*; Woodward and Costa, *Peril*; and Jonathan Karl, *Betrayal: The Final Act of the Trump Show*(New York: Dutton, 2021) 참조.

184 Bowden and Teague, *Steal*, pp.202-3.

185 Woodward and Costa, *Peril*, pp.151-52에서 인용. Betsy Woodruff Swan, "Read the Never-Issued Trump Order That Would Have Seized Voting Machines", *Politico*, Jan. 25, 2022; Alan Feuer et al., "Trump Had Role in Weighing Proposals to Seize Voting Machines", *New York Times*, Jan. 31, 2022.

186 Karl, *Betrayal*, pp.258, 266, 271; Woodward and Costa, *Peril*, pp.230, 238-39.

187 Katie Benner, "Justice Dept. Is Reviewing Role of Fake Trump Electors, Top Offcial Says", *New York Times*, Jan. 25, 2022.

188 Jamie Gangel and Jeremy Herb, "Memo Shows Trump Lawyer's Six-Step Plan for Pence to Overturn the Election", CNN, Sept. 21, 2021; Karl, *Betrayal*, pp.259-60; Woodward and Costa, *Peril*, pp.209-12; Richard L. Hasen, "Identifying and Minimizing the Risk of Election Subversion and Stolen Elections in the Contemporary United States", *Harvard Law Review Forum* 135(2022), pp.273-74.

189 Andrew Solender, "Just 25 Republicans in Congress Have Acknowledged Biden's Win Since Electoral College Vote", *Forbes*, Dec. 17, 2020.

190 "GOP Democracy Report Card", Republican Accountability, accountability.gop/report-card/.

191 Karen Yourish, Larry Buchanan, and Denise Lu, "The 147 Republicans Who Voted to Overturn Election Results", *New York Times*, Jan. 7, 2021.

192 Matthew Choi, "Georgia Elections Offcial Says Lindsey Graham Looked for Way to Exclude Some Legal Ballots", *Politico*, Nov. 16, 2020.

193 Aaron Blake, "The Big Disconnect Between Mike Lee's Words and His Actions", *Washington Post*, April 18, 2022.

194 Michael Kranish, "Inside Ted Cruz's Last-Ditch Battle to Keep Trump in Power", *Washington Post*, March 28, 2022.

195 Nick Corasaniti, Karen Yourish, and Keith Collins, "How Trump's 2020 Election

Lies Have Gripped State Legislatures", *New York Times*, May 22, 2022.

196 위의 글.

197 Zack Beauchamp, "The Big Lie Is the GOP's One and Only Truth", *Vox*, May 21, 2021; Ashley Parker and Marianna Sotomayor, "For Republicans, Fealty to Trump's Election Falsehood Becomes Defining Loyalty Test", *Washington Post*, May 2, 2021.

198 Michael Gerson, "The Threat of Violence Now Infuses GOP Politics. We Should All Be Afraid", *Washington Post*, May 20, 2021.

199 Luke Broadwater and Matthew Rosenberg, "Republican Ties to Extremist Groups Are Under Scrutiny", *New York Times*, June 10, 2021; Catie Edmondson, "Marjorie Taylor Greene's Controversies Are Piling Up. Republicans Are Quiet", *New York Times*, May 25, 2021; Felicia Sonmez, "Rep. Paul Gosar Tweets Altered Anime Video Showing Him Killing Rep. Ocasio-Cortez and Attacking President Biden", *Washington Post*, Nov. 8, 2021.

200 Craig Mauger and Beth Leblanc, "Trump Tweets 'Liberate' Michigan, Two Other States with Dem Governors", *Detroit News*, April 17, 2020; Lois Beckett, "Armed Protesters Demonstrate Against COVID-19 Lockdown at Michigan Capitol", *Guardian*, April 30, 2020; Kathleen Gray, "In Michigan, a Dress Rehearsal for the Chaos at the Capitol on Wednesday", *New York Times*, Jan. 9, 2021.

201 Mauger and Leblanc, "Trump Tweets 'Liberate' Michigan, Two Other States with Dem Governors."

202 Katelyn Burns, "Armed Protesters Entered Michigan's State Capitol During Rally Against Stay-at-Home Order", *Vox*, April 30, 2020; Beckett, "Armed Protesters Demonstrate Against COVID-19 Lockdown at Michigan Capitol".

203 Emily Singer, "Republicans Encourage Violence Against Protesters amid Anti-racism Demonstrations", *American Independent*, Sept. 4, 2020.

204 Doha Madani, "Matt Gaetz Tweet on Hunting Antifa Hit with Warning from Twitter for Glorifying Violence", MSNBC, June 2, 2020.

205 David Smith, "Why Republicans Are Embracing Kyle Rittenhouse as Their Mascot", *Guardian*, Nov. 27, 2021; John Fritze, Kevin Johnson, and David Jackson, "Trump Defends Kyle Rittenhouse on Eve of Visit to Kenosha", *USA Today*, Aug. 31, 2020.

206 Smith, "Why Republicans Are Embracing Kyle Rittenhouse as Their Mascot."

207 Joan E. Greve, "St. Louis Couple Who Threatened Black Lives Matter Protesters

Speak at RNC", *Guardian*, Aug. 25, 2020.

208 Michael Wines, "Here Are the Threats Terrorizing Election Workers", *New York Times*, Dec. 3, 2020; Linda So and Jason Szep, "U.S. Election Workers Get Little Help from Law Enforcement as Terror Threats Mount", Reuters, Sept. 8, 2021. 또한, Bowden and Teague, *Steal*.

209 "Local Election Offcials Survey", Brennan Center for Justice, March 2022, 6, 19.

210 Rich Kremer, "County Republican Parties Facing Scrutiny over Online Rhetoric in Wake of Insurrection", Wisconsin Public Radio, Jan. 12, 2021.

211 Alana Wise, "DOD Took Hours to Approve National Guard Request During Capitol Riot, Commander Says", NPR, March 3, 2021.

212 Woodward and Costa, *Peril*, p.256.

213 Karl, *Betrayal*, p.339.

214 Libby Cathey, "Trump's Attempts to Discredit Jan. 6 Committee Being Put to Test Thursday", ABC News, June 9, 2022.

215 Cristina Marcos, "GOP Efforts to Downplay Danger of Capitol Riot Increase", *Hill*, May 21, 2021.

216 Allison Pecorin, "GOP Sen. Ron Johnson Says He Didn't Feel 'Threatened' by Capitol Marchersbut May Have if BLM or Antifa Were Involved", ABC News, March 13, 2021.

217 Eugene Scott, "White House Condemns Greene over Claim She Would Have 'Won' Jan. 6 Insurrection", *Washington Post*, Dec. 12, 2022.

218 Jonathan Weisman and Reid J. Epstein, "G.O.P. Declares Jan. 6 Attack 'Legitimate Political Discourse'", *New York Times*, Feb. 4, 2022.

219 Paul Waldman, "Elite Republicans Are Now Openly Encouraging Political Violence", *Washington Post*, June 20, 2022.

220 Katie Glueck, Azi Paybarah, and Leah Askarinam, "In More Than 100 G.O.P. Midterm Ads This Year: Guns, Guns, Guns", *New York Times*, May 27, 2022.

221 Cristina Marcos, "Cheney in Defiant Floor Speech: Trump on 'Crusade to Undermine Our Democracy'", *Hill*, May. 11, 2021.

222 John Eligon and Thomas Kaplan, "These Are the Republicans Who Supported Impeaching Trump", *New York Times*, Sep. 17, 2021.

223 Jonathan Martin and Alexander Burns, *This Will Not Pass: Trump, Biden, and the Battle for America's Future* (New York: Simon & Schuster, 2022), pp.432-33; "Wyoming GOP Votes to Stop Recognizing Cheney as a Republican", Associated

Press, Nov. 15, 2021.

224 Martin and Burns, *This Will Not Pass*, pp.338-41, 217-18.

225 Karl, *Betrayal*, pp.240-41; Martin and Burns, *This Will Not Pass*, p.127.

226 Alexander Burns and Jonathan Martin, "'I've Had It with This Guy': G.O.P.
Leaders Privately Blasted Trump After Jan. 6", *New York Times*, April 21, 2022;
Martin and Burns, *This Will Not Pass*, pp.222-23, 230-32.

227 Woodward and Costa, *Peril*, p.342.

228 Burns and Martin, "'I've Had It with This Guy'"; Martin and Burns, *This Will Not Pass*, pp.222-23.

229 Burns and Martin, "'I've Had It with This Guy'"; Martin and Burns, *This Will Not Pass*, pp.218, 230-31.

230 Martin and Burns, *This Will Not Pass*, pp.245-46.

231 Karl, *Betrayal*, pp.331-33.

232 Paul LeBlanc, "McConnell Says He'll 'Absolutely' Support Trump in 2024 if He's
the GOP Nominee", CNN, Feb. 25, 2021; Carly Roman, "Kevin McCarthy:
Trump Wants Me to Be Speaker", *Washington Examiner*, June 19, 2021.

233 Martin and Burns, *This Will Not Pass*, p.361.

234 위의 책, pp.226, 244.

235 Karl, *Betrayal*, pp.243-44.

236 Deborah L. Norden, *Military Rebellion in Argentina: Between Coups and Consolidation*(Lincoln: University of Nebraska Press, 1996), pp.117-19.

237 위의 책.

238 위의 책, pp.136-37.

239 José Luis Manzano(former Peronist leader), interview with Levitsky, Jan. 19, 2022.

240 위의 글.

241 Mario Wainfeld(journalist and former Peronist activist), interview with Levitsky,
Dec. 21, 2021.

242 위의 글; Manzano, interview with Levitsky, Jan. 19, 2022.

243 위의 글.

244 Manzano, interview with Levitsky, Jan. 19, 2022.

245 Wainfeld, interview with Levitsky, Dec. 21, 2021.

246 위의 글.

247 Manzano, interview with Levitsky, Jan. 19, 2022.

248 위의 글.

249 "GOP Democracy Report Card" 참조.

250 위의 글.

5장 족쇄를 찬 다수

1   Zelizer, *Fierce Urgency of Now*, p.209.

2   관할권에 사전 승인이 필요한지에 관한 여부는 투표권법(1965) 4조에 명시되어 있다.

3   Steven V. Roberts, "Voting Rights Act Renewed in Senate by Margin of 85-8", *New York Times*, June 19, 1982.

4   Carl Hulse, "By a Vote of 98-0, Senate Approves 25-Year Extension of Voting Rights Act", *New York Times*, July 21, 2006.

5   Drosenfeld, "July 20, 2006: Mitch McConnell Votes to Re-authorize the Voting Rights Act", C-SPAN, July 28, 2020.

6   "Public Opinion on the Voting Rights Act", Roper Center for Public Opinion Research, Aug. 6, 2015.

7   Vann R. Newkirk II, "How Shelby County v. Holder Broke America", *Atlantic*, July 10, 2018.

8   Linda Greenhouse, *Justice on the Brink: A Requiem for the Supreme Court*(New York: Random House, 2021), p.13.

9   Caterina Feder and Michael G. Miller, "Voter Purges After Shelby", *American Politics Research* 46, no.6(2020), pp.687-92; Matt Vasilogambros, "Polling Places Remain a Target Ahead of November Elections", Pew Charitable Trusts, Sept. 4, 2018.

10   Ari Berman, "Eight Years Ago, the Supreme Court Gutted the Voting Rights Act. Widespread Voter Suppression Resulted", *Mother Jones*, June 25, 2021.

11   John Lewis et al., "John Lewis and Others React to the Supreme Court's Voting Rights Act Ruling", *Washington Post*, June 25, 2013.

12   Caitlin Oprysko, "House Passes Voting Rights Package Aimed at Restoring Protections", *Politico*, Dec. 6, 2019.

13   Marianne Levine, "McConnell Won't Allow Vote on Election Reform Bill", *Politico*, March 6, 2019.

14   Luke Broadwater, "After Death of John Lewis, Democrats Renew Push for Voting Rights Law", *New York Times*, July 21, 2020.

15 "Read the Full Transcript of Obama's Eulogy for John Lewis", *New York Times*, July 30, 2020.

16 Mike DeBonis, "Senate Republicans Block Debate on a Third Major Voting Rights Bill", *Washington Post*, Nov. 3, 2021.

17 Grace Panetta, "What's in the Major Voting Rights Bill That Senate Republicans Voted to Block", *Insider*, Jan. 20, 2022.

18 Adam Eichen and Kevin Rissmiller, "A Majority of Americans Support Fixing the Filibuster to Pass the Freedom to Vote: John R. Lewis Act", Data for Progress, Jan. 19, 2022.

19 "National Tracking Poll 2201029", Morning Consult and Politico, Jan. 2022.

20 Nicholas Reimann, "Sinema Won't Support Eliminating Filibuster—Effectively Killing Democrats' Voting Rights Bill", *Forbes*, Jan. 13, 2022.

21 "민주주의를 위해 만들어진 게 아니다"라는 표현은 다음에서 빌려왔다. Jamelle Bouie, "American Power, Prosperity, and Democracy"(public lecture, LaFollette Forum, University of Wisconsin, Madison, May 4, 2022).

22 Nate Silver, "The Senate's Rural Skew Makes It Very Hard for Democrats to Win the Supreme Court", FiveThirtyEight, Sept. 20, 2020.

23 Paul Starr, *Entrenchment: Wealth, Power, and the Constitution of Democratic Societies*(New Haven, Conn.: Yale University Press, 2019), p.118.

24 *West Virginia State Board of Education v. Barnette*, p.319; U.S. pp.624, 638(1943).

25 위의 책.

26 Noah Feldman, *Scorpions: The Battles and Triumphs of FDR's Great Supreme Court Justices*(New York: Hachette, 2010), p.179.

27 위의 책.

28 위의 책, p.185

29 Barnette, p.319; U.S. p.638.

30 Akhil Reed Amar, *The Bill of Rights: Creation and Reconstruction*(New Haven, Conn.: Yale University Press, 2008); Ronald Dworkin, *Freedom's Law: The Moral Reading of the American Constitution*(Cambridge, Mass.: Harvard University Press, 1996); Richard Fallon, "The Core of an Uneasy Case for Judicial Review", *Harvard Law Review* 121, no.7(May. 2008), p.1700

31 John Hart Ely, *Democracy and Distrust: A Theory of Judicial Review*(Cambridge, Mass.: Harvard University Press, 1980); Robert Post and Reva Siegel, "Popular Constitutionalism, Departmentalism, and Judicial Supremacy", *California Law*

Review 92(2004).

32 Starr, *Entrenchment*, p.106.

33 Donald Lutz, "Toward a Theory of Constitutional Amendment", *American Political Science Review* 88, no.2(June 1994). p.363. 또한, Melissa Schwartzberg, *Counting the Many: The Origins and Limits of Supermajority Rule*(New York: Cambridge University Press, 2014), pp.187-88.

34 Isabel Kershner, "A Proposal to Overhaul the Judiciary Is Roiling Israel. What Is the Plan?", *New York Times*, Feb. 14, 2023.

35 Patrick Kingsley, "Netanyahu Surges Ahead with Judicial Overhaul, Prompting Fury in Israel", *New York Times*, Jan. 12, 2023.

36 다양한 민주주의 국가들이 다수와 소수의 권리 사이에서 균형을 유지하는 방식에 관해 뛰어나게 분석한 자료 중 하나가 다음이다. Arend Lijphart, *Patterns of Democracy: Government Forms and Performance in Thirty-six Countries*(New Haven, Conn.: Yale University Press, 1999).

37 Robert A. Dahl, *Democracy and Its Critics*(New Haven, Conn.: Yale University Press, 1989), pp.155-56.

38 위의 책.

39 대통령제에서 이 말은 선거의 최다 득표수나 과반을 차지한 후보자가 이겨야 한다는 뜻이다. 의회 민주주의에서 정부는 선거 다수를 대표하는 정당의 (명시적, 혹은 암묵적) 지지를 얻어야 한다.

40 Schwartzberg, *Counting the Many*.

41 위의 책, pp.142-44.

42 Duncan McCargo, "Democratic Demolition in Thailand", *Journal of Democracy* 30, no. 4 (Oct. 2019), pp.119-33.

43 Pamela Constable and Arturo Valenzuela, *A Nation of Enemies: Chile Under Pinochet*(New York: W. W. Norton, 1991), pp.313-16

44 Andrew Coan, "The Dead Hand Revisited", *Emory Law Journal* 7(2020).

45 John Locke, Stephen Holmes, *Passions and Constraint: On the Theory of Liberal Democracy*(Chicago: University of Chicago Press, 1995), p.140에서 재인용.

46 Holmes, *Passions and Constraint*, p.140.

47 Jefferson to Madison, Sept. 6, 1789, quoted in Zachary Elkins, Tom Ginsburg, and James Melton, *The Endurance of National Constitutions*(New York: Cambridge University Press, 2009), p.1.

48 Elkins, Ginsburg, and Melton, *Endurance of National Constitutions*, p.1.

49 위의 책, p.13에서 인용.

50 Starr, *Entrenchment*, p.106.

51 Michael Klarman, *The Framers' Coup: The Making of the United States Constitution*(New York: Oxford University Press, 2016), p.628.

52 위의 책.

53 Levinson, *Our Undemocratic Constitution*, p.165.

54 James MacGregor Burns, *Packing the Court: The Rise of Judicial Power and the Coming Crisis of the Supreme Court*(New York: Penguin Press, 2009), pp.145-52.

55 Robert Dahl, *How Democratic Is the American Constitution?*(New Haven, Conn.: Yale University Press, 2002), pp.18-19.

56 Mickey, *Paths Out of Dixie; Edward Gibson, Boundary Control: Subnational Authoritarianism in Federal Democracies*(New York: Cambridge University Press, 2013).

57 Elkins, Ginsburg, and Melton, *Endurance of National Constitutions*, pp.141-42; Steven L. Taylor et al., *A Different Democracy: American Government in a Thirty-One-Country Perspective*(New Haven, Conn.: Yale University Press, 2014), pp.79-81.

58 Gordon Wood, *The Radicalism of the American Revolution*(New York: Vintage Books, 1991).

59 Woody Holton, *Unruly Americans and the Origins of the Constitution*(New York: Farrar, Straus and Giroux, 2007).

60 Klarman, *Framers' Coup*, pp.228, 244-45; Dahl, *How Democratic Is the American Constitution?*, p.68.

61 Klarman, *Framers' Coup*, pp.243-44.

62 David Brian Robertson, *The Constitution and America's Destiny*(New York: Cambridge University Press, 2005), pp.101-2.

63 Klarman, *Framers' Coup*, pp.126-27.

64 Linda Colley, *The Gun, the Ship, and the Pen: Warfare, Constitutions, and the Making of the Modern World*(New York: Liveright, 2021); Klarman, *Framers' Coup*.

65 Linda Colley, *The Gun, the Ship, and the Pen: Warfare, Constitutions, and the Making of the Modern World*(New York: Liveright, 2021); Klarman, *Framers' Coup*.

66 Augusto Pinochet Constable and Valenzuela, *Nation of Enemies*, pp.311-13

67 Timothy Sisk, *Democratization in South Africa: The Elusive Social Contract*(Princeton, N.J.: Princeton University Press, 1997).

68 David Waldstreicher, *Slavery's Constitution: From Revolution to Ratification*(New York: Hill and Wang, 2009), pp.57–104; Klarman, *Framers' Coup*.

69 Klarman, *Framers' Coup*, p.264.

70 제정회의에 참석한 대표 55명 중 노예를 소유한 이는 25명이었다. 위의 책, p.263.

71 Klarman, *Framers' Coup*, p.264.

72 Sean Wilentz, *No Property in Man: Slavery and Antislavery at the Nation's Founding*(Cambridge, Mass.: Harvard University Press, 2019), pp. 2, 5; Klarman, *Framers' Coup*, p.272.

73 Wilentz, *No Property in Man*, p.58.

74 위의 책, p.2.

75 Klarman, *Framers' Coup*, p.287.

76 Wilentz, *No Property in Man*, pp.97–98.

77 Klarman, *Framers' Coup*, p.264; Wilentz, *No Property in Man*, p.3.

78 Wilentz, *No Property in Man*, pp.4, 22.

79 Waldstreicher, *Slavery's Constitution*, pp.6, 8–9.

80 Wilentz, *No Property in Man*, p.64에서 인용.

81 Jill Lepore, *These Truths: A History of the United States*(New York: W. W. Norton, 2018), p.125.

82 David A. Bateman, Ira Katznelson, and John S. Lapinski, *Southern Nation: Congress and White Supremacy After Reconstruction*(Princeton, N.J.: Princeton University Press, 2018), p.8.

83 Wilentz, *No Property in Man*, p.113.

84 Waldstreicher, *Slavery's Constitution*, p.3.

85 Hamilton, "Federalist No. 22", in Alexander Hamilton, James Madison, and John Jay, *The Federalist, with Letters of "Brutus"*, ed. Terence Ball(Cambridge, U.K.: Cambridge University Press, 2003), pp.100–1; Greg Weiner, *Madison's Metronome: The Constitution, Majority Rule, and the Tempo of American Politics*(Lawrence: University Press of Kansas, 2012), pp.13–14.

86 Hamilton, Dahl, *How Democratic Is the American Constitution?*, pp.13–14에서 재인용.

87 Hamilton, "Federalist No. 22", p.100.

88 위의 글, p.101.

89 Weiner, *Madison's Metronome*, p.14; Klarman, *Framers' Coup*, p.185.

90 Klarman, *Framers' Coup*, p.185.

91 Robertoson, *Constitution and America's Destiny*, pp.83-99.

92 Klarman, *Framers' Coup*, pp.191-93.

93 위의 책, p.193.

94 위의 책, p.194.

95 이 사실을 (개인적인 연락을 통해) 상기시켜준 마이클 클라르만Michael Klarman에게 고마움을 표한다.

96 Dahl, *How Democratic Is the American Constitution?*, pp.67, 74-76; Wegman, *Let the People Pick the President*, p.58.

97 Keyssar, *Why Do We Still Have an Electoral College?*, p.17.

98 위의 책, p.18; Dahl, *How Democratic Is the American Constitution?*, pp.70-71.

99 Klarman, *Framers' Coup*, p.227.

100 Keyssar, *Why Do We Still Have an Electoral College?*, pp.19-21.

101 위의 책, p.19.

102 Klarman, *Framers' Coup*, pp.228, 244-45; Dahl, *How Democratic Is the American Constitution?*, p.68.

103 Klarman, *Framers' Coup*, p.228; Wegman, *Let the People Pick the President*, pp.70-75.

104 Keyssar, *Why Do We Still Have an Electoral College?*, pp.21; Klarman, *Framers' Coup*, p.228.

105 Akhil Reed Amar, "Actually the Electoral College Was a Pro-Slavery Play", *New York Times*, April 6, 2019.

106 Wegman, *Let the People Pick the President*, pp.57-58.

107 Dahl, *How Democratic Is the American Constitution?*, pp.74-75.

108 Klarman, *Framers' Coup*, pp.230-31.

109 Peter H. Wilson, *The Heart of Europe: A History of the Holy Roman Empire*(Cambridge, Mass.: Harvard University Press, 2016), pp.305-7.

110 Josep M. Colomer and Iain McLean, "Electing Popes: Approval Balloting and Qualified-Majority Rule", *Journal of Interdisciplinary History* 29, no.1(1998), pp.1-22.

111 Josep M. Colomer, "The Electoral College Is a Medieval Relic. Only the U.S. Still Has One", *Washington Post*, Dec. 11, 2016.

112 Keyssar, *Why Do We Still Have an Electoral College?*, p.24.

113 Klarman, *Framers' Coup*, p.228; Wegman, *Let the People Pick the President*, pp.69-70.

114 Klarman, *Framers' Coup*, p.231.

115 Dahl, *How Democratic Is the American Constitution?*, pp.77-79.

116 Alexander Hamilton, Federalist No.68, p.331.

117 Burns, *Packing the Court*, pp.11-12. 또한, Edgar B. Herwick III, "Why Did the Framers Give Lifetime Tenure to Supreme Court Justices?", WGBH, Oct. 2, 2018.

118 Burns, *Packing the Court*, pp.7-8.

119 위의 책, p.8.

120 Tom Ginsburg, "Term Limits and Turnover on the U.S. Supreme Court: A Comparative View", Testimony for the Presidential Commission on the Supreme Court, July 20, 2021, p.5.

121 Klarman, *Framers' Coup*, pp.160-61.

122 Burns, *Packing the Court*, pp.13-14.

123 Burns, *Vineyard of Liberty*, p.188.

124 필리버스터의 기원과 진화에 관한 세부적인 논의는 다음을 참조. Sarah A. Binder and Steven S. Smith, *Politics or Principle? Filibustering in the United States Senate*(Washington, D.C.: Brookings Institution, 1997); Wawro and Schickler, *Filibuster*; and Gregory Koger, *Filibustering: A Political History of Obstruction in the House and Senate*(Chicago: University of Chicago Press, 2010).

125 Binder and Smith, *Politics or Principle?*.

126 Wawro and Schickler, *Filibuster*, p.8.

127 Binder and Smith, *Politics or Principle?*, p.11.

128 Koger, *Filibustering*, p.40.

129 매디슨이 다수의 지배를 "공화주의"를 정의하는 특징으로 분명하게 받아들였다는 사실은 그의 편지에서 확인할 수 있다. 다음을 참조. *The Mind of the Founder: Sources of the Political Thought of James Madison*, ed. Marvin Meyers(Indianapolis: Bobbs-Merrill, 1973), pp.520-30. 또한, Weiner, *Madison's Metronome* 참조.

130 Meyers, *Mind of the Founder*, p.530에서 인용.

131 Madison, Weiner, *Madison's Metronome*, p.16에서 재인용.

132 Hamilton, "Federalist No. 22", p.101.

133 위의 글, p.102.

134 Binder and Smith, *Politics or Principle?*, pp.5, 20, 29-33; Adam Jentleson, *Kill Switch: The Rise of the Modern Senate and the Crippling of American Democracy*(New York: Liveright, 2021), p.27.

135 Binder and Smith, *Politics or Principle?*, p.35.

136 위의 책, pp.35-37.

137 위의 책, p.38.

138 위의 책; Wawro and Schickler, *Filibuster*, p.14.

139 Jentleson, *Kill Switch*, p.47에서 인용.

140 Binder and Smith, *Politics or Principle?*, p.39; Koger, *Filibustering*, pp.62-63; Jentleson, *Kill Switch*, p.50.

141 Binder and Smith, *Politics or Principle?*, pp.55-58.

142 위의 책, p.60; Wawro and Schickler, *Filibuster*, pp.42-54.

143 Binder and Smith, *Politics or Principle?*, p.79; Jentleson, *Kill Switch*, pp.64-65.

144 Binder and Smith, *Politics or Principle?*, p.79.

145 Jentleson, *Kill Switch*, p.67.

146 Koger, *Filibustering*, p.54-58.

147 위의 책, pp.179-80; Jentleson, *Kill Switch*, p.212.

148 Koger, *Filibustering*, pp.179-87; Wawro and Schickler, *Filibuster*, p.180; Jentleson, *Kill Switch*, p.212.

149 Wawro and Schickler, *Filibuster*, p.259.

150 Koger, *Filibustering*, p.3.

151 Louis Hartz, *The Liberal Tradition in America*(1952; New York: Harcourt, 1991), p.129.

6장 소수의 독재

1 "Die Junker gegen das Volk", *Vorwärts*, Feb. 23, 1909, p.1.

2 "Stenographischer Bericht über die 16 General-Versammlung des Bund der Landwirte", *Korrespondenz des Bundes der Landwirte*, Feb. 22, 1909, p.70.

3 Hacker and Pierson, *Let Them Eat Tweets*, pp.172-73.

4 Stanley Suval, *Electoral Politics in Wilhelmine Germany*(Chapel Hill: University of North Carolina Press, 1985), p.229.

5 George D. Crothers, *The German Elections of 1907*(New York: Columbia University Press, 1941), p.175.

6 Dylan Matthews, "You Can't Understand What's Happened to the Senate Without These Two Graphs", *Washington Post*, April 18, 2013.

7 Bureau Margo Anderson, *The American Census: A Social History*(New Haven, Conn.: Yale University Press, 2015), pp.133-55.

8   시골 지역은 또한 1920년에서 1960년대에 이르기까지 하원에서도 불균형한 영향력을 행사했다. 이러한 흐름은 두 번의 대법원 판결로 끝이 났다(1962년 '베이커 대 카', 그리고 1964년 '레이놀즈 대 심스').

9   Stephen Ansolabehere and James M. Snyder, *The End of Inequality: One Person, One Vote and the Transformation of American Politics*(New York: Norton, 2008), pp.81-82.

10 Jonathan Rodden, *Why Cities Lose*(New York: Basic Books, 2019).

11 위의 책.

12 위의 책.

13 Suzanne Mettler and Trevor Brown, "The Growing Rural-Urban Political Divide and Democratic Vulnerability", *Annals of the American Academy of Political and Social Science* 699, no.1(2022), pp.130-42; Rodden, *Why Cities Lose*.

14 James MacGregor Burns, *The Deadlock of Democracy: Four-Party Politics in America*(Englewood Cliffs, N.J.: Prentice-Hall, 1963), pp.295-96.

15 Nate Cohn, "The Electoral College's Real Problem: It's Biased Toward the Big Battlegrounds", *New York Times*, March 22, 2019.

16 위의 글.

17 Laura Bronner and Nathaniel Rakich, "Advantage, GOP", FiveThirtyEight, April 29, 2021.

18 Frances E. Lee and Bruce I. Oppenheimer, *Sizing Up the Senate: The Unequal Consequences of Equal Representation*(Chicago: University of Chicago Press, 1999), pp.10-11.

19 Matthews, "You Can't Understand What's Happened to the Senate Without These Two Graphs".

20 Stephen Wolf, "How Minority Rule Plagues Senate: Republicans Last Won More Support Than Democrats Two Decades Ago", *Daily Kos*, Feb. 23, 2021.

21 그 시점은 1996~2001년, 2003년, 2007년, 2015년, 2020년이었다. 공화당은 2001년에 버몬트주 상원 의원 제임스 제포츠James Jeffords가 탈당하면서 상원에서 과반의 지위를 잠시 잃었으나 2002년에 회복했다.

22 Bronner and Rakich, "Advantage, GOP".

23 위의 글.

24 각 당에서 한 명의 상원을 배출한 주들의 경우, 각각의 상원 의원에게는 주 인구의 절반이 할당된다.

25 Wolf, "How Minority Rule Plagues Senate".

26 Ian Millhiser, "America's Anti-democratic Senate, in One Number", *Vox*, Jan. 6, 2021.

27 2022년 예비선거 결과에 기반을 둔 스티븐 울프Stephen Wolf의 데이터.

28 Alexander Burns, "Making the Senate Work for Democrats", *New York Review of Books*, Jan. 19, 2023.

29 Philip Bump, "The Minoritarian Third of the Supreme Court", *Washington Post*, Dec. 2, 2021.

30 위의 글.

31 Christopher J. Casillas, Peter K. Enns, and Patrick C. Wohlfarth, "How Public Opinion Constrains the U.S. Supreme Court", *American Journal of Political Science* 55, no. 1 (January 2011), pp.74-88.

32 Stephen Jessee, Neil Malhotra, and Maya Sen, "A Decade-Long Longitudinal Survey Shows That the Supreme Court Is Now Much More Conservative Than the Public", *Proceedings of the National Academy of Sciences* 119, no.24 (2022), e2120284119.

33 Miriam Seifter, "Countermajoritarian Legislatures", *Columbia Law Review* 121, no.6 (2021), pp.1733-800; David Pepper, *Laboratories of Autocracy: A Wake-Up Call from Behind the Lines* (Cincinnati: St. Helena Press, 2021); Jacob Grumbach, *Laboratories Against Democracy: How National Parties Transformed State Politics* (Princeton, N. J.: Princeton University Press, 2022). 또한, Christian R. Grose et al., "The Worst Partisan Gerrymanders in U.S. State Legislatures", University of Southern California Schwarzenegger Institute for State and Global Policy, Sept. 4, 2019, 2.

34 Rodden, *Why Cities Lose*.

35 Seifter, "Countermajoritarian Legislatures", pp.1744-45.

36 위의 글.

37 Rodden, *Why Cities Lose*, pp.131-48.

38 위의 책.

39 Richard H. Pildes et al., "Brief of Political Geography Scholars as Amici Curiae in Support of Appellees", Counsel for Amici Curiae, Sept. 5, 2017.

40 Rodden, *Why Cities Lose*.

41 David Daley, *Ratf**ked: Why Your Vote Doesn't Count* (New York: Liveright, 2017)

42 위의 책.

43 위의 책; Grose et al., "Worst Partisan Gerrymanders in U.S. State Legislatures", p.1.

44 Daley, *Ratf**ked*, p.139.

45 Grose et al., "Worst Partisan Gerrymanders in U.S. State Legislatures" p.3; Pepper, *Laboratories of Autocracy*, p.104.

46 Seifter, "Countermajoritarian Legislatures", pp.1762–63.

47 위의 글, pp.1764–65.

48 Grose et al., "Worst Partisan Gerrymanders in U.S. State Legislatures".

49 Frances Lee, *Insecure Majorities: Congress and the Perpetual Campaign*(Chicago: University of Chicago Press, 2016); John Sides, Chris Tausanovich, and Lynn Vavreck, *The Bitter End: The 2020 Presidential Campaign and the Challenge to American Democracy*(Princeton, N. J.: Princeton University Press, 2022). 또한, "The Great Mystery of American Politics", *Economist*, Jan. 5, 2023; Ezra Klein, "Three Theories That Explain This Strange Moment", *New York Times*, Nov. 12, 2022.

50 Larry Bartels and Christopher Achen, *Democracy for Realists*(Princeton, N.J.: Princeton University Press, 2017).

51 Benjamin I. Page and Martin Gilens, *Democracy in America? What Has Gone Wrong and What We Can Do About It*(Chicago: University of Chicago Press, 2020); Jacob S. Hacker and Paul Pierson, *Winner-Take All Politics: How Washington Made the Rich Richer—and Turned Its Back on the Middle Class*(New York: Simon & Schuster, 2010).

52 Wendy Brown, "Alito's Dobbs Decision Will Further Degrade Democracy", *Washington Post*, June 27, 2022.

53 Jonathan Weisman and Jazmine Ulloa, "Supreme Court Throws Abortion to an Unlevel State Playing Field", *New York Times*, June 25, 2022.

54 "Abortion", Gallup, 2022.

55 "Public Opinion on Abortion", Pew Research Center, 2022.

56 Alexandra Hutzler, "House Passes Bills to Codify Roe, Protect Interstate Travel for Abortion", ABC News, July 15, 2022; "Bill to Protect Abortion Rights Fails to Pass Senate", Axios, May 11, 2022.

57 Elizabeth Nash and Lauren Cross, "26 States Are Certain or Likely to Ban Abortion Without Roe: Here's Which Ones and Why", Guttmacher Institute, Oct. 28, 2021.

58 Jacob Grumbach and Christopher Warshaw, "In Many States with Antiabortion Laws, Majorities Favor Abortion Rights", *Washington Post*, June 25, 2022.

59 위의 글.

60 Jacob M. Grumbach, "The Supreme Court Just Rolled Democracy Back. You Can Measure How Much", *Politico*, June 30, 2022.

61 Laura Hancock, "Federal Judge Allows Blocked 'Heartbeat Bill' to Take Effect, Banning Abortion Around Six Weeks in Ohio", Cleveland.com, June 24, 2022.

62 Jane Mayer, "State Legislatures Are Torching Democracy", *New Yorker*, Aug. 6, 2022.

63 Grumbach, "Supreme Court Just Rolled Democracy Back".

64 Eli Yokley, "After Texas Shooting, Republican and Independent Voters Drive Increase in Support for Gun Control", Morning Consult, May 26, 2022.

65 Katherine Schaeffer, "Key Facts About Americans and Guns", Pew Research Center, Sept. 13, 2021; Frank Newport, "Analyzing Surveys on Banning Assault Weapons", Gallup, Nov. 14, 2019; "Guns", Gallup, 2022.

66 Ronald Brownstein, "The Real Reason America Doesn't Have Gun Control", *Atlantic*, May 25, 2022.

67 Jentleson, *Kill Switch*, pp.18-19.

68 위의 책, p.19.

69 Gabby Birenbaum, "The House Just Passed Universal Background Checks for Gun Sales—Again", *Vox*, March 11, 2021.

70 Mychael Schnell, "House Passes Bill to Ban Assault Weapons", *Hill*, July 29, 2022.

71 Brianna Herlihy, "Key GOP Senator Says Schumer's Assault Weapons Ban 'No Longer on the Table'", Fox News, Dec. 7, 2022.

72 Shawn Salamone, "Baldwin Wallace CRI Poll Finds Broad Support for New Gun Laws in Ohio", Baldwin Wallace University, March 22, 2018.

73 Mayer, "State Legislatures Are Torching Democracy".

74 Jamelle Bouie, "It's Not Looking Too Good for Government of the People, by the People, and for the People", *New York Times*, May 27, 2022.

75 Mads Andreas Elkjær and Torben Iversen, "The Democratic State and Redistribution: Whose Interests Are Served?", *American Political Science Review* 117, no.2(2022), p.14.

76 Larry M. Bartels, *Unequal Democracy: The Political Economy of the New Gilded Age*(New York: Russell Sage Foundation, 2008), p.224.

77 Martha J. Bailey, John DiNardo, and Bryan A. Stuart, "The Economic Impact of a High National Minimum Wage: Evidence from the 1966 Fair Labor Standards

Act", *Journal of Labor Economics* 39, no.S2(2021), S330.

78 Ralph E. Smith and Bruce Vavrichek, "The Minimum Wage: Its Relation to Incomes and Poverty", *Monthly Labor Review*(June 1987), pp.26–27.

79 Bartels, *Unequal Democracy*, p.226.

80 David Cooper, Elise Gould, and Ben Zipperer, "Low-Wage Workers Are Suffering from a Decline in the Real Value of the Federal Minimum Wage", *Economic Policy Institute*, Aug. 27, 2019, Figure A.

81 Scott A. Wolla, "Would Increasing the Minimum Wage Reduce Poverty?", *Page One Economics*, March 2014.

82 Bartels, *Unequal Democracy*, pp.230–31; Martin Gilens, *Affluence and Influence: Economic Inequality and Political Power in America*(Princeton, N.J.: Princeton University Press, 2012), p.114.

83 Wesley Lowery, "Senate Republicans Block Minimum Wage Increase Bill", *Washington Post*, April 30, 2014.

84 Alexa Fernández Campbell, "The $15 Minimum Wage Bill Has All but Died in the Senate", *Vox*, Aug. 16, 2019.

85 "Poll: Majority of Voters Support $15 Minimum Wage", *The Hill*, Jan. 24, 2019.

86 Amina Dunn, "Most Americans Support a $15 Federal Minimum Wage", *Pew Research Center*, April 22, 2021.

87 Jennifer De Pinto. "Most Americans Favor a Higher Federal Minimum Wage—CBS News Poll", CBS News, Sept. 5, 2021.

88 Emily Cochrane, "Top Senate Official Disqualifies Minimum Wage from Stimulus Plan", *New York Times*, Feb. 25, 2021.

89 Matthew Desmond, *Poverty, by America*(New York: Crown, 2023); David Brady, *Rich Democracies, Poor People: How Politics Explains Poverty*(Oxford, U.K.: Oxford University Press, 2009); Jacob Hacker et al., eds., *The American Political Economy: Politics, Markets, and Power*(Cambridge, U.K.: Cambridge University Press, 2021).

90 Lane Kenworthy and Jonas Pontusson, "Rising Inequality and the Politics of Redistribution in Affluent Countries", *Perspectives on Politics* 3, no.3(2005), pp.449–71.

91 Sheri Berman, "The Causes of Populism in the West", *Annual Review of Political Science* 24(2021), p.71–88.

92 Gilens, *Affluence and Influence; Brady, Rich Democracies;* Hacker and Pierson, *Winner Take-All Politics;* Jonas Pontusson, "Unionization, Inequality and

Redistribution", *British Journal of Industrial Relations* 51, no.4(2013), pp.797-825.

93 Starr, *Entrenchment*.

94 Jonathan Martin, "In Capital, a G.O.P. Crisis. At the R.N.C. Meeting, a Trump Celebration", *New York Times*, Jan. 8, 2021.

95 위의 글.

96 위의 글.

97 위의 글.

98 위의 글.

99 Brittany Bernstein, "Kevin McCarthy Thanks Trump After Speakership Win: 'I Don't Think Anybody Should Doubt His Influence'", *National Review*, Jan. 7, 2023.

100 Leigh Ann Caldwell and Amy B. Wang, "Greene, Gosar Lost Committee Seats over Comments. Now, They're Back", *Washington Post*, Jan. 17, 2023.

101 John Stuart Mill, *On Liberty*(Boston: Ticknor and Fields, 1863), p.102.

102 Hamilton, Madison, and Jay, *The Federalist*, p.43.

103 Paul Pierson, "Power and Path Dependence", *Advances in Comparative-Historical Analysis*, ed. James Mahoney and Kathleen Thelen(New York: Cambridge University Press, 2015), pp.124-46.

104 Bridgit Bowden and Shawn Johnson, "Wisconsin Republicans' Map Still Stands, but a Supreme Court Case Could Have Changed Everything", Wisconsin Public Radio, Oct. 20, 2021.

105 Laurel White, "US Supreme Court Ruling Effectively Ends Wisconsin Gerrymandering Challenge", Wisconsin Public Radio, June 27, 2019.

106 Ethan Herenstein and Thomas Wolf, "The 'Independent State Legislature Theory' Explained", Brennan Center for Justice, June 6, 2022.

107 Hasen, "Identifying and Minimizing the Risk of Election Subversion and Stolen Elections in the Contemporary United States", p.287; J. Michael Luttig, "Opinion: The Republican Blueprint to Steal the 2024 Election", CNN, April 27, 2022.

108 "Republican Blueprint to Steal the 2024 Election"; Hasen, "Identifying and Minimizing the Risk of Election Subversion and Stolen Elections in the Contemporary United States", p.286.

109 Cas Mudde, *The Far Right Today*(New York: Polity Press, 2019).

7장 표준 이하의 민주주의, 미국

1 Håvard Friis Nilsen, "Republican Monarchy: The Neo-Roman Concept of Liberty and the Norwegian Constitution of 1814", *Modern Intellectual History* 16, no.1(2019), pp.29-56.

2 Ruth Hemstad, *"Like a Herd of Cattle": Parliamentary and Public Debates Regarding the Cession of Norway, 1813-1814*(Oslo: Akademisk Publisering, 2014).

3 Nilsen, "Republican Monarchy".

4 Ola Mestad, "The Impact of the US Constitution on the Norwegian Constitution and on Emigration to America", *Norwegian-American Essays* 2017, ed. Terje Mikael Hasle Joranger(Oslo: Novus Press, 2017).

5 위의 글, p.3.

6 Nilsen, "Republican Monarchy", p.39.

7 George Athan Billias, *American Constitutionalism Heard Around the World, 1776-1989*(New York: New York University Press, 2009), p.144.

8 Mestad, "The Impact of the U.S. Constitution on the Norwegian Constitution and on Emigration to America", p.36.

9 Nilsen, "Republican Monarchy".

10 Tom Ginsburg and James Melton, "Norway's Enduring Constitution: Implications for Countries in Transition"(Stockholm: International IDEA, 2014).

11 Bernt Aardal, "Electoral Systems in Norway", *The Evolution of Electoral and Party Systems in the Nordic Countries*, ed. Bernard Grofman and Arend Lijphart(New York: Agathon Press, 2002), p.174.

12 위의 글, p.178.

13 위의 글, p.175.

14 위의 글, p.178.

15 Eivind Smith, "The Rise and Fall of the Quasi-bicameral System of Norway(1814-2007)", *Reforming Senates: Upper Legislative Houses in North Atlantic Small Powers, 1800—Present*, ed. Nikolaj Bijleveld et al.(London: Routledge, 2021).

16 "Norway's Constitution of 1814 with Amendments Through 2004", *Comparative Constitutions Project*.

17 Ginsburg and Melton, "Norway's Enduring Constitution", pp.13-14.

18 Aardal, "Electoral Systems in Norway", p.193.

19 Smith, "Rise and Fall of the Quasi-bicameral System of Norway."

20 Ginsburg and Melton, "Norway's Enduring Constitution", p.9.

21 Oystein Steinlien, "The Sami Law: A Change of Norwegian Government Policy Toward the Sami Minority?", *Canadian Journal of Native Studies* 9, no.1(1989), pp.1-14.

22 Rauna Kuokkanen, *Restructuring Relations: Indigenous Self-Determination, Governance, and Gender*(Oxford: Oxford University Press, 2019), p.80.

23 Ginsburg and Melton, "Norway's Enduring Constitution", p.9.

24 위의 글.

25 "Norway's Constitution of 1814 with Amendments Through 2004."

26 Anine Kierulf, "Norway: Human Rights and Judicial Review Constitutionalized", *Blog of the International Journal of Constitutional Law*, June 15, 2015.

27 Ginsburg and Melton, "Norway's Enduring Constitution", p.7.

28 José A. Cheibub, Fernando Limongi, and Adam Przeworski, "Electing Presidents: A Hidden Facet of Democratization", SSRN Electronic Journal, 2022.

29 J.A.R.Marriott, *Second Chambers: An Inductive Study in Political Science*(Oxford: Clarendon Press, 1910), pp. 1, 240.

30 Richard Albert, "The Modern Liberum Veto", *Blog of the International Journal of Constitutional Law*, Feb. 21, 2013.

31 Nicholas C. Wheeler, "The Noble Enterprise of State Building: Reconsidering the Rise and Fall of the Modern State in Prussia and Poland", *Comparative Politics* 44, no.1(2011), p.31.

32 Hamilton, "Federalist No. 22", pp.101-2.

33 Georg Jellinek, "Parliamentary Obstruction", *Political Science Quarterly* 19, no.4(1904), p.57

34 Cheibub, Limongi, and Przeworski, "Electing Presidents".

35 Daniele Caramani, *The Societies of Europe*(London: Macmillan, 2000), p.58. 프랑스 양원 중 비교적 덜 중요한 상원의 선출은 계속해서 선거인단에 의한 간접선거로 이뤄졌다.

36 Julian Jackson, *De Gaulle*(Cambridge, Mass.: Harvard University Press, 2018), p.505.

37 Cheibub, Limongi, and Przeworski, "Electing Presidents", p.6.

38 이 설명은 다음에 기반을 둔 것이다. Starr, Entrenchment, 109. Jonathan Rodden, "Why Did Western Europe Adopt Proportional Representation? A Political

Geography Explanation" (unpublished manuscript, 2010), Stanford University; Patrick Emmenegger and André Walter, "Disproportional Threat: Redistricting as an Alternative to Proportional Representation", *Journal of Politics* 83, no.3(2021), pp.917-33; Lucas Leemann and Isabela Mares, "The Adoption of Proportional Representation", *Journal of Politics* 76, no.2(2014), pp.461-78.

39 Arend Lijphart, *Thinking About Democracy: Power Sharing and Majority Rule in Theory and Practice*(London: Routledge, 2008), pp.125-37.

40 Starr, *Entrenchment*, p.109.

41 Electoral numbers from F.W.S. Craig, *Electoral Facts: 1885-1975*(London: Macmillan, 1976), p.32.

42 Ziblatt, *Conservative Parties and the Birth of Democracy*, p.146; Iain McLean, *What's Wrong with the British Constitution?*(Oxford: Oxford University Press, 2010), p.9.

43 Corinne Comstock Weston, *The House of Lords and Ideological Politics: Lord Salisbury's Referendal Theory and the Conservative Party, 1846-1922*(Philadelphia: American Philosophical Society, 1995).

44 Roy Jenkins, *Mr. Balfour's Poodle: An Account of the Struggle Between the House of Lords and the Government of Mr. Asquith*(London: Heinemann, 1954).

45 Iain McLean and Jennifer Nou, "Why Should We Be Beggars with the Ballot in Our Hand? Veto Players and the Failure of Land Value Taxation in the United Kingdom, 1909-1914", *British Journal of Political Science* 36, no.4(2006), p.583.

46 Ziblatt, *Conservative Parties and the Birth of Democracy*, p.147.

47 "measures inflicting irreparable injury", *The Parliamentary Debates*(Offcial Report), House of Lords, July 4, 1911, p.101.

48 다음 번 대규모 개혁은 한 세기 가까이 지난 토니 블레어Tony Blair 행정부 시절에 등장했다. Meg Russell, *The Contemporary House of Lords: Westminster Bicameralism Revived*(Oxford: Oxford University Press, 2013), p.34 참조.

49 Louis Massicotte, "Legislative Unicameralism: A Global Survey and a Few Case Studies", *Journal of Legislative Studies* 7, no.1(2002), p.151.

50 Peter Bucher, ed., *Der Verfassungskonvent auf Herrenchiemsee*(Boppard: Boldt, 1981).

51 독일 제국 시절 하원의 기원은 다음을 참조. Daniel Ziblatt, *Structuring the State: The Formation of Italy and Germany and the Puzzle of Federalism*(Princeton, N.J.: Princeton University Press, 2006), p.137.

52 Michael F. Feldkamp, *Der Parlamentarische Rat 1948-1949: Die Entstehung des*

Grundgesetzes(Göttingen: Vandenhoeck & Ruprecht, 2019).

53 위의 책, pp.80-81.

54 Jon C. Morgan, "Cloture: Its Inception and Usage in the Alabama Senate", *Journal of the American Society of Legislative Clerks and Secretaries* 17, no.1(2011), pp.15-34.

55 Robert Laird Borden, *Robert Laird Borden, His Memoirs*(Toronto: McClelland and Stewart, 1969), p.195.

56 위의 책, pp.194-95.

57 Mikko Mattila, "From Qualified Majority to Simple Majority: The Effects of the 1992 Change in the Finnish Constitution", *Scandinavian Political Studies* 20, no.4(1997), p.332.

58 Matt Qvortrup, *A Comparative Study of Referendums: Government by the People*, 2nd ed.(Manchester: Manchester University Press, 2005), p.123.

59 Helgi Bernódusson, "Filibustering in the Althingi", Communication from the General Secretary of the Althingi, Association of Secretaries-General of Parliaments, March 2016.

60 위의 글.

61 위의 글.

62 위의 글.

63 Gréta Sigríður Einarsdóttir, "Parliament Operations Changed to Eliminate Filibusters", *Iceland Review*, Sept. 11, 2019.

64 Taylor et al., *Different Democracy*, pp.296-97.

65 James G. Snell and Frederick Vaughan, *The Supreme Court of Canada: History of the Institution*(Toronto: Osgoode Society, 1985), p.126.

66 Michael Kirby, "Sir Edward McTiernan: A Centenary Reflection", *Federal Law Review* 20, no.2(1991), p.180.

67 위의 글.

68 George Williams and David Hume, *People Power: The History and Future of the Referendum in Australia*(Sydney: University of New South Wales Press, 2010), p.158.

69 Alysia Blackham, "Judges and Retirement Ages", *Melbourne University Law Review* 39(2016), pp.752-53. John F. Kowal and Wilfred U. Codrington III, *The People's Constitution: 200 Years, 27 Amendments, and the Promise of a More Perfect Union*(New York: New Press, 2021).

70 Elaine K. Smith, "The Making of an American House of Lords: The U.S. Senate in the Constitutional Convention of 1787", *Studies in American Political Development* 7, no.2(Fall 1993), pp.177-224; Kowal and Codrington, *People's Constitution*, pp.135-40.

71 Wegman, *Let the People Pick the President*, p.132.

72 Ansolabehere and Snyder, *End of Inequality*.

73 위의 책, p.70.

74 위의 책, p.32.

75 Wegman, *Let the People Pick the President*, p.132

76 Ansolabehere and Snyder, *End of Inequality*, pp.30-31, 80.

77 위의 책, p.9.

78 위의 책, p.188. Kowal and Codrington, *People's Constitution*, pp.183-215 참조.

79 Keyssar, *Why Do We Still Have an Electoral College?*; Wegman, *Let the People Pick the President*, p.20.

80 Binder and Smith, *Politics or Principle?*, p.79; Jentleson, *Kill Switch*, pp.64-65.

81 Koger, *Filibustering*, p.5.

82 Cheibub, Limongi, and Przewoski, "Electing Presidents", p.23.

83 Taylor et al., *Different Democracy*, pp.99-114.

84 위의 책, p.225.

85 위의 책, pp.79-80; Lutz, "Toward a Theory of Constitutional Amendment", pp.355-70.

86 Ginsburg and Melton, "Norway's Enduring Constitution", pp.16-17.

87 Lutz, "Toward a Theory of Constitutional Amendment", p.369.

88 위의 글.

89 위의 글.

90 "Measures Proposed to Amend the Constitution", U.S. Senate, 2023.

91 Wegman, *Let the People Pick the President*, p.20.

92 Keyssar, *Why Do We Still Have the Electoral College?*, p.207.

93 Wegman, *Let the People Pick the President*, p.129.

94 위의 책, pp.144-45.

95 Keyssar, *Why Do We Still Have the Electoral College?*, p.211.

96 Wegman, *Let the People Pick the President*, p.147.

97 위의 책, p.148.

98 Keyssar, *Why Do We Still Have the Electoral College?*, pp.216-17.

99 Wegman, *Let the People Pick the President*, p.152.

100 Keyssar, *Why Do We Still Have the Electoral College?*, pp.214-28, 240-41; Wegman, *Let the People Pick the President*, pp.150-52.

101 Keyssar, *Why Do We Still Have the Electoral College?*, p.217에서 인용.

102 위의 책, p.227.

103 Wegman, *Let the People Pick the President*, p.154.

104 Keyssar, *Why Do We Still Have the Electoral College?*, pp.246-60.

105 위의 책, p.259에서 인용.

106 Wegman, *Let the People Pick the President*, pp.155-59.

107 Keyssar, *Why Do We Still Have the Electoral College?*, pp.244-45.

108 위의 책, pp.248-49에서 인용.

109 Wegman, *Let the People Pick the President*, p.160.

110 Keyssar, *Why Do We Still Have the Electoral College?*, pp.267-70.

111 위의 책, pp.298-302.

112 위의 책, p.307에서 인용.

113 ERA의 실패에 관해서는 다음을 참조. Jane Mansbridge, *Why We Lost the ERA*(Chicago: University of Chicago Press, 1986); Julie Suk, *We the Women: The Unstoppable Mothers of the Equal Rights Amendment*(New York: Simon & Schuster, 2020).

114 Mansbridge, *Why We Lost the ERA*, pp.9-10.

115 위의 책, pp.10-12.

116 위의 책.

117 Mark R. Daniels, Robert Darcy, and Joseph W. Westphal, "The ERA Won—at Least in the Opinion Polls", *PS* 15, no.4(Autumn 1982), p.578.

118 위의 글, p.579.

119 "Three in Four Americans Support Equal Rights Amendment, Poll Shows", *Guardian*, Feb. 24, 2020. ERA의 현황에 관해서는, Suk, *We the Women* 참조.

8장 민주주의를 민주화하다

1 James Bryce, *The American Commonwealth*(1888; New York: Macmillan, 1896), 1:1.

2 Giovanni Capoccia, *Defending Democracy: Reactions to Extremism in Interwar Europe*(Baltimore: Johns Hopkins University Press, 2005), pp.138-78.

3   위의 책, pp.108-37.

4   Campbell Robertson, "Surprise in Pennsylvania: Republicans Back a (Former?) Democrat for Speaker", *New York Times*, Jan. 4, 2023.

5   Morgan Trau, "Statehouse 'Coup'—Ohio GOP Bitterly Divided by Deal with Democrats to Elect House Speaker", *Ohio Capital Journal*, Jan. 9, 2023.

6   David Fortunato, *The Cycle of Coalition* (Cambridge, U.K.: Cambridge University Press, 2021).

7   Wolfgang Münchau, "Europe's Grand Coalitions Allow Extremes to Prosper", *Financial Times*, May 1, 2016.

8   이 전략(wehrhafte Demokratie, 방어적 민주주의)은 처음에 "전투적 민주주의militant democracy"로 번역되었다. Karl Loewenstein, "Militant Democracy and Fundamental Rights, II", *American Political Science Review* 31, no.4(1937), pp.638-58.

9   독일 헌법에서는 다른 조항(18조)들과 더불어 특히 21조 2항을 참조.

10 Jan-Werner Müller, "Militant Democracy", *The Oxford Handbook of Comparative Constitutional Law, ed. Michel Rosenfeld and András Sajó* (Oxford: Oxford University Press, 2012), p.1119.

11 Tom Ginsburg, Aziz Z. Huq, and David Landau, "The Law of Democratic Disqualification", *California Law Review* 111(2023).

12 "Large Majority of the Public Views Prosecution of Capitol Rioters as 'Very Important'", Pew Research Center, March 18, 2021.

13 Udi Greenberg, *The Weimar Century* (Princeton, N.J.: Princeton University Press, 2015).

14 Jane Addams, *Democracy and Social Ethics* (London: Macmillan, 1905), pp.11-12.

15 다음의 제도적 제안은 다른 이들의 권고 사항과 전반적으로 흡사하다. 특히, Page and Gilens, *Democracy in America?*, pp.210-35 참조; Levinson, *Our Undemocratic Constitution*, pp.167-80.

16 이 문제에 관한 탁월한 논의는 다음을 참조. Guy-Uriel E. Charles and Luis E. Fuentes-Rohwer, *Divided by Race: Voting Rights, Political Power, and Saving American Democracy* (New York: Cambridge University Press, forthcoming). 2021년에 하원에서 발의된(그러나 통과되지는 않은) H.R. 4959는 투표를 위한 법적 권리를 확립하기 위해 설계되었다. "H.R. 4959—117th Congress 2021-2022: Right to Vote Act", U.S. Congress, 2022 참조.

17 Jennifer S. Rosenberg, "Expanding Democracy: Voter Registration Around the

World", with Margaret Chen, Brennan Center for Justice(2009), p.2.

18 Charles and FuentesRohwer, *Divided by Race*.

19 John Stuart Mill, *On Liberty and Other Essays*(Oxford: Oxford University Press, 1998), p.304.

20 Grant Tudor and Beau Tremitiere, "Towards Proportional Representation for the U.S. House: Amending the Uniform Congressional Districts Act", Protect Democracy, Feb. 2023.

21 비례대표제가 더 많은 정당이 모습을 드러내도록 만든다는 사실에 유의할 필요가 있다. 그리고 일부 학자는 대통령제와 다당제의 조합이 불안정을 초래한다고 주장한다. 하지만 최근 브라질과 칠레, 코스타리카, 우루과이와 같은 나라는 다당제적 대통령제가 효과적으로 기능할 수 있다는 사실을 보여주고 있다. Scott Mainwaring, "Presidentialism, Multipartism, and Democracy: The Difficult Combination", *Comparative Political Studies* 26, no.2(July 1993), pp.198-228 참조.

22 Drutman, *Breaking the Two-Party Doom Loop: The Case for Multiparty Democracy in America*(New York: Oxford University Press, 2020), p.246.

23 Lee Drutman et al., *The Case for Enlarging the House of Representatives*(Cambridge, Mass.: American Academy of Arts and Sciences, 2021), p.26; 또한, Danielle Allen, "The House Was Supposed to Grow with Population. It Didn't. Let's Fix That.", *Washington Post*, Feb. 28, 2023 참조.

24 *Our Common Purpose: Reinventing American Democracy for the 21st Century*(Cambridge, Mass.: American Academy of Arts and Sciences, 2020).

25 미국진보센터Center for American Progress와 관련해서는 "Democracy Policy", Center for American Progress, n.d 참조. '민주주의를 수호하라'의 제안과 관련해서는 "Shaping the Democracy of Tomorrow", Protect Democracy, n.d 참조.

26 "Presidential Commission on the Supreme Court of the United States", White House, 2021.

27 Daniel Carpenter, "Agenda Democracy", *Annual Review of Political Science* 26(2023).

28 Harry Kreisler, "Conversation with Sir Ralf Dahrendorf", Institute of International Studies, UC Berkeley, n.d.

29 미국에서 헌법적 변화에 관한 역사적 상상력의 폭을 넓히고자 했던 한 가지 중요한 사례는 다음을 참조. Jill Lepore's NEH-funded Amend Project.

30 Aziz Rana, "Why Americans Worship the Constitution", *Public Seminar*, Oct. 11,

2021; Aziz Rana, *The Constitutional Bind: Why a Broken Document Rules America* (Chicago: University of Chicago Press, 2023).

31 Levinson, *Our Undemocratic Constitution*, p.20.

32 "The framers adopted life tenure" John G. Roberts, "Memorandum for Fred F. Fielding", White House, Oct. 3, 1983.

33 Douglass C. North, Institutions, *Institutional Change, and Economic Performance* (New York: Cambridge University Press, 1990); Paul Pierson and Eric Schickler, "Polarization and the Fragility of the American Democratic Order"(unpublished manuscript, 2023).

34 George Washington to Bushrod Washington, Nov. 10, 1787.

35 Elkins, Ginsburg, and Melton, *Endurance of National Constitutions*, p.1에서 인용.

36 위의 책, p.16.

37 Yascha Mounk and Roberto Stefan Foa, "This Is How Democracy Dies", *Atlantic*, Jan. 29, 2020.

38 Katherine Schaeffer, "On July Fourth, How Americans See Their Country and Their Democracy", Pew Research Center, June 30, 2022. Kowal and Codrington, *People's Constitution*.

39 Christine A. Lunardini and Thomas J. Knock, "Woodrow Wilson and Woman Suffrage: A New Look", *Political Science Quarterly* 95, no.4(1980), pp.655-71.

40 Schickler, *Racial Realignment*.

41 위의 책, p.59.

42 Harvard Sitkoff, *A New Deal for Blacks: The Emergence of Civil Rights as a National Issue*(1978; New York: Oxford University Press, 2009), p.187, Schickler, *Racial Realignment*, p.59에서 재인용.

43 헌법적 변화에서 사회 운동이 차지하는 중요성에 주목한 또 하나의 자료는 다음과 같다. Page and Gilens, *Democracy in America?*, pp.239-63.

44 Thomas J. Sugrue, *Sweet Land of Liberty: The Forgotten Struggle for Civil Rights in the North*(New York: Random House, 2008).

45 Lunardini and Knock, "Woodrow Wilson and Woman Suffrage", p.660.

46 Dawn Langan Teele, *Forging the Franchise: The Political Origins of the Women's Vote*(Princeton, N.J.: Princeton University Press, 2018), pp.100-1. 더 충실한 인용문은, Carrie Chapman Catt and Nettie Rogers Shuler, *Woman Suffrage and Politics: The Inner Story of the Suffrage Movement*(New York: Scribner's Sons, 1923), p.3 참조.

47 Catt and Shuler, *Woman Suffrage and Politics*, pp.107-8.

48 넓은 맥락에서, Corrine M. McConnaughy, *The Woman Suffrage Movement in America: A Reassessment*(Cambridge, U.K.: Cambridge University Press, 2013), pp.170-71.

49 Lisa Tetrault, *The Myth of Seneca Falls: Memory and the Women's Suffrage Movement, 1848-1898*(Chapel Hill: University of North Carolina Press, 2014), p.16.

50 위의 책.

51 Suzanne M. Marilley, *Woman Suffrage and the Origins of Liberal Feminism in the United States, 1820-1920*(Cambridge, Mass.: Harvard University Press, 2013), pp.188-89.

52 JoEllen Lind, "Dominance and Democracy: The Legacy of Woman Suffrage for the Voting Right", *U.C.L.A. Women's Law Journal* 5(1994), pp.188-89.

53 Teele, *Forging the Franchise*, pp.102-3; data from Lee Ann Banaszak, *Why Movements Succeed or Fail: Opportunity, Culture, and the Struggle for Woman Suffrage* (Princeton, N.J.: Princeton University Press, 1996), p.45.

54 Marilley, *Woman Suffrage and the Origins of Liberal Feminism in the United States*, p.189.

55 Kowal and Codrington, *People's Constitution*, pp.135-40.

56 Herman Vandenburg Ames, *The Proposed Amendments to the Constitution of the United States During the First Century of Its History*(Washington, D.C.: U.S. Government Printing Office, 1897), 2:61.

57 Kowal and Codrington, *People's Constitution*, p.137.

58 James Landers, *The Improbable First Century of "Cosmopolitan" Magazine*(Columbia: University of Missouri Press, 2010), pp.131-46; Kowal and Codrington, *People's Constitution*, pp.135-36.

59 Kowal and Codrington, *People's Constitution*, p.137.

60 "Landmark Legislation: The Seventeenth Amendment to the Constitution", U.S. Senate, n.d.

61 Larry Buchanan, Quoctrung Bui, and Jugal K. Patel, "Black Lives Matter May Be the Largest Movement in U.S. History", *New York Times*, July 3, 2020.

62 위의 글.

63 위의 글; Lara Putnam, Jeremy Pressman, and Erica Chenoweth, "Black Lives Matter Beyond America's Big Cities", *Washington Post*, July 8, 2020.

64 Putnam, Pressman, and Chenoweth, "Black Lives Matter Beyond America's Big

Cities".

65 Christopher Sebastian Parker, "An American Paradox: Progress or Regress? BLM, Race, and Black Politics", *Perspectives on Politics* 20, no. 4 (Dec. 2022), p.1167.

66 위의 글.

67 Scott Clement and Dan Balz, "Big Majorities Support Protests over Floyd Killing and Say Police Need to Change, Poll Finds", *Washington Post*, June 9, 2020.

68 Juliana Menasce Horowitz, "Support for Black Lives Matter Declined After George Floyd Protests, but Has Remained Unchanged Since", Pew Research Center, Sept. 27, 2021.

69 David S. Meyer and Sidney Tarrow, eds., *The Resistance: The Dawn of the Anti-Trump Opposition Movement*(New York: Oxford University Press, 2018): Skocpol and Tervo, *Upending American Politics*.

70 이들 단체는 다음과 같다. Center for Secure and Modern Elections, American Oversight, the Institute for Constitutional Advocacy and Protection, Voting Rights Lab, Protect Democracy, Unite America, Renew Democracy Initiative, Democracy Forward, States United Democracy Center, Keep Our Republic, Election Reformers Network, Democracy Docket, We the Action, Stand Up Republic, Stand Up America.

71 "Our Democracy Is in Danger", Protect Democracy, n.d.

72 Ian Bassin(executive director, Protect Democracy), interview with authors, Jan. 3, 2023.

73 Leah Asmelash, "Why This Bus Tours the South to Get Disenfranchised Voters to the Polls", CNN, Nov. 2, 2020.

74 Andrea González-Ramírez, "LaTosha Brown Is Only Getting Started", Medium, Dec. 4, 2020.

75 Asmelash, "Why This Bus Tours the South to Get Disenfranchised Voters to the Polls".

76 Epstein, "LaTosha Brown Says a New South Is Rising".

77 "Harvard Youth Poll", Harvard Kennedy School Institute of Politics, Oct. 27, 2022.

78 Horowitz, "Support for Black Lives Matter Declined After George Floyd Protests, but Has Remained Unchanged Since".

79 "Shifting Public Views on Legal Immigration into the U.S.", Pew Research Center, June 28, 2018; Horowitz, "Americans See Advantages and Challenges in Country's Growing Racial and Ethnic Diversity".

80 Jen McAndrew and Robin Smyton, "Half of Young People Voted in 2020, Major Increase from 2016", Tufts Now, April 29, 2021.

81 Ryan Sit, "More Than 2 Million in 90 Percent of Voting Districts Joined March for Our Lives Protests", *Newsweek*, March 26, 2018.

82 John Della Volpe, Fight: How Gen Z Is Channeling Their Fear and Passion to Save America (New York: St. Martin's Press, 2021).

83 "Learn More About Us", Voters of Tomorrow, n.d.

84 During the 2020 election cycle Kayla Steinberg, "Prom at the Polls Encourages Younger Voters to Dress Up and Show Up", *Pittsburgh Jewish Chronicle*, Nov. 3, 2020.

85 Sharlee Mullins Glenn, "Why I Became an Activist Against Fear", *New York Times*, Feb. 19, 2020.

86 위의 글.

87 위의 글.

88 Jenna Alton, "Mormon Women Worldwide Lobby for Ethical Government", *Daily Universe*, April 17, 2018.

89 Audrey Dutton, "They're Women. They're LDS. And They're Speaking Their Minds on Politics", *Idaho Press*, Oct. 2, 2022; Bryan Schott, "State Lawyers Ask Utah Supreme Court to Step In After Judge Declines to Dismiss Gerrymandering Lawsuit", *Salt Lake Tribune*, Nov. 26, 2022; Wendy Dennehy and Erin Young, "Is the Filibuster the Best Tool to Protect Against Extremes? No. Do These Things Instead", *Salt Lake Tribune*, Nov. 8, 2021.

90 Dutton, "They're Women".

91 Glenn, "Why I Became an Activist Against Fear".

92 Dutton, "They're Women".

93 Der Bundespräsident, "75th Anniversary of the End of the 2nd World War", May 8, 2020.

94 James Russell Lowell, *Literary and Political Addresses* (Boston: Houghton, Mi"in and Company, 1890), p.207.

옮긴이 박세연

고려대 철학과를 졸업하고 글로벌 IT 기업에서 마케터와 브랜드 매니저로 일했다. 현재 파주 출판단지 번역가 모임, '번역인'의 공동대표를 맡고 있다. 옮긴 책으로는《어떻게 민주주의는 무너지는가》,《정치는 왜 실패하는가》,《죽음이란 무엇인가》 등이 있다.

어떻게 극단적 소수가 다수를 지배하는가

초판 1쇄 발행 2024년 5월 21일
초판 7쇄 발행 2024년 12월 23일

지은이 스티븐 레비츠키, 대니얼 지블랫
옮긴이 박세연
발행인 김형보
편집 최윤경, 강태영, 임재희, 홍민기, 강민영, 송현주, 박지연
마케팅 이연실, 송신아 **디자인** 송은비 **경영지원** 최윤영, 유현

발행처 어크로스출판그룹(주)
출판신고 2018년 12월 20일 제 2018-000339호
주소 서울시 마포구 동교로 109-6
전화 070-5038-3533(편집) 070-8724-5877(영업) **팩스** 02-6085-7676
이메일 across@acrossbook.com **홈페이지** www.acrossbook.com

한국어판 출판권 ⓒ 어크로스출판그룹(주) 2024

ISBN 979-11-6774-150-9 03340

만든 사람들
편집 홍민기 **교정** 김혜미 **표지디자인** 오필민 **조판** 정은정